普通高等院校"十三五"规划教材

市场研究与预测

SHICHANG YANJIU

YU YUCE

王庆丰　张中英　凌　利◎主　编
宋丽敏　谢清先　王丽敏　梁天宝　何发坤　修菊华◎副主编

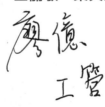

清华大学出版社
北京

内 容 简 介

本书以适应市场调查与预测教学与实践为宗旨，全面系统地介绍了市场调查和预测的基本理论、基本知识和基本方法，力图把这些理论和方法与企业的营销管理实践紧密结合，使本书具有较强的实用性和可操作性。本书在编写过程中特别结合目前流行的 SPSS 统计软件，就在市场调查资料和整理阶段如何使用 SPSS 软件进行了详细介绍，从而提高市场调查工作的效率。为了方便读者学习，本书在每一章的开始都安排有学习目标、导引案例，在每一章的结尾安排有本章小结、复习思考题，以及相关阅读材料和案例分析。

本书可以作为高等学校经济与管理相关专业的教材，也可作为企业管理人员和营销人员的业务学习用书和参考资料。

本书封面贴有清华大学出版社防伪标签，无标签者不得销售。
版权所有，侵权必究。举报: 010-62782989, beiqinquan@tup.tsinghua.edu.cn。

图书在版编目(CIP)数据

市场研究与预测 / 王庆丰，张中英，凌利主编. —北京: 清华大学出版社，2017(2024.2重印)
(普通高等院校"十三五"规划教材)
ISBN 978-7-302-47891-1

Ⅰ.①市… Ⅱ.①王… ②张… ③凌… ①市场研究-高等学校-教材 ②市场预测-高等学校-教材 Ⅳ.①F713.52

中国版本图书馆 CIP 数据核字(2017)第 184737 号

责任编辑: 刘志彬
封面设计: 汉风唐韵
责任校对: 王荣静
责任印制: 杨 艳

出版发行: 清华大学出版社
网　　址: https://www.tup.com.cn, https://www.wqxuetang.com
地　　址: 北京清华大学学研大厦 A 座　　　　　邮　编: 100084
社 总 机: 010-83470000　　　　　　　　　　　　邮　购: 010-62786544
投稿与读者服务: 010-62776969, c-service@tup.tsinghua.edu.cn
质量反馈: 010-62772015, zhiliang@tup.tsinghua.edu.cn

印 装 者: 三河市天利华印刷装订有限公司
经　　销: 全国新华书店
开　　本: 185mm×260mm　　　印　张: 19.5　　　字　数: 500 千字
版　　次: 2017 年 8 月第 1 版　　　　　　　　　　印　次: 2024 年 2 月第 8 次印刷
定　　价: 54.60 元

产品编号: 075461-01

前　言

对于企业而言，市场是企业营销活动的出发点和归宿。要在市场竞争中立于不败之地，企业必须及时、有效地了解和把握自己所面对的目标市场，给予市场研究与预测前所未有的重视。通过市场调查，收集各方面的市场信息，熟悉国内外市场竞争态势，了解影响市场变化的营销环境，揭示市场变动的结构、过程和基本规律；通过市场预测，把握市场变化的规律和趋势，及时对未来市场变动做出科学的预见和判断，为制定企业营销战略提供决策参考依据。基于上述考虑，我们在参阅大量资料的基础上，编写了《市场研究与预测》这本教材。

本书以适应市场调查与预测教学与实践为宗旨，全面系统地介绍了市场调查和预测的基本理论、基本知识和基本方法，力图把这些理论和方法与企业的营销管理实践紧密结合，使本书具有较强的实用性和可操作性。全书分为两大部分，第一部分主要介绍市场调查的相关知识，共包括11章，主要包括市场调查的类型、内容、程序、方案设计，以及各种市场调查方法的应用，同时对问卷设计、样本设计、市场调查资料的整理与分析也进行了重点介绍；第二部分主要介绍市场预测的相关知识和方法，共包括6章，对市场预测的内容与分类，重点对定性预测、时间序列预测、回归分析预测、马尔可夫预测方法、灰色预测方法做了介绍。

本书在编写过程中，既注重内容体系的科学性和完整性，又注重理论的先进性和方法的实用性。对于书中涉及的方法和公式，书中并不进行严格的数学推导和证明，而是着重介绍其应用条件、步骤特点和注意问题，并用具体的事例予以说明。本书在每一章的开始都安排有学习目标、导引案例，在每一章的结束部分安排了本章小结、复习思考题，为了加强学生对本章知识的理解和思考，特别安排了阅读材料以及案例分析。此外，本书特别结合目前流行的SPSS统计软件，就在市场调查资料和整理阶段如何使用SPSS软件进行了详细介绍，从而提高市场调查工作的效率。本书既可作为普通高等院校经济与管理相关专业的教材，也可作为企业管理人员和营销人员的业务学习用书和参考资料。

本书由中原工学院王庆丰、安徽信息工程学院张中英和山东华宇工学院凌利任主编，中原工学院宋丽敏、西安财经学院行知学院谢清先、中原工学院王丽敏、仲恺农业工程学院梁天宝、烟台南山学院何发坤和福州外语外贸学院修菊华任副主编。在编写本书的过程中，我们参考综合了多本教材的优点和内容体系，并得到了清华大学出版社的支持和帮助，在此一并表示衷心的感谢。限于编者水平有限，书中不足之处在所难免，敬请广大读者批评指正，以便再版修订。

编　者

目　录

第一部分　市　场　调　查

第一章　市场研究概述　2
第一节　市场研究的定义和作用 ⋯⋯⋯⋯⋯⋯⋯⋯⋯⋯⋯⋯⋯⋯⋯⋯⋯⋯⋯ 3
第二节　市场研究的程序和原则 ⋯⋯⋯⋯⋯⋯⋯⋯⋯⋯⋯⋯⋯⋯⋯⋯⋯⋯⋯ 8
第三节　市场研究的历史和现状 ⋯⋯⋯⋯⋯⋯⋯⋯⋯⋯⋯⋯⋯⋯⋯⋯⋯⋯⋯ 11
本章小结 ⋯⋯⋯⋯⋯⋯⋯⋯⋯⋯⋯⋯⋯⋯⋯⋯⋯⋯⋯⋯⋯⋯⋯⋯⋯⋯⋯⋯ 14
复习思考题 ⋯⋯⋯⋯⋯⋯⋯⋯⋯⋯⋯⋯⋯⋯⋯⋯⋯⋯⋯⋯⋯⋯⋯⋯⋯⋯⋯ 14

第二章　市场研究内容　17
第一节　企业宏观营销环境调研 ⋯⋯⋯⋯⋯⋯⋯⋯⋯⋯⋯⋯⋯⋯⋯⋯⋯⋯⋯ 18
第二节　企业微观营销环境研究 ⋯⋯⋯⋯⋯⋯⋯⋯⋯⋯⋯⋯⋯⋯⋯⋯⋯⋯⋯ 21
第三节　营销组合调查 ⋯⋯⋯⋯⋯⋯⋯⋯⋯⋯⋯⋯⋯⋯⋯⋯⋯⋯⋯⋯⋯⋯⋯ 24
本章小结 ⋯⋯⋯⋯⋯⋯⋯⋯⋯⋯⋯⋯⋯⋯⋯⋯⋯⋯⋯⋯⋯⋯⋯⋯⋯⋯⋯⋯ 27
复习思考题 ⋯⋯⋯⋯⋯⋯⋯⋯⋯⋯⋯⋯⋯⋯⋯⋯⋯⋯⋯⋯⋯⋯⋯⋯⋯⋯⋯ 27

第三章　市场研究方案的设计　31
第一节　市场研究主题的界定 ⋯⋯⋯⋯⋯⋯⋯⋯⋯⋯⋯⋯⋯⋯⋯⋯⋯⋯⋯⋯ 32
第二节　市场研究方案的设计和类型 ⋯⋯⋯⋯⋯⋯⋯⋯⋯⋯⋯⋯⋯⋯⋯⋯⋯ 34
第三节　市场研究方案的可行性分析与评价 ⋯⋯⋯⋯⋯⋯⋯⋯⋯⋯⋯⋯⋯⋯ 39
本章小结 ⋯⋯⋯⋯⋯⋯⋯⋯⋯⋯⋯⋯⋯⋯⋯⋯⋯⋯⋯⋯⋯⋯⋯⋯⋯⋯⋯⋯ 40
复习思考题 ⋯⋯⋯⋯⋯⋯⋯⋯⋯⋯⋯⋯⋯⋯⋯⋯⋯⋯⋯⋯⋯⋯⋯⋯⋯⋯⋯ 41

第四章　二手资料收集　44
第一节　二手资料概述 ⋯⋯⋯⋯⋯⋯⋯⋯⋯⋯⋯⋯⋯⋯⋯⋯⋯⋯⋯⋯⋯⋯⋯ 45
第二节　二手资料的来源和评估 ⋯⋯⋯⋯⋯⋯⋯⋯⋯⋯⋯⋯⋯⋯⋯⋯⋯⋯⋯ 48
第三节　二手资料的收集 ⋯⋯⋯⋯⋯⋯⋯⋯⋯⋯⋯⋯⋯⋯⋯⋯⋯⋯⋯⋯⋯⋯ 52
本章小结 ⋯⋯⋯⋯⋯⋯⋯⋯⋯⋯⋯⋯⋯⋯⋯⋯⋯⋯⋯⋯⋯⋯⋯⋯⋯⋯⋯⋯ 55
复习思考题 ⋯⋯⋯⋯⋯⋯⋯⋯⋯⋯⋯⋯⋯⋯⋯⋯⋯⋯⋯⋯⋯⋯⋯⋯⋯⋯⋯ 55

第五章 一手资料收集：定性调查方法 58

- 第一节 定性调查概述 59
- 第二节 焦点小组访谈法 60
- 第三节 深度访谈法 63
- 第四节 投射法 65
- 本章小结 67
- 复习思考题 67

第六章 一手资料收集：定量调查方法 69

- 第一节 定量调查概述 70
- 第二节 访问调查法 70
- 第三节 观察法 74
- 第四节 实验法 77
- 本章小结 79
- 复习思考题 79

第七章 问卷设计 81

- 第一节 问卷设计的基础知识 82
- 第二节 问卷设计中的常用量表 89
- 第三节 调查问卷的问题设计 92
- 第四节 问卷设计中的注意事项 97
- 本章小结 99
- 复习思考题 100

第八章 抽样样本设计 104

- 第一节 抽样设计概述 105
- 第二节 常用的抽样方法 108
- 第三节 抽样误差及控制 112
- 第四节 样本容量确定 115
- 本章小结 117
- 复习思考题 117

第九章 市场调查资料整理 119

- 第一节 调查资料的收集与整理 120
- 第二节 SPSS 软件简介 123
- 第三节 调查资料的整理 126

第四节　数据的基本操作与管理 ··· 133
　　本章小结 ··· 141
　　复习思考题 ·· 142

第十章　市场调查资料分析　　144
　　第一节　市场调查资料分析概述 ······································· 144
　　第二节　SPSS对调查资料的分析操作 ······························ 146
　　第三节　调查资料的汇总 ·· 156
　　本章小结 ··· 165
　　复习思考题 ·· 165

第十一章　市场研究报告撰写　　171
　　第一节　市场研究报告概述 ··· 173
　　第二节　书面市场研究报告 ··· 175
　　第三节　口头市场研究报告 ··· 180
　　本章小结 ··· 181
　　复习思考题 ·· 182

第二部分　市 场 预 测

第十二章　市场预测概述　　188
　　第一节　认识市场预测 ·· 189
　　第二节　市场预测的发展与作用 ······································· 190
　　第三节　市场预测的内容与分类 ······································· 192
　　第四节　市场预测的一般步骤 ·· 198
　　本章小结 ··· 201
　　复习思考题 ·· 201

第十三章　定性预测方法　　204
　　第一节　定性预测概述 ·· 205
　　第二节　专家会议法 ··· 206
　　第三节　德尔菲法 ·· 207
　　第四节　类推法 ··· 212
　　第五节　综合意见法 ··· 213
　　第六节　预警分析法 ··· 215
　　本章小结 ··· 217
　　复习思考题 ·· 218

第十四章 时间序列趋势预测法　　223

第一节　时间序列趋势预测法概述　　223
第二节　简易平均法　　225
第三节　移动平均法　　227
第四节　指数平滑法　　230
第五节　趋势延伸法　　235
第六节　季节变动预测法　　241
本章小结　　246
复习思考题　　246

第十五章 回归分析预测法　　251

第一节　回归分析预测法概述　　251
第二节　一元线性回归预测法　　256
第三节　多元线性回归预测法　　261
第四节　可线性化的曲线回归　　264
第五节　虚拟变量回归预测法　　268
本章小结　　270
复习思考题　　271

第十六章 马尔可夫预测法　　274

第一节　马尔可夫预测法概述　　274
第二节　马尔可夫预测方法的具体应用　　279
本章小结　　283
复习思考题　　284

第十七章 灰色预测法　　290

第一节　灰色预测法的基本概念　　290
第二节　灰色 GM(1,1) 预测模型　　294
第三节　GM(1,1) 预测模型应用实例　　297
本章小结　　300
复习思考题　　301

参考文献　　302

第一部分 市场调查

第一章 市场研究概述

学习目标

1. 理解市场研究的定义和作用；
2. 理解市场研究的原则；
3. 了解专业的市场研究机构；
4. 掌握市场研究的程序。

导引案例

　　酒店数目不断增加、入住率不断下降，使一向高傲的酒店业也不得不开始学习如何推销自己。酒店已使用的推销手段包括直接邮件、短信推销、电话销售、电视广告、印刷广告、数据库营销以及赠送各种优惠等。这个行业面临的最大问题之一就是顾客忠诚度难以建立。大部分酒店设施相似，顾客很难分辨各个酒店有什么独特之处。因此，很多酒店公司通过建立品牌或开拓新市场来使自己脱颖而出。遗憾的是，公司采取的营销行动往往轻易被竞争对手模仿；而且由于行业边际利润低，通常酒店用于广告的费用只占收入的1%或2%。

　　尽管主要的连锁酒店仍然使用广泛的市场接触方法，但很多酒店已经意识到未来的成功应该建立在关注特定市场并满足他们的需求上。而目前，对连锁酒店业十分重要的3个细分市场是商务人士、老年人和长期滞留的旅行者。

　　商务旅行者对豪华连锁酒店的重要性显而易见。据统计，这类酒店75%的房客与商务有关。因此，毫无疑问，很多连锁酒店愿意不遗余力地讨好这些顾客。20世纪90年代初，Marriott连锁酒店开始为商务旅行者提供专门的客房。Marriott认为采用Courtyard酒店的概念，配以中等的价位，一定能够吸引商务旅行者。因此，为宣传这一信息，Marriott在一辆长48英尺、宽8英尺的卡车内装修了一个Courtyard式的房间，在近20个城市巡展，邀请当地公司差旅部门的主管参观，希望其将来入住。

　　Hyatt酒店所做的一项调查表明，1996年时，商务旅行者中有58%的人比1990年花更多的时间在酒店客房内办公，72%的人表示在旅途中办公压力更大。因此，Hyatt推出了一个商务计划项目，宣传其房间具有办公室一样的便利，包括免费的本地电话或磁卡电话、24小时打印机和复印机服务等。酒店还调整了自己的网站，增加了在线预订服务，并放置了独特的广告。除了商务需要，各酒店也没忘记在其他方面多下功夫。希尔顿酒店（Hilton Hotels）发现近50％的商务旅行者存在不同程度的失眠现象。为此，酒店与国家睡眠基金会合作，设计出特殊的利于睡眠的房间。这项"睡眠房间计划"宣称，该房间能提供"顶级的睡眠环境"和高质量的床垫、舒适的枕头、音乐系统，保证减轻商务旅行者的疲劳以便睡眠，还有座钟和特制的台灯能轻柔地叫醒客人。

连锁酒店感兴趣的另一个细分市场是老年人。RoperStarch 酒店的研究表明年龄在50岁以上的美国人在未来25年中将增加4 730万人，同时50岁以上的人会比其他人群更乐于旅游，在酒店停留的时间也较长。仅1996年，这部分人的旅游花费就高达300亿美元以上。1995年，Choice 酒店开始重点接待这个细分市场的顾客，把连锁酒店10％的房间按照这些人的要求进行装修，突出他们所需要的家庭般的舒适感：照明更亮，电话按键较大，标准化电视遥控使这些房间令人倍感愉快，浴室的门把手和扶手也是经过特殊设计的。这些房间每年为 Choice 酒店带来500万美元的收入，引得其他酒店也开始重视这个细分市场。迎合老年人的一个重要方式就是提供一些起居辅助设施，这是一种介于独立生活与家庭护理之间的方式，在保证住宿舒适的同时，提供一些诸如家务管理和用餐方面的服务。Hyatt 酒店提供9种一流的居住设施，Marriott 酒店还特别提供 Brighton 式花园等，是这个细分市场中的佼佼者。

成长最快的细分市场要算长期滞留的旅行者了，同时这部分人也是最容易被忽视的。住店时间超过5天的客人与其他客人的要求有所不同，比如他们可能需要24小时的前台服务，甚至对酒店的用餐也有特别要求。目前为止，这类顾客的需要远远超过供给。

酒店业正在进一步细分市场并提供更好的服务来吸引顾客。一个酒店要想成功地吸引顾客，必须成为"客人最多的酒店"。

思考：
1. 案例中的相关酒店取得经营成功的原因有哪些？
2. 市场调研的作用体现在哪些方面？

第一节 市场研究的定义和作用

市场研究是任何企业在经营过程中都必须面对的一项经常性的基础工作，也是企业最重要的营销职能之一，它的发展与市场营销的发展基本同步，从19世纪末开始出现，发展到20世纪中期走向成熟。

随着市场的发展，市场研究正逐渐发挥着越来越重要的作用。只有通过市场研究，才能获得相应的数据和信息，才能顺应市场需求的变化趋势，增强企业的应变能力，把握经营的主动权，以帮助企业实现预期的经营目标。

一、市场研究的定义及特点

（一）市场研究的定义

市场研究译自英文 marketing research，也译为市场调查、市场调研、营销调研等，虽然译法不同，但包含的意思基本相同。伴随着时代和经济的发展，市场研究的内容、作用和范围正在发生很大的变化，它从最初的主要针对顾客进行调查发展到对企业的各种营销决策进行调查，而且其范围还在进一步扩大，这将在第二章的内容中得到体现。

▶ 1. 调查和研究的关系

最初，调查和研究是独立的两个概念，调查是人们有目的、有意识地去了解客观事实的一种感性认识活动，而研究则是对通过调查获取的资料进行分析加工，以了解事物本质及发展规律的理性认识活动，两者有本质的区别。但随着时间的推移，它们之间的界限越来越模糊，我们现在习惯用调研和研究来表示调查和研究，本书的市场研究实际上指的就是对市场进行调查和研究。

▶ 2. 狭义和广义的市场研究

由于市场的定义有狭义和广义之分，在此基础上产生的市场研究也就有了狭义和广义的区别。狭义的市场，主要指消费者的集合，所以狭义的市场研究就是企业针对消费者进行的调查研究，它主要研究的是消费者及其行为。广义的市场，指商品交换关系的总和，它包含的范围更加广泛，所以广义的市场研究除了对消费者进行调查研究外，还包含了对市场其他行为主体及行为进行的调查研究活动，如政府进行的环境调查研究及非营利组织进行的市场调查研究等。

▶ 3. 本书对市场研究的定义

综合各种观点，本书最终对市场研究做出下述定义：市场研究就是指按照一定的程序，运用科学的方法、客观的态度，系统地搜集、记录、整理和分析市场信息资料，以了解市场发展变化的现状和趋势，为决策部门制定更加有效的营销战略和策略提供所需的基础性数据和资料的过程。

在对市场研究的含义进行理解时，应注意四个方面的问题：

第一，市场研究是针对具体的市场营销决策所进行的调查研究，因此，它并非需要对所有的问题进行调查。

第二，市场研究是企业制定营销决策和进行市场预测的前提，它是企业营销管理过程中的重要手段。因为只有通过市场研究，才能及时掌握市场的变化发展趋势，才有可能做出正确的决策。

第三，市场调查是一个系统的过程。从搜集资料开始，环环相扣，任何一个环节出问题，都可能影响到最终的决策。

第四，进行市场研究时必须注意方法的科学性和适用性，即要根据调查研究的内容来选择不同的研究方法，不要试图一种方法走天下。

(二) 市场研究的特点

▶ 1. 系统性

市场研究的系统性主要体现在两个方面。首先，影响市场调研的因素是一个系统，诸多因素互相联系、相互影响，构成了一个整体；其次，调研活动也是一个系统，它完整地包括了编制调研计划、设计调研方案、抽取样本、收集资料、整理资料、分析资料及撰写市场调研报告等工作。

▶ 2. 创造性

虽然市场研究活动可以遵循一定的程序，也有合适的研究方法可供选择，但即使面对同样的研究问题时，市场研究人员也必须发挥其创造性，设计出科学合理的调研方案，选择更为合理的研究方法，给出更加切合实际的调研报告。

▶ 3. 社会性

市场研究的社会性体现在研究主体与研究内容上。从事研究的主体是具有丰富知识的专业人员，而市场研究的内容往往也具有很强的社会性。

▶ 4. 科学性

这种科学性不仅体现在进行市场研究时用到科学的方法和科学的技术手段，而且体现在科学地分析相关数据，得到科学的结论。

▶ 5. 不稳定性

市场研究是一项复杂的工作，它的过程和结论受到多种因素如方法、方案等的影响，而其中很多影响因素本身是不确定的，这都导致它的过程和结论存在着很大的不确定性。

▶ 6. 目的性

任何一项市场研究都应该具有明确的目的，并且后续的所有具体的调查研究活动都应该围绕目的展开，以提高预测和决策的科学性。

二、市场研究的分类

（一）按商品消费目的划分

▶ 1. 消费者市场调查

消费者市场调查的主要目的是了解消费者需求数量、需求结构及其变化，了解其中的影响因素，帮助企业制定更合理的营销管理决策，从而最大限度地满足消费者需求，促使企业得到更好更快的发展。

消费者市场调查的主要内容包括消费者数量调查、消费者结构调查、消费者需求调查、消费者购买力调查、消费者支出结构调查、消费者行为调查以及消费者满意度调查等。

▶ 2. 生产者市场调查

生产者市场调查的目的是支持企业的营销管理决策，提升客户的满意度，开拓市场。

生产者市场调查的主要内容包括宏观经济环境调查、生产者市场构成调查、客户情况调查、市场占有率和竞争力调查、产品的经济寿命周期及商品流通的渠道调查等。

（二）按市场调查主体划分

根据市场调查主体的不同，可以把市场调查分为政府的市场调查、企业的市场调查、社会组织的市场调查及个人的市场调查四大类。

▶ 1. 政府的市场调查

政府在社会经济中扮演着不可替代的角色，它一方面承担着宏观管理者和协调者的职能，另一方面还从事一些直接的经营活动。不管其从事哪一方面的工作，政府都需要了解和掌握真实全面有效的信息。因此，政府部门经常需要开展各个方面的调查工作，例如，人口普查、经济普查等一般企业无法完成的调查任务都是由政府开展的，这些调查活动涉及内容比较多，范围比较广，对政府和相关企业能否做出正确的决策有着至关重要的意义。

▶ 2. 企业的市场调查

企业的市场调查是最常见的一种市场调查活动。在企业的经营管理过程中，尤其是现在企业所处的激烈的市场竞争环境决定了其进行市场调查的必要性。在激烈的市场竞争中，企业要想生存下来，就必须要比竞争对手做得更好，跑得更快。为了做到这一点，企业必须要进行市场调查，以做到"知己知彼知顾客"，从而帮助企业做出正确的决策。在进行调查时，可以由企业自己进行，也可以委托专业的市场调查机构来完成。企业市场调查的内容主要有产品调查、渠道调查、价格调查、促销调查、消费者调查及竞争对手调查等。

（三）按市场调查性质划分

▶ 1. 探测性调查

探测性调查是在正式调查之前展开的初步的、具有试探性的非正式市场调查，其目的在于收集有关资料，以确定经营管理需要研究的问题的症结所在。如果调查人员对所要研究的问题尚无足够的了解，就有必要进行探索性调查。

探索性调查一般都采用比较简便易行的调查方法，如文案调查法、焦点小组访谈法等。

▶ 2. 描述性调查

描述性调查是为进一步研究问题症结的事实而收集必要的资料，是对所研究问题的特征和功能进行如实记录的调查。描述性调查的前提是调查人员已经对所研究问题有了清晰的认识。

▶ 3. 因果性调查

因果性调查，也称解释性调查，是为了确定有关事物之间的因果联系而进行的调查。它是对描述性调查的进一步深化，是为了研究产生某种结果的原因，是对事物更深入的认识。换句话来讲，就是要准确界定自变量和因变量。

▶ 4. 预测性调查

预测性调查是收集研究对象过去和现在的各种市场情报资料，掌握其发展变化的规律，运用已有的市场经验和科学的预测技术对市场未来的发展趋势进行估计和判断的调查方法。

（四）按调查时间划分

▶ 1. 一次性调查

一次性调查，也称临时性市场调查，是在一个相当长的时期内只进行一次的市场调查，这类调查一般是为了对总体现象在某一时点上的状态进行研究而做的调查。

▶ 2. 定期性调查

定期性调查是指企业针对市场情况，结合经营决策的要求，按一定时间定期进行的市场调查。

▶ 3. 经常性调查

经常性调查，也称为连续调查，是指根据实际需要对市场现象的发展变化过程进行合理组织的连续调查。其目的在于获得某一经济现象发展变化过程及其结果的连续的信息资料，掌握这一经济现象发展变化的规律和趋势。

（五）按资料来源划分

▶ 1. 文案调查

文案调查，又称二手资料调查或间接调查，是指利用企业内部和外部现有的各种信息和情报，对调查内容进行分析研究的一种调查方法。文案调查法一方面收集和获取有效的二手资料，另一方面根据调查课题的要求对这些文献资料进行去伪存真、由表及里的分析研究。

▶ 2. 实地调查

实地调查，也称一手资料调查，指的是在制定详细的调查方案的基础上，由调查人员直接向被访者收集第一手资料，再进行整理和分析，从而写出调查报告。一手资料由调查者从市场中直接获得的没有经过任何处理的大量个体资料所组成。

除了上述比较常见的分类之外，对市场调查还可以从其他角度进行分类，例如可以按照调查的区域分为地方性、地区性、全国性和国际性的市场调查，还可以按照市场调查获得资料的性质分为定性调查和定量调查。

三、市场研究的作用

市场研究的作用能否体现出来主要取决于使用者如何合理地利用调查结果。面对日趋激烈的国际及国内竞争环境，无论是国家还是企业，在进行相关决策时，都离不开对市场信息的掌握和对市场动向的关注。

从宏观层面来看，国家要通过市场研究获取相关信息，为制定宏观经济政策提供依据，并通过市场研究得到市场的反馈信息，从而检验政策的效果，提升相关部门的管理水平。

从微观层面来讲，市场研究作为企业的一项重要的营销职能，贯穿企业经营的全过程，关系到企业的生死存亡，其作用主要体现在以下几个方面。

▶ 1. 帮助企业发现新的市场机会

对于企业而言，能否有效地把握住市场机会是企业营销能力的重要参考指标，任何企业要想在激烈的市场竞争中取胜，就必须提高自身把握市场机会的能力。而市场机会和环境是息息相关的，随着经济的发展，人们的观念和需求也在不断发生改变，这种改变也就意味着市场机会和商机。发现这些变化和市场机会的最重要的手段就是市场研究，通过市场研究，可以帮助企业随时掌握市场的变化动态和趋势，从而抓住稍纵即逝的机会，并通过开发新的产品去满足相关需求，把机会转化成企业的财富，保证企业在激烈的市场竞争中生存下去。

▶ 2. 有利于企业发现现有产品的不足及经营中的缺点

任何产品在使用过程中总会存在这样那样的问题，这也是推进产品不断进行更新换代的重要原因。作为企业来讲，要想生存下去，就必须了解产品存在的不足并及时加以改进，此时市场研究可以帮助企业获得相关的反馈信息，及时了解消费者真实的想法，使企业在竞争中立于不败之地。

▶ 3. 有利于企业掌握竞争对手的动向，提升企业的竞争能力

市场经济离不开竞争，作为企业，不仅要考虑顾客的需求，还要保证比竞争对手跑得更快，做得更好，而要做到这些，就必须要进行市场研究。现代市场竞争的实质是信息竞争，而进行信息竞争最有效的手段就是市场研究，所谓知己知彼，百战不殆。在未来的竞争中，谁拥有更强大的市场研究能力，谁就能更有效地满足顾客的需求，就能在激烈的竞争中取胜。

▶ 4. 有利于企业制定正确的营销战略决策

市场研究在企业营销管理中占据非常重要的地位。企业的营销活动是建立在特定的营销环境之上的，因此，要制定正确的营销战略，就必须掌握环境变化的信息，而获取这些信息最基本的手段就是市场研究。

企业的营销战略是关于企业长远发展的纲领，是企业立足现在，为适应未来环境的变化而制定的长远目标规划，其制定得合理与否，直接决定企业的生死存亡。这就要求企业在制定营销战略时，必须进行系统科学的市场研究，从而为企业的决策者提供可靠依据，保证企业营销战略方向的正确性和战略目标的可行性。

第二节 市场研究的程序和原则

一、市场研究的程序

市场研究是一项由不同阶段、不同步骤、不同活动构成的有目的的系统工程。建立一套系统科学的工作程序，是市场研究得以顺利进行的重要保证。

市场研究的步骤根据调查内容的繁简程度，调查的时间、地点、预算、手段以及调查人员的知识、经验等条件综合确定。一般来说，正式的市场研究程序主要划分为四个相互衔接的阶段。

第一阶段是市场研究的问题界定阶段。这一阶段的主要任务就是根据企业决策所面临的问题，进行内外部相关因素分析，确定研究课题和主要研究目的。

第二阶段是市场研究的设计阶段。主要包括研究项目设计及研究方案设计，其中方案设计包括研究背景、研究目的、研究内容、研究方法和研究手段等相关内容的设计。

第三阶段是市场研究的实施阶段。这是市场研究的关键阶段，这一阶段的主要工作包括利用各种方法组织人员进行所需资料的搜集，并对搜集过程进行监督、管理和控制，以保证信息资料的质量。

第四阶段是市场研究的结果形成阶段。主要工作是对搜集的信息资料进行整理、分析和处理，得出结论，并形成相应的报告提交给决策部门。

在实际操作过程中，我们更倾向于将市场研究的过程分为六个步骤，以提高它的实际指导意义。

（一）确定市场研究的任务和课题

市场研究任务和课题的确定对于整个研究工作具有十分重要的意义，它决定着市场研究的方向，决定着市场研究活动如何展开。研究课题的不同，决定了研究内容、方法、抽取的样本等都有很大的区别，可以说，研究课题决定着市场研究的成败和研究成果的价值。

调研课题的确定往往来自于环境变化或企业自身的经营策略，环境的变化会给不同的企业带来机会或威胁，这时企业必须通过市场研究对环境进行分析，并制定相应的策略来抓住机会或避开威胁。因为环境是动态的，所以这类课题的研究可以说是企业的一项最基本任务。而企业在进行经营的过程中也会因为自身的原因出现这样那样的一些问题，这时企业也需要根据实际进行市场研究，找出原因，给出合理的对策。

确定市场研究课题，一项很重要的任务是如何把决策问题转化为研究课题。决策问题是市场决策者所面临的问题，它所要解决的是"决策者要做什么，如何做"的问题，它考虑的是决策者应该采取的行动。研究课题所要解决的则是"搜集什么样的信息及如何获取这些信息"的问题。换句话说，决策问题决定了研究课题的大方向，研究课题要服务于决策问题。例如，某企业最近的市场份额下降了，导致出现这种现象的可能原因很多，企业首先要确定是哪种原因导致了这样一个结果，这个原因就指明了市场研究的方向，也为确定研究课题奠定了基础。

作为调查人员，在开展市场研究前必须明确三个问题：企业开展市场调查的原因；市场调查需要解决的问题；市场调查的目标。只有明确了这三个问题，调研活动才能往下继续进行。而且作为市场研究的起点和基础，市场研究课题还必须要满足一定的条件，首先调查项目必须切实可行，也就是说它必须能够运用具体的合理的调查方法进行调查。其次是研究的课题可在规定的时期内完成，以确保研究的时效性。最后就是研究活动能够获得相应的客观资料，并能根据这些资料解决问题。只有满足了这些条件，研究课题才能确定下来，才能进行后续的研究工作。

（二）设计市场研究方案

明确市场研究是一项计划性非常强的工作，这一点可以通过市场研究方案的制定得到很好的体现。市场研究方案是整个市场研究工作的纲领，它指明了市场研究的方向，保证了市场研究活动的顺利进行。市场研究方案就是对后续的营销调研所做的周密计划，一般来说，市场研究方案主要包括以下几个方面的内容。

▶ 1. 明确市场研究的目的

明确市场研究的目的就是回答为什么要进行市场研究，通过市场研究要解决什么问题以及想要达到什么样的结果，这是我们进行市场研究工作首先要解决的问题。如果目的不明确，就无法设计出科学合理的研究方案，后续的工作也就无从谈起。

▶ 2. 设计市场研究的内容

市场研究的内容是围绕着研究目的展开的，研究目的不同，搜集的材料也就不同，这就使得研究的内容存在很大的差别。如果要用问卷进行调查，市场研究的内容将直接决定问卷中问题的设计，这是方案设计中非常重要的一项工作。

▶ 3. 确定市场研究的对象和单位

市场研究对象就是根据调查目的和调查任务所确定的调查范围以及所要调查的总体，它由许多在某些性质上具有共性的调查单位组成。调查单位是市场研究对象中的每一个具体单位，它是调查实施过程中需要具体回答各个调查项目的承担者。

▶ 4. 设计市场研究的方法

具体的市场研究方法主要有文案法、访问法、观察法和实验法等。在调查时，采用何种方法不是固定和统一的，而主要取决于市场研究对象和调查任务。

▶ 5. 设计市场调查的时间和地点

调查时间是指获取调查资料所需要的时间，具体调查时间应根据所要收集资料的性质灵活规定。在市场调查方案中，还需要明确规定调查的地点。

▶ 6. 设计市场研究的组织计划，并进行费用预算

设计市场研究的组织计划就是为了确保调查的顺利进行所做的具体工作安排，即调查工作计划。市场调查费用的多少通常视调查目的、调查范围和难易程度而定，在进行费用预算时，必须明确给出各个阶段所花的费用。

（三）选择市场研究的方法

选择合适的市场研究方法是市场研究能否获得有效数据的前提，比较常见的市场研究方法主要有三种：调查法、实验法和观察法，研究者应根据研究课题的目的和内容来选择恰当的研究方法。

（四）设计抽样方案及确定样本量

抽样设计是市场研究中一个非常关键的步骤，这一步设计的好与坏会直接影响整个市场研究工作的质量，并影响市场研究的成本。按照调查的范围可以把市场调查分为全面调查、重点调查、典型调查和抽样调查，其中抽样调查是市场调查比较常用的方法。因此，

在方案设计阶段，首先要确定抽样的方法和样本的容量。关于这方面的内容我们会在后面的章节中做具体的描述和分析，此处不再赘述。

（五）数据收集

数据收集就是按照制定好的市场研究方案的要求，到现场实地展开具体的调查工作。在具体实施阶段，需要重点把握两个方面的内容：一是严格选拔市场调查人员，并对其进行专业培训；二是在调查的实施过程中，要严格按照相关要求进行运作，并对运作过程进行监管。

此阶段是市场研究难度最大的阶段，因此，要求调查人员必须以认真负责的态度对待此阶段的工作，只有这样，才能保证调查工作的顺利进行。

（六）整理和分析数据，提交市场研究报告

通过市场调查收集到的数据并不能直接使用，需要研究人员对其进行初步的筛选、整理和编码，并借助相关软件进行分析，得到的结果才能为经营决策提供依据。为了使研究结果更加直观清晰，研究人员需要把整个研究过程、分析结果、结论和建议等以研究报告的形式集中体现出来，最后以书面或口头的方式进行汇报。

二、市场研究的原则

市场研究是企业获得信息的重要手段，此项工作的质量会直接影响企业的决策，并最终影响企业的生死存亡，因此，为了保证市场研究结果的客观真实性，企业在进行市场研究时必须遵循以下几项原则。

（一）科学性原则

科学性原则体现在市场调查活动的全过程，这个过程包括设计科学的市场研究方案，运用科学的方法系统地收集、记录、整理和分析市场信息资料等。可以说，市场调查的任何一个步骤都离不开科学方法的指导。所以科学性原则是企业进行市场研究首先要遵循的重要原则。

（二）客观性原则

客观性原则要求调查人员应自始至终保持客观的态度去寻求反映事物真实状态的准确信息，这就要求调查人员在市场调查中一定要做到尊重事实，尽量避免主观性和片面性。也就是说在调研活动中必须以事实为依据，不允许带有任何个人主观的意愿或偏见，也不应受任何人或管理部门的影响或压力去从事调研活动。

（三）时效性原则

所谓的时效性原则，就是要求调查人员在进行调查活动中要及时发现和抓住市场上任何有用的情报和信息，及时分析、及时反馈，以为企业及时制定营销决策创造条件。如果不能在有限的时间内尽可能多地收集决策所需的情报资料，不仅会增加费用支出，而且会导致企业决策的滞后甚至出现错误。

（四）经济性原则

市场调查是一项非常复杂的活动，它往往需要耗费大量的人力物力。进行实际调查时，即使调查目标相同，但因采用的调查方案不同，会使得费用的支出大大不同；而在费用支出相同的情况下，不同的调查方案产生的效果可能存在较大的区别。因此，这就要求企业一定要根据自己的实力，选择合适的调查方案，力争以较小的投入取得较好的调查效果。

（五）保密性原则

保密性原则主要体现在两个方面：一是如果是接受客户的委托而进行的调研，则要求调研组织者必须为客户保密，保证客户利益，切忌将调查结果透露给第三方；二是要为被调查者保密，尤其是被调查者的个人基本信息，以免影响调查机构的信誉，增加日后调研的难度。

在进行市场研究工作中，相关的机构或企业应按照科学的市场研究程序，并遵循上述的调研原则展开市场调查工作，以保证调研结果真实、准确和适用。

第三节 市场研究的历史和现状

一、市场研究的产生和发展

市场调查作为获取市场信息的一种重要手段，它是伴随着商品经济的产生而出现的，同时随着商品经济的发展而得到发展。和市场营销学一样，市场调查也起源于美国。其发展历史主要包括以下几个阶段。

（一）萌芽阶段

根据文献记载，真正为市场营销决策提供信息的市场调研，是1879年由一个广告代理商为农业设备制造商开展的。而专门的学者进入这个领域则是在1895年，美国明尼苏达大学的一名心理学教授用邮寄问卷调查法进行调查，当时问卷回收率仅10%。

（二）建立阶段

20世纪初至20世纪30年代是市场调查业的建立阶段。在这一时期，市场调查作为一个行业在各个领域开始得到发展：美国的多家大学创建了所属的市场调查所，有关市场调查的学术专著、手册和教材开始陆续出版，并产生了一批有影响力的著作；美国的一些企业也开始应用市场调查技术为企业营销服务，成立市场调研部，并获得了成功。1907—1912年，美国的哈佛商务学校创建了市场调查所。1918年，西北商业学校创建了所属的商务调查所。1911年，美国纽约的柯蒂斯出版公司聘请了佩林任经理，他编写了《销售机会》一书，这是第一本有关市场研究的专著，内容包括美国各大城市的人口分布、人口密度、收入水平及相关资料，佩林也被推崇为市场调查学科的先驱。1915年，美国的橡胶公司成立了商业调研部。1917年，斯威夫特公司也成立了商业调研部。1919年，美国芝加哥大学教授邓肯出版了《商业调研》，这是市场调研方面的第一本学术专著。1921年，怀特出版了《市场分析》，这是第一本调研手册书。1929年，在美国政府的主持下，在全美展开了一项分销调查，内容涉及市场结构、商品销售通道、中间商和分配渠道、中间商的经营成本等，为企业提供了较为系统和准确的市场活动资料，这次调查被视为美国市场调查史上的里程碑。1937年，美国市场营销协会资助的出版物《市场调查技术》问世，该书汇集了有关市场调查理论和实践两方面的知识，市场调查正式成为大学商学院的课程之一。同年，布朗的《市场调查与分析》出版，该书一经推出就作为有关市场调查方面的教材而被广泛使用。但是，在市场调查作为一门学科的创建初期，与市场调查有关的理论方法大部分局限于平均数、长期趋势、单相关等内容，经济计量在市场调查学中也仅有初步的发展和使用。市场调查所涉及的理论知识和方法论都还处于发展的初级阶段。在市场调查的建立阶段，陆续确立了实地调查法、观察法和实验法，也开始发展了调查表法和抽样理论。其中，1910—1920年，问卷设计开始兴起，问卷调查成为当时主流的市场调查方式。

（三）巩固提高阶段

20世纪30年代末到50年代初是市场调查业的巩固提高阶段。在这个阶段，市场调查的方法得到创新。30年代末和40年代初，样本设计技术获得很大进展，抽样调查兴起。调查方法的革新使得市场调查方法应用得更加广泛；40年代在Robert Merton的领导下，又创造了"焦点小组"方法，使得抽样技术和调查方法取得很大进展。1946年著名社会学家莫顿和邓德尔在《美国社会学杂志》上发表专文，对"焦点小组"方法进行了系统的论述，并在其后的几十年里，一直应用于商业性的市场调查中。20世纪40年代后，有关市场调查的书籍陆续出版，越来越多的大学商学院开设了市场调研课程，教科书也不断翻新。在此期间，配额抽样、随机抽样、消费者固定样本调查、问卷访问、统计推断、回归分析、简单相关分析、趋势分析等理论也得到了广泛的应用和发展。

（四）成熟阶段

20世纪50年代后，市场调查学进入了一个大发展的新阶段，主要是调查方法的创新、分析方法的发展和计算机技术的应用，形成了一股研究市场调查方法的热潮。第二次世界大战结束后，西方资本主义国家进入了经济迅速发展阶段。市场经济空前繁荣，企业竞争激化。由卖方市场向买方市场的转变，企业市场风险的加大要求企业必须在产品销售及新品开发方面加大力度和不断创新。为了避免决策失误和规避风险，企业必须要获得更好的市场情报，通过市场来发现市场需求，以便做出正确的决策，20世纪50年代在市场调研过程中就提出了市场细分的概念，并展开了消费者动机研究、消费者行为分析。这些分析和研究与先进的调查技术相结合，派生出消费者心理学等边缘学科，也正是在这一背景下，市场调查业进入了迅速发展阶段。在西方，市场调查业经过多年的发展，已经形成了相当的规模。西方国家大约73％的公司都设立有市场调查和研究部门。美国有1 300多家公司直接从事市场调查和咨询服务业，美国企业每年花在市场调研方面的费用超过100亿美元。市场调查的结果在企业的决策中起着举足轻重的作用。社会和企业对市场调查的普遍重视和广泛应用，又反过来促进了学科的发展。很多大学已经把市场调查作为重要课程，有关市场调查的书籍、教材、报纸、杂志得到大量的出版发行。市场调查的理论、方法和技术也越来越高级化、系统化和实用化。

在大发展阶段，由于电子计算机的出现，市场信息的收集、整理和分析各个过程都实现了信息化。调查数据的分析、储存和提取能力大大提高。同时，各种调查技术，如动态分析、运筹学运用、态度测量表、多元回归分析、数理模式、计算机模拟、经济计量模型、决策理论和方法都得到创新和发展。计算机的普及又促进了各种分析工具的应用，如SPSS、SAS等。这些分析工具大大促进了分析速度以及简化了分析过程，进一步推动了市场调查业的信息化。至今，市场调查业以及有关市场调查的理论和方法依然在发展完善中。

二、市场调查业在我国的发展

在我国，市场调查业的发展经历了一个比较曲折的过程。由于在改革开放以前，中国实施的是计划经济体制，在这样的特殊背景下，市场调查的发展受到了很大的局限，所以市场调查真正在中国得到发展是在改革开放之后。从整个市场调查的发展历史来看，市场调查在中国的发展过程主要包括两个阶段。

（一）初创阶段

自新中国成立至改革开放前是我国市场调查业的初创阶段。新中国成立以后，政府部门是进行市场调查的开山鼻祖和主导力量。国家、地方、各部门都设立了统计机构，开始对国民经济、社会发展等资料进行全面收集、整理和分析，如20世纪50年代成立的城市抽样调查队伍，主要是了解城市职工生活状况及市场变动。其后又陆续建立了农村抽样调查队伍和企业抽样调查队伍，政府进行市场调查的范围越来越大。同时，少数企业也设立了专门的调查机构，并由专门的调查人员从事市场调查。由于在新中国成立以后的较长一段时间里，我国一直处于计划经济体制，对市场经济和市场信息的认识不足，市场调查的重要性一直得不到足够认识，业务范围也基本局限为政府市场调查的范围，市场调查业无法得到发展，这是我国市场调查业在初创阶段的主要特征。

（二）发展阶段

自从我国进行经济体制改革以后，市场调查业在我国得到了迅速的发展。在这个阶段，市场调查作为一个行业正式建立，并且由原来的政府主导转变为政府和市场调查公司共同发展。

在这一阶段，我国市场调查业的业务范围大大扩展，形成了政府调查和企业调查共同发展的局面：我国政府在建立阶段积极扩展业务，定期发表的统计数据既包括宏观方面的国家各项指标，又包括微观的企业、居民、市场等各方面的分类指标；既有为国家决策服务的指标，又有为企业和公众服务的各类指标。市场调查公司不仅在数量上大大增加，而且在质量和涉及的业务领域方面都有了极大的提高和拓展。

加入世界贸易组织后，我国市场进一步放开，大量外国企业涌入国内市场，市场调查成为它们了解中国市场的重要途径，同时国内企业也越发意识到市场调查的重要性，这些都增加了对市场调查的需求。而且随着外企的进入，大量的国外专业调查机构也开始进入到中国，这也为中国调查行业注入了新的活力。同时，市场调查方法和技术的创新、市场调查的信息化都会进一步促进市场调查的广泛应用。因此我们有理由相信，我国市场调查业的明天会更加美好。

三、目前我国境内调查机构的类型

按照调研主体性质的不同，可以把我国境内的调查机构分为以下几大类，下面我们就对每种类型下比较知名的调查机构进行简要介绍。

（一）合资型

盖洛普咨询有限公司由美国著名的社会科学家乔治·盖洛普博士于20世纪30年代创立，是全球知名的民意测验和商业调查咨询公司。

北京华通现代市场信息咨询有限公司（ACSR）成立于1992年，最初是作为北京华通人市场信息公司的消费者研究部，1997年与美国Market Facts（MFI）合资成为提供全方位专项市场研究服务的专业性公司。

（二）国有型

央视市场研究股份有限公司是中国领先的市场研究公司，成立于1995年，2001年改制成为股份制企业，主要投资方为中国国际电视总公司和世界排名第二的市场研究集团TNS。

北京环亚市场研究社（PAMRI）是国内最早专职于市场调查的独立法人公司之一。其前身是北京市国际贸易研究所的咨询开发部，隶属于北京市对外经济贸易委员会。现已成为世界民意调查协会(WAPOR)、欧洲民意及市场调查协会(ESOMAR)和美国营销协会(AMA)的正式会员。

(三) 民营型

"零点调查"是比较有名的民营调查机构,它成立于1992年,其业务范围为市场调查、民意测验、政策性调查和内部管理调查。

大正市场研究公司1992年成立于上海,10年来大正一直以顾问身份为顾客提供全面的研究、咨询服务,并以深度卷入营销实战为特色。

(四) 学术型

中国人民大学新闻与社会发展研究中心的前身是1986年10月成立的中国人民大学舆论研究所及此后相继成立的现代广告研究中心、媒介经营管理研究所、港澳台新闻研究所和视听传播研究中心,1999年11月,重新组建后改成现在的名字。

北京广播学院调查统计研究所(Survey & Statistics Institute of BBI)正式成立于1992年。调查统计研究所是一个集教学、科研和市场调查服务于一体的研究机构,为社会各界提供具体研究项目的设计、实施和分析的全方位的服务。该机构是最早获中华人民共和国涉外社会许可证的高校研究机构。

本章小结

市场研究是任何企业在经营过程中都必须面对的一项经常性的基础工作,也是企业最重要的营销职能之一,它的发展与市场营销的发展基本同步。随着市场的发展,市场研究正逐渐发挥着越来越重要的作用。

本章主要围绕着市场研究的相关内容展开,具体内容包括以下几个方面。

市场研究的定义及特点。市场研究的定义有广义和狭义之分,本书主要采用的是狭义的定义。市场研究的特点包括系统性、创造性、社会性、科学性、不稳定性和目的性等。

市场研究的分类和作用。根据所选择的分类依据,可以把市场研究分为不同的类型,其作用可以从宏观和微观两个层面进行分析。

市场研究的过程分为六个步骤:确定市场研究的任务和课题;设计市场研究方案;选择市场研究的方法;设计抽样方案及确定样本量;数据收集;整理和分析数据,提交市场研究报告。

市场研究的原则包括科学性原则、客观性原则、时效性原则、经济性原则和保密性原则。

目前我国境内调查机构主要有合资型、国有型、民营型和学术型四种类型。

复习思考题

1. 结合实际,谈一谈你对市场研究的理解。
2. 苹果已逝的前CEO宣称苹果从来不需要进行市场调研,你对此有什么看法?

3. 举例说明市场研究的作用。
4. 你认为一名合格的市场研究人员应具备哪些方面的特征。
5. 查阅相关资料,总结国内市场研究机构存在的问题,并给出相应的解决方案。

阅读材料

就市场调查的特征问题,美国市场营销学专家菲利普·科特勒在其著作《市场营销管理》(亚洲版)中提出了自己的看法。他认为有效的市场调查具有以下七个特征。

1. 科学的方法

有效的市场调查是使用科学的方法:仔细观察、形成假设、预测并试验。举例如下:某个邮购公司的退货率高达30%,管理层要求市场经理调查原因。商场调查员检查了退回订单的特征,如顾客的地理位置、退回订单的金额以及商品种类。然后做出假设:顾客等候订购商品的时间越长,退货的可能性就越大。统计分析证实了这个假设,调查员估计出使退货率下降所要求的服务速度。公司采纳了他的建议,结果证明预测是正确的。

2. 调查的创造性

市场调查最好能提出解决问题的建设性的方法。

3. 多种方法

优秀的市场调查员并不依赖一种方法,强调方法要适应问题,而不是问题适应方法。他们也知道通过多种来源收集信息有更大的可信度。

4. 模型和数据的相互依赖

优秀的市场调查员懂得事实的含义是源自问题的冒险。这些冒险指导要收集信息的类型。因此,应尽可能予以明确。

5. 信息的价值和成本

优秀的市场调查员应注意衡量信息的价值与成本之比。价值和成本能帮助市场调查部门确定应该进行哪个调查项目、应该应用什么样的调查设计以及初期结果出来后应该收集哪些更多的信息。调查的成本很容易计算,而价值就很难确定了。价值依赖于调查结果的可靠性和有效性,以及管理层是否愿意承认调查结果并加以使用。

6. 正常的怀疑态度

优秀的市场调查员对经理轻率做出的关于市场运转方式的假设应持怀疑态度。

7. 合乎职业道德的市场营销

略。

资料来源:〔美〕菲利普·科特勒. 营销管理:分析、计划、执行和控制[M]. 上海:上海人民出版社,1999.

案例分析

可口可乐:一次市场调研失败的教训

1. 可口可乐与百事可乐的较量——百事以口味取胜

20世纪70年代中期以前,可口可乐一直是美国饮料市场的霸主,市场占有率一度达到80%。然而,70年代中后期,它的老对手百事可乐迅速崛起,1975年,可口可乐的市场份额仅比百事可乐多7%;9年后,这个差距更缩小到3%,两者的差距已经变得微乎其微。

百事可乐的营销策略是：①针对饮料市场的最大消费群体——年轻人，以"百事新一代"为主题推出一系列青春、时尚、激情的广告，让百事可乐成为"年轻人的可乐"；②进行口味对比。请毫不知情的消费者分别品尝没有贴任何标志的可口可乐与百事可乐，同时百事可乐公司将这一对比实况进行现场直播。结果是，有八成的消费者回答百事可乐的口感优于可口可乐，此举马上使百事的销量激增，百事以口味取胜。

2. 耗资数百万美元的口味测试——跌入调研陷阱

对手的步步紧逼让可口可乐感到了极大的威胁，它试图尽快摆脱这种尴尬的境地。1982年，为找出可口可乐衰退的真正原因，可口可乐决定在全国10个主要城市进行一次深入的消费者调查。

可口可乐设计了"你认为可口可乐的口味如何""你想试一试新饮料吗""可口可乐的口味变得更柔和一些，您是否满意"等问题，希望了解消费者对可口可乐口味的评价并征询对新可乐口味的意见。调查结果显示，大多数消费者愿意尝试新口味可乐。

可口可乐的决策层以此为依据，决定结束可口可乐传统配方的历史使命，同时开发新口味可乐。没过多久，比老可乐口感更柔和、口味更甜的新可口可乐样品便出现在世人面前。为确保万无一失，在新可口可乐正式推向市场之前，可口可乐公司又花费数百万美元在13个城市中进行了口味测试，邀请了近20万人品尝无标签的新/老可口可乐。结果让决策者们更加放心，六成的消费者回答说新可口可乐味道比老可口可乐要好，认为新可口可乐味道胜过百事可乐的也超过半数。至此，推出新可乐似乎是顺理成章的事了。

3. 背叛美国精神——新可乐计划以失败告终

可口可乐不惜血本协助瓶装商改造了生产线，而且，为配合新可乐上市，可口可乐还进行了大量的广告宣传。1985年4月，可口可乐在纽约举办了一次盛大的新闻发布会，邀请200多家新闻媒体参加，依靠传媒的巨大影响力，新可乐一举成名。

看起来一切顺利，刚上市一段时间，有一半以上的美国人品尝了新可乐。但让可口可乐的决策者们始料未及的是，噩梦正向他们逼近——很快，越来越多的老可口可乐的忠实消费者开始抵制新可乐。

对于这些消费者来说，传统配方的可口可乐意味着一种传统的美国精神，放弃传统配方就等于背叛美国精神，"只有老可口可乐才是真正的可乐"。有的顾客甚至扬言将再也不买可口可乐。

每天，可口可乐公司都会收到来自愤怒的消费者的成袋信件和上千个批评电话。尽管可口可乐竭尽全力平息消费者的不满，但他们的愤怒情绪犹如火山爆发般难以控制。

迫于巨大的压力，决策者们不得不做出让步，在保留新可乐生产线的同时，再次启用近100年历史的传统配方，生产让美国人视为骄傲的"老可口可乐"。

资料来源：百度文库.

思考：

1. 可口可乐在进行调研时有没有按照调研的程序来进行？
2. 你认为可口可乐决策失败的原因仅仅是因为调研的问题吗？为什么？

第二章 市场研究内容

学习目标

1. 了解企业宏观环境和微观环境的构成；
2. 了解企业环境调研的内容；
3. 了解市场需求调研的内容；
4. 了解消费者行为调研的内容；
5. 掌握营销组合调研的内容及应用。

导引案例

中国人不喝冰红茶

一间宽大的单边镜访谈室里，桌子上摆满了没有标签的杯子，有几个被访问者逐一品尝着不知名的饮料，并且把口感描述出来写在面前的卡片上……这个场景发生在1999年，当时任北华饮业调研总监的刘强组织了5场这样的双盲口味测试，他想知道，公司试图推出的新口味饮料能不能被消费者认同。

此前调查显示：超过60%的被访问者认为不能接受"凉茶"，他们认为中国人忌讳喝隔夜茶，冰茶更是不能被接受。刘强领导的调查小组认为，只有进行了实际的口味测试才能判断这种新产品的可行性。

当拿到调查的结论，刘强的信心被彻底动摇了，被测试的消费者表现出对冰茶的抵抗，一致否定了装有冰茶的测试标本，新产品在调研中被否定。

直到2000年和2001年，以旭日升为代表的冰茶在中国全面旺销，北华饮业再想迎头赶上为时已晚，一个明星产品就这样穿过详尽的市场调查与刘强擦肩而过。说起当年的教训，刘强还满是惋惜："我们举行口味测试的时候是在冬天，被访问者从寒冷的室外来到现场，没等取暖就进入测试。寒冷的状态、匆忙的进程都影响了访问者对味觉的反应。测试者对口感温和浓烈的口味表现出了更多的认同，而对清凉淡爽的冰茶则表示排斥。测试状态与实际消费状态的偏差让结果走向了反面。"

"驾驭数据需要系统谋划。"好在北华并没有从此怀疑调研本身的价值，"去年，我们成功组织了对饮料包装瓶的改革，通过测试，我们发现如果在塑料瓶装的外形上增加弧形的凹凸，不仅可以改善瓶子的表面应力，增加硬度，更重要的是可以强化消费者对饮料功能性的心理认同。"

采访中，北京普瑞辛格调研公司副总经理邵志刚先生的话似乎道出了很多企业的心声："调研失败如同天气预报给渔民带来的灾难，无论代价多么惨痛，你总还是要在每次出海之前，听预报、观天气、看海水。"

资料来源：百度文库.

思考：
1. 北华饮业此次调研失败的原因有哪些？
2. 你认为企业在进行调研活动前应该做哪些方面的准备工作？

第一节 企业宏观营销环境调研

宏观环境是独立于企业营销活动之外，但又会对企业的营销活动产生重要影响的相关因素，其作用面广泛，任何一家企业都不可避免地要受到其直接或间接的影响，因此，对宏观环境进行调查研究是所有企业都需要去做的一项重要工作。宏观环境调查主要应从以下几个方面来进行。

一、政治环境调查

进行政治环境调查，主要是了解对市场影响和制约的国内外政治形势以及国家管理市场的有关方针政策，从而为企业的投资和营销决策提供依据。对政治环境进行调查主要包括以下几个方面的内容。

（一）国家制度和政策

国家制度和政策是企业进行决策的风向标，任何企业在进行决策前都必须要对此进行基本的了解和把握。西部大开发就是国家政策对企业决策产生重要影响的一个典型例子。在国家提出"西部大开发"口号后，西部在国家政策帮助下经济发展势头迅猛，经济发展速度大大超出经济水平相对发达的东部。在这种情况下，大量的东部企业纷纷在西部进行投资，对西部经济发展带来了巨大影响。

（二）国家或地区之间的政治关系

国家或地区之间的政治关系是非常复杂多变的，而且这种关系往往带有一定的时期性，这就要求企业尤其是进行跨国经营的企业要有敏锐的洞察力，准确把握这种微妙的关系，为企业做出正确决策提供依据。国家或地区之间的政治关系也是企业进行调研的重要内容之一。

（三）政治和社会局势

政治和社会的稳定是保证企业正常经营的前提，政治和社会的动乱往往会影响企业的投资信心和企业的正常运营。中国企业在国外的投资项目就曾经因社会动乱而受到重创，所以企业在进行投资决策及经营过程中，必须密切关注该国的政治和社会局势。

二、法律环境调查

法律是任何企业和个人在从事社会和个人活动时都必须要遵守的，企业在经营活动中必须要做到知法、懂法、守法和用法。企业法律环境的调查就是要分析相关国家的各项法规、法令和条款等，尤其是经济方面的立法，如进出口关税条例、商标法、专利法和环境保护法等。从事国际贸易的企业除了要了解相关国家的法规、法令外，还应了解国际贸易的相关惯例和要求等，例如，日本政府曾经规定，任何外国企业进入日本市场，都必须找一个日本公司与它合伙。具体来讲，企业对法律环境的调研通常着重于以下几个方面。

（一）现有的政策和法律

对现有政策和法律的调研不仅可以帮助企业分析什么可以做，从而有效把握市场机会，实现企业经营目标，而且使企业了解什么不可以做，从而有效进行规避，防止产生不必要的损失。

（二）政策和法律的变化趋势

政策和法律不是制定下来后就一成不变的，它往往是随着社会的发展和环境的变化而发生改变的，对政策和法律变化趋势的调研可以帮助企业探寻未来的发展方向，争取主动，以立于不败之地。

（三）现有政策和法律及其变化趋势对企业的影响程度

现有政策和法律及其变化趋势对不同的企业而言，影响程度是不同的，例如环境保护法的修订对重度污染的企业和轻度污染的企业影响程度是不同的。对企业来讲，对此进行调研有助于帮助企业决定自身的经营是否应转向，或者是否应做出调整。

三、经济环境调查

经济环境是指企业所面临的社会经济条件及其运行状况和发展趋势，经济环境对市场的构成有着极其重要的作用。经济环境的调查，主要是对社会购买力水平、消费者收入与支出模式、消费者的储蓄和信贷以及税收、关税和通货膨胀等进行调研。而这些指标对于不同企业的重要程度是不一样的，例如消费者收入可分为人均国民收入、个人收入、个人可支配收入、个人可任意支配收入及家庭收入等，其中的个人可任意支配收入对工业企业来讲就没有多大的意义，但对生产或提供旅游产品和奢侈品的企业却有至关重要的参考价值。所以在进行经济环境调查时，企业应根据自己的需求有选择地进行。一般来说，影响经济环境的因素主要有四个：自然条件、经济发展水平、经济发展速度和经济发展周期，企业在进行调查时，要重点围绕这些要素展开。

四、社会文化环境调查

文化是一个多因素影响变量，它不仅包括知识、信仰、道德、风俗、时尚和艺术等要素，还包括个人作为社会成员所获得的一切社会观念和习惯。文化使一个社会的规范、行为及观念更为系统化，文化是一个社会价值观和规范体系的最好诠释。在不同的国家、地区或民族之间，文化之间的差别往往要比其他因素表现得更加明显深刻，它对人们的生活方式和行为规范产生最直接最重要的影响。例如，在销往中东地区的各种用品中不能含有酒精，这是因为该地区绝大多数的居民笃信伊斯兰教，严禁饮酒；又如，有些地区消费者喜欢标有"进口"或"合资"字样的商品，而另一些地区消费者却可能相反，这种情况一方面与民族感情有关，另一方面也与各国、各民族的保守意识和开放意识有关，这些都要通过市场调查去掌握。

由此可见，社会文化环境会对企业的营销决策产生重要的影响，企业必须在营销活动中注意文化差别对企业经营活动的影响。一般来讲，企业对社会文化环境的调查主要集中在以下几个方面。

▶ 1. 宗教信仰

宗教信仰是企业在进行社会文化环境调查时必须要考虑的重要内容,不同的地区、不同的民族,其宗教信仰存在着较大的差别,而这种差别会使消费者的价值观和消费行为呈现出很大的不同。例如,伊斯兰教比较著名的"斋月",基督教对数字13的禁忌,这些都是企业在进行营销活动及制定营销决策时必须要考虑的。

▶ 2. 居民文化水平

居民的文化水平会在很大程度上影响到其职业、文化素养、收入及消费行为等,而后者对企业的决策会产生重要的影响。例如,在受教育程度普遍较高的国家或地区所做广告的内容,就与受教育程度较低的国家或地区存在较大的区别,不了解这方面的内容,必然会影响到企业所制定决策的正确性。

▶ 3. 风俗习惯

风俗习惯指个人或集体的传统风尚、礼节、习性,是特定社会文化区域内历代人们共同遵守的行为模式或规范,主要包括民族风俗、节日习俗、传统礼仪等。风俗习惯对社会成员有非常强烈的行为制约作用,也是社会道德与法律的基础和相辅部分。所以在市场调查中必须要对此方面的内容进行深入研究。

▶ 4. 社会时尚的变化

社会时尚的变化也会对企业的营销活动产生非常重要的影响,这就要求企业必须对此进行调研,以掌握一段时期内某些消费行为在广大群众中的流行趋势和流行性影响,并分析时尚的流行周期及其对市场可能产生的影响。

五、科技环境调查

新技术的出现往往会给人们的生活方式带来全新的变化,使人们的生活更加舒适。但新技术是一把"双刃剑",在给一些企业带来机会的同时,也会给其他企业带来威胁,例如,支付宝和微信支付的出现对银行业来讲就是一种威胁。正因如此,对科技环境的调查就成为必不可少的事情。当代科技环境的特征是技术更新换代非常快,各种新技术层出不穷,尤其是以电子技术、信息技术、新材料技术、光学技术、新能源技术及生物技术等为代表的新兴产业的建立和发展,对企业的洞察力和反应速度提出了更高的要求,它要求相关企业必须密切关注科技发展的新动向,不断研制出迎合市场需求的新产品,利用新技术提高企业的管理水平和工作效率,借助科学技术的进步,不断推动社会生产和社会需求的发展。

对科技环境的调查主要包括两个方面的内容。首先是技术政策的调查,技术政策表明了政府对技术发展的态度,为企业选择合适的技术领域指明了方向。例如,国家对新能源技术的发展在政策层面给出了强有力的支持态度,这使很多企业对新能源技术的前景非常乐观,并且愿意在此领域进行高额投资。其次是技术发展速度的调查,顾名思义,技术发展速度代表了某类技术更新换代的速度,而更新换代的速度决定了企业研发新技术所面临的风险。从某种意义上来讲,技术发展速度快的行业更像是一种冒险业务,技术研发能力强的企业更容易取得成功,例如手机行业就是典型的例子。正因为如此,企业必须关注行业的技术发展速度。

六、自然环境调查

自然地理环境也是企业面临的一个非常重要的宏观环境因素,它在很大程度上会对居民的价值观、消费行为及消费观念等产生重要影响。对自然环境的调查可以从以下两个方面着手。

（一）自然物质环境的调查

自然物质环境是指自然界提供给人类各种形式的自然资源，如矿产资源、森林资源、土地资源、水力资源等。自然资源是任何企业都要面临的重要影响因素，对于企业而言，要进行生产经营活动首先要考虑的就是生产所需的原材料，而自然资源则是原材料的一个重要来源，所以对自然资源的调查对于企业尤其是生产型企业有着重要的意义。例如，与煤炭、天然气和石油等相关企业，在进行宏观环境调查时，自然资源的调查就是其非常重要的一项调查任务。

（二）自然地理环境的调查

自然地理环境包括地区条件、气候条件、季节因素、使用条件等，这些也是企业在进行营销活动时必须要考虑到的因素。例如，在海南做服装生意和在东北地区做服装生意时，其产品类别差别巨大；又如，加湿器在南方很少有人问津，但在北方的冬天却很畅销，这些都是地理环境在起作用。

第二节　企业微观营销环境研究

企业的微观环境是指跟企业经营活动密切相关，会对企业经营产生直接影响的相关因素，主要包括企业自身的经营及营销活动、竞争对手、顾客、公众、供应商和营销中介等。

一、市场需求调查

市场需求调查是市场调查中最基本的内容，主要针对市场商品的需求量、需求结构和需求时间。通俗来讲，就是通过调查了解消费者在何时何地需要什么以及需要多少。

通过对市场营销学的学习，我们知道需求是由购买力和购买欲望两部分组成的，购买力是营销人员没有办法控制的因素，所以对商品需求量的调查主要是调查社会购买力。所谓社会购买力，是指在一定时期内，全社会在市场上用于购买商品和服务的货币支付能力。社会购买力主要由居民购买力、社会集团购买力和生产资料购买力三部分构成。在调查需求量时，不仅需要了解企业在某地区的需求总量、已满足的需求量和潜在的需求量，而且要了解该企业的市场销售量在该商品需求总量中所占的比重，从而判断该企业的竞争实力，便于企业制定合理的竞争和营销策略。

需求结构调查主要调查的是购买力的投向，也就是消费者把钱花在哪些方面。通常，需求结构调查就是按照不同的细分变量，如消费者的收入水平、性别、职业类型、受教育程度、居住区域等对消费者进行具体的分类，然后再具体测算不同类别消费者的购买力投向。在进行需求结构调查时，不仅需要了解需求商品的总量结构，还必须了解每类商品的具体需求结构。与此同时，我们在进行具体的调查时，还应该深入了解细分市场的发展动向，了解需求结构的变化趋势及引起这种变化的影响因素，了解企业开拓消费新领域的可能性等。

需求时间调查主要是调查消费者在不同时间的商品需求量及需求结构。通过需求时间调查，可以发现消费规律，便于企业发现并抓住机会。

二、消费者调查

(一) 消费者基本状况调查

消费者基本状况调查包括以下几个方面的内容：

(1) 消费者的总量。这个数据直接决定了市场规模的大小。

(2) 家庭总数和家庭平均人口数。这在一定程度上决定了市场的结构及消费结构。

(3) 人口地理分布。不同的国家和地区，人口地理分布会存在较大的差异，而这种差异将会影响到消费者的消费行为。

(4) 民族构成。不同的民族，其风俗习惯、宗教信仰等都会存在较大的差异，企业在不同的地区尤其是多民族地区进行经营活动时，必须要进行民族结构调查，从而制定合适的营销策略。

(5) 性别差异。男性和女性在消费心理、消费结构及消费行为方面存在着较大的差别，这些方面已经在实践方面得到了验证。

(6) 年龄构成。不同年龄段的消费者，其价值观和消费行为等也存在一定的差别。

(7) 职业构成。

(8) 教育程度。

(9) 个人收入和家庭收入。

企业可根据实际情况有选择地进行调查，例如，在中国进行消费者购买力调查时，通常都要把家庭收入考虑进来，但在国外，家庭收入受重视的程度可能就比较低，这是因为中国家庭成员之间不流行"AA"制。又如，对文化产品市场进行调查时，受教育的程度将是一项重要的考察指标，但对日常生活用品市场进行调查时，可能此项指标就不是必须的。

(二) 消费者购买动机调查

消费者购买动机更多的是反映消费者对某种商品是否有购买的想法或打算，消费者购买动机调查不仅有助于预测企业商品的未来需求量，帮助企业制定合理的生产决策，而且可以了解企业潜在的竞争对手，帮助企业制定有效的竞争策略和营销策略。动机要转化成行为，往往还需要一定的条件，这种条件在营销学中被称为刺激物。所以在进行购买动机调查时，不仅要了解其购买动机，而且要了解促使购买动机转化为购买行为的因素，尽可能使购买动机真实地反映出购买行为。

(三) 消费者购买行为调查

消费者购买行为是消费者购买动机在实际购买过程中的具体表现。消费者购买行为调查，就是对消费者购买模式和习惯的调查，即通常所讲的6W2H调查，即了解消费者在何时购买(when)、何处购买(where)、由谁购买(who)、谁参与购买(who)、为何购买(why)、购买什么(what)、如何购买(how)及购买多少(how much)等具体的购买情况。除了这些常见的调查内容之外，还需要在调查中了解有关消费者心理和消费观念方面的信息等。

(四) 消费者满意度调查

随着消费者在市场中所扮演的角色越来越重要，企业也越来越重视对消费者满意度的调查，可以说，消费者满意度直接影响到企业的利润和未来的发展前景。所谓的消费者满意度，就是指消费者对企业提供的产品和服务的满意程度。它涉及产品的质量、品牌、价格、广告、促销及相关的配套服务等。在进行具体调研活动时，需要调查消费者对有关产品或服务的整体满意度及各个方面的满意度、满意或不满意的原因、对改进产品或服务质量的建议、对竞争对手产品或服务的满意度等。除此之外，在调查中还需要了解有关消费者的生活方式和消费观念方面的信息。

三、竞争对手调研

（一）竞争对手基本情况调研

企业的竞争对手不仅包括现实的竞争对手，而且包括潜在的竞争对手；不仅包括同行业的竞争对手，而且包括替代品的竞争对手；甚至这种竞争的压力还包括卖方讨价还价的能力和买方讨价还价的能力。本书在对竞争对手基本情况进行调研时，侧重于调研现实的竞争对手和潜在的竞争对手。

在对竞争对手的基本情况进行调研时，主要应从以下几个方面展开。

第一，存不存在现实或潜在的竞争对手，如果有的话，现实的竞争对手是谁，力量强弱对比状况如何，哪些是主要竞争者，哪些是次要竞争者；

第二，确定主要竞争对手的所在地、活动范围、生产经营规模和资金状况；

第三，了解主要竞争对手生产经营商品的各项具体指标、在消费者中的声誉形象、竞争对手的技术水平以及新产品开发经营情况；

第四，主要竞争对手的销售渠道、宣传手段和广告策略；

第五，企业所处市场的竞争程度、范围和行业间采用的主要竞争方式；

第六，次要竞争对手演化为主要竞争对手的可能性及完成这个演化过程所要经历的时间；

第七，潜在竞争对手的数量、力量强弱对比状况、转变为现实竞争对手的可能性以及这种变化对企业会产生的影响等；

第八，竞争者的加入或退出情况以及这些变化趋势对企业可能产生的影响等。

（二）竞争对手策略调研

对竞争对手策略进行调研主要应从竞争对手的核心竞争力、竞争对手所采取的各种营销战略和策略等方面展开，具体的调研内容包括以下几个方面。

第一，竞争者会在竞争中采用什么策略？其采用此种策略的条件是否完善？成功的概率有多大？

第二，采用某竞争策略的竞争者，其优势和劣势分别是什么？其核心竞争力是什么？竞争者采用某策略的目的是什么？是试探虚实，还是志在必得？

第三，竞争者在竞争过程中，其策略变化的影响因素有哪些？这些因素对策略变化的影响程度有多大？

第四，企业有无必要采取相应措施，如果有，应采取什么样的相应措施？这些措施具体怎么实施？实施成功的概率及收益如何等。

四、中间商调研

对中间商进行调研便于企业选择合适的中间商，在生产和消费之间建立更加牢固的纽带，增加企业产品的市场份额和美誉度。对中间商的调研主要集中在以下几个方面。

（一）中间商资信调查

企业在对中间商进行调查时，首先要仔细调查所选择中间商的资金实力和信誉度，这些因素不仅会影响到中间商的经营能力，也会给企业的资金回笼及周转速度产生直接的影响。

（二）中间商经营范围调查

中间商经营范围的调查包括了解中间商经营商品的品种和主要品牌，是否经营同类产品和主要竞争对手的产品，有多少畅销的品种在经营，以及中间商是否有扩大或缩减经营范围的打算等。

（三）中间商仓储及其他设施的具体情况调查

仓储调研主要集中于中间商的仓储面积及容积、仓库的通风效果和防潮程度、仓储的现实管理水平等；其他设施主要集中在是否有运输设施，如果有，运输能力情况如何等。

（四）中间商销售网络调查

中间商的销售网络调查包括了解中间商的终端市场覆盖率，中间商自己拥有的店面，店面的规模及分布情况，销售产品的包装、设计及价格等，对地方市场和批发市场的分销能力，销售网络是否有业务员分片管理和开拓等。

第三节 营销组合调查

市场营销组合是企业参与市场竞争的重要工具和手段，市场营销组合调查的内容主要包括产品调查、价格调查、销售渠道调查和广告调查等方面。

一、产品调查

产品是营销组合 4P 的核心，价格的制定、渠道的选择及促销活动都是围绕产品展开的。从营销组合的角度来看，产品要满足市场的需要至少应做好三个方面的工作：一是注重产品的性能质量；二是注重产品的外形、品牌和包装；三是注重产品的服务。对产品进行调查就是围绕这三个方面展开的。

（一）产品实体调查

产品实体调查是对产品本身各种性能的好坏程度所做的调研，它主要包括以下几个方面的内容。

▶ 1. 产品性能调查

产品性能调查包括调查消费者对产品耐用性、安全性、维修方便性及坚固度等性能的要求，通过调查，可了解消费者对产品特殊性能的要求及其变化趋势，进而为企业制定营销决策提供依据。

▶ 2. 产品品种需求调查

产品品种需求调查的内容包括产品的规格、型号、式样、颜色、制作材料和口味等方面，通过调查，可以了解消费者需要或偏好的产品品种，从而使生产的产品适销对路。

▶ 3. 产品生命周期调查

产品生命周期是指某产品从进入市场一直到被市场淘汰的过程，完整的生命周期应包括导入期、成长期、成熟期和衰退期四个阶段。每个阶段产品的市场占有率、销量及增长速度都是不尽相同的，而企业制定的营销策略也有很大的区别。因此对产品生命周期的调查主要集中于产品销售量调查、销售增长率调查和产品普及率调查，并依据调查结果判断产品所处生命周期的阶段，借以制定合理的营销策略。

(二)产品包装调查

根据商品应用范围的不同,可以将商品分为消费品和工业品两大类,而由于这两类商品在用途、渠道和促销方式等方面都存在比较大的差异,这也就使消费品包装和工业品包装呈现出较大的区别。同时,不管是哪类商品,都离不开运输包装,下面我们就对这三类包装进行逐一分析。

▶ 1. 消费品包装调查

对消费品包装的调查主要包括:①包装是否能满足市场环境的需要;②消费者喜欢什么样的包装;③包装应该向外界传递哪些信息;④包装能够带来哪些收益;⑤竞争产品需要何种包装样式和包装规格。

▶ 2. 工业品包装调查

工业品包装调查的内容主要包括:①包装是否便于识别商品;②包装是否易于储存、拆封及提高空间利用率;③包装是否经济等。

▶ 3. 运输包装调查

运输包装调查的内容主要包括:①包装是否便于装卸和运输;②是否能够满足特殊要求以及适应各种不利的气候条件;③包装产品在途时间的长短;④包装费用的多少等。

(三)产品服务调查

了解市场对产品售前、售中及售后服务的要求,以及消费者对企业现有服务的看法和评价等,为企业改进服务、提高服务水平提供现实依据,并在此基础上提高顾客满意度和顾客忠诚度。

二、价格调查

价格是企业和消费者最敏感的一个因素,它与双方的利益密切相关。对消费者而言,价格是获得某种产品或服务的代价,消费者总是希望以最小的代价获取最大的收益。对企业而言,价格制定的合理与否则会直接影响到产品的销售额和企业的收益情况。价格调研对于制定合理的价格策略有着至关重要的作用。从总体层面来看,价格调查的内容主要包括:①国家在商品价格上有何控制和具体的规定;②企业商品的定价是否合理,如何定价才能使企业增加盈利;③消费者对什么样的价格容易接受以及接受程度,消费者的价格心理状态如何;④商品需求和供给的价格弹性有多大、影响因素是什么;⑤产品市场需求及变化趋势;⑥国际产品市场价格走势及国家税费政策对价格的影响;⑦主要竞争对手价格调研等。

三、销售渠道调查

销售渠道结构设计及成员选择是否合理,产品的储存和运输安排是否恰当,对于提高销售效率、缩短运输周期和降低运输成本有着重要的作用。因此,销售渠道的调研也是产品市场调研的一项重要内容。销售渠道调研的内容主要包括:对现有批发商、连锁零售商的经营状况、销售能力的调研;配送中心规划的调研;物流优化组织的调研;如何降低运输成本的调研;对于销往国外的产品,还要对出口商进行调研等。而这些调研内容归结起来无非是解决三个方面的问题,即现有渠道的现状;是否需要对渠道进行调整;是否有必要重建渠道。为了得到这些问题的答案,必须对下述问题进行一一分析解答。

(1)企业现有销售渠道的结构和类型如何,这种设计能否满足销售商品的需要?

(2)企业销售渠道的覆盖范围和销售业绩如何?销售渠道是否通畅?如果不通畅,阻塞的原因是什么?

(3) 销售渠道中各个环节中间商的经营业绩如何？各环节中间商的商品库存是否合理？能否满足随时供应市场的需要？有无积压和脱销现象？

(4) 销售渠道中的每一个环节对商品销售提供哪些支持？能否为销售提供技术服务或开展推销活动？中间商的储存和运输能力如何？

(5) 市场上是否存在经销某种或某类商品的权威性机构？如果存在，他们促销的商品目前在市场上所占的份额是多少？

(6) 市场上经营本商品的主要中间商，对经销本商品有何要求？

四、促销调查

促销的本质是沟通，它是企业通过各种手段把生产经营的商品或服务向消费者进行宣传，激发消费者购买欲望，影响消费者购买行为和消费方式的活动。促销的主要目的是将产品或服务的信息传递给消费者，促进销量的增加。促销活动的方式很多，从大的方面来讲，比较常见的有人员推销和非人员推销两大类，其中非人员推销又可分为广告、销售促进和公共关系三种形式。而在实践中，各种促销方式又有不同的具体实施方法。进行促销调查时，应着重调查消费者对促销活动的反应，了解消费者对哪些促销方式感兴趣。

促销调查的内容至少包括以下几个方面。

（一）广告调查

广告是企业最常用也是最重要的一种促销手段，企业每年往往都要在广告上投入大量的资金。这些资金应如何分配以及会达到什么效果是企业非常关心的问题。而广告调查就是帮助企业找出最合适的广告方案，并对广告的效果进行评价，既然是广告，当然也就离不开广告媒体的选择。所以广告调查的主要内容包括广告媒体调查和广告效果调查。

广告媒体调查包括印刷类媒体调查、电子类媒体调查和其他媒体如户外广告调查等，在进行调查时，应根据媒体的性质选择不同的调查项目。

广告效果调查包括事前调查、事中调查和事后调查三个方面。

事前调查是在广告实施前对广告的目标受众进行小范围的抽样调查，借此来了解其对该广告的反应，并在此基础上改进广告策划及广告表现形式，以提高广告播放效果。

事中调查是指广告正式投放后到整个广告活动结束之前，对该时间段内的广告效果进行调查。比较常见的是对广告覆盖率、广告送达率等指标进行测定，以确定最优的广告媒介组合方式及选择合适的播出时间等。

事后调查是指在广告结束之后的一段时间里，对广告的目标受众展开大规模的调查，以测定广告播放总体效果的调查活动。其目的在于测定广告预期目标与广告实际效果的差距，并寻找导致差距的原因，为后续广告工作的开展奠定基础。

（二）人员推销调查

人员推销最大的特点是面对面交流，成本较高，适用范围有限。在对人员推销进行调查时主要集中在三个方面：一是对推销人员的基本素质、分工情况的调研；二是不同推销方式的效果调查，通过调查，可以帮助企业了解不同的商品应该分别采取哪些不同的人员推销方式；三是对人员推销的效果调查，推销效果又可细分为信息传递效果和实际经济效果，这些调查数据也可作为评价推销员业绩的重要参考指标。

（三）营业推广调查

首先要对营业推广对象进行调查，主要有三类：消费者或用户、中间商和推销人员，促销对象不同必须选择不同的促销方式，对最终消费者及中间商一定要区别对待。其次是营业推广形式调查、营业推广策略调查、营业推广效果调查和营业推广辅助策略调查等。

(四) 公共关系调查

一个企业为了建立和维护良好的形象，以获得公众的支持，往往离不开各种公共关系活动。对公共关系的调查主要包括公共关系的作用、哪种公共关系形式对企业的形象和产品销售所起的作用最大、公关活动的主要内容和策略，以及常用的公共关系促销形式的调查等。

本章小结

企业的经营活动是在复杂的社会环境中进行的，势必要受到环境的制约。环境包括了宏观环境和微观环境，这些环境的变化既可以给企业带来市场机会，也可能给企业造成某种威胁。所以，对市场环境的调查是企业有效开展经营活动的基本前提和保障。营销组合方式是企业在激烈市场竞争中赖以生存的利器，营销组合选择的合适与否，直接事关企业的生死存亡。

总体来看，本章的主要内容如下。

宏观环境调查主要包括政治环境调查、法律环境调查、经济环境调查、社会文化环境调查、科技环境调查和自然地理环境调查六个方面的内容，不同的企业应根据自身的情况选择不同的调查内容和侧重点；

微观环境调查主要包括市场需求调查、消费者调查和竞争对手调查三方面的内容，其中消费者调查在市场调查中占据非常重要的地位；

营销组合调查主要包括产品调查、价格调查、销售渠道调查和促销调查等。

复习思考题

1. 简述营销环境调查的主要内容。
2. 简述市场需求调查的主要内容。
3. 选择一种你比较熟悉的商品，设计消费者行为调查的内容。
4. 简述营销组合调查的内容及重要意义。

阅读材料

日清——智取美国快餐市场

在我国方便面市场上，尽管品牌繁多，广告不绝于耳，但令消费者真正动心的品牌却寥寥无几，于是许多方便面生产企业感叹"消费者的口味越来越挑剔了，真是众口难调"。可是，日本一家食品产销企业集团——日清食品公司，却不信这个邪，它坚持"只要口味好，众口也能调"的独特经营宗旨，从人们的口感差异性出发，不惜人力、物力、财力在食品的口味上下功夫，终于改变了美国人"不吃汤面"的饮食习惯，使日清公司的方便面成为美国人的首选快餐食品。

日本日清食品公司在准备将营销触角伸向美国食品市场之前，为了能够确定海外扩张的最佳切入点，曾不惜高薪聘请美国食品行业的市场调查权威机构，对方便面的市场前景和发展趋势进行全面细致的调查和预测。可是，美国食品行业的市场调查机构所得出的结论，却令日清食品公司大失所望——由于美国人没有吃热汤面的饮食习惯，而是喜好干吃面条，单喝热汤，绝不会把面条和热汤混在一起食用，由此可以断定，汤面合一的方便面很难进入美国食品市场，更不会成为美国人一日三餐必不可少的快餐食品。日清食品公司并没有盲目相信这一结论，它派出自己的专家考察组前往美国进行实地调查。经过千辛万苦的商场问卷和家庭访问，专家考察组最后得出了与美国食品行业的市场调查机构截然相反的结论，即美国人的饮食习惯虽呈现出"汤面分食，决不混用"的特点，但是随着世界各地不同种族移民的大量增加，这种饮食习惯在悄悄地发生着变化。再者，美国人在饮食中越来越注重口感和营养，只要在口味和营养上投其所好，方便面有可能迅速占领美国食品市场，成为美国人的饮食"新宠"。日清食品公司基于自己的调查结论，从美国食品市场动态和消费者饮食需求出发，确定了"系列组合拳"的营销策略，全力以赴地向美国食品市场大举挺进。

"第一拳"——针对美国人热衷于减肥运动的生理需求和心理需求，巧妙地把自己生产的方便面定位于"最佳减肥食品"，在声势浩大的公关广告宣传中，渲染方便面"高蛋白，低热量，去脂肪，剔肥胖，价格廉，易食用"等种种食疗功效；针对美国人好面子、重仪表的特点，精心制作出"每天一包方便面，轻轻松松把肥减""瘦身最佳绿色天然食品，非方便面莫属"等具煽情色彩的广告语，挑起美国人的购买欲望，取得了营销奇效。

"第二拳"——为了满足美国人以叉子用餐的习惯，果断地将适合筷子夹食的长面条加工成短面条，为美国人提供饮食之便；并从美国人爱吃硬面条的饮食习惯出发，一改方便面适合东方人口味的柔软特性，精心加工出稍硬又有劲道的美式方便面。

"第三拳"——由于美国人"爱用杯不爱用碗"，日清公司别出心裁地把方便面命名为"杯面"，并给它起了一个地地道道的美国式副名——"装在杯子里的热牛奶"，期望"方便面"能像"牛奶"一样，成为美国人难以割舍的快餐食品；并根据美国人"爱喝口味很重的浓汤"的独特口感，不仅在面条制作上精益求精，而且在汤味佐料上力调众口，使方便面成为"既能吃又能喝"的二合一方便食品。

"第四拳"——从美国人食用方便面时总是"把汤喝光而将面条剩下"的偏好中，灵敏地捕捉到了方便面制作工艺求变求新的着力点，一改方便面"面多汤少"的传统制作工艺，研制出"汤多面少"的美式方便面，从而使"杯面"迅速成为美国消费者人见人爱的"快餐汤"。

以此"系列组合拳"的营销策略，日清食品公司果断挑战美国人的饮食习惯和就餐需求。它以"投其所好"为一切业务工作的出发点，不仅出奇制胜地突破了"众口难调"的产销瓶颈，而且轻而易举地打入了美国快餐食品市场。

资料来源：百度文库．

案例分析

王老吉的成功之路

凉茶是广东、广西地区的一种由中草药熬制、具有清热祛湿等功效的"药茶"。在众多老字号凉茶中，又以王老吉最为著名。王老吉凉茶发明于清道光年间，至今已有将近200年的历史，被公认为凉茶始祖，有"药茶王"之称。到了近代，王老吉凉茶更随着华人的足迹遍及世界各地。

20世纪50年代初，王老吉药号分成两支：一支归入国有企业，发展为今天的王老吉药业股份有限公司(原羊城药业)，主要生产王老吉牌冲剂产品(国药准字)；另一支由王氏家族的后人带到中国香港。在中国内地，王老吉的品牌归王老吉药业股份有限公司所有；在中国内地以外有凉茶市场的国家和地区，王老吉的品牌基本上为王氏后人所注册。加多宝是位于东莞的一家港资公司，由香港王氏后人提供配方，经王老吉药业特许在内地独家生产、经营红色罐装王老吉(食健字号)。

2003年，来自广东的红色罐装王老吉(以下简称红色王老吉)突然成为央视广告的座上常客，销售一片红火。但实际上，广东加多宝饮料有限公司在取得"王老吉"的品牌经营权之后，其红色王老吉饮料的销售业绩连续六七年都处于不温不火的状态当中。直到2003年，红色王老吉的销量才突然激增，年销售额增长近400%，从1亿多元猛增至6亿元，2004年则一举突破10亿元！

究竟红色王老吉是如何实现对销售临界点的突破？让我们看下企业为此做的市场调查以及在此基础上所做的决策。

红色王老吉拥有凉茶始祖王老吉的品牌，却长着一副饮料化的面孔，让消费者觉得"它好像是凉茶，又好像是饮料"——这种认知混乱，是阻碍消费者进一步接受的心理屏障。而解决方案是明确告知消费者它的定义、功能和价值。

在2002年以前，从表面看，红色王老吉是一个活得很不错的品牌，销量稳定，盈利状况良好，有比较固定的消费群。但当企业发展到一定规模以后，加多宝的管理层发现，要把企业做大，走向全国，他们就必须克服一连串的问题，甚至连原本的一些优势，也成为困扰企业继续成长的原因。而在所有这些困扰中，最关键是要解决以下几个问题。

1. 当凉茶卖，还是当饮料卖

在广东，传统凉茶(如冲剂、自家煲制、凉茶铺等)因下火功效显著，消费者普遍把它当成"药"服用，无须也不能经常饮用。而王老吉这个具有上百年历史的品牌就是凉茶的代称，可谓说起凉茶就想到王老吉，说起王老吉就想到凉茶。因此，红色王老吉受品牌名所累，并不能很顺利地让广东人接受它是一种可以经常饮用的饮料，销量大大受限。

另一方面，红色王老吉口感偏甜，按中国"良药苦口"的传统观念，广东消费者自然感觉其"降火"药力不足，当产生"祛火"需求时，首先想到的还是凉茶铺或自家煎煮。

而在加多宝的另一个主要销售区域——浙南(主要是温州、台州、丽水三地)，消费者将红色王老吉与饮料相提并论，没有不适合长期饮用的禁忌。加之当地在外华人众多，经他们的引导带动，红色王老吉很快成为当地最畅销的产品。企业担心，红色王老吉可能会成为来去匆匆的时尚，很快又被新的时髦产品替代，一夜之间在大街小巷消失得干干净净。

2. 无法走出广东、浙南

在两广(广东省和广西壮族自治区)以外，人们并没有凉茶的概念，调查中消费者甚至说"凉茶就是凉白开吧"，"我们不喝凉的茶水，泡热茶"。要教会人们凉茶的概念，显然费用惊人。而且，内地的消费者"降火"的需求已经被填补——大多是吃牛黄解毒片之类的药物。

作为凉茶推广困难重重，作为饮料推广同样危机四伏。如果放眼到整个饮料行业，以可口可乐、百事可乐为代表的碳酸饮料，以康师傅公司、统一公司为代表生产的茶饮料、果汁饮料更是处在难以撼动的市场领先地位。而且红色王老吉以"金银花、甘草、菊花等"草本植物熬制，有淡淡的中药味，对口味至上的饮料而言，的确存在不小的障碍，加之3.5元/罐的零售价，如果加多宝不能使红色王老吉和竞争对手区分开来，它就永远走不出饮料行业重点、强大竞争对手的阴影。

这就使红色王老吉面临一个极为尴尬的境地：既不能固守两地，也无法在全国范围内推广。

3. 企业宣传概念模糊

加多宝公司不愿意以凉茶推广，因为会限制其销量；但作为饮料推广又没有找到合适的区隔，因此，在广告宣传上也不得不模棱两可。很多人都见过这样一条广告：一个非常可爱的小男孩为了打开冰箱拿一罐王老吉，用屁股不断蹭冰箱门。广告语是"健康家庭，永远相伴"，显然这个广告并不能够体现红色王老吉的独特价值。

加多宝并不了解消费者的认知、购买动机等，如企业曾一度认为浙南消费者的购买主要是因为高档、有"吉"字喜庆。为了了解消费者的认知，有关研究人员在进行二手资料收集的同时，对加多宝内部、两地的经销商进行了访谈。

研究中发现，广东的消费者饮用红色王老吉的场合为烧烤、登山等活动中，原因不外乎"吃烧烤时喝一罐，心理安慰""上火不是太严重，没有必要喝黄振龙"（黄振龙是凉茶铺的代表，其代表产品功效强劲，有祛湿降火之效）。而在浙南，饮用场合主要集中在"外出就餐、聚会、家庭"，在对当地饮食文化的了解过程中，研究人员发现该地的消费者对于"上火"的担忧比广东有过之而无不及，座谈会桌上的话梅蜜饯、可口可乐无人问津，被说成了"会上火"的危险品。（后面的跟进研究也证实了这一点，发现可乐在温州等地销售始终低落，最后可口可乐和百事可乐几乎放弃了该市场，一般都不进行广告投放。）而他们评价红色王老吉时经常谈到"不会上火"，"健康，小孩老人都能喝，不会引起上火"。可能这些观念并没有科学依据，但这就是浙南消费者头脑中的观念，这也是研究者需要关注的"唯一事实"。

这些消费者的认知和购买消费行为均表明，消费者对红色王老吉并无"治疗"要求，而是作为一个功能饮料购买，购买红色王老吉的真实动机是用于"预防上火"，如希望在品尝烧烤时减少上火情况的发生等，真正上火以后可能会采用药物，如牛黄解毒片、传统凉茶类治疗。

再进一步研究消费者对竞争对手的看法，则发现红色王老吉的直接竞争对手，如菊花茶、清凉茶等由于缺乏品牌推广，仅仅是低价渗透市场，并未占据"预防上火"饮料的定位。而可乐、茶饮料、果汁饮料、纯净水或矿泉水等明显不具备"预防上火"的功能，仅仅是间接的竞争者。同时，任何一个品牌定位的成立，都必须是该品牌最有能力占据的，即有据可依，如说可口可乐是"正宗的可乐"，是因为它就是可乐的发明者。研究人员对于企业、产品自身在消费者心智中的认知进行了研究。结果表明，红色王老吉的"凉茶始祖"身份、神秘中草药配方、近200年的历史等，显然是有能力占据"预防上火的饮料"的。

由于"预防上火"是消费者购买红色王老吉的真实动机，显然有利于其巩固、加强原有市场。是否能满足"进军全国市场"的期望，成为研究的下一步工作。二手资料、专家访谈等研究，一致显示，中国几千年的中药概念"清热解毒"在全国广为普及，"上火""祛火"的概念也在各地深入人心，这就使红色王老吉可以突破地域品牌的局限。

至此，尘埃落定。首先明确红色王老吉在饮料行业中的竞争对手应是其他饮料；品牌定位——"预防上火的饮料"，其独特的价值在于——喝红色王老吉能预防上火，让消费者无忧地尽情享受生活：煎炸、香辣美食、烧烤、通宵达旦看足球……

资料来源：百度文库.

思考：

1. 王老吉为了获得消费者的认可，重点从哪些方面展开的市场调查活动？
2. 你认为王老吉对竞争对手的调研还可以从哪些方面着手？

第三章 市场研究方案的设计

学习目标

1. 了解市场研究主题的定义和作用;
2. 了解市场研究主题的程序;
3. 了解市场研究方案设计的定义、作用和内容;
4. 了解市场研究方案的三种类型;
5. 掌握市场研究方案可行性研究的方法。

导引案例

东方大厦项目市场调查计划书(节选)

一、调研背景

威海,作为"最适合人类居住的范例城市"的形象已经深入人心,同时作为第一批国家环境保护模范城市、国家园林城市、国家造林绿化城市,其优良的环境已成为房地产业最大的优势和卖点。房地产业——威海市最有发展前途的这一产业,自1997年后开始全面复苏,并且更加标准化。小区基础设施建设逐步完善,配套设施渐趋齐全,个性化的开发项目层出不穷,使威海房地产市场中呈现兴盛之景。目前,威海房地产市场中讲究品位、突显个性的项目不断涌现,公寓产品一时成为众商家追捧的对象。高技区是威海市自然条件最为优质的区域之一,尤其是国际海水浴场沿岸一带,极适合发展公寓项目。

东方大厦项目所在地位于威海市高技区次交通干道上,是高技区两大干道——文化西路和烟威路的连接线的中心及火炬路的节点位置,是12路车的起始站,19路车的站点也紧靠于此。项目地段距国际海水浴场较近,且所处区域是集住宅区、工业区和商业区在内的多种产业形态的聚集地。加之区内人员普遍素质较高,项目地周边有较强的车流和人流量,所有这些使该地段具备了发展商业经济的重要条件。近年来,威海房地产市场上度假休闲式公寓、酒店服务性公寓等主题公寓叫响,但真正意义上的公寓并没有出现。能否在该地段打造一个具有规模与优势的集居住、办公、康乐于一体的全新体验式综合公寓,是投资者所关心的。为了探察威海市居民对新型综合公寓的接受状况,了解不同人群的消费需求，使投资者对该地段的发展潜力有一个客观的认识，并为该种公寓的市场定位、品牌推广提供科学依据，威海伙伴营销策划有限公司特委托山东大学威海分校市场调研所在威海市范围内进行一次专项市场调研。

二、调研目的

本次调研采用探索性研究和描述性研究相结合的方式，并着重运用定量分析方法对威海市房地产市场进行调研，为投资者进行项目整体规划提供客观的数据支持。

（1）了解威海市房地产市场现状，探察消费者房产消费动向。

（2）了解威海市不同消费群对小型综合公寓的需求状况及消费特征，探察其对此项目在价位、规模、配套服务、交通、环境等方面的要求，以期获得有关的数据信息，为投资者制定整体项目规划提供科学、有效的依据。

（3）了解威海市不同消费群对该项目的态度和意见，为该项目的最终市场定位提供基本的依据。

（4）了解威海市不同消费群对集居住、办公和康乐于一体的新型综合公寓的接受程度，及其对该项目的需求意向和建议。

资料来源：豆丁网.

思考：
1. 该市场研究方案中的目的是否明确？为什么？
2. 根据材料中的调查目的列出调查的内容。

第一节 市场研究主题的界定

一、市场研究主题界定的含义和意义

市场研究主题是某项市场研究项目所面临和需要解决的核心问题。市场研究主题的界定是进行市场研究方案设计的基础和前提条件，它指明了方案设计的方向，制约着整个市场研究的策划和实际运作过程。只有清晰、准确地界定市场研究的主题，市场研究项目才能被准确地选择并得以顺利实施。如果选择了错误的市场研究主题，则不仅会使整个市场研究活动中所有的努力及资金付之东流，更为糟糕的是，如果这种错误的研究结果成为决策的依据，将很有可能会导致企业做出错误的决策，最终给企业及调研机构带来重大损失。

一般来说，对市场研究主题了解得越透彻，把握得越准确，分解得越详细，则市场研究方案的设计就越清晰明确，最终的市场研究活动就会进行得更顺利。因此，市场研究主题的界定对于企业的市场研究活动具有重要的理论和现实意义。

需要明确的是，市场研究主题的界定必须充分考虑营销管理决策问题和具体的市场研究问题两个方面，这两个问题既有区别又有密切的联系。下面我们通过例子来对这两个问题进行比较分析，企业往往都会面临一些常见的问题，如"企业销售额下降""市场占有率降低"等，此时转化成营销管理决策，问题就是：面对销售额下降或市场占有率降低的问题，企业决策者应该采取什么样的措施来解决。换句话说，营销管理决策回答的是"决策者需要做什么"的问题。而同样的问题转化为具体的市场研究，问题则是：引起销售额下降或市场占有率降低的常见因素有哪些；具体是哪一种或几种因素导致这种情况的发生；

为了解决这一问题，市场研究人员需要获得哪些信息以及如何来获取相关信息。根据上述分析，我们可以看出，具体的市场研究回答的是"需要获取什么样的信息及如何获取信息"。分析了两者之间的区别，两个问题之间的联系也就显而易见了，即营销管理决策问题决定并制约着具体的市场研究问题。在确定研究项目和进行方案设计之前，必须要明确上述内容。

市场调查课题是信息导向型的，是以信息为中心的，它的主要内容是确定需要什么信息以及如何有效地获取信息。在实际中，只有确认好经营管理者想做何种决策后，我们才能最后确认市场调查的主题。

二、市场研究主题界定的程序

市场研究主题的界定往往涉及很多方面的工作，为了保证研究主题界定的准确性和清晰性，在进行主题界定时应该遵循一定的程序。

(一) 了解企业的自身条件

▶ 1. 掌握与企业和所属行业相关的各种资料

这些资料包括人口统计、技术状况、销售额、市场占有率和盈利性等，通过对这些资料进行分析，可以帮助企业发现存在的问题及潜在的机会。而对资料的分析必须从企业层面和行业层面进行同步分析，只有这样才能发现导致问题出现的根本原因。例如，企业的销售额和行业销售额同步下降，且企业销售额下降幅度较小，则说明问题可能出自行业，反之，则问题可能出自企业自身。通过这些分析，可以帮助企业做出正确的决策。

▶ 2. 掌握与分析企业所拥有的各种资源和制约因素

调研活动要受到资金、时间和调研手段等各种因素的制约，而事实上也的确如此，几乎所有调研活动都要受到经费预算和时间的制约。但在实际执行过程中，不能因为制约因素存在而削弱调研对于决策者的价值或危及调研程序的完整性。一项调查项目一旦被认定值得进行，市场调查者就应该认真执行。掌握与分析企业所拥有的各种资源和制约因素，可以帮助调查组织者更好地编制调查方案。

▶ 3. 分析决策目标

调研必须服务于决策目标，这是调研成功的前提条件之一。但在现实中要做到这一点绝非易事。这是因为决策者对目标尤其是组织目标的界定并不准确，即使目标明确，往往也因为影响因素众多而难以操作。解决这类问题的最有效方法就是与决策者进行交流，帮助决策者理清组织目标，并明确决策者为了实现目标将要采取的行动。掌握这些信息后，可以帮助调查组织者更好地进行后续的资料收集工作。

(二) 了解企业的环境条件

▶ 1. 了解消费者行为

消费者行为调查的内容我们在第二章已做了详细的讲解，调查组织者可以根据所需解决的问题有选择地进行资料收集活动。

▶ 2. 了解企业开展营销活动的宏观环境

宏观环境会给企业决策目标的实现带来很大的影响，这种影响在某些特定情况下甚至是致命的。所以在界定主题前必须对此内容进行了解，了解的主要方面包括法律环境、经济环境、文化环境和技术环境等。

（三）确定课题的调查途径

为了确保调查主题的准确界定，在主题界定过程中往往需要进行一定的调查工作，以获取足够的有关调研主题的信息。这些调查工作主要包括以下几个方面。

▶ 1. 与决策者交流讨论

调研可以提供与营销管理决策相关的信息，但并不能直接提供解决问题的办法，这就需要管理者根据信息自己做出判断和选择。反过来讲，为了提供给决策者需要的信息，调查组织方必须要了解决策者面临的决策或营销管理问题的实质，了解决策者的个人目标和组织目标，只有这样，才能了解决策者希望获得什么样的信息。所以，与决策者进行交流讨论是界定调研主题过程中一种非常重要的工具。

▶ 2. 分析有关的二手资料

对二手资料的分析是调研者了解有关调研问题背景的最经济、最迅速的方式。所以，分析与调研问题有关的二手资料是确定调查主题的一个最基本的环节。

▶ 3. 拜访相关专家

拜访专家可以帮助调查组织者更好地了解和认识营销调研问题，但需要指出的是，拜访相关专家只是为了界定调研问题，它并不能直接寻求到解决问题的方法。

拜访专家的方法更多地适用在为工业企业或技术含量高的产品而举行的营销调查中，这一领域专家相对比较容易发现和接近。

▶ 4. 进行定性调研

有时，从上述三项工作中获得的信息仍不足以界定调研主题。在这种情况下，就有必要通过定性调查从根本上理解调研问题及其影响因素，以补充信息来源。

把从定性调研中获得的信息与前面三个环节中收集到的信息进行综合分析，就能够使调查者充分了解调研问题的背景内容。

（四）将营销管理决策问题转化为具体的市场研究问题

在充分掌握有关信息的基础上，调研人员应正确界定营销管理决策问题，并把它们转化为营销调研问题。

（五）界定市场研究主题

营销管理决策问题转变为营销调研问题后，营销调研主题实际上就已经被界定了。但是在实际调研中，调研者一定要注意防止所界定的调研主题过于宽泛或者过于狭窄。

第二节 市场研究方案的设计和类型

一、市场研究方案设计的含义和作用

（一）市场研究方案设计的含义

市场研究方案设计也称为市场调查策划，是指在进行实际调查活动之前，根据调查目的和调查对象的实际情况，对调查工作总任务的各个方面和全部过程进行通盘考虑和安排，以提出相应的调查实施方案，制定合理的工作程序。市场研究方案是整个调研课题的构架和蓝图。

市场研究总体方案可以从横向设计和纵向设计两个方面来考虑。所谓的纵向设计是指对市场调查所经历的阶段的设计，而横向设计则是指对每个阶段的内容即每个阶段的组成项目的考虑。

(二) 市场研究方案设计的重要作用

市场调查是一项复杂、严肃及技术性较强的工作，为了顺利地完成调查任务，事先制定一个科学、严密、可行的市场研究方案就显得十分重要和必要。可以这么说，当调查组织者接到一项调查任务后，其首要任务就是要拟订一份科学可行的市场研究方案。具体来讲，市场研究方案的作用主要体现在以下几个方面。

(1) 市场研究方案是调查组织者提供给调查委托方的重要资料，它用来向调查委托方说明整个调查活动如何开展，以供委托方审议检查之用。优秀的市场研究方案不仅可以提高调查组织方中标的概率，同时也可以作为双方的执行协议。

(2) 市场研究方案是市场调查者实施市场调查活动的纲领和依据，整个市场调研活动都是围绕着市场研究方案展开的。市场研究方案设计在调查活动中起着统筹兼顾、统一协调的重要作用。

(3) 市场研究方案设计是从定性认识过渡到定量认识的开端。虽然在整个市场调查活动中收集到的很多资料都是定量的，但应该看到，研究方案的设计及调查工作的展开都是从定性资料开始的。可以说，研究方案的设计是定性认识和定量认识的重要连接点。

(4) 市场研究方案设计能够适应现代市场调查发展的需要。现代市场调查已由单纯的收集资料活动发展到把调查对象作为整体来反映的完整的调查活动，与此相对应，市场调查活动也应该是一个完整的工作过程，而方案设计则是这个全过程的开端。

二、市场研究方案设计的原则

(一) 实用性原则

制订市场研究方案必须着眼于实际应用，只有实用性强的调查方案才能真正成为统计调查的行动纲领。也就是说根据市场研究方案所获取的数据要能帮助企业解决问题或能为企业决策提供重要参考，只有满足这项要求的方案才是行之有效的方案。

(二) 时效性原则

不管是统计调查还是应用性调查，它们的目的都是及时获取准确全面的信息，为解决社会问题或经济问题提出对策或解决办法。这就对获取数据的时效性提出了较高的要求，因此，设计的研究方案就必须要满足时效性的重要原则。

(三) 经济性原则

由于任何企业的资源都是有限的，所以在设计市场研究方案时必须注意节约人力、物力、财力和时间，力争用最少的成本，取得最好的调查效果。但值得指出的是，切不能因为要减少成本而影响到调查结果的全面性、真实性和有效性。

(四) 科学性原则

设计市场研究方案必须遵循科学性原则，这种科学性要体现在市场调查活动的各个阶段，包括调研主题的界定、调查对象和调查内容的确定、调查方法的选择、调查人员的甄选培训、调查活动的实施、调查资料的分析等。在进行方案设计时要严格按照科学性的原则为后续的调查活动做出科学的规划。

三、市场研究方案的内容

调查方案的设计是对调查工作各个方面和调查活动各个阶段的通盘考虑，因此它包括了整个调查过程的全部内容。整个市场研究方案主要涉及以下12个方面的内容。

（一）调研背景

在对调查背景进行描述时，首先要对客户的基本情况进行简要说明，并结合客户所在行业的状况和企业所处社会、经济、法律和技术等大环境进行简要分析，以帮助调查组织方清楚了解企业现状和所面临的主要问题，即弄清客户为什么要进行市场调研，从而确定本次调研工作的主题。

（二）调查目的

明确调查目的是市场研究方案设计的首要问题，只有确定了调查的目的，才能确定调查的范围、内容和方法。调查的目的不同，其范围、内容、方法也不相同。因此，如果不明确调查目的，将会直接导致整个调查过程陷入混乱。

调查目的与市场调查委托方所要求调查的问题和实现的目标直接相关，市场调查的其他环节都是围绕这一目标展开的。对于接受委托的调查公司来说，当客户提出调查的要求后，为了准确地界定调查目的，调查公司的研究人员首先要清楚以下三个问题：

（1）客户为什么要进行调查，即进行市场调查的意义。

（2）客户想通过此次市场调查获得什么样的信息，即市场调查的内容。

（3）客户利用此次市场调查获得的信息做什么，即通过此次调查所获得的信息能否帮助解决客户所面临的问题。

弄清楚这三个问题的答案后，就能够以文字形式将此次调查活动的目的准确清晰地表述出来。衡量一个市场研究方案设计是否科学，其中一个重要标准就是看方案是否能体现调查目的的要求，并符合客观实际。

（三）调查对象和调查单位

市场调查组织者在明确调查目的之后，下一步就是要确定调查对象和调查单位，这主要是为了解决向谁调查和由谁来具体提供资料的问题。

调查对象就是根据调查目的和调查任务所确定的调查范围以及所要调查的总体，它由许多在某些性质上具有共性的调查单位所组成。调查单位是调查对象个体，即调查对象中的每一个具体单位，它是调查实施过程中需要具体回答各个调查项目的承担者，因此，调查单位的确定取决于调查对象。

严格界定调查对象的内在含义，并明确调查对象和调查单位之间的联系和区别是非常重要的，由此可避免调查实施时因界定不清而发生差错。应该指出的是，采用不同的调查方式会产生不同的调查单位，所以在选择调查方式时一定要慎重，以免影响最终数据收集的准确性和适用性。

（四）调查内容

确定调查内容就是对调查主题细化后的概念陈述，它是以调查项目的形式表达出来的。调查项目是市场调查所要了解的具体内容，是所要反映的调查单位的特征。确定调查项目，就是要明确市场调查组织者需要向被调查者了解哪些方面的问题，例如，在消费者调查中，消费者的年龄、性别、职业、文化程度等就是最基本的调查项目。可以说，调查项目的确定是后续进行问卷设计的基础。

在确定调查项目时，必须要考虑调查目的和调查对象的特点。除此之外，在确定调查项目时还需要注意以下三个方面的问题。

（1）确定的调查项目应该是调查任务所需的且能够取得答案的，只有满足这个基本条件的才应该被列入调查项目。

（2）所列的调查项目要能让被调查者正确理解并做出选择，这就要求调查项目的含义及表达要明确肯定，备选答案也应有明确的表示形式。

（3）围绕着某一需要调查的问题而确定的调查项目之间应尽可能相互关联，以便于检验答案的准确性。

（五）调查提纲或调查表

对确定好的调查项目进行分类和编排之后，就可以形成调查提纲或调查表。一般来说，在市场调查中数据、资料的收集是通过调查表来完成的。设计调查提纲或调查表的最大好处是方便调查登记和汇总。

▶ 1. 调查表的结构

调查表一般由表头、表体、表脚三部分组成。

（1）表头。表头一般包括以下内容：调查表的名称、调查单位或填报单位的名称、地址、隶属关系以及制表机关或备案机关的批准或备案文号等。

（2）表体。表体是调查表的主体部分。把所有调查项目合理地排列在表格里就形成表体，表体包括调查项目、栏号和计量单位等。

（3）表脚。注明调查者和填报人的姓名、填报时间等，其目的是为了明确责任。

▶ 2. 调查表的形式

（1）单一表。单一表指每张调查表只登记一个调查单位资料的表式，它适用于调查项目多、调查单位较少的情况下。单一表的优点是可以容纳较多的调查项目，也便于进行调查以后的分组汇总，缺点是每份表只登记一个调查单位的资料，要耗费较多的物力和财力。

（2）一览表。一览表是指在一份调查表内可登记多个调查单位资料的表式，它适用于调查项目不多但调查单位较多的情况。例如，学生家庭情况登记就是典型的一览表。一览表和单一表相比，可节约物力和财力，但是调查项目有限，不便于分组汇总。一般来说，如果调查内容较多采用单一表，反之则采用一览表。一般统计报表和自填问卷多采用单一表。

▶ 3. 填表说明和指标解释

调查表设计好以后，需要编写填表说明和指标解释。填表说明是用来提示填表时应该注意的事项。指标解释是一种习惯说法，确切地说是对标志的解释，它说明每个调查标志的含义、范围和计算方法。

（六）调查时间和调查期限

调查时间是指获取调查资料所需的时间，具体调查时间应根据所要收集资料的性质灵活规定。不同的调查项目和调查方法，其最佳调查时间是不同的，例如，对在校学生的调查最好是在课间或周末。

调查期限是指整个市场调查工作的开始时间和结束时间，它不仅包括从方案设计到提交调研报告的整个工作进度，同时也包括各个阶段的起止时间，其目的是保证调查工作的及时开展和按时完成。

（七）调查地点

在调查方案中，还需要明确规定调查的地点。通常调查地点和调查单位是一致的，若说明了调查单位，也可以不用再注明调查地点。否则，必须要注明。

(八)调查组织方式和方法

在调查方案中,还要规定采用什么样的调查组织方式和方法取得调查资料。一般来说,调查的组织方式主要有普查、重点调查、典型调查和抽样调查。具体的调查方法主要有文案法、访问法、观察法和实验法等。在调查时,采用何种方式、方法不是固定和统一的,而主要取决于调查对象和调查任务。一般情况下,为准确、及时、全面地取得市场信息,尤其应注意多种调查方式的结合运用。

(九)调查资料的整理和分析方法

采用实地调查方法取得的原始资料大多是零散、不系统的,它们往往只能反映事物的表象,却无法直接体现事物的本质和规律,这就要求市场调查者对所收集的原始资料进行加工汇总,使之更加系统化。目前随着电脑的普及,这些工作大部分可以借助计算机完成,但为了保证调查结果的科学性,仍需要在方案设计中考虑采用何种分析方法。

(十)调查报告内容和提交报告的方式

调查报告内容主要包括报告书的基本内容、报告的形式和份数等,在方案中还要决定提交报告的方式,即决定采用书面报告还是口头报告。除此之外,如有必要,还应提供原始数据、分析数据、演示文稿、问卷等。

(十一)调查的组织计划

调查的组织计划指为了确保调查的顺利进行所做的具体工作安排,即调查工作计划,主要包括调查的组织管理、调查项目组的设置、人员的选择与培训、调研质量的控制等。

(十二)经费预算

市场调查费用的多少通常视调查目的、调查范围和难易程度而定。在进行调查活动经费分摊时,市场调查组织者应考虑以下费用支出:①调查方案设计费;②抽样和问卷设计费;③问卷设计费(含测试费);④问卷印刷、装订费;⑤调查实施费(包含调查费、培训费、交通费、访员与督导劳务费、礼品费等);⑥数据整理、编码、录入及统计分析费;⑦调查报告撰写费;⑧其他费用。

四、市场研究方案的类型

(一)探索性研究

探索性研究也叫试探性调查,是一种非正式的市场调查。通常,当研究者对开始进行的调研项目缺乏足够的了解时,探索性调研便有着重要的意义。此法主要用来发现问题,寻找机会,解决"可以做什么"的问题。因此,探索性调研很少采用设计调查问卷、大样本以及概率抽样计划等研究方法,但这并不意味着探索性调研就不重要或很容易实施。在进行探索性研究时,要求研究人员要善于捕捉探索性研究所产生的新想法或者新线索,同时调查的重点应随着发现的新线索而不断改变。在实际中,一般采用文案资料的搜集、小组座谈会等形式来展开调查。

(二)描述性研究

描述性研究是一种正式的市场调查,是指明确存在的问题后,为进一步研究问题的症结所在而进行事实资料的收集、整理,以了解有关这一问题的实际情况和影响因素的调查活动。进行描述性调研的一个假设是调研人员对调研问题状况有非常多的提前了解。

探索性调研和描述性调研的一个关键区别在于,描述性调研提前形成了具体的假设。这样,就非常清楚需要哪些信息。因此,描述性调研通常都是被提前设计和规划好的,它通常建立在大量有代表性的样本的基础上，它主要解决"是什么"的问题，比探索性调查更深入细致。描述性调研的主要方法有二手数据法、调查法、固定样本组、观察数据等。

（三）因果性研究

因果性研究也称为解释性调查，是指通过收集研究对象发展过程中的变化及其影响因素等资料，分析产生变化的原因与结果，并指明决定性变量的调查，如预期价格、包装及广告费用等对销售额的影响就属于因果性研究的范畴。因果性研究的目的是要获取有关起因和结果之间联系的证据，以便做出正确的决策。

因此，因果性调查的内容主要包括：了解诸多影响因素中哪些变量是独立变量或自变量，哪些变量是因变量；确定自变量与要预测的因变量间相互关系的性质。

在实践中，决策者总是根据假设的因果关系不停地做出决策，这些假设可能不正确，必须通过正式的调研对它进行检验。因果关系调研的主要方法是实验调查法。

第三节 市场研究方案的可行性分析与评价

一、市场研究方案的可行性分析

这是调查工作研究的主要环节。在对复杂的社会经济现象所进行的调查中，针对同一个调研主题往往可以设计出不同的市场研究方案，市场调查组织者总是试图在这些备选方案中选择最优的方案来实施，这使市场研究方案设计工作不可能一次完成，它总是通过实践来发现问题并不断改进，这也就决定了对设计的市场研究方案进行可行性分析和评价是必不可少的。因此，在市场调查中，我们必须采取一些有效的方法和指标来评价调查方案的可行性，这对保证调查的科学性及顺利实施具有极其重要的意义。

对市场研究方案进行可行性分析的方法很多，这里主要介绍三种比较常用的方法。

（一）经验判断法

经验判断法也叫专家判断法，即市场调查组织者通过组织一些具有丰富市场调查经验的专家或专业人士对设计出来的方案进行初步的研究和判断，从而论证方案是否合理可行。经验判断法是用过去的实践经验判断调查方案是否可行。例如，对劳务市场中的保姆情况进行调查，往往适合采用抽样调查；而对于小麦、棉花等集中产区的农作物生长情况进行调查，则适合采用重点调查的方式。经验判断法的最大优点就是节省人力物力，能在较短时间内做出结论。但这种方法也存在一定的局限性，就是随着事物的不断发展变化，各种主客观因素都会影响到经验判断的准确性。在运用经验判断法时，具体可从调查目的、调查对象和调查单位、调查方法、调查内容、调查时间和调查组织计划等方面考察。

（二）逻辑分析法

逻辑分析法指从逻辑层面对调查方案进行把关，观察所设计调查方案的部分内容是否符合逻辑和情理。如对学龄儿童进行问卷调查、对无电的地区进行广告效果调查等就不符合逻辑。使用这种方法可以非常容易地发现方案设计中存在的一些问题，但逻辑分析法虽然可对方案中的调查项目设计进行可行性分析，却无法对其他方面的设计进行判断。这就使逻辑分析法的适用领域及准确性受到较大的影响。

（三）试点调查

试点调查即在小范围内选择部分单位进行试点调查，以检测方案的可行性。试点调查是整个调查方案可行性研究中一个非常重要的步骤，对于大规模的市场调查而言，其作用更加突出。试点是通过实践把客观现象反馈到认识主体，以便起到修改、补充、丰富、完善主体认识的作用。所以说，试点调查的主要目的不在于收集数据，而是为了使调查方案设计得更加科学和完善。同时，通过试点，还可以为正式调研取得实践经验，并把人们对客观事物的了解推进到一个更高的阶段。此法准确性高，容易检查出方案中的不足，同时也是调查人员的战前演习，对确保下一步的市场调查活动是十分必要的。

在进行试点调查时，应该注意以下几个方面的问题。

（1）建立一个由相关负责人、方案设计者及调查骨干组成的调查队伍，以保证调查工作的顺利进行。

（2）应选择合适的调查对象。这包括两个方面的内容，一是选择的数量合适，二是选择的样本合适，即样本应具有代表性。

（3）应选择合适的调查方式和调查方法，以验证其适用性和经济性等，保证在进行正式调查时选择的正确性。

（4）调查活动结束后，一定要做好试点的分析总结工作。即及时发现问题，解决问题，充实和完善调查方案，使之更加科学和易于操作，保证正式调查的工作科学顺利地展开。

二、调查方案设计的总体评价

对于一个研究方案的优劣，可以从不同的角度加以评价，一般来说，对方案设计的总体评价可从以下三个方面进行。

（1）方案设计是否体现调查目的和要求。这是评价方案的一个最基本条件，方案的设计必须围绕调查的目的和要求来展开，以保证后续调查工作的顺利进行。

（2）方案设计是否具有可操作性。即调查方案中设置的每一调查项目是否可以操作，操作的难度如何，这也是判断调查方案设计优劣的重要标准，不具备可操作性的方案是没有任何意义的。

（3）方案设计能否科学、完整。也就是说在方案中使用的调查方式、调查方法和测量技术等是否科学；设置的内容是否能够完整地表达主题思想。

对市场研究方案的评价，具有以下两方面的重要意义：第一，架起了方案与实施之间的桥梁，为市场研究创造了条件；第二，对于研究者来说，可以不断总结经验，提高市场调研的质量，推动市场调研的发展。

总之，只有科学可行的市场研究方案才能提高调查的质量，才能保证市场调查活动的顺利进行。

本章小结

市场研究方案设计是市场调查初期最重要的工作，它为整个市场调查活动提供了一个完整的实施计划，详细说明了调查的目的和调查活动的执行过程，是市场调查过程中非常重要的组成部分。

具体来讲，本章主要包括以下几个方面的内容：

市场研究主题的含义、意义及程序。

市场研究方案设计的含义和重要作用。

市场研究方案设计的原则：实用性原则、时效性原则、经济性原则和科学性原则。

市场研究方案的可行性分析及评价。

市场研究方案的内容有调研背景、调查目的、调查对象和调查单位、调查内容、调查提纲或调查表、调查时间和调查工作期限、调查地点、调查方式和方法、调查资料的整理和分析方法、调查报告内容和提交报告的方式、调查的组织计划和经费预算等。

复习思考题

1. 简述市场研究主题界定的意义及程序。
2. 简述市场研究方案设计的原则。
3. 比较常见的市场研究方案类型有哪些？它们之间的区别和联系是什么？
4. 市场研究方案一般由哪几部分内容构成？
5. 市场研究方案可行性研究有哪几种方法？

阅读材料

调查方案设计中应注意的事项

1. 封面

封面内容应简洁、清晰，题目可用宋体、魏碑、隶书等字体，小初或一号的字号，可考虑插入客户或研究单位的标志，抑或其他与主题相关的图片。客户名称、研究者及时间用宋体加粗的三号字体。

2. 目录

应用目录生成器："插入"索引与目录"目录"。插入目录前应先将标题定义为标题3(或自定义样式)，插入目录后可将目录改为四号字。

3. 正文

正文应加上标题，且应与封面页上的标题一致。正文文字用四号字，宋体，行间距可设为固定值23磅，标题一般用三号加粗宋体。

4. 时间安排表

表格填充："格式"→"边框与底纹"→"底纹"→"灰色"。

5. 费用预算

合计应用大写数字(壹、贰、叁……)，阿拉伯数字前加人民币符号￥。

案例分析

某市居民轿车需求与用户反馈调查方案

一、问题的提出

轿车经销商A在C市从事轿车代理经销多年，有一定的经营实力，商誉较好，知名度高。但近两年，C市又新成立了几家轿车经销商，这对经销商A的经营造成了一定的冲击，轿车销售量有所下降。为了应对市场竞争，经销商A急需了解C市居民私家车的市场普及率和市场需求潜力，了解居民对轿车的购买欲望、动机和行为，了解现有私家车用户在轿车使用方面的各种信息，以便调整公司的市场营销策略。为此，经销商A要求市场调查部门组织一次关于C市居民轿车需求与用户反馈为主题的市场调查。

二、调查目的与任务

调查目的在于获取居民轿车需求与现有用户使用等方面的各种信息，为公司调整、完善市场营销策略提供信息支持。调查任务在于准确、系统地搜集该市私家车市场普及率、市场需求潜力、购买动机与行为、用户使用状况等方面的信息。

三、调查对象和调查单位

调查对象为该市的全部市区居民家庭，不包括市辖县的居民家庭。调查单位为每户居民家庭。

四、调查内容与项目

1. 被调查家庭的基本情况，调查项目包括户主的年龄、性别、文化程度、职业；家庭人口、就业人口、人均年收入、住房面积、停车位等。

2. 居民家庭是否拥有私车，如果有，则调查项目包括私车的类型、品牌、价位、购入时间等。

3. 用户车况与使用测评，调查项目包括节能、加速、制动、外观造型、平稳性、故障率、零件供应、售后服务等测评。

4. 私车市场需求情况调查，调查项目包括购买意愿、何时购买、购买何种品牌、价位、购买目的、选择因素、轿车信息获取等。

5. 经销店商圈研究，调查项目包括本经销店顾客的地理分布、职业分布、收入阶层分布、文化程度分布、行业分布及商圈构成要素等项目。

6. 竞争对手调查，调查项目包括竞争对手的数量、经营情况和经营策略等。

五、调查表和问卷设计

1. 居民私车需求与用户调查问卷。
2. 经销商商圈研究调查表。
3. 竞争对手调查提纲。

六、调查时间和调查期限

1. 调查时间，私车拥有量的调查标准时点为本月末，私车需求量的调查时距为近3年。

2. 调查期限，从本月1日至下月30日共计60天完成，包括调查策划、实施和结果处理。

七、调查方法

竞争对手调查采用现场暗访及用户测评等方式以获取相关信息；居民私车需求与用户调

查采用抽样的调查方法，样本量为1 000户，并采用调查员上门访问的方式。本经销店商圈研究对本经销店建立的用户信息库作全面的调研分析。居民私车的社会拥有量和普及率通过走访统计局、交通大队了解；居民的消费收支情况及社会经济发展状况通过统计年鉴来了解；利用本经销店的用户信息库进行分类统计和信息开发；召开一次用户焦点座谈会。

八、资料分析方案

1. 进行用户分布及满意度分析，重点揭示用户的特征，为调整营销目标提供信息支持；用户满意与否的分析是为改进营销工作提供依据的，也作为选择供货商的依据。需求潜力、需求特征、需求分布、需求决定因素研究，是为市场营销策略的制定、调整和完善提供信息支持的，应重点揭示向谁营销、营销什么、怎样营销的问题。

2. 本经销店竞争优势与劣势研究、提高市场竞争力的策略研究。

3. 编写市场调查报告。

4. 重点揭示调研所得的启示，并提出相应的对策建议。

九、资料整理方案

1. 用户数据的整理方案，包括编制用户特征分布数列，私车类型品种分布数列，价位、购入时间分布数列，私车使用满意度测评数列等。

2. 需求数据的整理方案，包括编制需求者特征、购买欲望、购买动机、购买行为、购买时间、购买选择、信息获取等分布数列。

3. 编制本经销商商圈层次划分数列、客户的分类统计数列等。

4. 对定性资料的分类归档。

5. 对居民私车市场普及率统计，对市场需求潜量和市场占有率的测定。

十、确定市场调查进度

1. 调查策划、确定调查目标，5天。

2. 查寻文字资料，3天。

3. 进行实地调查，20天。

4. 对资料进行汇总、整理、统计、核对及分析，2天。

5. 市场调查报告的初稿，7天。

6. 调查报告的修改与定稿，3天。

7. 调查报告的完成、提交，2天。

十一、调查组织计划

1. 由市场营销教研室全面负责规划与实施。

2. 找30名训练有素的市场营销专业大学生作为调查员。

3. 由市场营销教研室教师对访员的访问质量进行抽查并及时审核。

十二、撰写调查计划

资料来源：豆丁网.

思考：请根据本章所学的知识对该市场研究方案进行总体评价。

第四章 二手资料收集

学习目标

1. 了解二手资料的定义和类型；
2. 了解二手资料的收集步骤；
3. 了解二手资料的优缺点；
4. 了解评价二手资料的标准；
5. 掌握二手资料的获取途径及方法。

导引案例

日本情报机构是怎样得到大庆油田情报的

世界上一直关心中国有没有大油田，《人民日报》曾经登载了《大庆精神大庆人》的文章，肯定了中国有大油田，日本人把这一信息储存到计算机里，但是大庆油田在哪里呢？后来《中国画报》又刊登了大庆油田王铁人的照片。日本人从王铁人戴的皮帽子及周围景象推断：大庆地处零下三十度以下的东北地区，大概在哈尔滨和齐齐哈尔之间。日本人又利用到中国的机会，测量了运送原油火车上灰土的厚度，大体上证实了这个油田和北京之间的距离。以后，大陆《人民中国》杂志有一篇关于王铁人的文章，提到了马家窑这个地方，并且还提到钻机是人推、肩扛弄到现场的。日本人推断此油田靠车站不远，并进一步推断就在安达车站附近。日本人对中国东北的地图非常清楚，找到了马家窑是中国黑龙江海伦县东南的一个小村，并依据马家窑推测出大庆油田地址。

进而，日本人又从一篇关于王铁人1959年国庆节在天安门广场观礼的消息中分析出，1959年9月王铁人还在甘肃省玉门油田，以后便消失了，这就证明大庆油田的开发时间自1959年9月开始。

日本人又对《中国画报》上刊登的一张炼油厂的照片进行研究，那张照片上没有人，也没有尺寸，但有一个扶手栏杆。依照常规，栏杆高一米左右，按比例，日本人推断出油罐的外径，并换算出内径为五米，判定日炼油能力为九万千升，加上残留油，再把原油大体按30%的出油率计算进去，判定原油加工能力为每天3 000千升；一年以330天计算，每口井年产原油为一百万千升，大庆油田有八百多口井，那么年产量约为360万吨。这样，日本人就得到了大庆油田的情报。

通过对大庆油田位置和加工能力的情报进行分析，日本决策机构推断：中国在近几年中必然会出现炼油设备不足的情况，购买日本的轻油裂解设备是完全有可能的，而所要买的设备规模和数量要满足每天炼油一万吨的需要。

掌握了这些情报之后，日本人迅速设计出适合大庆油田开采使用的设备。不久，当中国政府向世界各国征求开采大庆油田的设计方案时，日本人一举中标。

思考：
1. 日本收集的资料属于何种性质？
2. 该案例能给中国的调研机构带来什么样的启发？

第一节 二手资料概述

一、二手资料和原始资料

根据资料的来源和获取方法，人们把市场调研人员所需的资料分为两大类：原始资料和二手资料。原始资料是根据特定的研究目的而专门收集的第一手资料。例如，在市场调查实训中，学生为了完成特定的调查任务，通过事先设计好的问卷直接向消费者进行调查，通过这样的方法获得的数据就是原始资料。

二手资料也叫次级资料、已有资料，是已存在的资料，它们原是其他机构或人员其为他目的而收集、记录和整理出来的有关资料，这些资料虽然有其特定的目标，但也可能对该次特定研究有用。例如，很多企业在做决策时，往往要进行相关资料的搜集，它们可能会通过官方网站获取反映经济发展情况的数据，以及相关的人口信息等，从而判断市场容量和发展前景，这些资料就是二手资料。一般来讲，企业里进行的绝大部分市场研究课题都会部分地用二手资料来满足信息需要。

原始资料和二手资料在很多方面存在着明显的差别，具体差别详见表4-1。

表4-1 原始资料和二手资料差别比较表

比较项目	二手资料	原始资料
收集目的	解决其他特定问题	解决当前问题
收集过程	迅速简便	比较复杂
花费费用	相对较低	高
花费时间	短	长
时效性	差	强

通过表4-1可以看出，二手资料是成本比较低，比较容易获得的信息来源之一，因此，学会有效地收集和利用二手资料是市场研究人员的一项重要任务，同时，由于二手资料的时效性比较差，所以它通常作为市场营销调研的一种辅助手段，往往需要结合一手资料来保证调研任务的完成。

二手资料具备以下几个方面的特征：

(1) 经济性。二手资料可以在短时间内迅速获得，成本相对比较低。

(2) 历史性。二手资料是已存在的资料，它们是其他机构或人员为他其目的而收集、记录和整理出来的有关资料，反映的是研究对象过去的一些特征，时效性比较差。

(3) 文献特征。二手资料往往以各种文献资料的形式存在，市场调研的重点就是寻找并利用这些资料，所以二手资料的收集对调研人员的检索和筛选能力就提出了较高的要求。

二、二手资料的优点

相对于原始资料，二手资料主要具备以下几方面的优点。

▶ 1. 节约调研费用和时间

收集原始资料的过程比较复杂，它往往涉及调查方案的设计、调查表的设计和试用、抽样设计、调查员的挑选和培训、调查活动的具体实施、数据的整理和分析等一系列非常复杂的程序，这些都使原始资料的收集需要花费更多的费用和时间。由于二手资料是已经存在的，可以直接或者稍作加工就可以拿来使用，所以获取二手资料的成本更低、费用更少且速度更快。

▶ 2. 鉴于时间和金钱等因素的限制，有些信息只能通过二手资料获得

由于受到种种因素的制约，有些二手数据是市场调查者无法通过直接调查取得的，例如由国家统计局普查结果所提供的数据，是不可能由任何一个调查公司按原始数据去收集的。最关键的是，这些资料很容易以较低的成本从统计机构获得。

▶ 3. 在特定情况下，二手资料可能比原始资料更准确

由于受到各种因素的制约，在一些特定情况下，二手资料可能比原始资料更加准确。例如，企业想获得竞争对手的销售额、利润等信息，它可以通过官方渠道直接获得这些资料，而且这种资料往往比自己去调查获得的原始资料更加准确。

三、二手资料的局限性

相对于原始资料，二手资料的局限性也比较突出，具体表现为以下几个方面。

▶ 1. 二手资料是为了其他特定目标而收集的资料

二手资料不一定能满足调研人员对数据的要求，出现这种情况的原因主要有以下几个。

(1) 二手资料的度量标准与研究者所需的度量标准不符。例如，某项研究需要一份根据平方英尺大小来划分的商业机构的名单，而得到的资料可能根据如下的标准来进行划分：销售额、雇员人数和利润水平等。再比如，某企业想与竞争对手比较花费在每瓶饮料上的促销费用，但获取的数据却显示，有些企业所给出的促销费用仅仅指现场促销费用，而有些企业则把广告费用作为促销费用的一项重要组成部分，这就给企业的工作带来了比较大的困难。更重要的是，有些度量标准是可以换算的，如千米和米之间，但有些度量标准是很难或者根本没有办法转换，例如，竞争对手的员工和营业面积之间该如何转换才合理。在这种情况下，调研人员不得不选择放弃。

(2) 二手资料的分组标准对研究者来说可能不适用。例如，《购买力调查报告》就根据不同的有效购买收入(EBI)将研究的家庭分成了三组。第一组包括的是EBI在2万~3.5万美元的家庭，第二组包括的是EBI在3.5万~5万美元的家庭，最后一组是EBI收入在5万美元及以上的家庭。这种分组标准为很多企业广泛采用，而且在大多数情况下，这种分类标准都是比较适用的，但一家位于南卡罗来纳州的生产游艇的厂家能否使用这组数据来调查它的消费者市场却让人怀疑，因为它所面向的消费者的有效购买收入要超过7.5万美元。很明显，在这种情况下，这家生产游艇的厂家需要根据其目标消费群体重新界定分组标

准,并据此寻找合适的目标群体。

▶ 2. 有些情况下根本不存在相关的二手资料

必须指明的是,有些情况下根本不存在相关的二手资料。例如,调研人员想得到消费者对于一种新产品的看法及态度,这时就需要通过实地调查,直接收集原始资料,因为市场上不存在这方面的资料。又如,企业需要评估其推出的新款轿车,这时也必须向顾客展示此款轿车,并收集顾客对此车的评价意见。

▶ 3. 二手资料缺乏准确性

二手资料是已存在的资料,它们是其他机构或人员为其他目的而收集、记录和整理出来的有关资料,这些资料在被收集、整理及分析的过程中难免会存在一些错误,甚至会被人为地扭曲,这些都会使二手资料缺乏准确性。正因为此,在进行二手资料的收集和分析时,对调研人员的去伪存真能力就提出了较高的要求。

▶ 4. 二手资料缺乏时效性

因为二手资料主要是历史资料,过时的资料较多,难以反映现实中的新情况和新变化。例如,调研人员收集到了大量有关中国消费者购买力的数据,结果在使用时却发现是3年前的数据,而在这三年中,中国消费者的购买能力已经发生了翻天覆地的变化,这就使得收集到的数据变得毫无价值。此外,二手资料的出版周期也会影响到二手资料的时效性,例如《人口普查资料》是很多企业获取二手资料的一项重要来源,这项普查每十年一次,但因为数据量大且多,普通读者要看到有关数据还必须等待大约四年的时间,而到此时,有些数据已经过时了。

▶ 5. 相关的二手资料不充分

由于收集二手资料受到很多条件的限制,这就使我们在一定条件下收集到的二手资料可能不全面。例如,体验营销在中国出现的时间比较晚,所以中国现有的有关体验营销的二手资料就不是很全面,这也是我们在进行此方面研究时要参考英文文献的主要原因。

通过上面的分析,应该意识到,在依据某些资料做决定前,一定要先对其做出评价,以决定二手资料的可信度。

四、二手资料的作用

在大多数情况下,市场调研人员在收集原始资料前,往往要先进行二手资料的收集,并通过对所获取的二手资料进行分析和研究,从而确定市场研究的目的,据此进行方案设计,并选择合适的调研方法和手段等。通过对二手资料的研究,调研人员可以了解所研究行业的情况,了解环境变化趋势及竞争对手的情况。具体来讲,二手资料的作用主要包括以下几个方面。

▶ 1. 二手资料可以提供解决问题所需的信息

在某些情况下,二手资料就足够帮助市场调查者达到市场调研的目标,例如,企业可以直接通过官方数据了解某区域市场的家庭收入情况。正如开篇案例里所讲的一样,日本没有进行原始资料收集就已经知道了大庆油田的情况。

▶ 2. 二手资料为原始资料的收集提供了先决条件

市场调查人员面临的调查任务极有可能别人已经研究过,也有可能已经有人收集好了这方面的精确资料,因此,二手资料可以为原始资料的收集提供先决条件。

▶ 3. 二手资料可提醒调研人员注意潜在的问题和困难

通过获取和分析二手资料,市场研究者可以发现别人做得不好或者存在问题的地方,例如，样本选择有困难、被调查者不配合等，而这种发现恰恰有助于市场研究者发现潜在的问题和困难，从而提前制定相应的对策去规避错误和解决问题。

▶ 4. 二手资料可以作为原始资料准确度的判断标准

通过实地调查获得的原始资料由于受到很多因素的影响，在收集过程中不可避免地会出现误差，调查人员可以通过对二手资料进行分析研究，发现原始资料存在的比较明显的错误，从而及时进行修改。

▶ 5. 提供必要的背景信息，以使调查报告更具有说服力

在调查报告中往往包含了研究课题的背景，这些背景信息使得调查报告的说服力得到增强，而这些背景信息往往是通过二手资料提炼出来的。

第二节 二手资料的来源和评估

根据来源不同，二手资料可以分为两大类，即来自企业内部的二手资料和来自企业外部的二手资料。

一、企业内部的二手资料

内部的二手资料是指源自机构内部的数据，或者是在机构正常运行过程中收集、整理并使用的数据。内部二手资料相对于外部二手资料而言，主要具备三个突出的优点，即获取简便、精确度高和成本低廉。可以这么说，内部二手资料在所有收集信息渠道中付出代价最小，所以在进行市场研究时应充分利用机构内部的二手资料。

内部资料对于分析、辨别存在的问题和机会，制定与评价相应的决策行动方案都是必不可少的。内部的二手资料又可以进一步细分为以下几种类型。

（一）企业经营活动方面的资料

企业经营活动方面的资料主要包括销售结果、广告费、库存报告、财务报告、运输费用、原材料成本、工资、产品设计及技术等各方面的资料，这些资料又可以具体归结为以下几方面。

（1）营销资料。主要包括企业各种营销决策和营销的各种记录、文件、合同、发货单、业务员访问报告及广告等资料。

（2）生产资料。包括订货单、进货单、生产计划书、生产作业完成情况、工时定额、操作规程、产品检验及质量保证等资料。

（3）设计技术资料。包括产品设计图纸及说明书、技术文件、试验数据、专题文章及会议文件等资料。

（4）财务资料。由企业财务部门提供的各种财务、会计核算和分析资料，包括销售收入和成本、生产成本、经营利润、商品价格、资金方面的资料及财务制度文件等。

（5）设备资料。包括设备文件，设备安装、测试、使用、维修的各种记录，设备改装及报废文件等。

（6）物质供应资料。包括库存保管、进出料记录及各种制度等。

除此以外，还有计划统计、劳动工资、培训、后勤、公共关系及横向联合等方面

的资料。通过对这些资料进行整理和分析,可以掌握企业的实际经营状况,确定企业的发展前景,考核企业的经济效益,同时这些资料也是企业进行预测和决策的重要基础。

(二)市场环境方面的资料

市场环境方面的资料包括市场容量、竞争、宏观环境及分销渠道等方面的资料。

(1)市场容量方面的资料。通过这方面的资料,可以了解市场大小、增长速度和发展趋势等。

(2)竞争方面的资料。通过这方面的资料,可以了解同行业的直接竞争者和替代产品制造企业的产品结构、服务的市场、市场营销策略、企业的优劣势等。

(3)分销渠道方面的资料。通过这方面的资料,可以了解销售成本、运输成本、分销商的情况等。

(4)宏观环境方面的资料。通过这方面的资料,可以了解经济形势、政府政策、社会环境、行业技术及相关技术的发展和国际环境等。

此外,企业的市场分析报告以及以前的市场研究报告也是获得企业现存的市场环境方面资料的重要途径。

(三)来自顾客方面的资料

随着市场竞争的加剧,企业为保住其市场份额,越来越重视顾客对企业的评价和信息反馈,在这种情况下,顾客的退货、投诉及服务记录等都成为重要的二手资料。不仅如此,企业还会千方百计想尽获得包括产品的购买者、使用者、购买动机及购买量等方面的资料,这些资料都可以从企业的顾客分析报告或顾客档案中获得。为了使企业更便于调取顾客信息,并根据顾客信息制定正确的营销决策,越来越多的企业都已经开始建立自己的顾客数据库。在这些数据库里,不仅包括了顾客的原始信息,而且包括了对这些数据进行分析后生产的新的有用信息,同时数据库还保存顾客交易情况的记录,以便企业对顾客有更深入的了解。可以说,数据库营销是未来企业收集分析信息的一种重要工具。

(四)企业积累的其他资料

企业积累的其他资料包括各种调研报告、经验总结、同业卷宗、剪报以及各种音像资料等,这些资料对市场研究都有着一定的参考作用。

二、外部的二手资料

外部的二手资料是存在于企业外部各种各样信息源上的资料,它指的是其他机构或个人而非调研人员所在机构收集或记录的数据,对于外部的二手资料,企业可以从以下几个主要渠道来收集。

(一)统计部门与各级各类政府主管部门公布的有关资料

国家及各地方统计局都会定期发布统计公报等信息,并定期出版各类统计年鉴等。这些资料包括全国人口总数、国民收入及居民购买力水平等很有权威和价值的信息。同时中央和地方政府每年都会提供大量有用的资料,例如财政、工商、税务、银行等主管部门和职能部门,也都会定期、不定期公布有关政策、法规、价格和市场供求等信息。这些信息的涉及面也非常广。

2017年2月,我国20个大中城市二手住宅分类价格指数如表4-2所示。

表 4-2　2017 年 2 月我国 20 个大中城市二手住宅分类价格指数

城　市	90m² 及以下			90～144m²			144m² 以上		
	环比	同比	定基	环比	同比	定基	环比	同比	定基
	上月＝100	上年同月＝100	2015年＝100	上月＝100	上年同月＝100	2015年＝100	上月＝100	上年同月＝100	2015年＝100
北京	101.3	132.9	154.4	101.1	131.0	151.8	101.6	132.5	154.2
天津	100.7	125.6	131.3	100.2	122.3	127.1	100.7	116.3	120.6
石家庄	100.1	119.8	120.8	100.7	118.1	118.8	100.7	113.4	114.9
太原	100.6	106.9	107.4	100.6	105.0	106.8	100.2	103.2	104.5
呼和浩特	100.0	98.9	99.0	100.0	99.5	99.3	99.9	98.7	98.3
沈阳	100.4	101.2	101.9	100.2	102.2	102.7	100.1	99.7	99.6
大连	100.1	102.1	101.5	100.1	102.1	101.6	100.7	100.9	99.9
长春	100.1	102.2	102.1	100.1	101.1	100.1	101.3	101.6	100.3
哈尔滨	100.1	101.2	102.2	100.0	101.7	100.1	100.0	101.6	101.1
上海	100.0	124.3	142.6	100.3	121.1	139.1	100.3	120.9	138.9
南京	99.7	127.5	134.9	100.1	129.8	139.6	100.6	136.8	144.2
杭州	100.5	122.1	127.1	100.6	120.5	126.2	100.6	119.6	125.1
宁波	100.6	107.1	110.4	100.4	108.0	111.7	100.3	106.4	109.8
合肥	99.2	138.5	152.5	99.3	135.0	149.9	99.2	136.1	152.6
福州	100.9	116.2	120.2	100.8	116.5	120.1	100.8	117.6	122.4
厦门	102.4	134.5	143.8	101.9	131.0	139.4	101.8	129.8	138.2
南昌	100.5	115.2	116.3	100.3	111.1	114.1	100.5	112.4	114.2
济南	100.8	116.2	118.3	100.3	115.7	117.2	100.1	113.8	114.4
青岛	100.8	110.9	111.8	100.8	111.4	112.3	100.6	109.4	110.1
郑州	100.6	127.0	131.9	100.5	128.3	132.6	100.6	125.0	128.2

（二）国际组织资料

国际商业组织也会定期发布大量市场信息资料，如联合国国际贸易中心发行的《世界外贸统计指南》等。同时，一些外国使馆及商会等也会提供一些国际市场信息。

（三）普查资料

我国目前所进行的普查项目只有人口普查和工业普查。普查资料可以从各类年鉴中查找，如中国人口普查资料可以从《中国人口年鉴》中查得。

（四）工商研究机构的资料

除内部研究人员以外，企业可借助外部机构收集资料。西方国家有很多市场研究机构或企业。目前我国的这类研究机构也越来越多。这类机构的信息系统资料齐全，信息灵敏度高，为了更好地满足各类客户的不同需要，它们往往还提供资料的代购、咨询及检索服务。因此，这类机构成了获取资料的重要途径。从这些机构可以获得二手资料，也可以获得原始资料，这取决于所做研究的性质。

（五）行业内部的资料

这类出版物包括一般的行业文献以及各企业的年度报告，比较常见的行业内部资料获取途径有以下几种。

（1）各类专业杂志。各个主要的行业部门都有一个或多个旨在服务于该行业内部企业的杂志刊物。

（2）各类专业及贸易协会出版物。这类协会的办公室通常收编和出版对其会员有用的重要资料。

（3）个别企业的出版物。这些企业的内部出版物中往往包含了企业经营方面的信息，尤其值得指出的是，基本上每家企业每年都要完成一份财务报告，这些都构成了行业内部的重要二手资料。

（4）有关生产和经营机构提供的产品目录、产品价目表、广告说明书等。这些资料都属于行业内部的二手资料。

（六）市场信息网络提供的资料

这类资料具有信息量大、获取速度快及成本低廉等比较突出的优势，因此它已经成为当前获取市场信息的重要手段。

（七）新闻报道

企业公关通常会向媒体披露一些企业信息，或是新品发布，或是高层人事变动等，通过点滴的信息积累或许就能发现很多有价值的资料。关于互联网相关的新闻报道，大家可以看几大门户的科技频道以及Techweb等站点。

（八）其他方面的资料

其他方面的资料包括来自大学、研究所、个人的研究报告，如论文、学位论文、专著，以及各种研究中心的研究报告等。在我国大学里，各种硕士、博士论文多与社会实践有关，对市场研究也有一定的参考价值。各类图书馆也藏有一些各种各样的图册、报告、专著、小册子等，这些都是很有用的第二手资料。

三、二手资料的评估

由于二手资料自身存在的缺陷及其来源的广泛性，使我们在运用二手资料分析研究问题时，要首先提出问题并按照一定的要求对二手资料进行质量评估，以保证收集到的资料的有效性。

（一）提出的问题

在进行分析研究前，应当提出的问题有：①收集资料的目的是什么？②资料是由谁收集的？③如何收集资料？④收集的是什么资料？⑤资料是什么时间收集的？⑥资料的一致性如何？

（二）二手资料的评估标准

对二手资料进行评估，除了要满足准确性的最基本要求之外，还应该考虑到收集到的二手资料是否满足以下要求。只有满足了这些要求，收集到的资料才有价值。

▶ 1. 针对性

针对性即着重收集与调查主题密切相关的资料，要善于对一般的资料进行摘录、整理和选择，以保证收集到对企业生产经营决策有价值的信息。如果不能满足这一点要求，收集再多的资料也没有任何意义。

▶ 2. 广泛性

广泛性即收集的二手资料必须全面详细，要通过各种信息渠道，利用一切机会去收集大量的有价值的资料。这些资料应该既包括宏观资料，也包括微观资料；既包括历史资料，也包括现实资料；既包括综合资料，也包括典型资料。有条件的话，应该从不同的信息源获得同种资料，以便相互验证核实。

▶ 3. 时效性

时效性即收集二手资料时要考虑收集资料的时间能否满足调查的需要。随着信息时代的到来，知识的更新速度正在加快，资料的适用时间正在缩短。因此，只有反映最新市场活动情况的资料才有可能是更有价值的资料，在实践中，即使没有办法获得更新的资料，也不应该用过时的资料来代替。

▶ 4. 经济性

二手资料的收集多用来分析宏观形势，它比较明显的优势是收集较省力、整理较方便以及成本较低，这也是二手资料比较明显的优势。如果收集二手资料的代价太大，则应考虑通过实地调查获取一手资料。

▶ 5. 连续性

连续性即考虑所收集的资料在时间上是否连续。只有连续的资料才便于对市场情况进行动态比较，才便于掌握事物变化的特点和规律，因此，在收集二手资料时，资料的连续性也是重要的评估标准。

第三节　二手资料的收集

一、二手资料的收集步骤

一般情况下，二手资料的内容很多，面对这么多资料，市场调研人员往往会感到无从下手，因此很多调查人员都渴望能有一个正规的二手资料收集步骤。虽然不同的调研课题都有其独特的一面，且其需要收集的二手资料可能存在本质的区别，但总体来看，一些基本的程序却是所有调研人员都应该遵循的。

（一）辨别所需的信息

资料收集过程的第一步都是辨别能达到研究目的的信息类型。在当今信息大爆炸的背景之下，可供选择的资料很多，但关键问题在于，市场调研人员应该根据调研的目的对现有的资料进行辨别，以从众多的资料中选出符合要求的部分。在辨别所需的资料时，应按照以下标准来进行。

（1）所选的资料应该能全面准确地满足调研课题的要求；
（2）资料是否针对与课题最相关的各个方面；
（3）资料的可信度和经济性如何。

（二）寻找这些信息的可能来源

一旦辨别出所需要的信息，则具体的查找工作就可以正式展开。在进行查找时，市场调研人员应大致判断信息的可能来源，如内部资料通常可以从企业内有关部门或企业内部数据库获得，而外部资料可以从公开出版物、信息提供商及外部数据库等渠道获得。尽管调研人员不可能发现所有与研究主题有关的资料，但为了使收集到的资料更加全面，在查找过程中应当有效地使用各种检索工具，如索引、关键词等，以减少查找时间，扩大信息量和提高信息价值。

（三）收集二手资料

确定信息源后，市场调研人员就要开始搜集所需要的资料。在记录这些资料时，一定要记录下这些资料的详细来源，如资料的作者、刊名、刊号、出版时间及资料所处的页码等，以便在后续进行资料准确性检验时，可以很方便、准确地查到这些资料的来源。

（四）对收集到的二手资料进行评价

调研者在收集二手资料之后，还需要对其进行分类整理，并在此基础上进行分析比较，利用相应标准对这些资料进行评价和筛选，以保证所收集资料的真实性和有效性。

（五）分析已收集信息与所需信息的差别

二手资料或许只能满足课题的一部分信息需要，而缺乏的那部分信息则决定了所要收集原始资料的内容，换句话说，原始资料的收集目的就是填补所需信息和已收集二手资料之间的差别，满足对所缺少信息的要求。

二、二手资料的收集途径和方法

（一）二手资料的收集途径

▶ 1. 查找

查找是获取二手资料的最基本方法。在进行查找时应遵循一定的次序。一般来讲，首先要注意在企业内部查找，这是因为从企业自身的资源库进行查找最为快速方便，且获取资料的真实性比较高，成本比较低，信息比较全面。在内部查找的基础上，往往还需要进行外部查找，如到图书馆、资料室及信息中心等公共机构进行调查。为了提高调查的效率，在收集资料时要尽量熟悉并有效利用检索系统和资料目录等检索工具。

▶ 2. 索取

索取就是向拥有二手资料的企业或个人无代价地索要。由于索取是不支付报酬的，所以运用这种途径的效果如何往往要取决于对方的态度。如果跟事先比较熟悉、有业务联系或者是向经熟人介绍的企业和个人进行索要，则效果往往比较好。所以在进行索取时，一定要做好前期的准备工作，尽可能通过各种手段和对方建立联系。

▶ 3. 购买

购买和索取的最大区别是购买需要支付报酬换取资料。随着信息的商业化，很多专业信息机构拥有的信息开始实行有价转让，而我们比较常见的出版物甚至电子版的也是需要购买的，例如，在网上比较常见的某行业调查报告就是非常典型的例子。除此之外，研究人员还可以从有关情报机构、信息咨询机构、信息预测部门获取信息资料。现在，购买已经成为获取资料的一种很常见的手段。

▶ 4. 接收

所谓接收，就是获取外界主动免费提供的资料。随着市场竞争的加剧，越来越多的企业和单位，为了宣传自身及其提供的产品或服务，都开始通过各种方式向外界传递各种信息，例如企业宣传材料、广告及产品说明书等都是比较典型的二手资料来源。而国家和上级主管机构发布的各种政策文件、法规、通知、计划等也属于此种类型。作为调研人员，可以坚持收集这类资料，从中发现有价值的材料。

▶ 5. 交换

交换是指一些信息机构或单位之间进行对等的信息交流，这种交流严格上讲是一种信息共享的关系，交换的双方都无偿地向对方提供资料。这种现象更多地出现在供应链成员之间，它们进行信息交换的目的更多地是为了降低总成本，实现利润共享。

除了上述比较常见的二手资料收集途径外，还可以通过以下方式从竞争对手处获取信息资料，其获取的方法包括以下几个方面。

（1）从竞争对手的去职或现职人员搜集信息，如从潜在的应聘者中套取信息情报；出高薪聘用对方的高级职员；以合作的形式套取对方的情报；雇用对方的设计人员作顾问；通过各种会议获取竞争对手的信息等。

（2）从竞争对手的往来客户获取信息。如与竞争对手的基本客户交谈；与竞争对手的顾客接触；从竞争对手产品的包装、仓储、运输过程得到对方商品的有关情报等。

（3）从公开出版物和文件中了解对手的情况。如分析竞争对手的招聘广告和劳务合同，得知对手的人才状况；研究空中摄影照片，发现其产品变化的线索；对商业文件进行分析等。

（4）运用技巧观察和分析对方。如以假身份参观对方工厂，拆卸竞争对手的产品进行工艺还原以及购买竞争对手的工业垃圾进行研究等。

以上搜集情报的手段，从道德观念上来评论可能会引起争议，但在激烈的市场竞争中，企业利用各种合法的手段去获取所需的信息资料往往是必要的，同时也是合理的。

（二）获取二手资料的方法

▶ 1. 文献资料筛选法

文献资料筛选法就是从各类文献资料中分析和筛选出与调研项目有关的信息和情报。在我国，主要是从印刷型文献资料中筛选。文献资料筛选法是指从各类文献资料中分析和筛选出与企业营销活动有关的信息和资料。印刷文献一般可从图书、杂志、统计年鉴、会议文献、论文文献、论文集、科研报告、专利文献、档案文献、政府政策条例文献、内部资料、地方志等地方获得。采用此法搜集资料，主要是根据调查的目的和要求有针对性地去查找有关的文献资料。

文献资料筛选法具体又可分为以下两种。

（1）参考文献查找法。参考文献查找法是利用有关著作、论文末尾所开列的参考文献目录，或者是文中所提到的某些文献资料，以此为线索追踪、查找有关文献资料的方法。采用这种方法，可以提高查找效率。

（2）检索工具查找法。检索工具查找法是利用已有的检索工具查找文献资料的方法。依检索工具的不同，检索方法主要有手工检索和计算机检索两种。

① 手工检索。进行手工检索的前提，是要有检索工具，因收录范围不同、著录形式不同、出版形式不同而有多种多样的检索工具。以著录方式来分类，主要的检查工具有三种：一是目录，它是根据信息资料的题名进行编制的，常见的目录有产品目录、企业目录、行业目录等；二是索引，它是将信息资料的内容特征和表象特征录出，标明出处，按一定的排检方法组织排列，如按人名、地名、符号等特征进行排列；三是文摘，它是对资料的主要内容所做的一种简要介绍，能使人们用较少的时间获得较多的信息。

② 计算机检索。与手工检索相比，计算机检索不仅具有检索速度快、效率高、内容新、范围广、数量大等优点，而且还可打破获取信息资料的地理障碍和时间约束，能向各类用户提供完善的、可靠的信息，在市场调查电脑化、网络化程度提高之后，将主要依靠计算机来检索信息。

▶ 2. 报刊剪辑分析法

报刊剪辑分析法是指调研人员平时从各种报刊上所刊登的文章、报道中，分析和收集情报信息；是调查人员平时从各种报刊上所刊登的文章、报告中，分析和收集情报信息的一种方法。市场情况的瞬息万变在日常新闻报道中都有所体现，只要我们用心去观察、收集、分析，便可从各种报刊上获得与企业营销活动有关的资料信息以扩大视野。例如，美国中情局曾利用此法收集德国各地的报纸，研究德国纳粹情况。

▶ 3. 情报联络网法

情报联络网法，就是企业在全国范围内或国外有限地区内设立情报联络网，使情报资料收集工作的触角伸到四面八方。情报联络网的建立是企业进行二手资料收集的有效方法，是指调研单位在一定范围内设立情报联络网，使资料收集工作可延伸至该单位想要涉及的地区。互联网的普及使此种方法成为文案调查的有效方法。调研单位建立情报网可采用重点地区设立固定情报点，单位派专人或地区销售人员兼职，一般地区可与同行业同部门以及有关的情报资料部门挂钩，定期互通情报，以获得各自所需资料。若调研单位无力建立自己的独立情报网，可借助其他部门的情报网。

本章小结

本章主要介绍了二手资料的相关知识，帮助读者了解二手资料的概念、作用、优缺点、来源及收集方法等。

具体来讲，本章的主要内容如下。

二手资料和原始资料的定义。原始资料是根据特定的研究目的而专门收集的第一手资料。二手资料是已存在的资料，它们原是其他机构或人员为其他目的而收集、记录和整理出来的有关资料。

二手资料具备的特征；二手资料的作用和优缺点。

根据来源不同，二手资料可以分为两大类，即来自企业内部的二手资料和来自企业外部的二手资料。

二手资料的评估标准包括针对性、广泛性、时效性、经济性和连续性，在评价时一定要严格按照这些标准执行。

二手资料的收集步骤包括辨别所需的信息、寻找信息来源、收集二手资料及分析已收集信息与所需信息的差别。

二手资料的收集途径包括查找、索取、购买、接收和交换。

复习思考题

1. 简述原始资料和二手资料的区别和联系。
2. 试述二手资料的优缺点。
3. 简述二手资料的评价标准。
4. 结合实际论述二手资料的收集途径。
5. 相对于外部资料，企业内部资料有哪些优点？

阅读材料

文案调查体系的建立

（一）文案调查体系建立的必要性

企业除了可根据有关调查课题进行文案调查外，还应在平时有目的、有系统地搜集并积累各类情报市场资料，为开展经常性的文案调查打下良好的基础。

目前，我国企业信息机构人员不健全，信息反馈不灵敏，调查预测工作薄弱，已经直接影响企业的管理水平和经济效益。因此，加强文案市场调查体系的建设已成为当务之急。按照信息要及时、准确、系统的要求，从当前情况出发，应着手抓好以下几项工作：

第一，制定一套文案调查的指标体系和信息搜集、处理、保存、传输的工艺流程，逐步配备现代化的信息工具和手段，加快信息的流动速度。

第二，根据企业生产经营和长远发展的需要，配备专门的调研人员，培养一支精干、有力的情报队伍。

第三，加强企业内部信息管理，提高信息传递速度，保证信息质量，增强管理机构利用信息的能力，力求用最短的流程、最快的速度、最简便的传递方式解决企业经营管理过程中的决策、计划等一系列战略、策略问题，发挥信息在企业中的"耳目"作用。

第四，建立和逐步扩大企业与外部市场信息的联系，使内部和外部的市场信息工作形成一个有机的体系。一方面可借助企业外部的各种情报信息网络获得必要的信息，另一方面企业的各种信息也可通过它们在全国范围内扩散。现在越来越多的企业包括电视台都建立了自己的信息推广平台，向外界传递自己的声音。

（二）文案调查资料的储存管理和信息服务

1. 文案调查资料的储存和管理方式

在文案调查资料中，许多资料是可供长期使用的，对这部分资料就需要合理地储存与保管。文案调查资料储存和管理方式主要有两种：一是经济档案式的储存和管理方式；二是采用电脑进行储存和管理。

(1) 经济档案式的储存和管理方式。正像每个人都有自己的个人档案那样，为反映市场的发展变化过程，便于企业科学积累资料，企业也应针对各自的特点为资料建立经济档案，这是文案调查资料管理的重要内容。

(2) 电脑储存和管理方式。电脑储存和管理方式是把与企业经营有关的各种信息资料输入或用代码储存到电脑中，利用电脑对资料储存、查找、排序、累加和计算，这种方式不仅可以大大节省储存时间和空间，而且还可以提高数据资料处理的效率和精度。

2. 杜威十进位分类法

无论是采用经济档案还是电脑储存和管理的方式，都要求对资料进行科学的规划和分类。杜威十进位分类法(Dewey Classification)是一种良好的分类方法，尤其适用于对经济档案的管理。它是将企业的各种资料，按照资料来源加以妥善归类，并做索引，以便寻找。

3. 资料储存和管理要点

(1) 储存方法。应先根据实际情况编制基本资料目录，按因地制宜、先易后难、逐步完善的原则有计划、有重点地收集积累资料，使市场资料的收集和储存做到经常化、制度化。

(2) 储存工具。应根据资料性质和企业现有条件选择储存工具，对资料加以妥善保管，一般所用的工具有资料袋、文件夹、录音机、录像机、电脑等。

(3) 储存地点。储存地点应根据资料的重要程度加以选择,通常需要有防火、防毁、防盗等措施,以保证资料的安全。

(4) 储存时间。要注意资料的时效性,要定期检查分析,对过时资料要果断销毁,以提高储存资料的质量。

案例分析

全国固定资产投资增速企稳回升

2017年1—2月,全国完成固定资产投资(不含农户)41 378亿元,同比增长8.9%,增速比去年全年加快0.8个百分点。1—2月份固定资产投资运行有以下特点:

一、三大领域投资增速全面回升

(一)制造业投资增速小幅回升。1—2月份,制造业完成投资12 160亿元,增长4.3%,增速比去年全年加快0.1个百分点。从制造业内部看,投资结构明显改善,代表先进生产力的装备制造业和高技术制造业投资增速均明显加快。1—2月份装备制造业投资5 620亿元,增长9%,增速比去年全年加快4.6个百分点,对制造业投资增长的贡献率高达93.5%。高技术制造业投资1 929亿元,增长18.4%,增速比去年全年加快4.2个百分点。与此对应,高耗能制造业投资继续下降,并且降幅扩大。1—2月份高耗能制造业投资下降4%,降幅比去年全年扩大3.1个百分点。

(二)基础设施投资增长明显加快。1—2月份,基础设施投资8 315亿元,增长27.3%,增速比去年全年加快9.9个百分点,比去年同期加快12.3个百分点;基础设施投资占全部投资的比重为20.1%,比去年同期提高2.9个百分点;拉动全部投资增长4.7个百分点。基础设施行业中,生态保护和环境治理业投资增长38%;公共设施管理业投资增长35.8%;道路运输业投资增长21.6%;水利管理业投资增长19.1%。基础设施投资的快速增长,主要受益于重大项目建设力度的推进,国家"十三五"规划的165个重大项目正在加速落地,各地区的重大民生保障项目也在加快建设步伐,这些项目主要集中在"补短板、惠民生"的领域中;同时也与PPP项目的加快实施有关。截至2016年年底,PPP项目已经签约落地1 351个,计划总投资达2.2万亿,项目落地速度明显加快。

(三)房地产开发投资增速提高。1—2月份,房地产开发投资9 854亿元,增长8.9%,增速比去年全年加快2个百分点,比去年同期加快5.9个百分点;房地产投资对全部投资增长的贡献率为23.8%,比去年同期提高16.3个百分点。房地产开发投资增速加快,一方面是因为房地产销售持续向好,特别是三、四线城市在"去库存"政策的作用下,销售增速明显加快;另一方面是由于上年度企业拿地已陆续进入开发建设阶段,新开工项目明显增加。

二、民间投资增速回升幅度较大,投资内生动力不断增强

随着经济环境的改善,实体经济出现生产平稳、效益回升的良好局面,这在很大程度上提升了企业的投资意愿;同时,随着促进民间投资政策的逐步落实,民营企业的投资信心正在逐步增强。1—2月份,民间投资24 977亿元,增长6.7%,增速比去年全年加快3.5个百分点。民间投资增速自去年9月份起已持续加速,触底回升的迹象明显。

思考:

1. 利用二手资料有哪些优点?
2. 你认为材料中的资料可以为房地产企业的决策提供哪些有用的信息?

第五章 一手资料收集：定性调查方法

学习目标

1. 了解定性调查的定义和特点；
2. 了解定性调查的具体应用范围；
3. 了解定性资料的收集方法及每种方法的优缺点。

导引案例

作为人口占世界人口近五分之一的中国，12岁以下的城市儿童数量庞大，为世界各国中儿童数量最多的国家之一。

如同中国整体消费力逐年上升的趋势，中国儿童每年所消费的金钱的数量远远超乎我们的想象。由于儿童青春期的提前、父母有意识地提早培养儿童的独立生活及消费能力、儿童每日所接受到的信息中成人信息所占的比重过大等因素，导致了儿童在消费方面的"早熟"。

儿童在购买决策中的重要性日益增强，很多厂家已经开始针对儿童进行产品开发，而针对儿童市场进行研究的需求也在逐渐升温。在众多的研究形式中，最常见的就是儿童座谈会。

座谈会结束后，我们经常能听到一些客户抱怨："主持人根本控制不住孩子……""那几组座谈会基本上没有任何收获，孩子在会上都不怎么说话，就知道吃零食，吃完后就一个接一个地上厕所……""孩子好像没什么想法，一组会下来什么都没有听到……""他们在填问卷时对产品评价全写5分，等交了问卷后却立刻抱怨我们的产品多么难吃……"究竟出了什么问题？难道我们不应该针对儿童尤其是12岁以下的儿童做市场研究吗？

思考：
1. 为什么座谈会中出现了众多问题？
2. 主持儿童座谈会时，要求主持人掌握哪些技巧和方法？

第五章 一手资料收集：定性调查方法

第一节 定性调查概述

一、定性调查的定义

定性调查和定量调查是市场调查活动中收集原始资料的两种重要方法，虽然它们在市场调研活动中都发挥着重要的作用，但两者之间却存在着很大的差别。

定性调查主要用于探索性调查，它更多地通过对人们言谈举止的观察和陈述，以达到对消费者的态度、动机、信念、感觉等难以量化的指标进行考察的目的。在定性调查中，调查人员往往借助讨论提纲展开具体的调查活动，所收集到的数据基本都属于定性数据。由于定性数据难以量化，所以对在定性调查中所获得的资料进行分析时，除了用到一些如频数分析等简单的统计分析方法外，更多的则是使用心理学、社会学及社会心理学等分析方法。由于定性调查的特殊性，被调查者的答案更容易受到调查员的影响，所以往往对调查员的访谈技巧、知识储备、自身素养及应变能力都提出了较高的要求。

目前，国内常用的定性研究方法主要包括焦点小组访谈会、深度访谈法、德尔菲法及投影法等，常用的定量研究方法主要包括访问法、观察法和实验法等，这些具体的方法将在后续章节一一展开论述。

二、定性调查的作用

定性调查在调查活动中可以发挥以下几个方面的作用：
（1）通过定性调查，可以更充分、更准确地定义调查组织者所要研究的问题；
（2）通过定性调查，可以帮助调查组织者提出其在随后的研究中要检验的假设；
（3）通过定性调查，可以帮助企业获得新产品与新服务的构思和创意、找到解决问题的基本方向和途径；
（4）通过定性调查，可以帮助企业获得顾客对新产品的初始反应；
（5）通过定性调查，可以使调查组织者熟悉消费者的观点与词汇，有助于其在定量调查活动中更好地设计问卷；
（6）通过定性调查，可以使调查组织者熟悉所研究问题的环境、消费者的需求和产品使用情况与问题等；

三、定性调查的优缺点

定性调查的优点主要表现为以下几个方面。
（1）适用范围较广。几乎在所有的调查活动中都可以用到定性调查，其适用性非常强。
（2）成本较为低廉。由于定性调查的样本数量往往比较小，这在很大程度上降低了调查的成本。
（3）可以提高定量调查的效率。在定量调查之前开展的定性调查，能够为定量调查中的方案设计、问卷设计等工作提供帮助，可以有效地提高定量调查的效率。
（4）调查活动持续时间比较短。由于定量调查的特点以及样本数量较小等原因，使得定性调查活动往往耗时更短。

(5) 可以获得更深层次的答案。相对于定量调查，定性调查更容易获得被调查者内心深处的态度、信念及动机等不易被发掘出来的答案，这也是定性调查作为定量调查有效补充手段的重要原因。

定性调查的缺点则主要表现为以下几个方面。

(1) 样本缺乏代表性。由于定性调查的样本数量往往比较小，所以其很难有效地反映总体的数量特征。

(2) 对调查员的要求较高。由于定性调查的特殊性，被调查者的答案更容易受到调查员的影响，所以对调查员的访谈技巧、知识储备及应变能力等都提出了较高的要求。

(3) 不能反映细微的差别。定性调查不能像定量调查一样对样本的细微差别进行量化和区分，而这些细微的差别往往决定了企业决策的成败。

(4) 可供使用的统计分析方法较少。定性调查获得的数据大多是不能量化的，所以只能使用简单的统计分析方法，而这将导致定性调查不能更好地反映被调查者的本质。

(5) 调研活动无法重复，调研结论无法验证。这些也是制约定性调查发展的主要问题。

四、定性调查的应用

定性调查几乎可以应用于所有的行业和市场。例如，企业可以通过定性调查发现新产品的创意和构思；政府可以通过定性调查讨论相关政策的实施；大学可以通过定性调查了解学生的思想和学习态度等。除了其在各个领域的应用之外，定性调查还可以作为定量调查的准备和补充。在定量调查之前展开的定性调查，可以为定量调查的方案设计及问卷设计等工作做准备，在定量调查之后展开的定性调查，则可以补充完善定量调查的结论及建议。在后续章节里，我们将逐一介绍比较常见的定性调查方法。

第二节 焦点小组访谈法

一、焦点小组访谈法的含义和特点

焦点小组访谈法，又名小组讨论法或座谈法，最初源于精神病医生所用的群体疗法。它是挑选一组具有代表性的被调查者，在一个装有单向镜或相关录像设备的房间内，采用会议的形式，由主持人引导被调查者对某一主题或观念进行深入讨论，以获取信息的调查方法。通过焦点小组访谈法，可以了解被调查者对所调研事物的看法和态度等信息，进而帮助调研组织者有效展开后续工作。

焦点小组访谈法的特点主要包括：①同时访问若干个被调查者；②实施过程侧重于主持人和被调查者相互影响、相互作用；③应用领域广泛；④鼓励被调查者进行深入的自由讨论，关注群体动力，也正是这种群体动力，使焦点小组访谈法与一般的个人面谈区分开来。

如今，焦点小组访谈法广泛应用于各个行业和市场，例如，获取消费者对新产品的看法和反应，获取研发新产品和推出新服务的创意等。从总体来看，由于专业性的限制，焦点小组访谈法在消费品领域中运用得最为广泛，而在工业品领域则较少用到。

二、焦点小组访谈法的实施

焦点小组访谈法是一种非常有效的定性资料收集方法，它可以让调查组织者在较短的时间内获取大量的信息。为了确保收集到的资料是准确有效的，在实施焦点小组访谈法时应当遵循科学的程序，其具体实施步骤如下。

（一）招募参加座谈的被调查者

在焦点小组访谈法中，并没有对被调查者的最佳人数进行规定。目前而言，比较常见的焦点小组一般由8～12人组成，但在调查实践中，具体的人数往往要根据讨论的主题、类型、期望获得的信息量及主持人驾驭会议的能力等因素来确定。如果讨论的主题针对性或专业性较强，则可以选择较少的被调查者，反之，则可以安排数量较多的被调查者。

在选择被调查者时，应根据访谈的要求采用不同的方法进行甄选，如在人流量比较大的地段进行随机拦截，或随机拨打电话号码，或在网上招募等。但在进行访谈前，应根据被调查的特征对其进行分组，确保具有一些共同特征的被调查者在同一小组，以降低讨论过程中的沟通障碍，同时也可以使调查组织方确信不是因为被调查者的特征不同而造成对问题的不同看法。

值得指出的是，在确定被调查者时，应该将职业受访者排除在外。所谓的职业受访者，就是参加访谈的目的完全是为了获得报酬，他们往往具有多重身份和多重信息，当然，这些身份和信息都是伪造出来的，既然这样，他们提供的信息也就毫无价值可言。排除职业受访者比较常见的方法是加强身份验证以及强化企业内部管理等。

（二）准备场地

焦点小组访谈法对场地的要求通常比较高，其一般是在专门的测试室进行，这种测试室一般装有单向镜，单向镜的后面是观察室，在观察室中的工作人员可以清楚地看到测试室中被调查者的一举一动。同时，在测试室中比较隐蔽的地方则安装有录音和录像设备，以完整记录整个讨论过程，这种方法在当前的企业招聘中也比较常见。为了降低被调查者的心理负担，测试室还应满足以下条件：方便、安静、优雅、舒适等。在进行讨论时，最好以圆桌的形式就座，以便于营造更轻松的讨论氛围。

（三）选择主持人

在焦点小组访谈法中，主持人对讨论的效果起着决定性的作用。这是因为主持人不仅要确保使整个讨论始终围绕由特定研究问题所决定的讨论主题的重任，同时还要鼓励被调查者积极发言。这就对主持人的能力提出了较高的要求，一个良好的主持人必须要具有较强的组织能力和观察能力，同时应掌握主持和交流的技巧。不仅如此，主持人对调查项目终极目标的理解程度将影响到其对讨论主题的控制，并最终影响到被调查者提供的信息。总结起来，一名优秀的焦点小组访谈主持人应该具备以下几个方面的条件。

（1）具有焦点小组访谈调研经验。

（2）良好的理解能力。

（3）较强的组织能力。能够在实施访谈时控制大局，把握讨论的方向和进程，确保访谈正常有序地进行。

（4）客观性。即不引导和不影响被调查者，认真听取对方的观点和看法，但这种客观性的前提是保持对访谈方向的控制。

（5）具有宽泛的知识面和广泛的兴趣爱好。这些都有助于主持人更快更准确地了解调研主题，并能调动被调查者的积极性，带动小组成员更好地融入访谈活动中。

（6）思路清晰，逻辑性强。这有助于其准备更为科学的讨论提纲，从而使整个访谈过程表现得更加有序。

（7）善于科学合理地分配时间，能够在有限的时间内高效地完成访谈任务。

（8）对于计划方案能提供附加价值，而不仅是有效执行。

（9）精力充沛。焦点小组访谈的时间通常在1.5～3个小时，这就要求主持人具备在长时间访谈情况下仍然能有足够的精力和热情保持访谈趣味性的能力。

（四）准备讨论提纲

虽然主持人已经具备了多方面的优秀条件，但精心地准备一份讨论提纲对于一次成功的焦点小组访谈仍然是很有必要的。通常，讨论提纲是由主持人根据调查目的、调查主题及调查委托方所需要的信息资料设计的，编制时应由调查组织方及调查委托方的负责人和主持人共同参与。

讨论提纲通常包含三部分。第一部分点明讨论的主题，并说明讨论规则；第二部分由主持人带领被调查者展开深入讨论；第三部分则总结重要结论。

（五）实施小组座谈

在实施座谈活动时，具体要从以下几个方面着手：①善于把握访谈主题，始终围绕主题展开讨论；②当被调查者之间出现分歧时，做好各被调查者之间的协调，引导讨论工作顺利展开；③做好必要的会议记录。

（六）编写小组访谈报告

编写小组访谈报告可以有多种方法。一般情况下，当小组访谈结束之后，通常要由主持人按照自己的想法和体会对整个访谈过程进行汇报总结，这种报告方法也被称为主持人口头报告法。这种方法可以使小组内专业人员的知识与主持人的知识发生碰撞，进而激发新的观念和想法。但在进行汇报时，要求主持人一定要保持中立的态度，以免影响到访谈结果。

除了口头报告外，还有三种常见的报告方式，一种是由调研者凭借记忆做简要总结，并提供完整的访谈音像资料，由委托方自行揣摩理解；另一种也被称为"剪贴技术"，即由调研人员对访谈的各小组的全部音像资料进行审视后，将各组中反应方式类似的资料剪辑在一起，并分别存放在不同的文件夹中，以方便分析规律；第三种就是书面调查报告法，书面报告主要由调研目的、调研主题、调研内容、征集被调查者的过程、被调查者的基本信息、调查的发现和收获及提出的建议等组成，通常篇幅控制在2～3页即可。

三、焦点小组访谈法的优缺点

（一）焦点小组访谈法的优点

焦点小组访谈法应用范围非常广泛，之所以如此，是因为它具备一些其他调查方法不可比拟的优势。

（1）被调查者之间的互动作用可以激发新的观点和看法，有利于收集到更广泛的资料；

（2）资料收集速度比较快，节约时间和人力，提高了调查活动的效率；

（3）由于采取了相关的专业设备记录调研过程，便于调研者对调研活动进行科学监测和后期分析；

（4）由于很多被调查者都是企业的现实顾客或潜在顾客，所以可以更好地了解顾客的真实想法和需要。

（二）焦点小组访谈法的缺点

虽然焦点小组访谈法具有很多优点，但也存在一定的缺点。

(1) 对主持人的要求较高。寻找高素质的主持人对访谈的成功与否将起到很关键的作用,这构成了焦点小组访谈法的一个重要缺陷。

(2) 调查结果容易对决策产生误导。由于样本数量较小,所以难以表现整体的特征,如果根据调查结论进行决策,很可能会对决策产生误导。

(3) 容易产生偏差。这种偏差主要来自委托方和主持人的主观偏见。

(4) 由于是小组访谈,所以不宜对敏感性问题进行调查。

(5) 资料的整理和分析比较困难。访谈所得数据最大的特点就是无结构性,这些都导致后续的整理和分析工作困难重重。

第三节 深度访谈法

一、深度访谈法的含义及分类

深度访谈法,又被称为个别面谈法,它是一种无结构的、直接的、一对一的访问方法。在访谈过程中,通过掌握访谈技巧的调查员对一名被调查者进行深度的访谈,以获得被调查者对某一问题的潜在动机、观念和态度等方面的信息。

根据是否控制交谈内容和交谈时间,深度访谈法可分为自由式访谈法和半控制性访谈法两类。

在自由式访谈中,只要是针对调查者感兴趣的主题,被调查者都可以自由地发表见解和回答问题,不需要对讨论时间进行限制,也不需要有特定的访谈提纲。自由式访谈的目的是挖掘更深层次的信息,这种访谈法一般适用于机动时间比较多的被调查者。

在半控制性访谈中,则需要讨论一系列特定的主题,如市场情报等,且调查者需要对所讨论的每个问题进行时间控制。半控制性访谈一般适用于工作很忙的被调查者,由于这类人的职位往往比较高,所以对他们进行访谈通常可以获得更有价值的信息,但这也对调查者提出了较高的要求,可以这么说,半控制性访谈的成功与否在很大程度上取决于调查者的人际关系和访谈技巧。

二、深度访谈法的实施

(一) 准备阶段

▶ 1. 选择被调查者和访谈员

在进行深度访谈时,必须选择与调查目的有关的人员作为被调查者。一个合格的被调查者必须满足以下几个条件:了解调查目的;对调查主题感兴趣;没有沟通障碍;具有一定的代表性;具有一定的耐心。因此在选择被调查者时,通常采用的是判断抽样的方式,以保证寻找到合适的被调查者。

访谈员在深度访谈中的作用举足轻重。深层访谈要求访谈员掌握较高的访谈技巧,善于引导和发掘被调查者内心深处的真实想法和感受。因此,在选择时也应该按照一定的标准来进行,即要求访谈员具备丰富的知识、掌握熟练的谈话技巧及善于从谈话中提取有价值线索的能力等。

► 2. 制订访谈计划

所谓的访谈计划，就是访谈提纲，它为访谈活动的展开提供了依据，一份合格的访谈计划至少应包括访谈的目的、步骤和内容三个部分。

► 3. 准备访谈工具

访谈工具一般包括两部分：一是证明调查员身份的证件，这有助于接近被调查者并取得对方的信任；二是访谈时的辅助工具，如摄像机、录音机、图片资料、纸笔等。

► 4. 模拟访谈

如果可能，在正式访谈前进行一次模拟访谈也是很有必要的，这有助于调查人员发现并改进访谈中的不足之处。

(二) 实施阶段

► 1. 与被调查者约定时间和地点

在决定进行正式访谈前，应提前和被调查者联系，约定访谈的时间和地点。如果不是选择固定的被调查者，则此步骤可以更换为接近受访者。在接近受访者时，一定要礼貌热情，不卑不亢，以争取对方的配合。

► 2. 说明访谈目的，营造良好的访谈氛围

当被调查者表示愿意接受访谈时，下一步的关键就是保证访谈的顺利进行，以获取全面真实的资料。因此，在进行具体访谈前，首先就是要让被调查者了解访谈的目的，并尽可能营造一种良好的访谈氛围，然后借机转入正题。

► 3. 展开实质性访谈

在展开实质性访谈时，要求访谈员把握好以下几个访谈要点。

(1) 在访谈中，访谈员必须保持中立客观的立场，以保证答案的客观真实性；

(2) 访问员一定要熟练应用访问技巧，鼓励被调查者充分发表意见或看法；

(3) 对需要引导和追问的问题，访谈员要做必要的引导和追问，但一定要注意技巧；

(4) 访谈员应确保访谈内容围绕访谈目的展开，避免访谈失去方向性。

(三) 结束阶段

结束阶段是访谈过程的最后一个环节，这个环节也非常重要，不容忽视。在这一阶段，要求访谈员做好三个方面的工作。

(1) 要求访谈员快速检查访谈内容，确保没有遗漏重要访谈项目；

(2) 访问结束后，应再次征询被调查者的意见，以尽可能获得更多的资料和信息；

(3) 对被调查者的合作表示感谢。

三、深度访谈法的优缺点

(一) 深度访谈法的优点

相对于焦点小组访谈法而言，深度访谈法具有以下几个方面的优点。

(1) 可以有效消除群体压力，得到被调查者真实的想法，尤其适合对敏感性话题的讨论；

(2) 一对一的交流使得被调查者感到自己是受重视的，有利于激发新的观点或看法；

(3) 由于在单个被调查者身上花的时间较长，所以探讨的话题可以更有深度，访谈的内容相对较多，这样可以获得更多的信息；

(4) 一对一的近距离接触可以使被调查者对非语言的反馈更加敏感；

(5) 由于深度访谈是一对一的，所以可以将反应与被调查者直接联系起来；

(6) 由于不需要保持群体秩序，深度访谈更容易激发出偶然的思路，这常能对主要问题提供重要的思路。

(二) 深度访谈法的缺点

相对于焦点小组访谈法，深度访谈法具有以下缺点。

(1) 对高素质、高层次的人群较难成功预约；
(2) 深度访谈的成本通常比焦点小组访谈的成本高，尤其是被访者人数多的时候；
(3) 由于是一对一交流，所以深度访谈的效率比较低；
(4) 能够做深度访问的有技巧的访问员的报酬很昂贵，也难于找到；
(5) 调查的无结构性使得调查活动带有随意性，其结果的质量及完整性也过度依赖于访问员的技巧；
(6) 由于占用的时间和花费的经费较多，因而在一个调研项目中深度访谈的数量是十分有限的；
(7) 一对一的交流失去了群体动力，不利于激发被调查者的反应，无法产生被调查者之间观点的相互碰撞。

四、深度访谈法的适用范围

与焦点小组座谈法相比，深度访谈法能够更深入地探索被访者的内心思想和看法，且对访问员的能力要求更高。因此，这种方法主要在以下几种情况下运用。

(1) 需要详细深入地了解被调查者的想法；
(2) 在访问专业人员及竞争对手的情况下，尤其是访问竞争对手时，深度访谈法可能是唯一可行的办法；
(3) 需要讨论一些保密的、敏感的话题的情况下；
(4) 调查的产品比较特殊或需要详细了解被调查者的复杂行为时。

第四节 投 射 法

一、投射法的定义及适用范围

投射法是一种无结构的、非直接的调查方法，运用投射法，调查人员可以发掘出被调查者潜在的动机、态度和情感等。投射法在进行具体操作时，通过向被调查者询问一些表面上看起来与他们无关的问题，然后根据被调查者给出的答案剖析其内心的真实想法。也就是说，此法并不要求被调查者描述自己的行为，而是要他们解释其他人的行为，在解释过程中透露出自己内心真实的感受、想法或态度。

从上述的描述可以看出，与焦点小组访谈法及深度访谈法相比，投射法最大的特点是采用间接询问，这使得其在特定的场合成为调查者最好的选择，如对一些敏感性的问题进行调查时。

二、市场研究中常用的投射技术

(一) 联想测试技法

联想测试技法是在被调查者面前设置某一刺激物，然后要求被调查者说出最先联想到的事物。这种方法在心理测试中应用非常广泛，刺激物的选择也可以多样化。而在市场调查中，最常用到的是词语联想法，在这种方法中，调查者会快速读出或让被调查者看某个词或短语，并请被调查者快速回答或选择他最先联想到的一个或几个词或短语。在进行测试时，要求被调查者快速反应，从而不让心理防御机制有时间发挥作用，以此来挖掘被调查者的真实想法。如果被调查者在 3 秒内不能做出回答，就可以判断他给出的答案已经受到某种情感因素的干扰。

（二）结构技法

结构技法是要求被调查者以故事、对话或绘画的形式构造一种情景，调查者根据情景判断被调查者内心的真实想法。比较常见的应用形式包括图画回答法、卡通试验法和消费者绘图法。

图画回答法的具体做法是，首先向被调查者展示一系列图画，然后要求其根据图画讲述或写出一则小故事，调查人员根据故事来了解被调查者的个性特征等信息。

卡通试验法则是向被调查者出示卡通图片，并要求其根据自己对图片的理解虚构故事，调查人员根据故事来分析被调查者的态度和想法。

消费者绘图法是由被调查者根据调查材料画出自身的感受或者对一种事物的感知，通过对被调查者画出的图形进行分析，可以帮助调查者了解被调查者的动机和态度。

（三）填空试验技法

在填空试验技法中，由调查人员展示一种不完整的刺激情景，要求被调查者来完成这一情景。常用的方法包括句子完成法和故事完成法。

句子完成法是给出一些不完整的句子，要求被调查者在一定的时间内完成。例如：

一般人认为电脑_____

经常出入高档会所的人是_____

如果我中了 500 万元，我将会_____

对于上述的问题，不同的人可能给出不同的答案，而这些答案则直接或间接地表明了不同的看法，这些答案对于相关企业来讲，具有比较重要的参考价值。

故事完成法是给出一个能引起人们兴趣但未完成的故事，由被调查者来完成故事，不同的被调查者给出的故事可能是截然不同的，调查者可以据此判断被调查者的态度和情感等。例如：

一位男士在他最喜欢的百货商店里购物。他花了 45 分钟试了好几套西服，最后选中了最喜欢的一款。当他向收款台走去的时候，一位导购小姐走到他面前问："先生，我们这里的西装与您这件价格和款式相同，但质量更好。您是否愿意去看一下？"然后，_____

（四）表现技法

表现技法是调查者设计一种形象化的或文字的情景，请被调查者将其他人的感情和态度与该情景联系起来。比较常见的表现技法包括角色扮演法和第三者技法。

角色扮演是请被调查者扮演他人的角色来处理某件事情，调查者从其处理方式窥探被调查者的真实动机和态度。

第三者技法则是通过第三人称来进行提问的一种方法，这种方法适用于调查一些涉及隐私，尤其是不为社会道德所接受的行为，如吸毒等。在这里，被调查者会被问及他的朋友、邻居或一般人在某场合对某事件或某情形会如何反应及如何想等。通过被调查给出的答案，可以揭示出其对某事件的真实想法。用第三者技法，可以减轻被调查者的心理压力，易于得到真实的答案。

(五) 照片归类技法

照片归类技法是由美国环球 BBDO 公司开发出来的一种技术，被调查者通过一组特殊安排的照片来表述他们对品牌的感受，这组照片展示的是不同类型的人群，被调查者将照片与他所认为的这个人应该使用的品牌放在一起。

从其操作步骤来看，这种归类技法和联想测试技法比较相似。

三、投射法的优缺点

投射法比较突出的优点有：①采用间接询问，可以得到比较真实的信息；②在涉及隐私或敏感性问题时，投射法非常适用。

虽然投射法有其独特之处，但是由于该方法自身存在的局限性，使得其应用面比较窄。投射法的缺点主要体现：① 对调查员的要求比较高。②调查成本比较高。投射法对调查员的素质要求比较高，且结果的分析往往需要由资深的专业人士来进行，这些都增加了调查成本。③解释偏差比较大。由于投射法的无结构性，使投射法中对答案的解释比较困难，具有比较强的主观性。

本章小结

一手资料是企业做出正确决策的重要参考依据，根据一手资料是否可以量化，我们将其分为定性一手资料和定量一手资料。这两者既有一定的联系，也有很大的区别，其中定性调查主要用于探测性调研。

本章详细介绍了定性一手资料的收集方法，主要内容如下。

定性调查和定量调查是市场调查活动中收集原始资料的两种重要方法，它们在市场调查中常常结合使用。

由于定性调查的优点，决定了其应用范围非常广泛，但其存在的一些缺点也使得它在特定的情况下受到制约。

一手资料的收集方法分为定性调研和定量调研两种。定性调研法主要有焦点小组访谈法、深度访谈法和投射法等。

复习思考题

1. 常见的定性资料调查方法有哪些？
2. 试举例说明定性调查在市场研究活动中的重要性。
3. 焦点小组访谈法、深层访谈法、投射法各有何优缺点？
4. 投射法具体包括哪几种？试分析每一种的适用范围。

阅读材料

深层访谈法的技术

比较常用的深层访谈技术主要有三种：阶梯前进、隐蔽问题寻探以及象征性分析。

阶梯前进是顺着一定的问题线探索，例如，从产品的特点一直到使用者的特点，使调查员有机会了解被访者的思想脉络。

　　隐蔽问题寻探是将重点放在个人的"痛点"而不是社会的共同价值观上；放在个人深切相关的而不是一般的生活方式上。

　　象征性分析是通过反面比较来分析对象的含义。要想知道"是什么"，先想法知道"不是什么"。例如，在调查某产品时，其逻辑反面是产品的不适用方面、"非产品"形象的属性，以及对立的产品类型。

　　另外，调查员的作用对深层访谈的成功与否也十分重要。调查员应当做到：
　　(1) 避免表现自己的优越和高高在上的感觉，要让被访者放松；
　　(2) 超脱并客观，但又要有风度和人情味；
　　(3) 以提供信息的方式问话；
　　(4) 不要接受简单的"是"或者"不是"的回答；
　　(5) 刺探被访者的内心。

案例分析

脑白金——调查消费者

　　"1995年巨人集团的三大战役，广告攻势是我亲自主持的，一星期就在全国砸下5 000万元的广告，把中国都轰动了，风光无限！可是一评估，知名度、关注度都有，但广告效果是零。"史玉柱认为这就是巨人走下坡路的起点。"巨人失败后，我养成了一个习惯，谁消费我的产品我就要把他研究透。一天不研究透，我就痛苦一天。"

　　重出江湖，脑白金上市前，史玉柱亲自做了300人的消费者深入调查访谈——"江阴调查"。史玉柱戴着墨镜走村串户寻访，年轻人都出去工作了，在家的只有老头、老太太。聊天调查的问题，如"吃过保健品吗""如果可以改善睡眠，您需要吗""可以调理肠道、通便，对你有用吗""可以增强精力呢""价格如何，你愿意使用吗"这些老人跟史玉柱聊天特高兴，"你说的这些产品我们都想吃，就是舍不得买，等着儿子买呐！"史玉柱接着问："那你吃完保健品后，怎么让你儿子买呢？"老人们告诉史玉柱："不好意思直接告诉儿子，把空盒子放在显眼的地方。"

　　史玉柱敏感地认识到其中大有名堂，他因势利导，推出了家喻户晓的广告："今年过节不收礼，收礼只收脑白金"，该广告被评为最俗广告，但是它已经整整播放了10年，累计带来了100亿元的销售额，这两点难觅对手。

　　在江阴启动时，仅有50万元借款，10万元送品，10万元打广告，现款现货。第2个月又把赚到的十几万转移到无锡，照猫画虎地打广告启动市场。

　　在史玉柱看来，专注研究消费者，是他与许多企业界之间最大的差异。很多企业家，往往今天邀请这个政府官员吃饭，明天请那个行长打高尔夫，他们70%的时间属于不务正业。"我从不琢磨领导有什么爱好，只研究消费者，这节约了不少时间。可以不认识某局长，不认识当红歌星周杰伦，但是绝不能不知道消费者的每一点点细微感受！"

资料来源：百度文库.

思考：
1. 史玉柱采取的调研方法是什么？其具体的适用范围有哪些？
2. 除了材料中的调研方法，史玉柱还可以通过其他方法获取资料吗？请你结合实际设计一种调研方法。

第六章
一手资料收集：定量调查方法

> **学习目标**
> 1. 了解定量调查的定义；
> 2. 了解定量调查的特点；
> 3. 了解定量的资料收集方法及各种方法的优缺点。

导引案例

雪佛隆公司的法宝

雪佛隆公司是美国一家食品企业。该公司在20世纪80年代初曾投入大量资金，聘请美国亚利桑那大学人类学系的威廉·雷兹教授对垃圾进行研究。教授和他的助手在每次的垃圾收集日的垃圾堆中，挑选出数袋，然后把垃圾的内容依照其原产品的名称、重量、数量、包装形式等予以分类，如此反复地进行了近一年的分析和考察。

他通过对垃圾进行研究，获得了有关当地食品消费情况的信息，并在此基础上给出了以下结论：第一，劳动者阶层所喝的进口啤酒比收入高的阶层多。这一调查结果大大出乎一般人的想象，如果不进行调查，生产和销售后果不堪设想。得知这一信息后，调查专家又进一步分析研究，知道了劳动者阶层所喝啤酒中各品牌所占的比率。第二，中等阶层人士比其他阶层所消费的食物更多，因为双职工都要上班而太匆忙了，以致没有时间处理剩余的食物。第三，了解到人们消耗各种食物的情况，得知减肥清凉饮料与压榨的橙汁属于高层收入人士的良好消费品。

雪佛隆公司了解到这些情况后，根据这一信息进行决策，组织人力物力投入生产和销售，最终获得成功。

资料来源：豆丁网.

思考：
1. 威廉·雷兹教授和他的助手采用的是哪种调查方法？
2. 该公司在获取消息后，会采取哪些具体的措施？

第一节 定量调查概述

一、定量调查的定义

定量调查是利用标准化和程序化的技术及方法对所收集的资料进行处理和量化分析的过程。它主要用于描述性、预测性及因果性调查，定量调查的目的是根据所选样本的特征推断总体的数量特征，这和定性调查不能很好地反映总体的数量特征具有本质区别。在定量调查中，调查人员一般借助调查问卷展开调查活动，获得的数据大多是定量数据，所以可以运用更加复杂的统计分析方法（如因子分析、聚类分析等）进行数据分析工作。

目前，国内常用的定量研究方法主要包括访问法、观察法和实验法等，这些具体的方法将在后面一一展开论述。

二、定量调查的特点

▶ 1. 操作容易

被调查者阅读问题和记录答案迅速简便，在一些特定的情况下被调查者还可自填问卷。

▶ 2. 目的性强

定量调查的问题设计，可以说是调查人员研究思路的一个外显，因此具有很强的目的性。

▶ 3. 精确度高

由于定量调查的结构性强，条理清晰，这在后期的统计分析上具有更高的精确度。

▶ 4. 容易制表

较之定性调查，定量调查在整理的过程中更趋于简便，再大的样本容量在各种软件的辅助下也能迅速地实现排序、交叉制表并进行统计分析。

▶ 5. 结果量化

进行定量调查时，可将被调查者按不同属性细分成多个子群，并根据不同的意图进行分析比较，使之量化。

第二节 访问调查法

一、访问调查法概述

访问调查法又称询问法，指调研人员根据事先设计好的问卷向被调查者提出问题，要求其给予回答，由此获取所需的信息资料。在进行访问调查时，问卷是提问和回答的重要依据。

访问调查法在市场调查领域有着广泛的应用，是获取定量原始数据的一种重要方法。

之所以如此，是因为相对于其他调查方法，访问调查法具有适用性强、可靠程度高以及便于对资料进行编码、统计和分析等几个方面的优点。

二、访问调查法的类型

在展开具体调查活动时，市场调查者可以根据调查目的、所需搜集资料的类型、获取资料的难易程度等来决定使用何种访问方法。常见的访问方法主要有以下几种，详见图6-1。

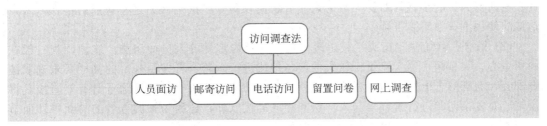

图 6-1　访问调查法中几种比较常见的类型

（一）人员面访

▶ 1. 人员面访的定义和优缺点

人员面访是调查人员直接面对面向被访者询问有关的问题，以获取相关的信息资料的一种方法。在进行访问时，既可以是一对一，也可以是几个人集体面谈。

由于是面对面地进行访问，访问员与被访者可以进行双向沟通，及时解决访问中遇到的问题，所以具有较强的灵活性。这不仅有助于提高调查质量，收集更多的信息，而且还可以有效提高问卷的回收率。

人员面访调查法的缺陷是调查效率低、成本比较高、调查所需的时间较长，这些都使得人员面访法只适合在小范围内使用。同时此法对调查员的素质要求比较高，且调查结果容易受调查人员及被访者的合作态度等多种因素的影响。因此，在实施人员面访调查时，应注意以下几个方面的问题。

（1）在进行调查活动前，需要对访问员进行适当的培训，培训内容应包括了解调查目的、访问技巧及访谈时应注意的基本礼节等。

（2）在进行具体访谈时，要求访问员应保持客观中立的态度，避免发表具有倾向性和诱导性的意见，以保证答案的客观真实性。在提问时应遵循先易后难的原则，保证访谈工作的顺利进行。

（3）需要对访问员进行必要的监督。这种监督包括两个方面的内容，即态度是否端正及调研记录的真实性。具体监督的手段可以采用现场抽查、分析调研记录及回访被调查者等。监督的目的是杜绝访问员的弄虚作假行为，提高访问结果的真实有效性。

▶ 2. 人员面访的分类

人员面访可以具体分为入户访谈、街头拦截访问及计算机辅助面访三种类型。

（1）入户访谈。入户访谈是指被调查者在家或单位接受访问。在入户访谈中，调查者按照事先的抽样计划，到被调查者的家中或单位，依据调查问卷或提纲展开面对面的直接访问。

入户访谈首先要确定到哪些家庭进行访问，如果抽样方案中有具体名单，则应严格按照名单进行。如果只是给出抽样点和抽取方法，则要求调查者严格按照规定进行抽样。确定了调查家庭以后，还应该选择具体的访问对象，这也应该严格按照调查设计来选择，例如在对日常生活用品购买情况进行调查时，访问对象通常是女性。

由于入户访谈是在被调查者家中进行的面对面、私下的访谈形式，因此它往往具有很多优点，这些优点包括：可以对复杂的问题进行解释；能确保受访者在一个最为舒适自在的环境里轻松接受访谈；可以对问卷中涉及的私人问题或比较敏感的问题进行访谈；适合进行复杂而且需要很长时间的面谈等。

但入户访谈也存在一些缺点，比较突出的缺点主要包括：随着信任危机的扩散，入户变得更加困难；成本高、时间长，最终使得调查效率比较低；访问过程容易受访者家庭成员、电话等因素的干扰；对访问员的素质要求比较高等。正是因为这些缺点的存在，入户访谈的使用率正在不断下降。

（2）街头拦截访谈。街头拦截访谈也是一种较为常见的人员面访法。这种调查一般在商贸中心、大型超市等人流量比较大的繁华地段进行。调查者按照规定的抽样要求选取被调查者，获得对方的同意后，在现场或就近展开访谈。街头拦截访谈除了具有能直接获得反馈、对复杂问题进行解释等与入户访问相同的优点外，还因为被调查者的易获得性而节约交通费用及在途时间，可以将更多的时间用于访谈，从而获得更多的信息资料，有效地提高了访谈的效率。

当然，街头拦截访谈也存在一些不足之处：拒访率较高，这是比较普遍的现象；由于环境的限制，被调查者容易分心，不适合比较复杂、长时间的面谈，不利于获得深层次的信息；不方便进行大量图片、卡片或产品的展示；样本的代表性较差，这也是街头拦截访谈最大的缺陷。

（3）计算机辅助面访调查。从严格意义上来说，计算机辅助面访调查不是一种独立的面访调查形式，它是入户访谈和街头拦截访谈与计算机技术结合的产物。

在计算机辅助面访调查中，问卷被事先储存在电脑内，由经过培训的访谈员携带笔记本电脑向被调查者进行面访。进行调查时，访谈员根据电脑中问卷的问题和提示语进行提问，并及时将被调查者的答案输入电脑中。

（二）邮寄访问

邮寄访问法是由调查者将设计好的问卷通过邮寄的方式送达被调查者手中，请他们按照要求填写问卷，并在规定的时间将问卷寄回给调查者的一种方法。

按照抽样方法的不同，邮寄访问又可细分为普通邮寄访问和固定样本邮寄访问。相对于普通邮寄访问，固定样本邮寄访问的最大优势就是问卷回收率得到大大提高，且可以更深入地了解固定样本的特性。

目前，由于种种原因的限制，邮寄访问在中国应用得较少，但在国外它却是应用非常广泛的一种调查方法。相对于其他调查方法，其优点主要包括：高效、方便、费用低廉，节约了人力；能给被访者较充裕的时间思考问题；不会受到访问者有意识或是无意识的干扰等。

虽然邮寄访问具备上述优点，但它同样存在一些严重的缺点，主要包括：问卷的回收率低，这直接影响到样本的代表性；由于不在现场，调查人员对于问卷填写完全无法控制，这将会影响到收集信息的准确性和真实性；信息反馈时间长；对被调查者的文字理解能力和表达能力提出了较高的要求等。

为了解决邮寄访问回收率低的现状，调查组织方往往会采取以下的一些措施和办法：对于没有回应的被调查者，用明信片、电话或邮件进行提醒；通过礼品或金钱报酬进行刺激；采取抽奖的方式；在邮寄问卷时附上贴好邮票的信封等。

（三）电话访问

电话访问是调查者通过电话向被调查者提出问题，以获取信息的一种方式。按照调查时所用的工具不同，电话访问又可以分为传统电话访问和计算机辅助电话访问。顾名思义，传统电话访问使用的工具是电话、问卷或提纲及记录答案要用到的纸笔，而计算机辅助电话访问用到的工具则是计算机，当然这台计算机配套了一系列的软件：问卷设计系统、自动随机拨号系统、数据自动录入系统、统计系统和自动访问管理系统等。计算机辅助电话访问最大的优点就是省略了数据编辑和录入步骤，提高了调查效率，降低了录入误差。

相对于其他调查方法，电话访问具有以下几个方面的优点。

（1）费用低。这是因为在访问时节约了交通费用和问卷印刷等费用。

（2）速度快。一个样本为几百人的调查，采用电话访问的方式进行，一天的时间就可以完成访问。

（3）交谈自由。在访问中，由于调查员和被调查者并非面对面，所以可以减少被调查者的心理负担，便于获得更真实的信息。

（4）对调查员管理方便。这使电话访问的质量比当面访问更容易得到保证。

同样，电话访问也存在一些不足之处。

（1）极大地限制了各种调研工具的综合使用。和面访相比，电话访问只能通过声音传递信息，没有办法通过辅助工具（如肢体语言和卡片等）获取更多信息。

（2）不适合较长时间的访问。一般对被调查者的访问时间应控制在10分钟以内。

（3）不适合深度访谈或开放式问题的回答。

（4）辨别回答真伪以及记录的准确性都受到限制，且因为访问时不知道被调查者在做什么，所以很容易遭到拒绝。

（5）样本受限。从理论上说，电话访问的结果只能推论到有电话的对象这一总体。而在实践中，电话访问必然会遇到如何抽样的问题。

（四）留置问卷访问

留置问卷访问法是调查者将调查问卷当面交给被调查者，在向他们说明调查目的和填写要求后，由被调查者自行完成问卷，再由调查者按照约定的时间上门回收问卷的一种方法。它实际上是人员面访和邮寄访问的结合体，同时保留两者的优点：保密性强和回收率高。留置问卷调查的关键在于保证调查的匿名性，这点在调查之前必须向被调查者明确说明，同时在问卷回收时采取一定的措施确保回收问卷的匿名性。

留置问卷访问法的优点主要有以下几个方面。

（1）被访者有充裕的时间回答问卷，答案更能反映被访者的真实情况；

（2）对调查员的技术要求较低；

（3）由于是调查员亲自上门取回问卷，所以问卷回收率高；

（4）可以避免受到调查员有意或无意的干扰；

（5）可以控制问卷的回收时间。

留置问卷访问法也存在一些缺陷，主要表现为以下几个方面。

（1）由于是上门发放问卷且需要二次上门回收，所以此法效率较低；

（2）路上耗时较长，增加费用；

（3）难以了解问卷是否真的是调查对象本人填写的，问卷质量难以控制；

（4）对被调查者的文化水平和理解能力有一定要求，可能出现理解偏差。

（五）网络调查

网络调查是以互联网作为媒介进行的资料收集活动。随着互联网的普及尤其是手机上网逐渐成为主流，越来越多的调查人员开始把网络调查作为收集二手资料和原始资料的一种重要方法。

目前所拥有的数据表明，全球尤其是中国网民的数量正呈现爆炸式的增长速度，这就为网络调查提供了得天独厚的条件。在网络调查中，由于被调查者更乐于尝试新的事物，这使得网络调查在收集原始资料方面具有很大的优势。

通过网络收集原始资料主要有三种方式：在线问卷调查、E-mail 问卷调查以及新闻组讨论调查。在实践中，应根据调查目的、调查主题及收集资料的深度等选择具体的调查方式。

相对于其他收集资料的方式，网络调查在很多方面具有一定的优势。

（1）费用低廉。正常情况下，网络调查的费用是所有资料收集方法中最低的。

（2）速度快，调查范围广。网络调查可以在很短的时间内完成，且由于网民数量众多，所以各种调查主题的问卷都可以通过网络找到合适的被调查者。

（3）实时监控回答质量。专业的在线调查公司开发了一些质量控制和样本配额控制的程序，可以对问卷回答质量进行实时监控，及时剔除不合格问卷。

（4）表现力强。运用网络技术，可以在调查时结合图片、音频和视频等辅助工具来增加问卷的趣味性，并获取更多信息。

尽管网络调查具有上述的众多优点，但其发展前景仍然受到以下几个方面的制约。

（1）样本的选择有一定的局限性。网民的结构层次在一定程度上制约了样本的选择，也使得关于某些产品的调查（如老年用品等）不适合通过网络调查收集资料。

（2）安全性有待提高。网络安全是网络调查快速发展的最大瓶颈，被调查者往往会因为担心泄露信息而拒绝填写调查问卷。

（3）问卷的长度和调查结果的质量受到限制。年轻人在网民中所占的比重较大这一特点决定了问卷的长度不能太长，而由于不能对问卷回答进行控制，所以调查结果的质量也要受到一定的影响。

第三节 观察法

一、观察法概述

（一）观察法的定义和使用条件

观察法是调查者依据一定的研究目的、研究提纲或观察表，在现场用自己的感官或辅助工具对被调查者的情况进行直接观察和记录，以取得信息资料的一种调查方法。

在运用观察法收集信息时，必须具备一定以下条件。首先，调查者所要收集的信息是可以直接观察到的，或者是可以通过观察到的信息进行推断的；其次，所要观察的行为必须具有重复性或者可预测性；最后，所要观察的行为必须能在相对较短的时间内完成。综上所述，观察法的适用范围要受到相关因素的制约，在进行调查方法选择时必须要充分考虑这些制约因素。

（二）观察法的分类

在具体的调查活动中，有很多种类的观察方法可供调查人员选择，但对于某一特定的调研问题，就需要从调查目的、调查成本及数据质量等方面进行综合考虑，以便从中选择一种最有效的方法。根据不同的分类标准，观察法可以分为以下几种不同的类型。

▶ 1. 按观察发生的场所，可以分为实地观察和模拟实地观察

实地观察是指观察者在观察事件中没有扮演任何角色，而被观察者没有意识到他们正被观察中，因此，他们的行为是自然表露出来的，比较客观真实。例如，直接在超市或购物中心观察顾客的行为。

模拟实地观察，也称为设计观察，它是指观察者在经过设计的环境中对被观察者进行观察。由于是经过设计的，所以观察者不仅可以更快地收集到数据，而且能够对外在影响因素进行有效控制，这些都使调查活动的成本降低。但由于被观察者事先知道他们参与此项活动，因此表露的行为可能不够真实。

▶ 2. 按观察结果的标准化，可以分为控制观察和无控制观察

控制观察在观察调查中是根据观察的目的预先确定范围，有计划地以标准化的观察手段、观察程序和观察技术进行系统观察，以确保观察结果的标准化。在进行控制观察时，观察者必须为每一位被观察者填写一份问卷式表格。

无控制观察则对观察的手段、项目和步骤等不进行具体的严格规定，也不需要用标准的方法进行记录，它是一种比较灵活的观察形式。无控制观察适用于对研究问题不甚了解的情况，因此常用于探索性调查或有深度的专题调查。

▶ 3. 按观察者是否参与观察活动，可以分为参与观察和非参与观察

参与观察是指观察者置身于观察活动之中进行观察，根据观察者在观察活动中是否隐瞒自己的真实身份，参与观察又可分为不完全参与和完全参与。完全参与是指观察者隐瞒自己的身份，长期和被观察者处于同一环境中展开观察活动，如伪装购物来观察售货员的表现。使用此种方法不仅能了解到事物的表象，且通过亲身参与还可了解到现象发生的某些原因。不完全参与则是指观察者参与被观察者的群体活动，但不隐瞒自己的身份。这种方法的局限是可能使调查结果不全面或失真。

非参与观察是指观察者不置身于被观察群体中，而是以局外人的身份客观地观察事件的发生及发展情况。其优点是结果较真实，但缺点是只能了解到事物的表象，无法获得深入细致的调查资料。

▶ 4. 按观察的手段或形式，可以分为人员观察和机器观察

人员观察是由调查人员实地观察被观察者的方法，它是观察法中最主要的形式之一。

机器观察则是借助机器观察被观察者，比较常用的机器有交通流量计数器、脑电图、测瞳仪、阅读器、扫描仪、摄像机和设听设备等。

在特定的环境中，机器观察可能比人员观察更方便快捷，获得的结果更精确。

▶ 5. 按取得资料的时间特征，可以分为纵向观察、横向观察和混合观察

纵向观察又称时间序列观察，是指在不同的时间段所进行的观察。使用这种方法可以获得一连串的观察记录，通过对观察资料进行分析研究，能够从中了解观察对象发展变化的过程和规律。

横向观察又称静态观察，是指在同一时间对若干个被观察对象的行为进行观察记录的方法。例如，同时对若干个分店的销售情况进行观察。

在实践中，为了使获取的资料更加可靠全面，调查者往往将横向观察和纵向观察结合起来使用，也就是通常所说的混合观察。

二、观察法的记录技术

记录技术选用的是否得当将直接影响到调查结果，良好的记录技术不仅可以减轻观察

者的负担,准确及时地记录比较全面的信息,而且便于观察者对收集到的资料进行有效整理和分析。常用的观察记录技术主要有以下几种。

(一)观察卡片

观察卡片也叫观察表,其结构设计与问卷基本相同,观察卡片上列出了具体的观察项目以及各个观察项目可能出现的各种情况。在实施调查活动时,观察员可以根据观察情况直接在观察卡片上填写观察记录。这样不仅加快了记录的速度,且便于对后期资料的整理分析。

(二)符号

符号指事先设计好相应的用来代表在观察中出现的各种情况的符号,在进行观察时,直接用符号进行记录,而不需再用文字叙述。

(三)速记

速记是用一套简便易写的线段、圈点等符号系统来代表文字进行记录的方法。在使用速记时,需要对观察员进行培训。

(四)记忆

记忆是在观察调查中,采用事后补记的方式进行记录的技术。它通常用于调查时间紧迫或不宜现场记录的情况。

(五)机械记录

机械记录指在观察调查中,借用专业仪器如录音机、录像机、照相机及其他各种专用工具进行的记录。

不同的记录技术都存在自身的优点和缺陷,在实际调查活动中,应根据实际情况选择其中的一种或几种,以确保收集资料的全面和准确性。

三、观察法的优缺点

(一)观察法的优点

观察法主要具备以下几个方面的优点。
(1)实地观察人们的行为和现象的发生,资料更加客观真实;
(2)能够收集到被调查者无法直接用词语表达的一些信息;
(3)观察法不依赖于语言交流,减少了理解偏差和干扰因素,因此能较为有效地减少误差;
(4)观察法实施起来比较简单。

(二)观察法的缺点

(1)观察法需要的人员较多,提高了调查成本;
(2)只能观察到表面现象和外在行为,无法观察内在动机及产生行为的原因,这也是观察法的最大缺陷;
(3)对调查员的技术水平要求较高,观察法往往要求调查员具备必要的心理学、社会学知识,良好的记忆力和敏锐的观察能力等;
(4)调查员不能对被观察者进行必要的控制,这就需要观察者花更多的时间进行调查活动。

四、观察法的应用

人员观察是观察法中最常见也是应用最广泛的形式之一,在具体实施时,它又包含单向镜观察法、购物行为和形态、内容分析及"神秘顾客"四种类型,其中利用"神秘顾客"进行观察最为常见,发挥的作用也最为突出。

神秘顾客法，又叫神秘购物法，是法国居伊·梅内戈点子公司提出的一种在实际中应用的观察法。在我国，神秘顾客最早是由肯德基、诺基亚、飞利浦、摩托罗拉等知名跨国公司引进国内，并被广泛用于内部管理活动。

所谓的神秘顾客，是由经过专门训练的观察人员，伪装成一名普通顾客，通过实地体验，详细记录下购物或接受服务时所发生的一切情况，以发现商家在经营管理中存在的种种缺陷的一种调查方法。神秘顾客可以用于企业内部管理，帮助企业发现经营管理中存在的问题。这样既有助于提高企业经营能力，也为激励员工提供了客观依据。同时它也可以用来观察竞争对手，以了解竞争对手的优势和劣势，为企业进行决策提供依据。

第四节 实 验 法

一、实验法概述

实验法是指市场实验者有目的、有意识地通过改变或控制一个或几个影响因素的实践活动，来观察调查对象在这些因素发生变化时的变动情况，并借此了解其发展趋势的一种方法。

实验法的应用范围非常广泛，例如，企业在改变产品的包装、质量、价格、陈列方法及广告内容等时，都可以通过实验法进行调查。

二、实验法的种类

因为分类依据不同，实验法可以分为不同的类型，但比较常见的实验法有以下两种，它们是根据进行实验的环境进行分类的。

（一）实验室实验

实验室实验是指在人造的环境中进行实验，研究人员可以进行严格的实验控制，比较容易操作，时间短，费用低。

（二）现场实验

现场实验是指在实际的环境中进行实验，操作起来比较复杂，但实验结果一般具有较大的实用意义。

三、实验法的应用步骤

（一）根据市场调查课题，提出研究假设，确定实验自变量

确定实验自变量的重要前提就是透彻研究市场调查课题，并在此基础上提出研究假设，只有这样，实验才能顺利进行。

（二）进行实验设计，确定实验方法

实验设计是调查者控制实验环境和实验对象、进行实验活动的整体方案。它决定着前面提出的研究假设能否成立，也决定实验对象的选择和实验活动的开展，最终还将直接影响实验结果结论。

根据是否设置对照组及设置对照组的多少，我们可以设计出多种不同的实验方案。在这里我们只介绍几种最基本最常用的实验方案。

▶ 1. 单一实验组前后对比实验

这种实验方案是选择若干实验对象作为实验组,将实验对象在实验活动前后的情况进行对比,得出实验结论。在市场调查中,经常采用这种简便的实验调查。例如,某食品厂为了提高糖果的销售量,认为应改变原有的陈旧包装,并为此设计了新的包装图案。为了检验新包装的效果,以决定是否在未来推广新包装,厂家对糖果在改变包装的前一个月和后一个月的销售量进行了监测,监测的结果是包装改变后销量增加了,因此厂家得出了新包装更受欢迎的结论。但事实真的如此吗?未必,因为外界的不可控因素太多了。

因此单一实验组前后对比实验,只有在实验者能有效排除非实验变量的影响,或者是非实验变量的影响可忽略不计的情况下,实验结果才能充分成立。

▶ 2. 实验组与对照组对比实验

这种实验方法是选择若干实验对象为实验组,同时选择若干与实验对象相同或相似的调查对象为对照组,并使实验组与对照组处于相同的实验环境之中。例如,某食品厂为了了解面包的配方改变后消费者有什么反应,选择了A、B、C三个商店为实验组,再选择与之条件相似的D、E、F三个商店为对照组进行观察。最后对实验结果进行对比。

值得指出的是,实验组与对照组对比实验,必须注意两者具有可比性,即两者的规模、类型、地理位置、管理水平、营销渠道等各种条件应大致相同。只有这样,实验结果才具有较高的准确性。但是,这种方法对实验组和对照组都是采取实验后检测,无法反映实验前后非实验变量对实验对象的影响。为弥补这一点,可将上述两种实验进行综合设计。

▶ 3. 实验组与对照组前后对比实验

这是对实验组和对照组都进行实验前后对比,再将实验组与对照组进行对比的一种双重对比的实验法。它吸收了前两种方法的优点,也弥补了前两种方法的不足。

(三)选择实验对象,确定试验时间

在进行实验设计并确定合适的实验方法后,即可以根据实验方法类选择符合要求的实验对象,并初步确定进行实验的时间。

(四)进行正式实验

进行正式实验前,应对实验人员做好培训工作,以确保实验严格按照实验设计展开。

(五)整理分析资料,得出实验结果

正式实验结束后,应对实验取得的资料进行整理分析和检测,得出实验结果,为企业进行正确决策提供科学依据。

四、实验法的优点和缺点

实验法的优点主要体现在以下几个方面。

第一,通过实验法获得的调研资料比较真实、客观,实验结果的说服力比较强;

第二,能够验证市场现象之间是否存在相关关系;

第三,可以通过多次反复的实验来检验实验结论的正确与否。

尽管实验法的优点非常突出,但其缺陷也不容忽视。

第一,花费时间较多、费用较高,且实验过程不易控制;

第二,实验情况不易保密、竞争对手可能会有意干扰现场实验的结果;

第三,影响市场变化的因素很多难以人为控制,这必然会影响实验结果的准确性。

五、实验法的应用

市场实验调查必须要具备以下几个基本要素：一是要有实验活动的主体，即实验者；二是要有实验调查所要了解的对象；三是要营造出实验对象所处的市场环境；四是要有改变市场环境的实践活动；五是要在实验过程中对实验对象进行检验和测定。只有具备了这五个要素，实验活动才能展开。

实验调查是一种探索性、开拓性的调查工作，实验者必须解放思想，有求实精神，敢于探索新途径，能灵活应用各种调查方法。正确选择实验对象和实验环境，对实验调查的成败也有着重要作用。如果所选的市场实验对象没有高度的代表性，其实验结论就没有推广的可能性。此外，由于实验活动要延续相当长的时间，还要有效控制实验过程，让实验活动严格按实验设计方案来进行。

本章小结

定量调查是利用标准化和程序化的技术及方法对所收集的资料进行处理和量化分析的过程，定量调查则多用于描述性和因果性调研。

本章详细介绍了定量一手资料的收集方法，主要内容如下。

定量调研的定义和作用。

定量调研的方法，包括访问调查法、观察法和实验法等。

复习思考题

1. 常见的定量资料调查方法有哪些？
2. 试举例说明定量调查在市场研究活动中的重要性。
3. 简述观察法的优缺点。
4. 请说明几种主要的实验调查方法，并简要分析其优缺点。

阅读材料

在广告效果调研中，常用以下四种仪器记录消费者对广告的反应：

1. 视向测定器（eye camera）

视向测定器也可称为眼睛照相机，它可在一秒内拍摄16个视线动作，测出视线停留的位置和时间，用于探测被访者对广告的反应。

2. 瞬间显露器（tachistoscope）

瞬间显露器可在短暂时间内显示广告，用于了解广告的各个构成要素所需要的时间。

3. 精神电流测定器（psychogalvanometer）

精神电流测定器可通过测量脉搏、血压、呼吸等间接测量出情感变化和心理反应。

4. 皮肤电流反射器（galvanic skin response）

利用这种仪器可以根据受测者的精神变化而在皮肤上出现的反应，进行相应的判断。

案例分析

一次并不成功的拜访

在组建销售队伍时，我请来一位老朋友，他一直在销售同类的产品，我对他寄予厚望。他进入公司后，业绩很不稳定，遇到大订单就可以完成任务，否则就完不成。我决定和他一起去拜访客户，看看到底是怎么回事。

我们计划拜访某省公路局的赵主任，我们如约来到客户办公室后，我发现客户的桌子上摆着我们的产品，旁边的机房内堆有不少我们产品的包装箱，而且客户对我们很热情。这些都是很好的兆头。由于我希望观察销售人员是怎么进行销售的，决定尽量让他独自与客户交谈。以下是他们的对话：

"赵主任，我们的产品您用得好吗？"

"不错，我们以前用的都是其他公司的，现在都改用你们的了。"

"对，我们采用按订单生产的模式，每一台都按照客户的要求配置生产，经过测试以后直接交付客户，按照客户的要求上门安装。在整个过程中，质量得到严格的控制和保证。以前我做分销的时候，先从厂家采购大批产品。当客户要的和我们订的标准配置不同时，我们就在市场上抓一些兼容的零件拼装上去。"

"是吗？我一直不知道经销商这样改变配置的。"

"这也不是经销商的问题，他们的经营模式决定他们只能这样做。很多产品故障就是因为经销商在改变配置时，没有佩带防静电手套造成的。"

"是吗？你们产品的质量确实不错。我们最近要启动全省高速公路的项目，我就建议用你们的。"

"不止质量不错，我们还提供三年上门服务，只需一个电话，如果是硬件问题，我们的工程师会在第二个工作日上门维修。"

"上门服务对我们很重要，我们的收费站分布在全省各地，机器一出问题，他们就打电话给我，我就要派人立即去修，我们的技术人员很辛苦。"

"如果您采购了我们的产品，就不用这么辛苦了。目前我们公司的市场份额已经是全球第一，虽然只有17年的历史，取得这么大的成功是因为我们独特的直销模式，我来给您介绍我们的直销模式吧。"

时间过得很快，客户听得津津有味，但客户开会的时间到了。

"赵主任，您要去开会了吗？今天谈得很投机，我就不耽误您的时间了，告辞。"

销售人员高高兴兴地离开了客户的办公室，我询问他对这次拜访的体会，他说："很好啊，客户很喜欢我们公司。"

资料来源：百度文库.

思考：
1. 该案例中的销售人员采用的是哪种调查方法？
2. 该销售人员拜访失败的原因有哪些？

第七章 问卷设计

学习目标

1. 了解调查问卷的概念和分类；
2. 了解问卷的功能和设计原则；
3. 了解问卷中常用的量表；
4. 了解问题设计的基本知识；
5. 掌握问卷设计的技术和注意事项。

导引案例

典型案例1：客户对某产品的价格和服务质量感兴趣，询问消费者"您对它的价格和服务质量是否满意"。

典型案例2：某电视台想调查其潜在市场的大小，所设计的问卷中标题和说明部分均表明调查是关于该电视节目的。问卷首先要求被调查者列举最喜欢的三个电视节目（开放题），结果该节目名列榜首，98%的被调查者声称最喜欢该节目。

典型案例3：某手机生产厂家针对其产品市场潜量派人员进行访问调查，询问：请问您是否使用过我们手机的5.0版？□使用过□没有使用过□不知道

典型案例4：请您估计一下，您平均一个月在网购上花多少钱？

典型案例5：某保险公司调查顾客对本公司业务的印象，询问：请问您对本公司的理赔时效是否满意？请问您对本公司的展业方式是否满意？

典型案例6：您并不认为应该增加反污染法规吧？

典型案例7：您辞去目前的职位后是否会立即找其他工作？

典型案例8：1941年罗格（Rugg）进行的试验。A：您是否认为美国应该禁止反对民主的公开言论？B：您是否认为美国应该允许反对民主的公开议论？

典型案例9：某调查曾分别用短句①和长句②对不同样本进行过试验：①你的咽喉痛过吗？②这个问题是关于咽喉疼痛的，我们正在寻找这方面的信息，请问你的咽喉曾经痛过吗？

思考：上述案例中的问题是否存在问题，如果存在，请指出来，并对其进行修改。

第一节 问卷设计的基础知识

一、问卷的概念和种类

（一）问卷的概念

问卷又叫调查表或询问表，是调查者依据调查的目的和要求，按照一定的理论假设提出来的，由一系列的问题、备选答案及其他辅助内容所组成，用来向被调查者搜集资料和信息的一种工具。问卷设计的好坏往往会直接影响调查问卷的回收率、获取资料的真实性及实用性。因此，在进行问卷设计时一定要讲究科学合理性和实效性，要使问卷容易为被调查者接受，且符合调查的要求，以便能有效获取所需的资料。

（二）问卷的种类

按照不同的分类标准，可以把问卷分成不同的类型，比较常见的分类方法主要有以下几种。

▶ 1. 按是否由被调查者自填分类

按是否由被调查者自填，可分为自填式问卷和访问式问卷。

自填问卷是指由调查者发给被调查者，由被调查者自己进行填写的问卷，也就是问卷自填调查中所使用的问卷。访问式问卷是由调查者根据事先设计好的问卷或者问卷提纲向被调查者提问，然后调查者根据被调查者的口头回答来填写的问卷。由于两类问卷的填写者不同，这就使两类问卷在具体结构、问题类型以及排版方面存在很大的区别。一般而言，由于被调查者介入程度比较高，且可以借助于视觉功能，自填式问卷在设计上可以更加灵活，问题的数量可以适当增加，备选答案的形式可以更加多样化。但在使用自填式问卷时，调查者的介入程度比较低，所以对问题的措辞以及被调查者的文化程度都提出了比较高的要求。而访问式问卷由于双方介入程度比较高，所以对被调查的文化程度要求不高，但由于仅依靠听觉功能，所以要求问卷的设计务必简单，最好是采用双向选择题，且题量不宜过多。

▶ 2. 按照发送方式的不同分类

按照发送方式的不同，可分为报刊式问卷、邮寄式问卷、留置问卷、人员访问式问卷、电话访问式问卷和网络访问式问卷六大类。

报刊式问卷是随报刊发放的问卷，报刊读者在进行填写后将问卷回寄给市场调查的组织者的问卷。报刊式问卷的优点是目标顾客稳定且具有较强的针对性，成本费用相对比较低，匿名性比较好。缺点是回收率比较低，为了解决这一问题，很多调查机构提供抽奖的方式来吸引读者参与。目前，报刊式问卷的范围开始扩展到期刊等领域，期刊问卷比较突出的优点是专业性比较强，便于寻找到企业的目标顾客群体。

邮寄式问卷是通过邮局将事先设计好的问卷邮寄到特定的被调查者手中，要求被调查者按规定的要求填写问卷，并在指定的时间内将问卷回寄给市场调查者的问卷。其优点是匿名性比较好，缺点是地址不易获得，问卷的回收率较低。应对这些缺点的手段是抽奖和提供回寄的信封和邮票。

留置问卷也被称为送发式问卷，就是由调查人员将问卷送发给事先选定的被调查者，然后约定上门回收的日期，待被调查者填答完毕后再进行统一回收的问卷。这类问卷的优点是回收率比较高，缺点是成本比较高。

人员访问式问卷是由调查者根据事先设计好的问卷或者问卷提纲向被调查者提问，然后调查者根据被调查者的口头回答来填写的问卷。由于是面对面进行交流，人员访问式问卷的回收率高，便于对相关问题进行深入探讨。但其效率较低，且不便进行敏感性问题的讨论。

电话访问式问卷就是通过电话对被调查者进行访问的问卷。在对此类问卷进行设计时，要求问题简单明了，备选答案选项不宜过多，且要综合考虑用户选择、通话时间限制、听觉功能的局限性、记忆的规律性以及进行信息记录的需要等因素的影响。电话访问式问卷一般适用于问题比较简单，答案比较明确，不需要进行深入思考即可给出答案的调查项目，例如，我们平时比较常见的保险公司关于用户信息的调查以及电信运营商关于顾客满意度的调查等都是比较典型的电话访问式问卷。但目前随着智能手机功能的扩展，标注功能使电话访问变得越来越困难。

网络访问式问卷是通过因特网进行调查的问卷类型。此类问卷基本不受时间和空间的限制，费用比较低，且匿名性好，便于获取大量的信息，尤其是针对一些敏感性的问题更易获得比较真实全面的答案。其缺点是因特网在一些偏远地区的覆盖率有限，且在老年人群体中，相当一部分人对网络不熟悉甚至不会操作，这些都使得网络访问式问卷在特定调查项目上呈现出一定的局限性。

二、调查问卷的功能

在市场调研行业，调查问卷最基本的功能就是其作为提问、记录和编码的工具，可以帮助调研人员获得原始的数据资料，并最终为管理层提供决策所需要的信息。通过问卷，调研人员不仅可以获得被调查者的基本特征，如性别、年龄、个人收入、家庭收入、婚姻状况及职业等，还可以测量出被调查者对某种经济事物或社会现象的态度、看法和认识等等，从而预测消费者的行为，帮助企业做出正确的决策。可以说，调查问卷设计的好坏将直接决定着一次调查活动的成功与失败。调查问卷设计得不好，后续的所有努力将变得没有任何意义。之所以如此说，是因为调查问卷具有以下几项重要功能。

（1）调查问卷将调研目标转化成被调查者可以且愿意回答的一系列具体问题。为了实现调研目标，调研人员需要收集信息，而对这些信息的收集就可以通过由具体问题构成的问卷来进行。可以说，调查问卷是获取市场研究所需信息资料的基本手段。除实验法外，观察法和各种询问法都离不开问卷，特别是计算机在现代市场调查应用中的普及，使得规范、科学的问卷作为调查的工具或手段都不可缺少。

（2）设计合理的问卷有利于全面、准确地收集资料。设计合理的问卷可以使研究的问题和答案范围标准化，让不同的被调查者或者同一个被调查者在不同的时间和地点都处在相似或一致的问题环境中，从而保证问卷的适用性及对调查结果进行统计分析的可能性。设计合理的问卷可以通过对措辞、问题排序及卷面结构等进行设计，引导被调查者参与并配合完成调查工作，减少因被调查者而产生的计量误差。设计合理的问卷还可以使调查人员的提问趋于标准化，减少因调查人员而引起的计量误差。

（3）问卷可以记录和反映被调查者的回答，在这个方面，不仅能够提供准确的信息，而且可以作为调研的永久记录。问卷都是围绕调查项目或主题来设计，通过被调查者作答来完成的，因而有利于全面准确地反映被调查者对所询问问题的基本倾向，从而获得可靠的调查资料。且问卷作为原始记录具有很强的真实性，可以作为基础资料进行长期妥善保管。

（4）问卷可以节省调查时间，加快数据分析进程，提高调查效率。在利用问卷进行信息收集的过程中，由于许多项目被设计成由被调查者在备选答案中做选择的形式来回答，且无须对各个问题的答案给出文字方面的解答。调查人员只需对被调查人员稍作解释，说明意图，被调查人员就可以完成答卷。又由于问卷中问题的答案大多为可以量化的选项，这就为利用计算机对数据进行统计、处理和分析提供了条件。这些都大大节约了调查的时间，提高了市场调查的效率。

三、问卷的结构

一份完整的调查问卷一般包括标题、说明信、指导语、问题和选项、编码、作业记载和结束语等七个部分。其中问题和选项是问卷最核心的部分，也成为问卷主体，它是每一份问卷中不可或缺的组成部分，一般来讲，标题、说明信、问题和选项及结束语是一份简单问卷比较常见的组成结构。

（一）标题

每份问卷都是针对特定的研究主题设计的，而标题就是对研究主题进行的概括性说明。清晰准确的标题可以让被调查者了解问卷调查的目的，进而对所要回答的问题有一个大致的了解。确定标题时应简明扼要，且易于激发被调查者的兴趣。例如"南阳市汽车消费状况调查""××高校大学生化妆品使用情况调查"等这样的问卷标题，就直接指明了调查对象和调查的主要内容，清晰鲜明，易于被接受。

（二）说明信

说明信是写给被调查者的一封短信，它往往列在问卷开头，虽然其篇幅短小，但是在问卷调查中却起到至关重要的作用。它的主要作用是引起被调查者对填写问卷的重视，明确填写任务和要求。可以说，调查者能否让被调查者接受调查并愿意认真如实地填写问卷在很大程度上要取决于说明信的质量。

一般来讲，说明信的主要内容包括以下几点：

（1）调查者的身份说明。即向被调查者说明该项调查组织者的身份，打消被调查者的顾虑。例如，很多学生在进行毕业论文设计时往往需要进行问卷调查，而在说明信中给出学生的身份往往有助于提高问卷回收率。

（2）调查的目的和意义。在说明信中给出此项，可以引起被调查者的重视，争取被调查者的配合。

（3）说明回答问题的原则，即向被调查者说明其给出的答案无对错之分，只要能真实客观地反映本人的行为和态度即可。

（4）被调查者回答问题的重要性，即首先要向被调查者表明样本选择的科学性，不能随便由别人代填。其次，被调查者需要认真客观地填写答案，否则会影响到最后的调查结果。

（5）保密性原则。向被调查者保证其提供的答案将会被保密，仅用于此次调查，绝不会向第三方泄露被调查者的个人资料。

（6）向被调查者征询是否进行结果反馈。即被调查如果有需要，调查组织者会将最后调查的结果反馈给被调查者，虽然这么做会增加经费，但有助于提高问卷回收率。

（7）感谢语。即对被调查者的参与和配合表示真诚感谢，一般来讲，感谢语在问卷最后还要再次出现。

说明信的篇幅不宜过长，一般二三百字即可。为了能够引起被调查者的重视，并激发其参与的兴趣，说明信在措辞上一定要表现得谦虚、诚恳，文字要简明易懂。

在面谈调查中，说明信一般是由调查人员向被调查者宣读的，所以会更加简短。而在自填式问卷中，如果问卷较短，则说明信往往放在问卷的卷首位置，而对于较长的问卷，则可放在封面或封二上。例如：

尊敬的女士/先生：

您好！

我们是××的调研员。受××的委托，正在进行一项关于影响电动自行车购买因素的市场调查。我们采用的是街头拦截法，确定您作为我们的访问对象，非常希望得到您的支持！此次调研采用无记名方式，所获得的有关信息只作为本次研究分析之用，我们承诺保守秘密并不将所获信息用作其他用途。为表示对您的感谢，我们将赠送一份精美的小礼品，同时，如果您有需要，可以留下您的联系方式，我们将把最终的调查结果反馈给您。谢谢您的支持！

××调研中心

年　　月　　日

（三）指导语

指导语又称填表说明，它的主要作用是告诉问卷填写者如何填写问卷以及应该注意什么事项等。填表说明类似于产品使用说明书，它一般作为问卷的第三部分，在说明信之后列出。对于个别需特别说明的复杂问题，则可将指导语放在该问题之后。

（四）问题与选项

问题与选项是问卷中最主要的部分，也是问卷设计的主要内容。其内容反映的是市场调查者需要了解的问题和问题所对应的选项。根据其反映内容的不同，此部分又可细分为两大块：调查主体项目和被调查者项目。

调查主体项目反映的是调研主题所涉及的具体内容，即根据调研内容引申出来的一系列各种形式的问题及备选答案。在拟定此部分问答题时，问题的数量应根据调研的目的来确定，与调研目的无关的问题以及能通过二手资料获得答案的问题都不要设计在问卷中，在能够满足调研目的的前提下问题设计得越少越好。

被调查者项目反映的是被调查者的背景资料，如在消费者调查中，有关消费者的性别、年龄、婚姻状况、经济状况和家庭住址等；在对企业的调查中，企业的名称、地址、员工人数、销售额及产品信息等。这些信息的获得可以起到两个方面的作用：一是对调查人员的工作进行监督，如调研组织者可以通过消费者或企业留下的联系方式来对调查人员的工作进行跟踪；二是可以利用收集到的资料进行统计分析，方便企业做出正确的决策。例如，在对化妆品市场进行调查研究时，调研者可能会发现性别和年龄会在很大程度上影响消费者的行为，从而根据研究结论进行市场细分和目标市场的选择，并进行广告等营销策略的制定。

（五）编码

编码就是将问卷中的每一个问题及备选答案进行统一的代码设计，是将调查项目转化成代码数字的过程。编码在大多数调查问卷中都会用到，但其在大规模问卷调查中的作用最为突出，这是因为在大规模问卷调查中，调查资料的统计和汇总任务更加繁重，而编码技术可以使得这些繁重的工作借助于计算机来进行，从而提高工作效率。编码可以分为预编码和后编码，预编码是和问卷设计工作同步进行的，而后编码是在调查工作结束后进行的。在实际调查中，比较常见的是预编码。

(六) 作业记载

作业记载是指与调查作业有关的人员和事项的记载。它主要包括以下几个方面的内容：调查人员的姓名或编号、调查开始和结束的时间、调查地点、审核员的姓名等，必要时可记载被调查者的姓名、单位、家庭地址和联系电话等。作业记载的目的主要有两个：一是便于复核或追踪调查；二是便于对问卷的质量进行检查控制。对于较长的问卷，作业记载应印在封面，而对于较短的问卷，则可印在卷末。

(七) 结束语

结束语通常放在问卷的最后，是用简短的语句对被调查者的合作表示感谢，也可以在此部分征询被调查者对问卷设计或者调查活动的看法和感受。不同类型的问卷结束语可能略有不同，如邮寄式问卷可能在感谢的同时提醒被调查者寄回问卷，而拦截式问卷则更多侧重于对被调查者的合作表示感谢。

以上就是一份完整的调查问卷所包含的主要结构内容，在具体实践中，市场调查组织者可根据实际情况进行灵活调整。

四、问卷设计的原则

调查问卷设计的根本目的就是能够设计出符合调研目的，并能获取足够、有效、适用和准确的信息资料的调查问卷。为了实现这一目的，在进行问卷设计时必须遵循以下几个重要的原则。

(一) 主题明确、紧扣目标

设计任何问卷，其最主要的作用都是为决策提供所需要的信息，因此，在设计问卷时，其首要原则就是问卷设计必须紧扣调研目标。只有根据调研目标，问卷设计人员才能更透彻地了解要调研的项目，才能使设计出的问题既全面又不多余，便于获取最准确的信息。

(二) 合乎逻辑

逻辑性原则是我们在做任何事情时都要考虑的重要原则，在问卷设计中，合乎逻辑在很多方面都要得到体现。首先，整个问卷的问句设计要有逻辑性，避免出现前后矛盾的问句；其次，单个问句设计也要具有逻辑性，不能出现逻辑上的谬误；最后，要根据受访者的特征及问句的难易程度，设计问句排列的逻辑顺序，以适合受访者的思维习惯，一般要满足先易后难，先简后繁的原则。

(三) 通俗易懂、易于回答

问卷是获得相关数据的重要工具，所以在设计时必须要考虑所设计的问题是否易于作答。为了满足这方面的要求，在进行问卷设计时必须要做到以下几点。

(1) 问卷应使被调查者一目了然，并愿意配合调查者如实回答相关问题；

(2) 问题的难度要与被调查者的理解能力、认知能力和心理特征相适应，避免使用一些晦涩难懂的词汇以及专业性术语；

(3) 要用具体的、事实性的问题来提问，同时问题的语气也要设计得亲切自然；

(4) 敏感性的问题在设计时要注意技巧，使问题具有合理性和可答性；

(5) 为了便于被调查者理解某些关键性的问题，防止出现回答偏差，可以设计和制作一些卡片，在进行调查时配合使用，作为提问的辅助手段。

(四) 便于对资料整理和统计

问卷的设计，还必须考虑问卷回收后，要便于对收集的资料进行检查核对和整理加工。为此，在问卷设计中，必须使问题的设计尽可能简单明确，避免出现复合性的问题；再就是对一些能够量化的问题，应尽可能采用分类分级的方法列出明确的数量界线，而对于被调查者不容易把握的一些态度性问题，则可以采取态度测量表，这些都使得最后得到的资料便于分析。

(五) 保持中立

在问卷设计工作中，设计人员应当时刻保持中立的立场，以保证所收集数据的客观真实性。首先，在问卷设计中，所设计的问题应当是中性的；其次，在选用句式和词句时，要坚持客观的态度，不可以使用带有感情色彩的词句，更不可以使用暗示性、诱导性的询问句，以免误导被调查者做出不合实际的答案；最后，在对问题进行编排时，应注意正面问题和反面问题的排列顺序，不可以将它们集中排列。

(六) 问题数量合适

设计问卷时，应注意问题数量的选择。设计问题的数量过多、过于繁杂，不仅会大大增加调查的工作量和调查成本，而且会影响被调查者的积极性，降低问卷的回收率和有效率，降低问卷的回答质量，不利于正确说明调查项目所要说明的问题。设计问题的数量过少，虽然降低了调查成本，但无法完全提供所要收集的信息，失去了调查的意义。所以在设计问卷时，应综合考虑调查内容、调查规模和调查范围等因素，最终确定合适的问题数量。

五、问卷设计的步骤

问卷设计不仅是市场调查准备阶段的重要工作之一，而且问卷设计本身也是一个充满创造性的过程。为了提高问卷的设计水平，使其既科学合理又切实可行，我们在设计问卷时必须按照科学的程序来进行，一般来说，问卷设计工作主要分为以下几个步骤。

(一) 准确界定调查主题和资料范围

在进行问卷设计工作前，首先要明确调查的目的和内容，这是问卷设计的前提和基础。通常情况下，调查项目的委托人只给出一个大致的调查范围，具体目标和内容并不清楚，这就需要调查机构来界定调查的主题，并为之选择合适的调研方法。因此，设计问卷首要的工作就是要准确界定调查主题，并围绕主题确定所要收集资料的范围。此过程一般借助收集二手资料的方法来完成。确定好调查主题后，最好能够在调查方案中进行具体的细化，并以文本的形式体现出来，用作后续问卷设计的指导。可以说，调查主题确定的是否准确，直接影响资料范围的界定，并影响问卷设计工作的开展、调查数据的质量和调查目的的实现，因此，此步骤的工作一定要慎之又慎。

(二) 对界定的调研主题进行探索性研究

由于专业及能力等方面的制约，问卷的设计人员不可能都是调研主题方面的专家，因此，不可能对调研所涉及的每一个主题都有深刻全面的认识。这时就需要对调研主题进行探索性研究。对调研主题进行的探索性研究应该从以下几个方面做起。

(1) 在条件具备的情况下，向熟悉调研主题的专家学习请教，如果不具备这方面的条件，则应认真学习研究相关的理论问题，以期从理论层面深化对调研主题的认识。

(2) 通过向具有实际工作经验丰富的工作者学习请教，或亲自参与有关的实践活动，从实际活动中加深对调研主题的理解和认识。

(3) 尽可能收集类似调查活动的实际调查资料，结合此次调查活动的特征进行研究，从中借鉴相关经验，并提取可以加以利用的资料。

(4) 在前述工作的基础上，进一步对相关问题进行分析，以确保调研主题的明确化和具体化，为后续的工作做好准备。

值得指出的是，如果问卷设计人员对界定的调研主题理解得非常透彻，或者具备这方面的专业知识，则此步骤可以省略掉。

（三）明确调查对象，分析样本特征，确定问卷类型

不同的调查对象有不同的特点，问卷设计必须要结合具体调查对象的特点进行设计，只有这样，才能保证问卷的合理性。因此，在设计问卷时必须要明确具体的调查对象，分清调查对象是企业还是个人，是现实消费者还是潜在的消费者等。明确了具体的调查对象之后，我们还需要了解调查对象的特征，如各类调查对象所处的社会阶层、收入、文化程度、规模、市场占有率等，并有针对性地确定问卷类型。例如，针对城市居民的问题和针对农村居民的问题就存在较大的差别。一般情况下，调查对象的差异越大，进行问卷设计时要考虑的因素就越多，就越难设计出适合整体的问卷。

（四）拟订问题，编制调查问卷

确定了问卷的类型后，问卷设计者就可以按照调查对象的特点，遵循问卷设计的原则，进行问卷设计的工作。其主要内容包括：说明信和指导语的设计、调查中所要提问问题的设计、问题答案的设计、问题顺序的设计、编码设计、问卷结构及版面的设计等。问卷中具体的调查问题是前述各项工作成果的体现，它们构成了调查问卷的主体部分。

（五）问卷的评估、测试及修改

问卷初稿完成后，需交付委托方或由问卷设计人员对问卷进行初步评估，当然，如果必要且条件具备，也可以聘请具有丰富经验的专家参与评估，以便及时发现问题和不足、及时给予解决。在评估问卷时，一般要考虑以下几个问题：问卷中的问题是否能够提供全面有用的信息；有无需要删减的问题；问卷的长度是否合适；问卷是否便于作答等。

问卷草稿经过各方评估后，可以初步定稿，此时，有必要对问卷进行预测试，预测试往往是小范围的试验，它并不是由一个调查人员向另一个调查人员进行调查，比较理想的测试是对被调查者实施调查。预测试所采用的调查方式应和实际调查采用的调查方式保持一致，以考察问卷的合理性与有效性。

通过预测试，调查者可以得到以下可能存在问题的答案：被调查者能否充分理解问卷中的问题？问卷是否能充分反映所需资料的内容？问卷中是否存在不连贯、不合逻辑的地方？封闭式问题的答案是否全面？被调查者答题所需的时间是否过长？

通过对预测试收集到的数据进行统计分析，调查人员还会发现一些更深层次的问题，同时，也有助于调查人员对调研将产生的结果以及能否实现调研目标有一个大致的了解，为后续的正式调查工作指明方向。

在完成预测试后，还需要对问卷设计中存在的问题进行修改，如有必要，也可进行二次测试，在做实地调研活动前，应当征求各方的认可。

（六）定稿和印刷

上述工作完成后，即可确定问卷的终稿并进行印刷。在此步骤中，问卷的版面设计简洁合理，便于阅读，印刷时应选择质量合适的纸张，装订应整齐，便于被调查者作答。有的调查问卷为了节约纸张或者使问卷看起来简短，缩小字体和行间距，压缩一切可以压缩的空间，结果使卷面看起来非常凌乱，毫无美感；有的为了节约成本，印刷时采用质量低劣的纸张，且装订粗糙，这些都使得问卷看起来非常不正规，最终影响到被调查者的心情，使得问卷的回收率和有效率大大降低。因此在印刷问卷时，可以参考以下几个标准。

（1）排版简洁大方，避免为节约纸张而无原则地挤压卷面空间。

（2）若收集信息的性质不同，则应该把问题归类后划分到不同的版块，并在每一版块上方加上标题进行区分，如在对消费者行为进行调查时，就可以把问卷分为个人基本信息部分和消费行为部分，这样既符合被调查者的答题思维，也便于调查者的数据统计分析工作。

（3）同一个问题，应尽可能将问题和答案放在同一版面上，这样既便于被调查者答题，也降低了漏题的概率。

（4）印刷用纸质量合适，超过一定页数的问卷最好装订成册，并采用双面打印，配以封面，以使被调查者以认真的态度回答问卷，提高问卷的回收率和信息的准确度。

第二节 问卷设计中的常用量表

一、量表的定义

在市场调查中，为了便于对调查结果进行整理和分析，常用一些测量方法使调查结果数据化。市场调查中所涉及的问题不外乎两类：一类属于定量问题，如年龄、身高、体重等，这类问题可以直接用数字来表示，便于进行分析和整理。另一类属于定性问题，如态度、看法、意见等，这类问题不能直接用数据表示，因此不利于整理和分析。在这种情况下，就要用到量表这种工具，将这类定性的问题进行量化。

所谓的量表，就是通过一套事先拟定的用语、记号和数目，来测定人们心理活动的度量工具。它可将我们所要调查的定性资料进行量化。下面我们将对调查问卷中常用的量表进行一一说明。

二、量表的类型

（一）按测量尺度的层次不同划分

▶ 1. 类别量表

类别量表是根据调查对象的性质进行分类，各类之间是并列关系。例如，在市场调查中常用"0"和"1"来代表性别，此处用到的量表就是这种类型。

▶ 2. 顺序量表

顺序量表是用来测量多类别之间不同程度的顺序关系。例如，在测量顾客满意度时，分别用1和5代表非常不满意和非常满意，这时的1和5只代表顺序，并不能说5就比1多4或者5是1的5倍。

▶ 3. 等距量表

等距量表是用来测度顺序和各顺序位置之间的距离。例如温度，因为温度不存在绝对零点，所以我们可以说18℃比9℃高，且高出9℃，但不能说18℃就比9℃热一倍。

▶ 4. 等比量表

与等距量表是一个等级，只是这种量表不仅可以计算差距，还可计算比率。例如重量和长度，我们可以说4m比2m长2m，且可以说4m是2m的两倍。

（二）按态度的对称性不同划分

▶ **1. 平衡量表**

所谓平衡量表，指的是该量表所给有利态度的答案数目与不利态度的答案数目相等。

▶ **2. 不平衡量表**

不平衡量表和平衡量表的情况相反，即该量表所给有利态度的答案数目与不利态度的答案数目不相等。

三、市场调查中常用的量表

（一）评比量表

评比量表是市场调查中最常用的一种顺序量表。调查者在问卷中事先拟定有关问题的评比答案量表，然后由被调查者自由选择回答。量表两端为极端性答案，中间为中性答案，在两个极端之间又可分为若干个阶段，阶段可多可少，但不宜太多，否则会给回答增加困难。在设计时可以采用平衡量表，也可以采用不平衡量表，但主要用前者。

在设计评比量表时主要有以下几种形式可供选择：

（1）问题中的每个答案按自然数列设计给定一个分数来表示态度的强度，从最不利到最有利，顺序依次为（1、2、3、…、n），最高分值等于所列答案的个数，设定的答案总数有几个就叫几分制量表。比较常见的是五分制量表和七分制量表，下面分别举例说明。

① 五分制量表，其设计方式见表 7-1。

表 7-1　五分制量表

非常不满意	不 满 意	无 所 谓	满 意	非常满意
1	2	3	4	5

② 七分制量表，其设计方式见表 7-2。

表 7-2　七分制量表

很不喜欢	不喜欢	稍不喜欢	无所谓	稍喜欢	喜欢	很喜欢
1	2	3	4	5	6	7

（2）在设计量表时，采用对称设计的方式，即中性态度答案的分值为 0，有利态度的分值为正，不利态度的分值为负，分数的总分为零分，示例见表 7-3。

表 7-3　七分制量表的对称设计

很不喜欢	不喜欢	稍不喜欢	无所谓	稍喜欢	喜欢	很喜欢
-3	-2	-1	0	1	2	3

（3）在设计量表时，如果已经在很大程度上了解到可能大多数的意见是肯定的，那么量表在设计时就应该有偏向肯定的倾向，反之亦如此。如设计出来的量表可能包括以下几个选项：非常喜欢、喜欢、稍微喜欢、无所谓、一般、差。

（4）在设计量表时，也可用字体大小来表示态度的强度。例如：

是 是 是 否 否 否

（二）等级量表

等级量表指调查人员向被调查者列举若干个不同的因素，由被调查者根据对这些因素的不同认识划分出等级的一种量表方式。

等级量表和评比量表的区别在于，评比量表属于绝对值的评价方法，被调查者根据自己的主观认识来对某一因素作出评定。而等级量表则属于相对值的评定方法，对给定答案等级的确定由被调查者相对于列举出的其他因素来定。

在调查消费者对一些品牌的偏好时，可采用这一方法，例如：

下面给出了五种品牌的洗发水，请根据你对它们的喜爱程度分别给予不同的分数（分值越高表示越喜爱，分数为 1~5）：

□潘婷　　　□海飞丝　　　□多芬　　　□清扬　　　□雨洁

（三）平衡与非平衡量表

如果有利态度的答案数目与不利态度的答案数目相等，该态度量表就是一个平衡量表；反之，就是一个非平衡量表。

采用平衡量表，回答的答案有均匀分布的可能，而非平衡量表，一般是有利态度答案较多，就可能使调查结果倾向于有利方向，从而出现偏差。但是，若调查之前已经掌握调查结果有可能集中在有利态度方面时，采用非平衡量表可以减少答案的均匀分布，从而简化调查工作，且可以使有利态度的答案设计更加精确。

（四）强迫性与非强迫性量表

强迫性量表是对某一问题列出若干答案，无论被调查者选择哪一种答案，都迫使他们明确表示自己的看法。这种量表的最大缺陷就是若被调查者对调查对象并不全部了解而又强迫他必须要选择一个答案时，势必会产生误差，而使用非强迫性量表可以避免这个问题。

（五）固定数目量表

该量表要求，在某一问题下给出若干个答案，被调查者根据自己对问题和答案的认知程度给每个答案进行评分，不管分数如何分配，各答案所得分数的总和必须是一个固定值。例如：

在购买汽车时，你对下列要素是怎么认识的，请分别打分，各要素得分总和为 100 分：

品牌（　　）　价格（　　）　款式（　　）　性能（　　）　颜色（　　）

此法常用于对两个或两个以上产品或品牌偏好的比较，或者用于对同一个问题的不同因素之间重要程度的比较。

（六）语义差别量表

语义差别量表是指同时列出若干子量表，每一个子量表的两端是成对的反义形容词，中间为中性态度，被调查者在每一个子量表上都选择一个答案，然后将答案汇总，以此判断被调查者对某项目的态度。例如：

请在下表中分别评价 A、B 两超市的各项指标，把点连接成线，并注明 A、B 店：

```
              7    6    5    4    3    2    1
商品高档       *    *    *    *    *    *    *    商品档次低劣
商品品种多     *    *    *    *    *    *    *    商品品种少
售后服务好     *    *    *    *    *    *    *    售后服务差
交通便利       *    *    *    *    *    *    *    交通不便
货物摆放合理   *    *    *    *    *    *    *    货物摆放不合理
                    A 店         B 店
```

此法可迅速高效地检查产品或公司形象与竞争对手相比所具有的长处和短处。它常用于市场比较、群体差异的比较以及人们对事物或周围环境态度的研究等。

（七）瑟斯顿量表

瑟斯顿量表指由一系列要求测试对象加以评判的表述组成，然后由被测试者选出他所同意的答案，再通过统计处理，选出具有代表性的调查中所使用的表述，它是心理学测试中比较重要的量表。

瑟斯顿量表的设计过程比一般量表要复杂，一般至少包括四个步骤。

第一步：确定语句。提出对某一问题的态度表述，要求尽可能多。

第二步：测定语句。选择具有代表性的评判人员，一般为20人，然后由评判人员对语句分组，分组最好为奇数组。不同的组别反映了评判人员对每一个语句肯定或否定的态度。若分为7组，则中立态度的语句应放入第4组，不利态度应列入1~3组，最不利的列入第1组，有利态度列入5~7组，最有利的列入第7组。

第三步：统计处理。根据评定人员所确定的各组语句的次数，计算平均数和标准差。

第四步：选择语句。在各组中分别选择标准差最小的两条语句，并在实际调查时使用。调查时只问被调查者是同意还是反对某语句即可。

（八）李克特量表

该量表由一系列能够表达对所研究的概念是持肯定还是否定态度的陈述句构成，被调查者被要求回答对每一陈述同意或不同意的程度。每一种陈述的选项可以分为五级或七级，也就是我们平时所说的五级量表或七级量表，每位被调查者所选择的答案都被赋予一个分数，以反映他对每个陈述同意或不同意的程度，最后被调查者对所有陈述得分的总和就构成了他的态度总分，而这个总分可以用来说明被调查者的态度强度。

（九）配对比较量表

配对比较量表是通过配对比较的方法来测量人们态度的一种量表，这种量表适用于对品牌的认知态度或对产品的功能了解状态的测度。但是，在应用该量表时，要求所测试的品牌或产品不能过多，且消费者对各种品牌或产品的特征都比较了解，否则将影响测试结果的可信度。例如：

根据下面给出的选项，在括号中填写你认为更好的品牌代码。

(1) A 与 B（   ）　　(2) A 与 C（   ）　　(3) A 与 D（   ）
(4) B 与 C（   ）　　(5) B 与 D（   ）　　(6) C 与 D（   ）

在实际调查活动中，还有其他的一些量表可以采用，此处不再一一赘述。

第三节　调查问卷的问题设计

一、问题的分类

问题设计是问卷设计的主要内容，也是直接影响调查质量的关键，若设计不当，可能使被调查者产生误解，甚至引起反感。因此，在设计问题时要根据问卷设计的步骤和原则就问题的类型进行反复的推敲，才能设计出高水平的问卷。为了更科学地设计问题，首先要对问题的类型进行分析。

(一) 根据问题作用不同划分

▶ 1. 心理调节性问题

心理调节性问题又称为前导性问题，是指能引起被调查者兴趣、烘托合作气氛的问题。设计这类问题的目的在于消除回答者的紧张感。此类问题最典型的特征是简明易答，因此，在询问正式问题之前，往往要设计一两个这类问题，以激发对方的兴趣或松弛一下高度紧张的神经。

▶ 2. 过滤性问题

过滤性问题主要用于筛选被调查者是否符合调查主题的要求，不仅可使问卷中问题的承接顺序清楚，而且体现出对被调查者的充分尊重，避免荒唐问题的出现。一般在要求被调查者回答一项关于某产品的用后评价问题前，先用一个过滤性问题询问该被调查者。例如：

你是否使用过某产品？　　　　A. 是　　　　B. 否（直接跳转第×题或终止答题）

▶ 3. 试探性问题和启发性问题

试探性问题主要是针对一些敏感性或接近敏感性的问题，探询被调查者是否愿意讨论，以争取其配合的一类问题。如涉及女性年龄和收入等方面的问题。

启发性问题则是唤起被访问者的回忆，以提高回答速度和准确性的问题。

▶ 4. 背景性问题

这类问题主要是针对被调查者个人背景的问题，如性别、民族、年龄、收入、职务、职业及受教育程度等，此类问题对于后续的资料整理和分析非常重要，但因为涉及隐私，所以一定要注意设计技巧。

▶ 5. 实质性问题

实质性问题指为了完成调查主题所要求的调查项目而设计的问题，它在问卷中所占的比重较大，其他类型的问题往往都会服务于实质性问题。

根据问题内容的不同，实质性问题又可分为事实性问题、态度性问题、困窘性问题、断定性问题和假设性问题。

事实性问题是指为收集事实性资料所设计的问题。如你现在使用什么牌子的牙膏，购买的原因是什么等。此类问题回答简单，只需按实际情况回答即可保证资料的准确性。

态度性问题是指为收集被调查者的意见或评论性见解的资料而设计的问题，例如，你认为该零售店的服务质量如何？

困窘性问题是指针对涉及消费者隐私或者不为社会道德所接受的内容而设计的问题，例如赌博、吸毒等。设计此类问题时，一定要注意设计方法和提问技巧，比较常见的是运用影射法和间接提问法来获得相对真实的答案。

断定性问题是指在假定被调查者持有某种态度或具备某种特性的情况下设计的问题。例如"您一天抽多少支烟"这种问题即为断定性问题，被调查者如果根本不抽烟，就会造成无法回答。为了避免这种情况，往往需要在此类问题前加一条过滤性问题，如"您抽烟吗"，如果回答"是"，可继续提问，否则就终止提问。

假设性问题是通过假设某一情景或现象存在的情况下向被调查者提出问题，例如"很多人认为网络对青少年造成的影响利大于弊，你怎么看"就是一个假设性问题。

(二) 根据问题间的联系来划分

根据各问题之间的联系可把问题分为系列性问题和非系列性问题两大类。

▶ 1. 系列性问题

系列性问题指围绕一个调查项目逐步深入并展开的一组问题。如"你抽烟吗""一天抽几支""抽什么牌子的"这一组问题就是典型的系列性问题。

▶ 2. 非系列性问题

非系列性问题指设计的各问题之间并没有递进的关系,而是一种平行的关系。如关于消费者的个人信息调查,可能涉及性别、年龄等,它们之间没有先后顺序之分,问题和问题之间也没有必然的联系。

二、问题的形式

根据回答问题方式的不同,问卷中的问题可分为三种形式:封闭式问题、开放式问题和混合式问题。

(一)开放式问题

开放式问题是提问时不提供具体的备选答案,而由被调查者自由填答的问题,因此也被称非限定性问题。

开放式问题的优点是被调查者可以充分自由地发表意见,不受限制,有利于发挥其主动性和想象力,因此,通过开放式问题所得的资料往往比较生动、具体、信息量大,特别适合询问潜在答案很多、答案比较复杂以及尚未弄清各种可能答案的问题。

其缺点是所得文字资料的标准化程度低,难以进行定量整理和分析,因此,大规模统计调查中很少采用开放式问题。另外,开放式问题对被调查者的文化素养和表达能力提出了较高的要求,而且需花费被调查者较多的时间和精力,这都有可能导致自填问卷的回收率和有效率降低。

(二)封闭式问题

封闭式问题是在给出问题的同时,还为被调查者提供若干备选答案,由被调查者从中选择答案的问题。由于这种问题不能作已给答案之外的回答,故又称为限定性问题。

封闭式问题的优点是被调查者可以按照事先设计好的标准答案进行选择,有利于节约回答的时间,提高问卷的回收率和有效率,同时简化了对所得资料进行统计整理和分析的难度。

其缺点是设计比较困难,特别是一些比较复杂的、答案很多或不很清楚的问题,很难把答案设计得周全,而这将直接影响调查质量。同时由于事先给出了答案,也就难以发挥被调查者的主观能动性,而且很容易出现乱选答案的现象,这些都会影响到最终调查结果的真实可靠性。

(三)混合式问题

混合式问题,也称为半封闭式问题,是指在采用封闭式问题的同时,最后再附上一项开放式问题,它适合备选答案比较多,没有办法一一列出,但调查者又想了解被调查者具体答案的情形。

(四)设计问卷时问题形式的选择

综合前面对三种问题形式的描述,我们可以看出,开放式问题和封闭式问题各有自己适用的范围,在设计问卷时到底选择什么样的问题形式应视实际情况而定。一般来讲,对以问题比较复杂,需要进行探索性研究的主题,或者调查者尚未弄清各种可能答案的主题,设计成开放式问题比较科学。而对于那些问题和答案都比较清晰明确,且答案数目不是很多的主题,则设计成封闭式问卷比较合适。在实际问卷设计工作中,为了克服开放式问题和封闭式问题各自的缺点,通常还要选择混合式问题来弥补。当用到不同的问题形式时，一定要注意问题的数量和排放顺序，一般来讲，开放式问题数量应较少，且放在问卷的最后，以提高问卷的回收率。

三、封闭式问题选项的设计

(一) 封闭式问题选项的类型

▶ 1. 填入式

填入式即在问题后面留少量空格，并在空格下面画一横线，由填写者将答案填入空格内，一般只适用于答案简单、非常容易填写的问题。例如：

您家有几台电视？____

▶ 2. 二项式

二项式即问题的答案只有两种，回答者选择其中一项即可，是否式就是实践中比较常见的二项式。例如：

您家是否承包耕地？　　□是　　□否

▶ 3. 多项式

多项式即给出的答案至少在两个以上，被调查者根据要求选择其一或者选择多项，这是问卷中最常用的一种方式。例如：

您在周末的时候通常都做些什么？（可选多项）
□看电影　　□上网　　□逛街　　□看电视
□上图书馆　□兼职　　□待在宿舍　□其他

▶ 4. 排序式

此类格式要求把列出的各个选项按照重要性或时间性标准的顺序排列出来，例如：

以下是几个选择出国留学国家的标准，它们在您心目中的重要程度如何？第一重要____，次重要____，第三重要____（请把选项代码填写在横线上）。
①社会治安　　②留学费用　　③生活环境
④教学水平　　⑤就业率　　　⑥社会福利

▶ 5. 等级式

等级式指对分成两个以上等级或顺序的答案进行选择，且只能从中选择出一项。等级式选项强调的是选项等级的有序排列，常用于满意度等可以划分等级的程度调查。例如：

你对目前的工作环境满意吗？
□很满意　　□满意　　□一般　　□不满意　　□很不满意

▶ 6. 矩阵式

矩阵式即将若干同类问题及几组答案集中在一起排成一个矩阵，由被调查者按题目顺序依次选择适当的答案。例如：

你对本超市各方面工作的满意度如何？（请在相应的空格内打"√"）

程度 项目	非常满意	满意	一般	不满意	非常不满意
售货员的态度					
等待收银时间					
卖场环境					
货物摆放					
无条件退货					

▶ 7. 评分式

评分式即请被调查者按要求对某一事物或若干同类事物进行打分,以分数的高低来评价事物某方面的好坏程度。

▶ 8. 比较式

比较式即把若干可比较的事物整理成两两对比的形式,由应答者进行比较。这种方式比将许多事物放在一起要简便容易,并可获得针对性明显的具体资料。例如:

请比较下面各项两个化妆品品牌,在你认为质量比较可靠的品牌前的方格内打"√"。

① □ 妮维雅　　　　□ 旁氏
② □ 丸美　　　　　□ 佳雪
③ □ 兰蔻　　　　　□ 雅诗兰黛

▶ 9. 连线式

连线式即将若干同类问题及其可能的若干同类型的答案逐一列举出来,由被调查者在问题和答案之间用画线连接的方法进行选择。

(二)封闭式问题答案设计的基本原则

▶ 1. 穷尽性

穷尽性即列出的答案应包括所有可能的回答,以免被调查者找不到合适的答案而无法作答。

▶ 2. 互不包含性

互不包含性即不同答案之间不能相互重叠、相互包含或交叉。在选择答案时,只有一个答案符合被调查者的情况。例如在问到职业时,如果选项中同时出现"服务人员"和"导游",则违反了此项原则。

▶ 3. 简洁标准性

简洁标准性即答案的表述必须简单易懂、标准规范,只有这样才能便于被调查者回答。

四、开放式问题设计

在进行开放式问题设计时,可以运用到三种提问方式。

(一)自由式问答法

自由式问答法是指在设计问题时,不设计可供被调查者选择的答案,而是由被调查者在不受任何限制的条件下自由表达意见。例如:

你认为××饮料还有哪些需要改进的地方?

(二)语句完成法

这种方法在前面我们已经讲到过,它是把一个问题设计成不完整的语句,由被调查者完成该句子。调查者可以通过这些答案来猜测被调查者的想法和观点。例如:

你认为喝可乐的人是＿＿＿＿＿＿

(三)文字联想法

文字联想法是指向被调查者展示一组文字,每展示一个字词,就要求被调查者立刻回答看到该文字后想到了什么,由此来推断其内心的想法。文字联想法常被用来比较、评价和测试商标名、品牌形象、产品或广告等。

第四节 问卷设计中的注意事项

一、注意问题的措辞

在设计问卷时,一定要注意问题的措辞,也就是问卷的用语,这是问卷设计中一项非常重要的工作,因为措辞不当会直接影响到问卷的回收率和有效率。

（一）问题的语言要通俗易懂

一般而言,调研人员都比被调查者拥有更多的专业知识,这就意味着很多时候调研人员会不自觉地用到一些专业化较强的术语,这点是应该尽量避免的。在设计问题时,应使用简单、通俗易懂的语言。

（二）问题应明确,避免使用含糊不清的用语

问题的语言除了要通俗易懂之外,还应尽量避免使用含糊不清的用语。问卷中常见的错误就是没有给被调查者提供相应的参照标准。例如"最近""近期""偶尔""经常"这类的词语往往会出现在问题中,这让很多被调查者无所适从,不知该如何选择,或者出现不同的被调查者给出的相同答案却代表了不同的意思。

（三）问题应简明扼要,抓住重点

过长的问题总是会导致被调查者理解上的困难或者让被调查者心生厌烦,不管是哪种情况,对于调研的结果都是不利的。所以,除非问题本身的性质要求做出必要的解释或说明,否则应尽量避免过长的问句。

（四）问题要单一,避免双管问题

所谓的双管问题也称为合二为一问题,即一个提问包含了两个问题。这种问题在设计时稍不注意就有可能让被调查者没有办法回答,因此在问卷设计中应避免一次询问两个或两个以上的问题。

（五）提问的态度要客观,不能带有诱导性或倾向性

在设计问卷时,提问的态度要客观,不能带有诱导性或倾向性。例如,"大家都觉得美的空调很省电,你也是这么认为吗",这样的提问很容易诱导被调查者做出迎合调研人员的答案。

（六）避免做出假设

问卷中总会有些问题暗含某种假设。例如,"你以前买的是什么牌子的冰箱"这种提问就假设所有的被调查者都买过冰箱,但事实情况未必如此,这就使一部分被调查者难以做出选择或给出不合实际的答案,最终影响调查结果的真实性和完整性。

（七）提问的方式要恰当,不要直接询问敏感性问题,避免使用否定句

直接询问敏感性问题往往会让被调查者难以回答或者激怒被调查者,而用否定句则往往增加了理解问题的难度,这些都会影响到答题的质量。

（八）问题的答案应容易获得

不要试图让被调查者花费大量的时间和精力来确定问题的答案,如果答案很难获得,如"你家今年的用电量是多大",这样的问题往往让被调查者选择放弃或给出不合实际的答案。

（九）避免提出记忆难度较高的问题

所提问的问题不应增加被调查者的记忆负担，不要试图让消费者回忆起两年前的今天自己在干什么，这样做的结果只有一个，就是调查结果的真实性值得怀疑。

二、注意问题的顺序

问卷中问题的排列，也就是问题相互之间的排列组合方式和排列顺序，是问卷设计中的另一个相当重要的问题。如果问题的排列杂乱无章，没有任何逻辑性可言，则会直接影响被调查者的顺利回答和所收集资料的准确性，甚至影响自填式问卷的回收率。

一般来说，问题排列的基本要求有以下几个方面。

（一）先封闭式问题后开放式问题

在设计问卷时，我们一般要遵循先封闭式问题后开放式问题的原则，而且要确保第一个问题是易于回答的。第一个问题一般应是关于一件事实而非一个看法或一个信仰的，一个关于性别或年龄的问题比一个关于生活哲学的问题更好些。开放性问题应置后，即使所涉及的是非敏感性问题，因为它们一般需要受访者作较多的考虑和访问员书写，因此作答所需时间要比封闭性问题更长。

（二）先一般性问题后敏感性问题

若敏感性问题诸如女性的年龄、收入之类放在前面，受访者会对它们引起反感，因而拒绝继续答下去。若这些问题在后面才碰到，则即便受访者拒绝回答敏感性问题，已答过的所有非敏感性问题的信息还是保留下来了。

（三）按逻辑次序排列问题

一般人大体是按某种常见的顺序，如时间顺序来安排其对问题的回答的。因此，研究人员在设计一份问卷时应遵循这一做法。不言而喻，当问卷问受访者的经历时，如按时间先后答，则受访者便会感到容易回答。除时间顺序外，大多数问卷有某种构成或"参考框架"，一般根据所研究的题目而定。在一个特定的问卷中，常有几个参考分框架。比如，一个参考框架可以是职业史，另一个是婚姻史，再一个是孩子们的生日，所有这些都可用在同一个生育调查中。一般而论，最好先处理完一个参考框架，再处理下一个。这样做可以防止被调查者的思维被打乱。

（四）将可信度检验问题分开排列

成对的问题——肯定/否定，常用于检验可信度。例如，我们可在问卷的一处问"你爱吃鸡蛋吗（是/否）"，而在后面一处地方问"你喜欢吃鸡蛋吗（是/否）"。如果问题由于含糊不清或某种其他原因而不可信，被调查者就会对两个问题都不同意或都同意。使用这种问题配对法，可以帮助研究人员发现不可信的问题，并从这个被调查者或整个样本的资料分析中把这个问题去掉。

显然，在设计问卷时，调研人员不应该将两个问题放在一起，如果那样做，使用重复问题的初衷就会化为乌有。

（五）便于资料的整理和分析

问题的排序还应该便于对收集的资料进行整理和分析，例如，我们往往会根据获取信息的不同把问题分为几个板块，包括被调查者的个人信息、被调查者的行为、被调查者的态度等，这样做就是出于便于整理和分析资料的考虑。

三、敏感问题的处理技巧

敏感问题处理的合适与否，将在很大程度上影响调查结果的真实性和问卷的回收率，比较常见的处理敏感问题的方法有三种。

（一）划分区间法

划分区间法是指将要研究变量的取值划分成几个连续的区间，由被调查者选择自己所处的区间。这种方法常被用于像年龄、收入等这类敏感性问题的设计中。例如：

您现在每月的收入是＿＿＿＿？
A.1 000元以下　　　B.1 000～2 000元　　　C.2 000元以上

（二）释难法

释难法是指在问题之前加一段使被调查者不会感到太为难的文字，使针对提问的回答自然化。其目的在于增强被调查者回答的勇气，打消其顾虑。

例如，在进行公房出租情况调查时，先写一段文字："据其他途径的资料显示，公房出租在我市已非罕见，甚至还有中间商公开打广告"，然后再问："您是否有公房出租"这样会比较容易得到真实的答案。

（三）人称代换法

人称代换法是指将针对被调查者提出的问题，改为关于第三人称的问题，这样就可以使被调查者处于比较客观的地位，便于其给出真实的回答。

例如，您是否认为公民可以不履行缴纳个人所得税的义务？多数回答"否"，而这种答案可能是不真实的，但若改成：多数人都认为公民可以不履行缴纳个人所得税义务，你赞同吗？则答案可能会是比较真实的"是"。

本章小结

调查问卷是市场调查中非常重要的一种工具，本章着重介绍了调查问卷设计中所涉及的相关知识。具体来讲，本章主要内容如下。

问卷又叫调查表或询问表，是调查者依据调查的目的和要求，按照一定的理论假设提出来的，由一系列的问题、备选答案及其他辅助内容所组成，用来向被调查者搜集资料和信息的一种工具。

问卷的功能和类型，其重要功能在于获得准确全面的信息，根据分类依据不同，问卷可以被分为不同的类型。

一份完整的调查问卷一般包括标题、说明信、指导语、问题和选项、编码、作业记载和结束语等七个部分构成。其中问题和选项是问卷最核心的部分，也成为问卷主体，它是每一份问卷中不可或缺的组成部分，一般来讲，标题、说明信、问题和选项及结束语是一份简单问卷比较常见的组成结构。

问卷设计时应遵循主题明确、紧扣目标、合乎逻辑、通俗易懂、易于回答、便于对资料整理和统计、保持中立等原则。

问卷设计的步骤包括准确界定调查主题和资料范围、对界定的调研主题进行探索性研究、明确调查对象，分析样本特征，确定问卷类型、拟定问题、编制调查问卷、问卷的评估、测试及修改、定稿和印刷等。

市场调查中常用的量表有：评比量表、等级量表、平衡与非平衡量表、强迫性与非强迫性量表、固定数目量表、语义差别量表、瑟斯顿量表、李克特量表和配对比较量表。

根据问题分类的依据不同，可以把问题分为不同的类型。根据回答问题方式的不同，问卷中的问题有三种形式，即封闭式问题、开放式问题和混合式问题。封闭式问题选项的设计和开放式问题的设计都有不同的类型。

设计问卷时应注意注意问题的措辞、问题的顺序和敏感性问题的处理方法。

复习思考题

1. 简述调查问卷的功能。
2. 一份完整的调查问卷应包括哪些内容？
3. 简要论述设计问卷时应遵循的原则。
4. 市场调查中常用的量表有哪些？
5. 在设计封闭式问题选项时应遵循哪些原则？
6. 在设计问卷时有哪些注意事项？

阅读材料

问卷评估方法

评估一份问卷，站在不同的角度，就有不同的结论，但通常从以下几个方面进行。

1. 问卷设计原则是否得到了贯彻

这是指目的性原则、可接受性原则、顺序性原则、简明性原则及匹配性原则是否在问卷中得到了体现。换而言之，问卷诸要素都在评估之列：

(1) 问卷是否回答了调研目的，每个问题是否都有必要？

(2) 受访者类型及沟通难度如何？

(3) 询问方式、询问的广度及答案设计方式是否合适，是否能顺利地创造融洽的沟通气氛；

(4) 问题排列顺序是否合适，问卷是否太长？

(5) 外观布局、问卷结构如何？

2. 经费和时间要求如何

如果调研经费充裕，问卷可以设计得长一些，否则就应短一些；如果对调查信息的时效性要求不高，则可以多做一些相关背景问题的询问，否则只能问一些最重要的问题。

3. 与调查方法和方式是否相适应

如果采用入户访问方法，则问卷可以设计得长一些，问题的难度也可以大一些，甚至还可以多使用开放式询问；如果是用街头拦截式访问法，则问卷必须短且容易选择，不能使用开放式询问。如果采用典型调查的组织方式，则所问的问题必须具备典型意义，否则就不合适。

案例分析

问卷评估实例

一、明确调研目的

某啤酒公司的经理正在考虑改进啤酒包装：采用 250 毫升的小瓶、使用 4~6 瓶组合包装出售的策略。这样做的目的一方面是方便顾客，因为小瓶容量适合单人饮用，不需另用杯子也不会造成浪费。第二方面是希望对更多的人具有吸引力，使小瓶包装啤酒进入一些大瓶装啤酒不能进入的社交场合。第三方面是方便顾客购买并促进销售。这种啤酒在国外早已流行，但目前是不是在我国推出的最佳时机？在正式做出采用新包装的决策之前，必须获得下面问题的答案：

(1) 新包装是否有足够的市场？
(2) 目标市场是什么？
(3) 顾客一般在什么时候饮用？
(4) 顾客希望在哪类商店买到？

因此，研究目的就可以归结为以下几个方面。

(1) 测量消费者对小瓶包装啤酒接受的可能性；
(2) 辨别小瓶组合包装啤酒的潜在购买者和使用者；
(3) 辨别新包装啤酒的使用场合；
(4) 判断顾客希望在什么地方的商店买到这种啤酒；
(5) 判断潜在的市场大小。

二、确定数据收集方法

样本将是 18 周岁以上的饮用啤酒的人。

信息收集将通过在百货公司等地方拦截顾客并以面谈访问方式进行。这样做可以向被调查者出示新包装啤酒的图片和样品。

三、问卷的标题

略。

四、说明信

亲爱的女士、先生：

您好！

我是某某市场调研公司的员工，我们正在进行有关啤酒市场的调查，可以占用您几分钟时间问您几个问题吗？您所提供的消息对我们这次调查的结果相当重要。

对被调查者的问候语：亲爱的女士、先生：您好！
主持调查机构：某某市场调研公司
访问员身份：调研公司的员工
调查目的：有关啤酒市场的调查
被调查者意见的重要性：您所提供的消息对我们这次调查的结果相当重要
个人资料保密原则：不需涉及敏感性问题，也不涉及隐私，所以不需要
访问所需时间：五分钟左右。

五、调查内容

(1) 您已经 18 周岁了吗？（视情况发问） 是（ ） 否（ ）

——过滤性问题，选"否"后应注明"询问结束"

(2) 您喝酒吗?

是（　　）　　否（　　）

——过滤性问题，选"否"后应注明"访谈员结束询问"

(3) 您喝什么类型的酒?

白酒（　　）　葡萄酒（　　）　香槟酒（　　）　啤酒（　　）（到问题(5)）　其他（　　）

——过滤性问题。此题与下面第(4)题重复，可删去。

(4) 您喝啤酒吗?

是（　　）　　否（　　）（询问结束）

——过滤性问题。

(5) 您认为啤酒适合在正规场合喝还是非正规场合喝?

正规场合（　　）　　非正规场合（　　）

——可改动为：您喜欢在正规场合喝啤酒还是喜欢在非正规场合喝啤酒?

正规场合（　　）　　非正规场合（　　）

(6) 您多长时间喝一次啤酒?

天天喝（　　）　一星期一次（　　）　半个月一次（　　）　一个月一次（　　）　一年几次（　　）

——此处可加上一个问题：您一般一次喝多少啤酒?

少于1瓶（　　）　　1瓶（　　）　　2瓶及以上（　　）

(7) 您在什么场合喝啤酒?

日常进餐时（　　）　特别节日（　　）　来客人（　　）　周末假日（　　）　聚会（　　）　郊游（　　）　感到轻松愉快时（　　）　其他（　　）

——可改动为：您经常在什么场合喝啤酒?此题与上面第(5)题重复，可将第(5)题删去。

(8) 您知道酒类用多个小瓶组合包装出售吗?

是（　　）　　否（　　）

——不应该询问过多的无关问题。可删去。

(9) 您认为将250毫升的啤酒六个小组包装在一起销售这种方法如何?

好主意（　　）　　不好（　　）　　无所谓（　　）

——问题要避免抽象概括，应尽量具体，应改为"您准备购买这种六个一组包装在一起的啤酒吗?"

(10) 为什么?

——采用街头拦截式访问法，问卷必须短且容易选择，不能使用开放式询问。

可改动为：您是出于以下哪种原因而不愿意购买?①②③④⑤

(11) 您喝过某某啤酒吗?

——应有一定的时间限制，且为了避免应答者记忆力差的问题，时间期限应当保持相对短些。

可改动为：在过去一个月里，您喝过某某啤酒吗?

(12) 如果价格不比单瓶装贵的话，您愿意购买这种包装的啤酒吗?

愿意（　　）(到(14)题)　可能（　　）　不愿意（　　）　不知道（　　）

(13) 为什么?

——采用街头拦截式访问法，问卷必须短且容易选择，不能使用开放式询问。

可改动为：您是出于以下哪种原因而不愿意购买?①②③④⑤

(14) 您会在哪些场合使用这种小瓶装啤酒?
正常进餐( )　　特别节日( )　　小型聚会( )　　大型聚会( )
野餐( )　　休息放松( )　　体育运动后( )　　其他( )
——辨别新包装啤酒的使用场合。

(15) 您希望在哪类商店买到这种包装的啤酒?
食品商店( )　专门商店( )　百货公司( )　连锁超市( )　其他( )
——判断顾客希望在什么商店买到这种啤酒。

(16) 您觉得这种包装的啤酒应该与哪些酒类摆在一起?
白酒( )　　香槟酒( )　　葡萄酒( )　　其他啤酒( )　　饮料( )
其他( )

六、结束语
谢谢您的合作!
——放在问卷的最后面,用来简短地对被调查者的合作表示感谢。

七、作业证明的记载
——在调查表最后,附上调查员的姓名、访问日期、时间等,以明确调查人员完成任务的性质。
——没有必要写上被调查者的姓名、单位或家族住址、电话等。

八、整体评估
(1) 问卷设计原则是否得到了贯彻。
问卷是否回答了调研目的,每一个问题是否都有必要?
受访者类型及沟通难度如何?
询问方式、询问的广度及答案设计方式是否合适,是否能顺利地创造融洽的沟通气氛?
问题排列顺序是否合适,是否太长?
问卷的外观布局、结构如何?
(2) 经费和时间要求如何。
如果调研经费充裕,问卷可以设计得长一些,否则就应短一些;
对调查信息的时效性要求应较高,故最好只问一些最重要的问题。
(3) 与调查方法和方式是否相适应。
采用街头拦截式访问法,则问卷必须短且容易选择,不能使用开放式询问。
资料来源:百度文库.

思考:
1. 上述材料中对问卷的评估是否科学全面?为什么?
2. 请根据所学知识为问卷选择一个合适的标题。

第八章 抽样样本设计

学习目标

1. 了解抽样调查的概念、特点和应用范围；
2. 了解抽样调查中常用的名词含义；
3. 熟练掌握抽样调查的操作程序；
4. 掌握抽样调查的各种方法；
5. 了解样本容量的确定方法。

导引案例

1936年美国总统大选预测失败

1936年的美国总统大选结果似乎是很容易预测的。在任总统富兰克林·罗斯福（民主党人）当时是一个魅力十足的领导人。他实施的"新政"措施在大萧条时期为很多人提供了工作机会。而且，他告诉美国人民，他还会经常性地进行电台炉边谈话，这种谈话是深受人们欢迎的。

虽然罗斯福很受人们的欢迎，但罗斯福的共和党竞选对手阿尔夫·兰登在全国也有许多支持者。阿尔夫·兰登批评罗斯福的"新政"没有起作用；他还说，罗斯福的作为就像一个独裁者，过于专权。

随着选举的临近，一个名为"文摘"的杂志发出了1 000万份民调卡，以便预测选举结果。当250万份民调卡返回来时，"文摘"自豪地宣称，兰登在大选中将获得压倒性的胜利，因为他们的抽样预测显示，兰登将赢得57%的选票，而罗斯福只能获得43%。

"文摘"的民调预测结果公布后，另一个独立的民调测验者G乐了，因为他和同事们所进行的民调得到了几乎完全相反的结果：罗斯福会得到56%的选票，兰登只能获得44%。G非常自信，他认为，大选将证明自己是正确的。这是因为他知道"文摘"的调查抽样存在严重的缺陷。什么缺陷呢？原来"文摘"是从电话用户名单和汽车用户名单中选定调查对象的。G认为，在1936年仅仅富人和某些中产者才拥有自己的汽车和电话，而大多数的中下阶层很少有人拥有自己的汽车和电话。"文摘"恰恰忽视了这一庞大的中下阶层人群，因此他们的民调不具有人口代表性,不可能正确预测大选结果。

G仅仅调查了5 000个人,尽管他的民调人数很少,但他使用的采样数据具有极高的人口代表性,所以民调抽样结果具有极高的精确度。"文摘"的调查人数虽多(返回250万民调卡),但精确度却差远了。最终选举结果发现,罗斯福赢得了62%的选票。这次选举之后,G就成为了公认的民意测验大师,身为统计学家/社会学家的G.乔治·盖洛普(George Gallup)博士,从而享誉全国。

思考:分析正确抽样的重要性。

第一节 抽样设计概述

一、抽样调查

抽样调查是指按照一定的方式,从调查对象总体中抽取部分样本进行调查,并根据调查结果来推断总体特征的一种非全面调查方法。

(一)抽样调查的几组基本概念

▶ 1. 总体

总体是指由市场研究项目的目标明确规定的整个集合。总体一旦定义错误,整项调查就毫无意义,所以市场研究人员必须非常精确地定义研究项目的总体。

例如,有一家公司,它的产品是针对家中的蟑螂、蚂蚁、蜘蛛等昆虫的杀虫剂。如果将其潜在顾客的总体定义为"可能使用我公司产品的每一个人",这就是一个笼统含糊的定义;如果将该总体定义为"由负有控制虫害责任的本公司,提供服务的城市地区的家庭的户主",这一定义则更为精确和具体。

▶ 2. 样本和样本单位

样本是总体的一个子集,它应具有对总体的代表性。抽样时必须使样本具有代表性,这是评价样本有效性的最基本的标准。

样本单位是组成样本的基本单位。例如,在上述生产杀虫剂公司的例子中,样本单位是家庭,对于预期寿命的调查样本单位是个人。

▶ 3. 抽样误差

抽样误差是在调查中因使用的样本而发生的任何误差。抽样误差由两个因素引起:①样本选择的方法。②样本容量。一些抽样方法可将抽样误差减少到最低限度,而另一些方法则对它没有任何控制。

▶ 4. 抽样框和抽样框误差

抽样框是总体中所有样本单位的完整列表。例如,如果市场研究的总体是注册会计师,则以注册会计师协会的成员目录作为抽样框。

一个抽样框可能会有抽样框误差。抽样框误差是抽样框不能解释总体的程度。观测抽样框误差的一个方法是通过对列表与总体的配比来观察抽样框在多大程度上与目标总体充分一致。抽样框误差主要来自两方面:总体中的部分成员不在抽样框内;抽样框内一部分成员不属于目标总体。

有时唯一可以得到的抽样框包含有许多潜在的抽样框误差，然而因为缺乏其他抽样框，它仍在使用。市场研究人员有责任以合理的成本寻求误差最小的抽样框。

（二）抽样调查的特点

抽样调查是一种科学、可靠的调查统计方法，抽样调查所取得的数据就是用来推断或代表总体的。抽样调查与其他非全面调查相比具有以下特点：

（1）抽样调查从总体中抽选出来进行调查并用以推断总体的调查样本，是按照随机原则抽选出来的，由于不受任何主观意图的影响，因此，总体中各个单位都有被抽中的可能性，能够保证被抽中的调查样本在总体中的合理、均匀分布，调查出现倾向性偏差的可能性是极小的，样本对总体的代表性很强。

（2）抽样调查是以抽选出的全部调查样本作为一个"代表团"来代表总体的，而不是用随意挑选出来的个别单位来代表总体，使调查样本具有充分的代表性。

（3）抽样调查所抽选的调查样本数量，是根据要调查的总体各个单位之间的差异程度和调查推断总体允许的误差大小，经过科学的计算确定的。由于在调查样本的数量上有可靠的保证，样本就会与总体实际十分接近。

（4）抽样调查中的样本误差，在调查前就可以根据调查样本数量和总体中各单位之间的差异程度进行计算，可以把样本误差控制在一定范围之内，调查结果的准确程度比较有把握。

二、抽样设计的程序

抽样设计的程序一般可分为定义总体、确定抽样框、确定抽样单位、确定抽样方法、确定样本容量、制订抽样计划和选择样本七个步骤。

（一）定义总体

定义总体就是要确定调查对象的全体。有时，调查总体的确定，并不像想象的那么容易。比如，要通过市场调查的方式了解购物中心顾客的惠顾与购买行为，该如何确定调查总体呢？

实际上，要准确地界定一个总体，必须包括四个要素，即个体、抽样单位、抽样范围和抽样时间。缺少这四个要素中的任何一个，抽样总体的界定就是不清楚的。

正确地界定总体是抽样程序的第一步，也是重要的一步，它关系到所获得的信息是否可靠和信息量大小的问题。

（二）确定抽样框

抽样框是指总体中抽样单位或元素的表现形式。理想的抽样框应该满足这样一个条件：抽样总体中的每一个元素都在抽样框中出现一次，且仅出现一次。在实际的调查工作中，研究者往往无法找到这种理想的抽样框，而不得不使用替代品，如户籍簿、员工名册、在校学生的花名册、电话簿和地图等。

调查样本需要从抽样框架中抽出。比如，可以使用一个城市的地图作为抽样框。根据某种原则，或随机或非随机地抽出几个小区，然后再从中抽出几条街道作为样本进行调查。再比如，电话号码簿也是进行市场调查经常使用的抽样框。不过，在使用电话号码簿进行抽样时，如果调查总体中有很多的元素（如家庭或组织）没有安装电话，就可能存在抽样框误差。

对于任何不完整的抽样框来说，抽样调查的结果中都或多或少地含有抽样框误差。抽样框误差大小一般取决于包含在抽样框中的总体元素与未包含在抽样框架中的总体元素之间差别的大小。差别大者，误差大；差别小者，误差小。所以，我们在确定抽样框时，一要考虑其适用性，二要考虑其完整性，三要考虑未包含在总体中的元素对调查结果准确性的影响程度。

（三）确定抽样单位

抽样单位是容纳总体的基本单位，它可以等同于也可以不等同于样本元素。与总体元素的确定相比，抽样单位的确定具有某种主观性或任意性，可以由研究人员根据具体情况来选定。比如，欲从13岁以上的女性中抽取一个样本。研究者可以根据身份证显示的有关资料，以公安局提供的名单为抽样框直接抽取，也可以根据户口簿先抽取一些家庭，然后再对每一个家庭中13岁以上的女性进行调查。在这两种情况下，样本元素虽然没有变，都是13岁以上的女性，但是抽样单位变了。

抽样单位的确定，主要取决于以下两个方面。

▶ 1. 抽样框

如果我们能够找到一个比较完整的元素目录作为抽样框，那么把样本元素作为抽样单位就比较好。否则，就需要另找其他的抽样单位。

▶ 2. 调查方法

如果进行的是电话调查，那么电话号码就是一个很好的抽样单位。如果进行的是邮寄调查，则使用地址或姓名作为抽样单位比较好。人员访问调查比较灵活，抽样单位可以根据操作的方便性来确定。

（四）确定抽样方法

抽样方法是指抽样单位被选定为样本的方式。选取抽样单位的方式很多，一般可分为随机抽样与非随机抽样。

（五）确定样本容量

样本容量，简称为样本量，指样本中包含抽样单位或样本单位的数目。应用非随机抽样，样本容量的大小由研究人员根据经验和主观判断决定。应用随机抽样，样本容量的大小则要使用数理统计的方法根据决策对信息准确性的要求计算得出。但在实际的市场调查与预测中，样本容量常常会根据研究的费用来确定。

（六）制订抽样计划

抽样计划要详细说明如何做出和执行每一项决定。除了逐个具体地说明前面五个步骤的有关问题以外，还要对抽样的具体实施步骤加以规定和说明。比如，当进行人员访问调查时，若应答者不在家该怎么办？能否找人替代？若能，替代者应该具有什么特性？若不能，是否需要再访？若需要，什么时间再访？对于这一类问题，抽样计划中都应该给予具体的说明或规定。

制订抽样计划时，要尽量设想到可能出现的各种特殊情况，统一规定解决问题的办法。这样可以使调查人员有据可依，从而减少部分非抽样误差。

（七）选择样本

抽样程序的最后一步是样本元素或单位的实际选择，由调查人员完成。这是抽样工作的具体实施阶段，所需要的工作量和费用最大。对于人员访问调查，更是如此。

虽然抽样计划对样本选择的细节做了规定，但是调查人员并非总是按照计划执行。他们有时图方便或出于其他方面的考虑，可能会擅自改变计划，从而给调查结果带来不应有的误差。能否取得真实可靠的数据，很大程度上取决于这个阶段工作质量的高低。

第二节 常用的抽样方法

抽样技术可以归为两大类别：概率抽样和非概率抽样。

概率抽样，又称随机抽样，是指按随机原则从总体中抽取样本的抽样方式。随机原则体现了总体中的每个子体都有均等被选中成为样本的可能性。这种抽样方法排除了主观上的随意性，使样本更具客观代表性外，同时，也更加科学。此法一般适用于调查总体中各单位之间差异较小或调查对象不明，难以分组、分类时的情况。在概率抽样中，总体的每个成员有一个已知的、非零的机会被选入样本中。总体的每个成员选入样本的机会可以不等，但是每个成员有一个已知的选入概率，这个概率由用于选择样本元素的具体程序来确定。

对于非概率抽样，没有办法估计任何总体元素被选入样本的概率。这样，无法保证样本是总体的代表。所有的非概率抽样依赖于样本选择过程中的个人判断，而不是选择样本成员的程序，这些判断即使有时可能得到关于总体特征的良好估计，也没有办法客观判定样本是否充分。只有当元素以已知的概率选入时，研究人员才能评估样本结果的精确性。

因为这个原因，概率抽样在可以估计抽样误差的程度方面，通常被认为是更好的办法。

一、随机抽样

（一）简单随机抽样

简单随机抽样是指按照随机原则，从总体中不加任何分组、划类、排序等先行工作，直接地抽取样本单位的抽样方法，也称为单纯随机抽样，是随机抽样中最简单的一种方法。它的特点是总体中每个元素被抽中的概率相等，各个元素完全独立，排除了主观因素的干扰。简单随机抽样一般采用抽签、查随机数字表、掷骰子、掷硬币等方法抽取样本。在市场调查中，因总体单位较多，主要采用前两种方法。

▶ 1. 抽签法

采用抽签法，首先将调查总体各单位的名称或号码，逐个写在签条或卡片上，放在箱中，打乱次序，搅拌均匀，然后按抽签办法，不加任何选择地在全部签条或卡片中随机抽出所需的调查样本。

▶ 2. 随机数字表法

随机数字表，又称乱数表，就是把0～9的数字，随机排列成的位数相同的一张表。每逢抽样时，研究者首先需要根据总体单位的数目，确定使用几位数的随机数字表。例如，本书附录A是一个二位数的随机数字表，适合100以内的总体抽样使用。其后，研究者要为总体各单位编号，如从00～99。选择样本时，从随机数字表中任何一列的任何一行开始，如闭上眼睛把铅笔尖放在随机数表上，从笔尖所指的数字开始，依次下去，凡符合总体单位编号的，即为抽中单位。如果是重复抽样，遇到已选用过的数字仍然使用；如果是不重复抽样，凡已选用过的数字都不再使用。按此法直至抽取到预定的样本单位数目为止。

简单随机抽样是其他各种抽样方法的基础，其他抽样方法都是从这种方法推演而来的。使用简单随机法抽取样本，常会遇到一些问题：当调查总体的标志变动度大时，在要求同样精确度的情况下，它与其他抽样方法比较，必须抽选更多的样本，花费更多的人力、物力和财力。另外，调查总体很大时，编造名册也很困难，像全国城市居民家庭收支调查，要编造8 000万户的花名册就比较困难。如果采用分层、分群抽样法，则可在一定程度上解决这一问题。

（二）系统抽样

系统抽样是替代简单随机抽样的最普遍的抽样技术之一。它比简单随机抽样更为流行，这主要基于它所代表的"经济效率"。系统抽样应用更为容易，能在比简单随机抽样更短的时间内完成。而且，在许多例子中，系统抽样有生成一个与简单随机抽样在质量上几乎完全相同的样本的潜在可能。

与简单随机抽样一样，使用系统抽样，必须获得总体的列表。然而，不必将名字、号码或任何别的标志转到纸上或计算机文件中。相反，研究人员决定一个"跳跃区间"，将列表中名字的个数除以样本容量得到跳跃区间。在跳跃区间的基础上选择名字。跳跃区间以下列公式简单求得：

$$跳跃区间 = N/n（N 为总体数量，n 为样本数量）$$

假设一个由20个元素组成的总体，将从这个总体中选择容量为5的样本，将这些元素标为1到20。对于20个总体元素和5个样本容量，跳跃区间为$20/5=4$，意味着在随机开始点之后，选择每第4个元素取一个样本。这个随机开始点，必须是介于1和4之间的某个数字，由随机数表确定。这样如果随机开始点是1，第1、第5、第9、第13和第17项将组成样本；如果是2，则第2、第6、第10、第14和第18项将组成样本；如此等等。

抽取系统样本比选择同容量的简单随机样本容易得多。对于系统样本，调查者只需进入随机数表一次。简单随机样本比较麻烦的元素重复的问题，在系统抽样中不存在。所有的元素由随机开始点的选择而唯一确定。

系统抽样经常能比简单随机抽样更具代表性。例如，对于我们的假设总体，在我们的系统抽样计划中应同时包括低收入者和高收入者以保证代表性。不管选择哪一个样本，一个元素的收入须低于6 800元；另一个元素的收入须高于12 000元；其余三个元素的收入介于这两个值之间。可是，一个容量为5的简单随机样本可能包括也可能不包括低收入或高收入者。

但是，系统抽样中存在一个风险，即如果在元素列表中存在自然的周期性，系统抽样可能产生有严重误差的估计。例如，假设我们有一家航空公司的以日计算的一年机票销售记录，希望从旅行距离上来分析这些销售额。分析全部365天销售额的成本可能非常昂贵，但是假设研究预算允许调查52天的销售额，则使用抽样区间为7(365/52)的系统抽样将明显得出一个误导性的结论，因为这些日销售额将反映所有的星期一、星期五或星期日的旅行。当然，任何其他抽样区间都是可以接受的。一般来说，明智选择抽样区间能大量减少与数据中的自然周期性相关的问题。当然，抽样区间的适宜选择依赖于对周期性现象和本质的认识。

（三）分层抽样

分层抽样是一种概率抽样，包含下列两个步骤：

（1）总体被分为相互排斥和完备的子集。

（2）从每个组或子集中独立地选择一个简单随机样本。

全部元素所分入的子集称为层或分总体。注意，我们的定义规定这个划分必须是相互排斥或完备的。这意味着每个总体元素必须分配给并且只能分配给一个层，在分配过程中不能忽略任一总体元素。为什么我们选择分层抽样？一个原因是分层抽样能产生更精确的样本统计量。或者说，相对于简单随机抽样，其抽样误差更小。

选择分层抽样的第二个原因，是分层允许对感兴趣的特定集合的特征进行调查。这样，通过分层，我们可以保证拥有不同特征的集团都具有充分的代表。这对于从具有小子集的总体中抽样是极其重要的。例如，假设一家钻石戒指的制造商想要执行一项针对不同收入阶层的产品销售研究。除非采取特别措施，收入最高的阶层——仅占总人口的3%极有可能根本不会被代表，或者其代表样本占总人口元素太少，然而对于戒指制造商这个阶层可能是一个极其重要的顾客群。在市场营销中，感兴趣的总体的一个小子集经常能够解释大部分感兴趣的行为。例如，对产品的消费进行调研，关键是这个子集在样本中具有充分代表性。分层抽样是保证感兴趣的每个子集都得到充分代表的一种方法。

（四）整群抽样

在这种抽样中，总体被分为子集合，每一个子集合都可代表整个总体。虽然整群抽样背后的基本概念与在系统抽样中描述的极为相似，但是实施方法不同。这个过程首先识别完全相似的群。因此，任何一个群都将是总体的令人满意的代表。如果调查者从任何总体中抽取一系列的独立的简单随机样本，这些样本就是群。然而，整群抽样通过简化抽样程序在获得经济效率上比简单随机抽样走得更远。我们通过对一种称为地区抽样的整群抽样的描述来说明这个问题。

在地区抽样中，市场研究人员将调查的总体划分成地区，例如人口全面调查区、城市、邻近地区或其他任何方便的和可识别的地理标识。研究人员这时有两种选择：一步法或两步法。在一步法中，研究者可以相信不同的地理区域足够相似，这样他可以将注意力集中于一个地区，把结论推广到整个总体。但是研究者需要随机选择这个地区，对它的成员执行一次全面调查。他在抽样过程中可以替代地使用两步法。第一步，研究者在这些地区中选择一个随机样本；第二步，他在选中的这些地区中确定一个概率方法进行抽样。两步法比一步法更可取，因为总是可能存在一个单一的群，它没有研究者所相信的代表性。但是，两步法成本更高，因为涉及更多的地区和时间。

地区网络抽样是地区抽样的一个变种。使用这种方法时，研究者将一个网络置于调查地区地图之上。网络中的每一方格成为一个群。

二、非随机抽样

非随机抽样也称非概率抽样，是指抽样时不遵循随机性原则，按照调查人员主观上设立的某个标准抽选样本。此法与随机抽样不同之处在于它不能估计抽样误差，因此很难评判样本的代表强度。（因为各个个体被抽中的概率是未知的，没有随机性）

在市场调查中，采用非随机抽样通常也处于以下几个原因：

（1）受客观条件的限制，无法进行严格的随机抽样；

（2）为了快速获得调查结果；

（3）在调查对象不确定或无法确定时如对某一突发事件进行现场调查等；

（4）总体各单位间离散程度不大，且调查人员具有丰富的调查经验。

在以上情况下可以采用非随机抽样。目前使用较多的非随机抽样有四种方法：便利抽样、判断抽样、配额抽样和滚雪球抽样。

(一) 便利抽样

便利抽样是一种根据调查者便利与否随意选取样本的方法，也叫任意抽样法。在实践中，随机抽样并非对所有调查都具有可行性。如果在调查之前无法确切知道总体，或者因调查需要被调查者较深地介入而难以获得被调查者的帮助，往往采用非随机抽样的方法，如便利抽样法。例如，一些大城市进行"外地流入购买力调查"，因为事前无法确定总体，所以不可能进行随机抽样，只能在车站、机场、码头、旅馆或大商场，拦截外地旅客进行调查。

按照便利抽样法的逻辑，总体中的每一分子都是大致相同的，因此随意选取任何一个样本单位都能在很大程度上反映总体的情况。但是，事实上，这是不成立的。因此，便利抽样的调查结果反映总体情况的程度，取决于总体中每一分子的同质程度：同质性越高，调查结果越能够反映总体的情况；反之，则根本不能反映总体的情况。

便利抽样法是非随机抽样中最简便、最节省费用的一种方法。但是，它的抽样偏差大，不具有代表性，用调查结果推断总体情况的可信程度低。一般而言，在比较正式的市场调查中，较少采用便利抽样法，它多用在非正式的市场调查中。

(二) 判断抽样

判断抽样又称目的抽样，它是凭借调查人员的主观意愿、经验和知识，从总体中选择具有典型代表性样本作为调查对象的一种抽样方法。这种方法应用的前提是调查人员对总体的有关特征有相当高的了解。

其样本的选择有两种做法：第一种是由专家判断来选取典型；另一种是利用统计资料的帮助来选取典型。根据调查目的，典型常以"平均型"或"多数型"为标准。平均型是指总体中具有代表性的平均水平的单位，如中等收入的人；多样型即是总体中占多数的单位。有时也考虑选择"极端型"，目的是为了研究造成异常的原因。

判断抽样除了具有便利抽样所具有的优点外，在总体单位不多，且对抽样单位比较了解的情况下，用它还能得到代表性较大的样本。不过，由于各个抽样单位被抽中的概率不知道，所以无法计算或估计抽样误差。另外，样本的代表性如何，取决于调查组织者的知识、经验和判断能力，因此不同的人组织调查，样本的代表性可能有很大的不同。

(三) 配额抽样

配额抽样使样本中拥有某种特征的元素比例与该类元素在总体中的比例一致，以此来试图成为总体的代表。例如，在一个大学校园中选择本科生的代表性样本。如果容量为500的最终样本中没有大四的学生，我们将对这个样本的代表性以及从其得出的结论的普遍性持严重的保留态度。如果采用配额抽样，市场研究人员可以保证大四学生将以在整个本科生总体中相同的比例被选入样本。

假设研究人员的兴趣在于对本科生群体抽取一个能反映年级和性别构成的样本。进一步设想共有10 000名本科生，其中大一3 200人，大二2 600人，大三2 200人，大四2 000人；其中7 000人是男性，3 000人是女性。在一个容量为1 000的样本中，配额抽样计划将要求320名大一学生，260名大二学生，220名大三学生，200名大四学生，而且样本元素中700名是男生，300名是女生。市场研究人员通过给每一名实地工作者一个配额来达到这些要求，这个配额规定了实地工作者需要接触的本科生的类别。这样，一个被分配了20个访问者的实地工作者可能得到指示，从下列人员中发现和收集数据：

6名大一学生——5名男生和1名女生；
6名大二学生——4名男生和2名女生；

4名大三学生——3名男生和1名女生；

4名大四学生——2名男生和2名女生。

注意，具体使用哪些样本元素在研究计划中并无规定，这一点留给实地工作者个人决定。实地工作者的个人判断将决定受到访问的具体学生的选择。唯一的要求是访问者遵循已建立的配额，访问5名大一男生，1名大一女生，如此等等。

此外，这个实地工作者的配额准确反映了学生总体中的性别构成，但不完全等同于班级构成。实地工作者面对的受访者中70%（20人中的14人）是男生，30%（20人中的6人）是女生，而大一学生代表了本科生群体的30%。在配额样本中，每个实地工作者的配额准确地反映控制特征在总体中的分布是没有必要的甚至是不常见的；通常只有整个样本才有与总体相同的比例。

最后，配额抽样对于样本元素的选择仍然依赖于个人的、主观的判断，而不是客观程序。这里个人判断是实地工作者的个人判断，而不是如在判断抽样中那样是研究设计人员的判断。即使配额样本在每一个控制特征上都准确地反映了总体，这仍然存在一个配额样本是否能真正具有代表性的问题。

（四）滚雪球抽样

有时称为"参考抽样"，它是在特定总体的成员难以找到时最适合的一种抽样方法。所谓"滚雪球"，就是根据既有研究对象的建议找出其他研究对象的累积过程。在访问每位受访者后，再接着询问其他可能的受访者的名字。利用这种方式，更多的受访者为先前的受访者所提及，样本就像滚下山的雪球一样越来越大。

比如，对于无家可归者、流动劳工以及非法移民等人群的市场调查，用一般的抽样方法很难获得适用的样本。此时，就可以考虑使用滚雪球抽样——先搜集目标群体少数成员的资料，然后再向这些成员询问有关信息，找出他们认识的其他成员。

这种方法的优点是，能够帮助调查者以较低的成本找到一些特殊的群体成员。当然，因为是非随机抽样，所以样本往往缺乏代表性。

第三节 抽样误差及控制

一、抽样误差的概念

抽样误差是指一个样本的测量值与该变量真值之间的差异。抽样误差的大小直接影响到调查的精确性，我们有必要对影响抽样误差大小的因素加以讨论。

非抽样误差指在市场调查过程中，由于客观条件的限制或工作人员在登记、汇总和计算过程中的失误而造成的误差。这种误差，在全面调查和抽样调查过程中都可能存在。在市场调查中，这种误差是可以避免的，也是应该尽量避免的。

（1）抽样误差的大小与总体各单位差异性程度有关。总体各单位差异性越大，抽样误差也就越大；总体各单位差异性越小，抽样误差也就越小。如果总体各单位之间没有差异，则抽样误差为零。

（2）抽样误差的大小与样本单位数的多少成反比关系。样本单位数越多，样本单位数占总体单位数的比重越大，则抽样样本的代表性也就越大，抽样误差也就越小。反之，样本单位数越小，样本单位数占总体单位数的比重越小，抽样样本就不能确切反映总体的情况，抽样误差就会增大。如果抽样单位数等于总体单位数，即采取全面调查，抽样误差等于零。

(3) 抽样误差的大小与不同抽样组织方式有关。纯随机抽样、系统抽样、整群抽样、分层抽样的抽样误差各不相同，可根据具体的实际情况加以选择。

为了缩小误差，我们可以从几个方面来控制。

▶ 1. 选定准确的抽样方法

一般来说，正确的抽样方法有利于使抽取的样本真正代表总体，而抽样的方法较多，它有随机抽样和非随机抽样之分，每类又有不同的具体方法。具体选择什么方法要根据调查的目的和要求、调查所面临的主客观、内外条件进行权衡选择。

▶ 2. 正确确定样本数目

一般而言，在其他条件不变的情况下，抽样误差与样本数目成反比关系，即样本数目越大误差就越小，反之亦然。但是，抽样误差又与总体特征的差异有关。总体各单位标志值的差异越大，在同样本数的条件下误差越大，反之亦然。

也就是说，如果调查总体各单位的差异越大，要求的样本数就越多，经费投入就越多。

因此，在确定样本的数目时要对经费和精度进行权衡（即要综合考虑误差的允许程度、总体各单位的差异性和经济效益的要求等）。

▶ 3. 加强对抽样调查的组织领导，提高调查工作的质量

要以科学的态度对待抽样，严格调查人员的选用，采用正确的方法、按照规范的程序进行操作，才能确保整个调查工作的科学合理。

二、抽样误差的估算方法

(一) 抽样误差大小的影响因素

▶ 1. 总体各单位之间的差异程度

总体变量存在变异是客观的，差异程度越大，其分布就越分散，抽样误差就越大；反之，抽样误差越小。这种差异程度，在统计上叫作标志变异程度，通常用方差或标准差来标志。

▶ 2. 样本容量

在其他因素一定的条件下，样本容量越少，即抽取的样本数目越少，抽样误差就越大；反之抽样误差越小。当样本容量达到与总体容量一样时，抽样调查就变成全面调查了，抽样误差消失。

▶ 3. 抽样方式

一般来说，等距随机抽样和分层随机抽样的抽样误差要小于简单随机抽样和分群随机抽样的误差。不重复抽样的误差要小于重复抽样的误差。

由此可见，抽样误差的大小同总体的标准差异大小和样本容量的多少有关，而且要根据不同的抽样方式分别估算抽样误差。

(二) 抽样误差的估算方法

简单随机抽样是抽样法的基础，下面着重介绍简单随机抽样条件下的抽样误差估算方法（公式的理论推导与数理证明从略）。

1. 平均数指标抽样误差的估算方法

(1) 重复抽样条件下的计算公式：

$$\mu_{\bar{x}} = \sqrt{\frac{\sigma^2}{n}} = \frac{\sigma}{\sqrt{n}}$$

式中，$\mu_{\bar{x}}$ 为抽样平均误差；n 为样本单位数；σ^2 为总体方差；σ 为总体标准差。

(2) 不重复抽样条件下的计算公式：

$$\mu_{\bar{x}} = \sqrt{\frac{\sigma^2}{n}\left(\frac{N-n}{N-1}\right)}$$

式中，N 为总体单位数。

当总体单位数 N 值很大时，为简化计算，也可用下列公式计算：

$$\mu_{\bar{x}} = \sqrt{\frac{\sigma^2}{n}\left(1 - \frac{n}{N}\right)}$$

例如，某地区对每户白砂糖平均消费量进行抽样调查，在 5 000 户居民家庭中抽选 100 户，已知样本标准差为 4 千克，在重复抽样的条件下，抽样误差为

$$\mu_{\bar{x}} = \frac{\sigma}{\sqrt{n}} = \frac{4}{\sqrt{100}} = 0.4（千克）$$

在不重复抽样的条件下，抽样误差为

$$\mu_{\bar{x}} = \sqrt{\frac{\sigma^2}{n}\left(1 - \frac{n}{N}\right)} = \sqrt{\frac{16}{100}\left(1 - \frac{100}{5\ 000}\right)} \approx 0.396（千克）$$

必须指出，用上述方法计算出的抽样误差并不是绝对的，而是指平均偏离程度。

2. 成数指标抽样方法的估算方法

成数就是在总体中具有所研究标志的样本数（例如，合格品的个数、实验成功的次数、男性的人数等）所占的比重。用另一种说法，成数就是"成功次数的比重"。

成数抽样误差的计算方法同平均数指标抽样误差的计算方法的原理是相同的，所不同的是总体方差的计算方法不一致，因为各个样本成数的平均数就是总体成数本身，它既表明在总体中所占的比重，同时又是总体的平均数。

(1) 重复抽样条件下的计算公式为

$$\mu_p = \sqrt{\frac{p(1-P)}{n}}$$

式中，μ_p 为成数的抽样误差；P 为总体成数。

(2) 不重复抽样条件下的计算公式为

$$\mu_p = \sqrt{\frac{p(1-P)}{n}\left(\frac{N-n}{N-1}\right)}$$

当 N 很大时，上式也可简化为

$$\mu_p = \sqrt{\frac{P(1-P)}{n}\left(1 - \frac{n}{N}\right)}$$

例如，对某市居民吸烟情况进行一次抽样调查，全市总人口为 55 万人，样本单位 1 600 人，采用不重复抽样方法，调查结果表明吸烟人数占样本总人数的 23%，则抽样误差为

$$\mu_p = \sqrt{\frac{P(1-P)}{n}\left(1 - \frac{n}{N}\right)} = \sqrt{\frac{0.23(1-0.23)}{1\ 600}\left(1 - \frac{1\ 600}{550\ 000}\right)} \approx 0.01$$

从上述平均数和成数的抽样误差计算公式中可以看出，因为 $1-n/N$ 总是小于 1，从而不重复抽样的抽样误差必定小于重复抽样的误差。所以在实际工作中，尤其是在市场调查中，通常用不重复抽样方法。但在计算抽样误差时，既可以采用不重复抽样方法进行调查，也可以采用重复抽样的计算公式，因为当 N 较大时，用两种方式计算出来的结果相差不大，而市场调查中的总数往往是大量的。

利用上述公式计算抽样误差，需要解决如何确定总体方差或总体成数的问题。在市场调查中，总体方差或总体成数是不知道的，一般可以采取以下方法解决：一是从已有的普查或全部统计资料中取得；二是采用经验估算的方法取得；三是事先组织一次小规模的探测性抽样调查，以抽样调查的方法取代；四是在抽样调查完成后，用样本的方差来代替。其中第四种方法最为常用。

至于其他抽样方法，其抽样误差的估算原理同简单随机抽样是一致的，其主要区别在于估算公式中的总体方差有所不同。但在实际工作中，通常也可以用简单随机抽样的抽样误差估算公式近似替代。

第四节 样本容量确定

一、样本容量与样本代表性和精确度之间的关系

样本容量与样本对总体的代表性无关。样本的代表性由抽样方法决定，不幸的是，许多管理人员错误地相信样本容量和样本代表性有关。下面我们看一个样本容量和它的总体代表性之间没有关系的例子。假设我们想了解在中国劳动力中有百分之多少的人在工作地点使用个人计算机，我们站在上海证券交易所附近的一个街角抽取一个方便样本。我们询问每一个与我们谈话的人在工作时是否使用计算机。一周后，我们在调查中已询问了 5 000 多名受访者。这些人是中国劳动力总体的代表吗？不，他们不是。事实上，可以相信他们甚至不是上海市劳动力的代表，因为我们使用的是没有得到控制的非概率抽样方法。如果我们询问了 10 000 名上海人又会如何呢？因为同样的原因，这个样本仍无代表性。

样本容量不决定代表性，然而影响结果的精确度。样本精确度指样本统计数据（如受访者对于一个特定问题的回答的平均值）接近它所代表的总体真实值的程度。样本容量与样本统计量相对于总体真实值的精确度有直接关系。如果居民身份证持有者的随机样本拥有 5 名受访者，它将比只有 1 名时更精确；10 名受访者比 5 名更精确；如此等等。常识告诉我们大随机样本比小随机样本更精确，但是 5 个受访者不会比 1 个受访者精确 5 倍，10 个也不会比 5 个精确两倍。所以，结论是：小样本容量与代表性无关；样本容量与精确度相关。

二、影响样本容量的因素

（一）总体各单位标志变异程度

在抽样误差范围一定的条件下，总体各单位之间的标志变异程度越大，需要抽取的样本数目越多；反之，则越少。其原因是总体单位之间的差异越大，一定数目的总体单位对总体的代表性就越低；总体单位之间的差异越小，一定数目的总体单位对总体的代表性就越高。当总体单位的标志值都相等时，一个总体单位的标志值就足以代表总体的平均水平。

(二）允许误差的大小

允许误差又叫抽样极限误差，是指在一定的把握程度下保证样本指标与总体指标之间的抽样误差不超过某一给定的最大可能范围。在其他条件一定的情况下，允许的误差小，抽样数目就应相对多一些；反之，允许误差大，抽样数目就可少一些。在抽样调查设计时，应当取多大的允许误差，要根据调查的目的、调查经费和时间来确定。一般来说，调查的准确度要求高、调查力强、调查经费充足，允许误差就可以定得小一些；反之，允许误差就只能放大一些。

（三）抽样推断的可靠度

抽样推断的可靠度是指总体所有可能样本的指标落在一定区间的概率度，即允许误差范围的概率保证程度。在其他条件不变的情况下，抽样估计所要求的可靠程度越高，即概率保证程度越高，要求样本含有的总体信息就越多，只有增加样本容量才能满足高精确度的要求；反之，概率保证程度越低，所需的样本容量就越小，两者成正比关系。

（四）抽样的类型和方法

概率抽样的主要类型有简单随机抽样、系统随机抽样、分层随机抽样、整群随机抽样等，在简单随机抽样中，根据同一单位是否允许重复抽取方式的不同，抽样方法可分为重复抽样和不重复抽样。由于在同样的条件下，不同的抽样方式会产生不同的抽样误差，因此，样本容量也应有所不同。

一般来说，分层随机抽样和系统随机抽样的样本容量可定得小些，若用简单随机抽样和整群随机抽样方式，抽样的样本容量就要定得大些。至于抽样方法，由于不重复抽样的误差小于重复抽样的误差，因此，不重复抽样的样本容量可比重复抽样的样本容量小些。

三、简单随机抽样下的样本容量

（一）平均数指标必要样本容量的确定

▶ 1. 重复抽样条件下，样本容量的确定

样本容量的计算公式是从允许误差计算公式中推导出来的，平均数指标允许误差的计算公式为

$$\overline{\Delta}_x = t \mu_{\overline{x}} = t\sqrt{\frac{\sigma^2}{n}}$$

两边平方得

$$\overline{\Delta}_x^2 = \frac{t^2 \sigma^2}{n}$$

移项得

$$n = \frac{t^2 \sigma^2}{\overline{\Delta}_x^2}$$

式中，t 为概率度；σ 为总体标准差；Δ_x 为平均指标允许误差；n 为必要抽样数目。

▶ 2. 不重复抽样条件下的平均数指标允许误差的计算公式

$$\overline{\Delta}_x = t \mu_{\overline{x}} = t\sqrt{\frac{\sigma^2}{n}\left(1 - \frac{n}{N}\right)}$$

两边平方得

$$\overline{\Delta}_x^2 = \frac{t^2 \sigma^2 N - t^2 \sigma^2 n}{Nn}$$

移项得

$$n=\frac{t^2\sigma^2 N}{N\Delta_x^2+t^2\sigma^2}$$

（二）成数指标必要样本容量的确定

▶ 1. 重复抽样条件下，样本容量的确定

$$\Delta P=t\sqrt{\frac{P(1-P)}{N}}$$

两边平方，移项得

$$n=\frac{t^2 P(1-P)}{\Delta P^2}$$

▶ 2. 不重复抽样条件下的计算公式

$$\Delta P=t\sqrt{\frac{P(1-P)}{N}\left(1-\frac{n}{N}\right)}$$

两边平方，移项得

$$n=\frac{t^2 NP(1-P)}{N\Delta P^2+t^2 P(1-P)}$$

其他各种随机抽样方法的样本容量的计算方法较为麻烦，在此不再叙述。

本章小结

抽样调查是一种专门组织的非全面调查，是指按照一定的方式，从调查对象总体中抽取部分样本进行调查，并根据调查结果来推断总体特征的调查方法，是现代市场调查中重要的组织形式。

本章阐述了抽样调查的概念、特点、应用范围和必须理解的一些名词，分析了抽样调查的程序，主要讲述了如何通过样本指标认识和估计总体指标，继而从随机抽样和非随机抽样两个方面论述了抽样调查的方法。其中随机抽样主要包括简单随机抽样、系统抽样、分层抽样、整群抽样等方法；非随机抽样主要包括便利抽样、判断抽样、配额抽样和滚雪球抽样 4 种方法。在此基础上，介绍了抽样误差及控制方法。最后，简单介绍了样本容量的确定方法。

复习思考题

1. 解释下列概念：总体、样本、抽样、抽样框、抽样误差、概率抽样、非概率抽样、样本容量、简单随机抽样、系统抽样、分层抽样、整群抽样、便利抽样、判断抽样、配额抽样、滚雪球抽样。
2. 在市场调查中为什么要进行抽样？
3. 什么是抽样调查，抽样调查具有哪些特点？
4. 简述抽样设计的程序。
5. 试比较四种随机抽样的优缺点。

阅读材料

现代抽样方法的先驱——盖洛普

"一种客观测量报刊读者阅读兴趣的新方法"是乔治·盖洛普在艾奥瓦大学写博士论文时用的题目。通过对"Des Moines Register and Tribune"和瑞士数学家雅克布·贝努里具有 200 年历史的概率统计理论的研究,盖洛普在抽样技术领域取得了进展。他指出,当抽样计划中的调查对象涵盖广泛,涉及不同地域、不同种族、不同经济层次的各种人时,你只需随机抽取而无须采访每个人。尽管当时他的方法不能为每个人理解和认同,但是现在,已经被广泛使用。

盖洛普通常引出一些特例来解释他自己在说什么或做什么。假设有 7 000 个白豆子和 3 000 个黑豆子十分均匀地混合在一起,装在一个桶里。当你舀出 100 个时,你大约可以拿到 70 个白豆子和 30 个黑豆子,而且你失误的概率可以用数学方法计算出来。只要桶里的豆子多于一把,那么你出错的概率就少于 3%。

20 世纪 30 年代早期,盖洛普在全国很受欢迎。他成为 Drake 大学新闻系的系主任,然后转至西北大学。在此期间,他从事美国东北部报刊的读者调查。1932 年夏天,一家新的广告代理商——电扬广告公司,邀请他去纽约创立一个旨在评估广告效果的调查部门,并制定一套调查方案。同年,他利用他的民意测验法帮助他的岳母竞选艾奥瓦州议员。这使他确信他的抽样调查方法不仅在数豆子和报刊读者调查方面有效,并有助于选举人。只要你了解到抽样范围具有广泛性,男性、女性、富有、贫穷、城市、郊区、共和党、民主党,只要有一部分人代表他们所属的总体,你就可以通过采访相对少的一部分人,来预测选举结果或反映公众对其关心问题的态度。盖洛普证实,通过科学抽样,可以准确地估测出总体的指标。同时,在抽样过程中,可以节省大量资金。

资料来源:胡祖光. 市场调研预测学:原理、计划和应用[M]. 杭州:浙江大学出版社,2001.

案例分析

分层抽样

某公司要调研某地家用电器商品的潜在用户,这种商品的消费同居民收入水平有关,因此以家庭收入为分层基础。假定该地居民户即总体单位数为 20 000 户,已确定调研样本数为 200 户。家庭收入分高、中、低三层,其中高档收入家庭为 2 000 户,占总体单位数的比重为 10%;中等收入家庭为 6 000 户,占总体单位数的 30%;低等收入家庭为 12 000 户,占总体单位数的 60%。现又假定各层样本标准差为:高档收入家庭是 300 元,中等收入家庭是 200 元,低档收入家庭是 50 元。

思考:根据分层抽样法,确定各收入层家庭应抽取的户数各为多少?

第九章 市场调查资料整理

> **学习目标**
> 1. 了解如何进行调查资料的收集与整理；
> 2. 了解问卷审核中可能遇到的几种错误；
> 3. 掌握规范的问卷编码；
> 4. 掌握 SPSS 的数据录入和导入；
> 5. 能够使用 SPSS 对数据进行基本操作，如数据分组、个案排序等。

导引案例

杜邦公司的"市场瞭望哨"

杜邦公司创办于1802年，是世界上著名的大企业之一。经过近200年的发展，杜邦公司今天所经营的产品包括：化纤、医药、石油、汽车制造、煤矿开采、工业化学制品、油漆、炸药、印刷设备，近年来又涉足电子行业，其销售产品达1 800种之多，多年的研究开发经费达10亿美元以上，研究出1 000种以上的新奇化合物——等于每天有2~3件新产品问世，而且每一个月至少从新开发的众多产品中选出一种产品使之商业化。

杜邦公司兴盛200多年的一个重要原因，就是围绕市场开发产品，并且在世界上最早设立了市场环境"瞭望哨"——经济研究室。成立于1935年的杜邦公司经济研究室，由受过专门培训的经济学家组成，以研究全国性和世界性的经济发展现状、结构特点及发展趋势为重点，注重调查、分析、预测与本公司产品有关的经济、政治、科技、文化等市场动向。

除了向总公司领导及有关业务部门做专题报告及口头报告，解答问题外，经济研究室还每月整理出版两份刊物。一份发给公司的主要供应厂家和客户，报道有关信息和资料；另一份是内部发行，根据内部经营全貌分析存在的问题，提出解决措施，研究短期和长期的战略规划、市场需求量，以及同竞争对手之间的比较性资料。另外每季度还会整理出版一期《经济展望》，供总公司领导机构和各部门经理在进行经营决策时参考。

思考：杜邦公司200多年兴盛不衰的原因是什么？

第一节 调查资料的收集与整理

一、调查资料的收集

现场数据资料的收集是调查过程中很关键也是最脆弱的阶段,必须加强对这一阶段的管理。调查现场工作混乱,所有设计问卷的努力都将付之东流。

(一)现场访问人员

现场资料收集工作要求现场访问人员具有良好的素质,了解现场访问的要求。当现场访问人员不具备应有素质时,必须先对其进行培训,以保证现场资料收集的有效性和准确性。

▶ 1. 现场访问要求

现场访问是一门艺术,只有具备一定能力的人才能胜任这项工作。访问人员在访问中采取正确的方式及在记录时采取正确的技巧是很重要的,市场预测所需的信息直接依赖于每位访问者的数据收集。访问人员想要很好地完成任务,必须了解调查的目的。

调查人员在完成其职责的过程中,要鼓励调查对象做出全面、精确的回答,并在调查开始前通常向调查对象保证他们所提供的信息会被严格保密。访问人员在调查前应说明调查的目的并出示相关证件;要对问卷非常熟悉,并对调查工具应用自如。访问人员要和调查对象谈话而不是单纯地提问,使访问生动不呆板,调查对象更好地配合。最重要的是,访问人员必须系统地计划其工作,并严格按程序进行。

▶ 2. 现场访问人员的素质

优秀的访问人员应具备以下素质。

(1)自信。自信的访问人员能获得调查对象的信任与合作。只有对自己的行为保持自信,并相信别人会同自己谈话,才能使访问顺利进行。

(2)放松。访问人员的表情放松是自信的标志,能帮助调查对象放松。但不能过分放松,调查中保持适当的严肃还是必要的。

(3)中立。访问人员必须保持完全中立,依照被调查者的观点获取信息。尽可能避免有意改变语气或面部表情的做法,以免影响受访者的回答。

(4)具有观察细节的自觉性。访问人员必须随时集中精力,有意识地注意对象的反应,并由此了解其性格。了解调查对象的性格将有助于信息的收集。

(5)绝对诚实正直。由于现场工作范围广,比较分散,难于监督,访问人员不正直就可能作假,并对未进行的问卷随意填写。保证访问人员的诚实是很必要的。

(6)能忍受困难的工作条件。访问工作有时比较困难,如遭到调查对象的拒绝、长途跋涉或夜晚工作等,这就需要访问人员能吃苦,不怕挫折。

(7)按照指令工作。现场访问大多无人监督,但必须根据收集信息的制定程序进行,不能自以为是地改变安排。访问人员必须按照问卷上的题目提问,严格遵守问卷上题目的顺序。

(8) 书写清晰。访问人员字体潦草会使统计人员难以读懂,可能造成资料处理工作中的误差。

(9) 外表端庄得体。访问人员具有端庄得体的外表,容易被陌生人接受,为深入访谈创造前提条件。

3. 访问人员培训

要保证访问质量,访问人员在开始现场工作前必须接受培训以充分理解调查项目的要求。未受培训的访问人员容易记错答案,缺乏深入追问的信息。对访问人员的培训大多分为:基本培训和项目介绍。

基本培训是帮助访问人员熟悉访问的过程,以课堂讲座为主,辅以视觉展示、公开讨论等,用以帮助访问人员掌握一般访问技术,如记录答案、启发回答、进行追问等。在培训中应强调以下几点。

(1) 市场调查中现场访问人员的重要性。

(2) 如何向调查对象介绍自己的方法以及如何与他们建立和谐的关系。

(3) 可能被回绝时的处理技术。

(4) 调查的抽样过程。

(5) 遵守操作程序的必要性。

项目简介与本次调查中的具体问题有关,如选择对象的方法、问卷的填写方式等,以保证所有调查人员以统一的方式收集数据。主要问题包括:调查目标;所采用的数据收集方法;调查对象的范围;样本设计;问卷整理。模拟访问是培训的一种重要方法,因为它向访问人员提供了有关现场工作生动、清晰的印象。调查公司通常规定访问者要进行模拟访问以熟悉问卷,还能在开始现场工作前树立信心。

(二) 现场工作问题

现场工作问题主要包括访问人员问题和调查对象问题两种。

1. 访问人员问题

虽然称职的访问人员和全面培训能够减少现场工作中的问题,提高收集数据的可靠性,但不能完全避免访问人员的问题。以下几个问题应该加以注意:

(1) 提问时的误差。在访问中,只要访问人员做出了下意识的手势或表情,都会影响被访问者的回答,从而造成误差。当访问人员没有按正确的顺序或用词提问时,也可能会产生误差。

(2) 记录中的误差。有的问题需要较长时间回答,如开放性问题、态度问题等,容易发生记录错误。

(3) 访问人员作弊。访问人员并没有访问调查对象而随意填写,防止该行为的有效方法可由监督员对被调查者进行抽查(包括电话访问或面谈等)。对访问人员做出要进行抽查的事先警告能有效地防止访问人员的作弊行为。

(4) 访问人员的差别。访问人员不可能在所有方面都一样,他们在处理访问、与调查对象交流的方式等方面都会有差别。与此相关的问题很难估计其影响方式和影响程度。

(5) 调查对象选择错误。

2. 调查对象问题

调查对象问题可分为两类:回答错误和不回答错误。

(1) 回答错误,包括语义错误和虚假回答。语义错误指调查对象对问题的理解错误,因而无意中做出了错误回答。问题的用词不当可能造成语义错误,因此,问卷中的问题必须用词准确。这类问题可通过广泛的培训或问卷测试解决。虚假回答指调查对象故意做出不正确的或假的回答，这常发生在涉及个人隐私的问题上。

（2）不回答错误，包括不在家、回绝和不合适等情况。不在家指那些去访问时选定的调查对象不在的情况，应选择合适的时间重新访问。当与选定的调查对象有所接触但访问被拒绝时，称为回绝。回绝不仅增加了调查成本，而且会使调查结果发生偏差。回绝的原因可能有没有空闲时间、对调查主体不感兴趣、对调查项目不了解、期望回避骚扰电话等。

（三）现场工作控制

访问人员难免出现差错，所以有必要采取措施，尽可能提高现场工作的质量。常用的方法是对访问人员的工作进行现场检查，保证访问按所要求的方式进行。现场检查在现场工作开始阶段十分必要，因为可以迅速发现并纠正访问中的错误。

对访问人员工作进行质量控制的其他方法如下：

▶ 1. 信函检查

向被调查者邮寄信函进行调查，这种检查成本较低，但回答率较差。

▶ 2. 电话检查

电话检查的好处是速度快且成本低，但被调查者电话号码得来不易。

▶ 3. 审查问卷

如果发现问卷中出现了过多的"不知道"或较多题目未回答，往往意味着可能出错，建议对访问人员的工作进行复查。

二、调查资料的编辑

调查资料的编辑是对市场调查获得的信息进行筛选，即发现并剔除收集起来的调研资料中的"水分"，选择真正有用的资料。编辑通常分为实地编辑和办公室编辑两步。

（一）实地编辑

实地编辑即初步编辑，其主要任务是发现资料中非常明显的错误和遗漏，帮助控制和管理实地调查队伍，及时调整调研方向、程序，帮助消除误解及有关特殊问题的处理。应在问卷或其他的资料收集形式实施后尽快执行，以便问卷能在资料收集人员解散之前得到校正。一般由现场主管执行。

实地编辑对资料检查的项目主要包括完整性、清楚性、一致性、明确性，即答案的意义是否明确和单位是否统一。

（二）办公室编辑

办公室编辑在实地编辑之后，主要任务是更完整、确切地审查和校正收集的全部资料。这项工作要求由对调研目的和过程有透彻了解，且具有敏锐洞察力的人来进行。为了保证资料的一致性，最好由一个人来处理所有的资料。若出于时间的考虑，该工作可由几人承担。但是，每名审核员各分配若干份问卷，对每一份问卷从头审到尾，而不是流水作业。

对于回收上来的问卷，审核工作的重点在于以下几种问题：不完全回答、明显的错误答案及由被访者缺乏兴趣而做的搪塞回答。

▶ 1. 不完整的问卷

不完整问卷分为三种情况：第一种是大面积的无回答，或较多的问题无回答，对此应做"废卷"处理;第二种是个别问题无回答,应为有效问卷,所留空白待后续工作采取措施;第三种是相当多的问卷对同一个问题无回答,仍作为有效问卷。在问卷分析过程中,应思考:为什么相当多的被调查者对这一问题无回答,是这个问题用词含糊不清让他们无法理解,还是该问题太具敏感性或威胁性使他们不愿意回答,或是根本就无法给此问题现成的答案。

2. 明显的错误答案

明显的错误答案指那些前后不一致的答案,或答非所问的答案。这种错误一旦发现不好处理,除了能够根据全卷的答案内在逻辑联系对某些前后不一致的地方进行修正外,其他情况只好按"不详值"对待。

3. 被访者缺乏兴趣而做的搪塞回答

例如,被调查者对连续 30 个 7 点量表都选择了"7"的答案。或有被调查者不按答案要求,在问卷上随笔一勾,一笔带过若干个问题。这种搪塞回答仅属个别问卷,应当作"废卷"处理。倘若这种搪塞回答的问卷有一定的数量,且集中出现在同一个问题上,就应该把这些问卷作为一个相对独立的子样本看待,在资料分析时给予适当注意。

第二节 SPSS 软件简介

一、SPSS 软件概述

SPSS(Statistical Product and Service Solutions,统计产品与服务解决方案)软件最初的全称为"社会科学统计软件包"(Statistical Package for the Social Sciences),但是随着 SPSS 产品服务领域的扩大和服务深度的增加,SPSS 公司已于 2000 年正式将英文全称更改为"统计产品与服务解决方案",标志着 SPSS 的战略方向正在做出重大调整。

SPSS 是世界上最早的统计分析软件,由美国斯坦福大学的三位研究生于 1968 年研究开发成功,同时成立了 SPSS 公司。2009 年 7 月 28 日,IBM 公司宣布将用 12 亿美元现金收购统计分析软件提供商 SPSS 公司。如今 SPSS 已有了版本 21.0,而且更名为 IBM SPSS。鉴于应用的广泛性,本书就 IBM SPSS Statistics 17.0 这个版本进行简单讲解。

SPSS 可以同时打开多个数据集,便于研究时对不同数据库进行比较分析和进行数据库转换处理。SPSS 可以直接读取 Excel 及 DBF 数据文件,其分析结果清晰、直观、易学易用,和 SAS、BMDP 并称为国际上最有影响的三大统计软件。

SPSS 非常全面地涵盖了数据分析的整个流程,其基本功能包括数据管理、统计分析、图表分析、输出管理等。SPSS 统计分析过程包括描述性统计、均值比较、一般线性模型、相关分析、回归分析、对数线性模型、聚类分析、数据简化、生存分析、时间序列分析、多重响应等几大类,每类中又分好几个统计过程,比如回归分析中又分线性回归分析、曲线估计、Logistic 回归、Probit 回归、加权估计、两阶段最小二乘法、非线性回归等多个统计过程,而且每个过程中又允许用户选择不同的方法及参数。SPSS 也有专门的绘图系统,可以根据数据绘制各种图形,特别适合设计调查方案、对数据进行统计分析,以及制作研究报告中的相关图表。

二、SPSS 常用界面与窗口

（一）数据编辑器窗口

数据编辑器提供一种类似 Microsoft Excel 的便利方法创建和编辑数据文件。数据编辑器提供了两种视图：数据视图和变量视图。通过点击左下方的窗口标签按钮可实现相互切换。

▶ 1. 数据视图

显示实际的数据值或定义的值标签，如图 9-1 所示。

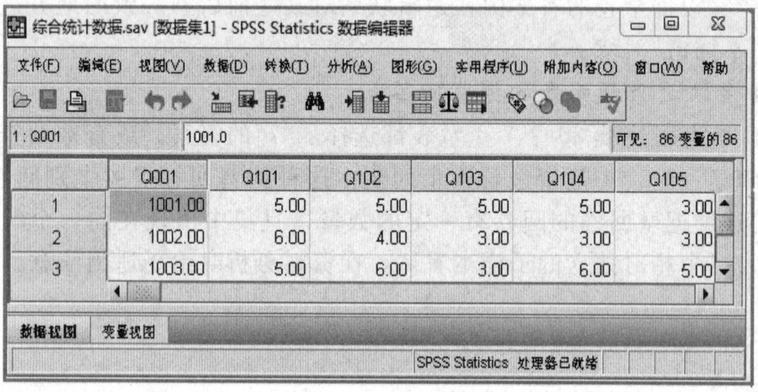

图 9-1　数据视图

▶ 2. 变量视图

显示变量定义信息，包括定义的变量名称、数据类型（数值、日期、字符串等）、度量标准（名义、序号或度量）及对齐方式等，如图 9-2 所示。

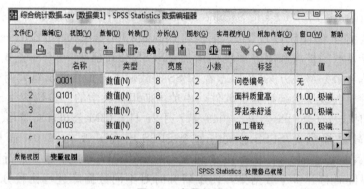

图 9-2　变量视图

（二）查看器窗口

查看器主要显示统计分析的结果、图表和信息说明等。结果显示在右侧浏览器窗口中，可以通过在概要窗格中进行选择快速转到浏览器中的任意项。双击图表可以进行修改，如图 9-3 所示。

三、在 SPSS 中建立数据文件

（一）定义数据属性

"变量视图"用来定义和修改变量的名称、类型及其他属性。在变量视图表中，每一行描述一个变量，依次如下。

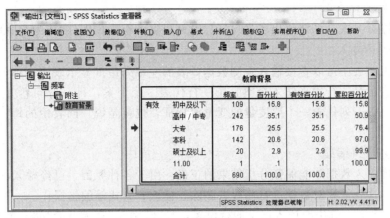

图 9-3 查看器窗口

▶ 1. 名称

变量名称必须以字母、汉字及@开头,总长度不超过 8 个字符及 4 个汉字或 8 个英文字母,英文字母不区分大小写,最后一个字符不能是句号。在问卷调查中,变量名称通常是问题代码或问题缩写。

▶ 2. 类型

默认情况下,SPSS 假定所有新变量都为数值变量。可用的数据类型如下:

(1) 数值。值为数字的变量,以标准数值格式显示。

(2) 逗号。变量值显示为每 3 位用逗号分隔,并用句点作为小数分隔符的数值变量。

(3) 点。变量值显示为每 3 位用句点分隔,并用逗号作为小数分隔符的数值变量。

(4) 科学计数法。一个数值变量,它的值以嵌入的 E 以及带符号的 10 次幂指数形式显示。

(5) 日期。

(6) 美元。

(7) 设定货币。

(8) 字符串。

▶ 3. 宽度

变量所占的宽度,默认为 8。

▶ 4. 小数

小数点后位数,默认为 2。

▶ 5. 标签

标签用于对变量的辅助说明。

▶ 6. 值

可以为每个变量值分配描述值标签。

▶ 7. 缺失

默认值标签。

▶ 8. 列

变量在数据视图中所显示的列宽,默认为 8。

▶ 9. 对齐

数据对齐格式,默认为右对齐。

▶10. 度量标准

数据的测量方式,系统给出名义尺度、度量尺度和有序尺度(默认为有序尺度)。

(二) 数据录入

在数据视图表中可以直接输入观测数据,表的左端列边框显示观测个体的序号,上端行边框显示变量名。行用来输入个案。每一行代表一个个案,每一份问卷就是一个个案。列表示变量。每一列代表一个要度量的变量或特征,也就是说,问卷中的每一个问题都是一个变量。

(三) 数据的编辑

必须正确输入数据才能保证分析结果的正确。由于各种原因,已经输入的数据可能有错误或遗漏,这就需要对数据进行修改、删除、插入、查找等编辑操作。

(1) 插入个案。选中要插入记录的行位置,打开"编辑"菜单下的"插入个案",选中的行变成空值,原数据下移一行,在此输入数据,即可插入一条记录。

(2) 插入变量。选中要插入记录的列位置,打开"编辑"菜单下的"插入变量",即可插入一列,原选中的列右移,在"变量视图"标签下定义变量的属性,在"数据视图"标签下即可输入数据。

(3) 删除记录。选中要删除的记录,打开"编辑"菜单下的"清除",选中的记录被删除,下面的记录上移。

(4) 删除变量。在"数据视图"中选中要删除的变量,打开"编辑"菜单下的"清除",选中的变量整列被删除。或者在"变量视图"中选中要删除的变量,打开"编辑"菜单下的"清除",选中的变量被删除,下面的变量上移。

(5) 数据的修改。可以通过"编辑"菜单下的剪切、粘贴实现。

(四) 调用 xls、txt、dbf 等格式的文件

除了 SPSS 格式的数据文件,SPSS 可以兼容的文件类型非常多,如 Excel、dBase、SAS 以及文本格式等,对于这些已经存在的数据文件,可以直接调入到数据编辑器中。本书只介绍如何调用 Excel 文件。

(1) 单击"文件"菜单→"打开"→"数据"命令。

(2) 在"文件类型"下拉列表框中确定文件类型为.xls、.xlsx、.xlsm。

(3) 在"打开 Excel 数据源"对话框中进行设置,选择需要导入的工作表,然后单击"确定",数据就成功转入 SPSS 数据视图中。对于变量的设置,SPSS 自动根据数据类型进行设置。如果数据表格式错误,就需要进入变量视图进行修改。

第三节 调查资料的整理

一、资料整理概述

调查资料的整理工作就是根据调查的目的,对调查所得的原始资料进行审核、科学分类和汇总,或对已经加工的综合统计资料进行再加工,使其成为可供分析使用的描述现象总体综合特征的资料。

二、数据编码与录入

编码是对问卷中的问题的不同回答进行分组和确定数字代码的过程。大多数问卷中的大多数问题是封闭式的,并且已预先编码。这意味着对调查中一组问题的不同数字编码已被确定,封闭式问题都是事先编码。

(一)问卷代码编码

每一份问卷都应该有唯一的编号,根据需要可以进行"事先编码"或"事后编码"。编码应该有明确的内容标识,不要使用001、002这样无意义的序号。例如,一份问卷的代码为"2160608",开头的代码"2"表示"河南大学",下面两个数字"16"代表具体班级,再后面"06"代表调查人员的编号,最后两位"08"为调查员在这个班级收到的第8份问卷。问卷编码的目的在于问卷分析中如果发现异常数据,可以核对原始问卷查看数据异常产生的原因,以便对数据进行正确处理。

问卷题目的类型大致可以分为单选、多选、排序和开放题四种类型,它们对变量的定义和处理的方法各有不同,现详细介绍如下:

(二)单选题编码

单选题只需要建立一个变量,然后对每一个选项建立一个编码。例如:

您曾经了解过个人形象设计(衣着、妆容、头发)吗?

A. 系统学习过　　　　B. 认真了解过　　　　C. 偶尔注意过
D. 仅仅听说过　　　　E. 从没听说过

编码:只定义一个变量,值"1""2""3""4""5"分别代表A、B、C、D、E五个选项。

录入:录入选项对应值,如选B则录入"2"。

(三)多选题编码

多选题的答案可以有多个选项,其中又有项数不定多选和项数限定多选。

(1)二分法,例如:

您通过哪些方式了解过个人形象设计?(可多选)

A. 电视节目　　　　B. 网络　　　　C. 杂志
D. 公开讲座　　　　E. 朋友等他人介绍

编码:把A、B、C等每个选项定义为一个变量,每一个变量值均做如下定义:"1"选,"0"没选。

录入:被调查者选了的选项录"1",没选的录"0"。如被调查者选B、C、E,则五个变量分别录入"0""1""1""0""1"。

(2)多重分类法,例如:

你认为开展"保持党员先进性"教育活动的最重要的目标是哪三项?(限选三项)

A. 提高党员素质　　　B. 加强基层组织　　　C. 坚持发扬民主
D. 激发创业热情　　　E. 服务人民群众　　　F. 促进各项工作

编码:定义三个变量,值均以对应选项定义即可。

录入:值"1""2""3""4""5""6"分别代表A、B、C、D、E、F六个选项,相应录入每个选项对应的变量即可。如被调查者分别选A、C、E,则三个变量分别录为"1""3""5"。

(四)排序题编码

排序题是指对选项的重要性进行排序。例如:

您认为以下形象设计内容的重要程度如何?(请按照您认为的重要程度,由主到次填写1~5的数字。)

　　A. 服饰搭配　　　　　B. 彩妆技巧　　　　　C. 色彩搭配
　　D. 发型设计　　　　　E. 行为礼仪

编码：定义5个变量，分别可以代表第一位至第五位，每个变量的"值"定义如下："1"服饰搭配、"2"彩妆技巧、"3"色彩搭配、"4"发型设计、"5"行为礼仪。

录入：如被调查者认为色彩搭配排在第一位，则在代表第一位的变量下输入"3"。

(五) 开放性数值题和量表题编码

这类题目要求被调查者自己填入数值或者打分。例如：

你的年龄：_____。

编码：一个变量，不用定位变量值。

录入：按照被调查者的实际填写值录入。

(六) 开放式问题编码

开放式问题与封闭式问题不同，只能在资料收集好之后，再根据受访者的回答内容来决定类别的指定号码，也就是说，开放式问题只能用事后编码。对于开放式问题的事后编码，它所依据的不应该仅是答案的文字，更重要的是这些文字所能反映出来的被调查者的思想。这项工作可以遵循以下步骤进行。

(1) 列出答案。所有答案都一一列出。在大型调研中，这项工作可以作为编辑过程的一部分或单独的一个部分完成。

(2) 将所有有意义的答案列成频数分布表。

(3) 确定可以接受的分组数。主要是从调研目的出发，考虑分组的标准是否能满足调研目的。

(4) 根据拟定的分组数，对列在第(2)步整理出来的答案分布表中的答案进行挑选合并。在符合调研目的的前提下，保留频数多的答案，然后把频数较少的答案尽可能合并成含义相近的几组。对那些含义相距较远或虽然含义相近但频数不多的，最后一并以"其他"来概括，作为一组。这一步可以由两个或两个以上的编码员分别来做，然后合并到一起进行核对、讨论，最终形成一致的分组意见。

(5) 为所确定的分组选择正式的描述词汇。

(6) 根据分组结果制定编码规则。

(7) 对全部回收问卷中的开放式问题答案进行编码。

例如：

您为什么选择该品牌的空调？列出答案如下(设只有14个样本)：

1. 节能环保　　　2. 外形美观　　　3. 价格公道　　　4. 噪音低
5. 效果好　　　　6. 经久耐用　　　7. 高科技　　　　8. 体积小
9. 名牌　　　　 10. 邻居都买这个牌子 11. 广告　　　 12. 没想过
13. 不知道　　　14. 没特别的原因

将上述回答分类，进行数字编码

1. 节能环保　　1, 5, 7　　　　　　2. 外形美观　　2, 8
3. 价格公道　　3, 6　　　　　　　 4. 噪音低　　　4
5. 名牌　　　　9, 10, 11　　　　　6. 不知道　　　12, 13, 14

在编码的时候尽量使用自然数，不要使用小数和字母。需要注意编码的唯一性和排他性，不同的编码值代表的意义不能重复。

三、替换缺失值

在大型的调查中，即使有完善的操作流程和严格的管理规范，也难免会有个别个案信息不完整。尤其是某些涉及个人隐私的问题，受访者都会刻意回避，造成漏填。当缺失值很少，而且对整体调查情况影响不大时，可以将缺失值直接删除。但是当缺失值对应的问题比较重要，或者缺失数量较大时，需要科学地对缺失值进行处理。这时可以使用 SPSS 的"替换缺失值"功能产生新的变量值，由它替换空缺的变量信息，处理缺失值对整体数据的影响。

在菜单栏中选择"转换"→"替换缺失值"，打开"替换缺失值"对话框，在"方法"下拉列表中可以选择合适的缺失值替换方式。

替换缺失值的估计方法有以下 5 种：

（1）序列平均值。使用整个序列的平均值替换缺失值。

（2）临近点的平均值。使用有效周围值的平均值替换缺失值。临近点的跨度为缺失值上下用于计算平均值的有效值个数。

（3）临近点的中位值。使用有效周围值的中位值替换缺失值。临近点的跨度为缺失值上下用于计算中位值的有效值个数。

（4）线性插值。使用线性插值替换缺失值，即以缺失值相邻点的有效值构建一个数据范围，将两个值之间的差值进行平均，建立数据的等级作为内插的替换值。

（5）该点的线性趋势。使用该点的线性趋势替换缺失值，即采用最小二乘法对全部数据进行拟合，采用预测值替换缺失值。

完成缺失值的替换后，数据表的空缺被填入了新数据，非缺失值保持不变。

四、数据文件的合并

当有大量的原始信息需要输入时，可以将资料拆分，然后交给多人建表输入。最后进行数据整合的时候，就会用到 SPSS 的"合并文件"功能。

（一）纵向合并（增加记录）

（1）以"大学生个人形象设计需求调研"为例，打开待合并的 SPSS 文件"大学生个人形象设计需求调查 1"，这个文件有 5 个个案，如图 9-4 所示。

图 9-4　打开待合并的文件

（2）在菜单栏中选择"数据"→"合并文件"→"添加个案"，打开"将个案添加到"对话框。单击"浏览"按钮，打开将并入数据集 1 的文件"大学生个人形象设计需求调查 2"，如图 9-5 所示。

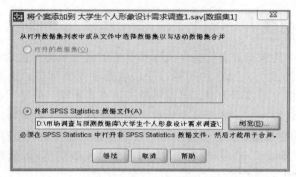

图 9-5　打开后添加的文件

(3) 单击"继续"按钮,打开添加个案对话框,如图 9-6 所示。

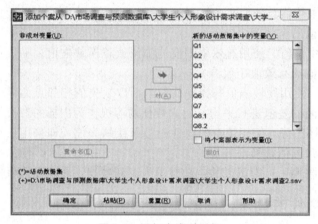

图 9-6　添加个案对话框

注意:必须先打开一个数据文件才能追加数据;后添加的数据最好和原数据的变量名称相同,这样可以减少修改"非成对变量"的步骤。

(4) 合并后的数据文件总个案数达到了 16 个,如图 9-7 所示。

图 9-7　纵向合并后的文件

(二)横向合并(增加变量)

(1)以"大学生个人形象设计需求调研"为例,打开待合并的 SPSS 文件"大学生个人形象设计需求调查3",这个文件有两个变量,如图9-8所示。

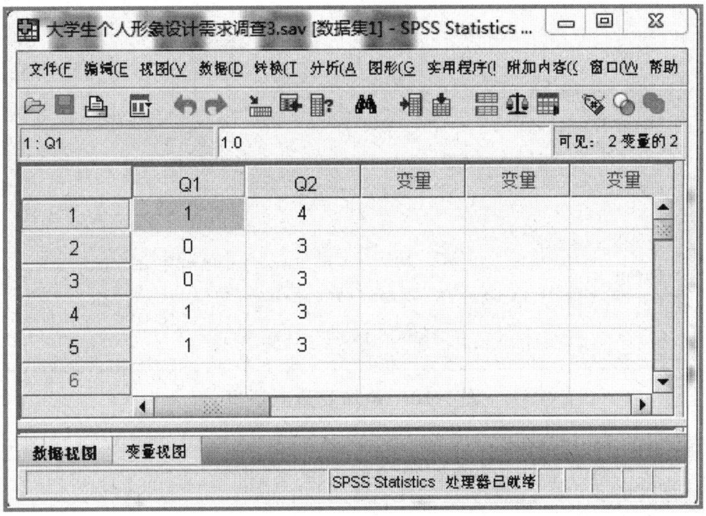

图9-8 打开待合并的文件

(2)在菜单栏中选择"数据"→"合并文件"→"添加变量",打开"将变量添加到"对话框。单击"浏览"按钮,打开将并入数据集3的文件"大学生个人形象设计需求调查4",如图9-9所示。

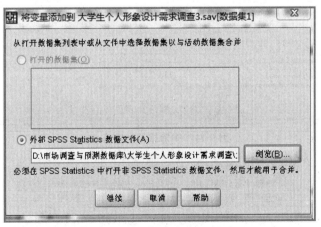

图9-9 打开后添加的文件

(3)单击"继续"按钮,打开添加变量对话框,如图9-10所示。

其中带"＊"号的变量是数据集3的变量,带"＋"号的变量是数据集4的变量。

注意:后添加文件的变量名不能和原文件的变量名相同,否则会被排除。假设不想让变量"Q4"出现在新的数据集中,单击"Q4(＋)→ ",对话框变为图9-11。

(4)单击"确定",可见文件中有4个变量,如图9-12所示。

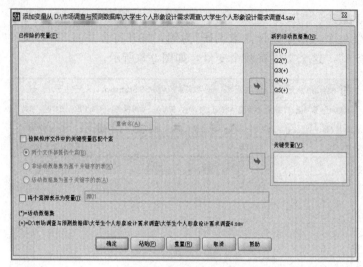

图 9-10　添加变量对话框

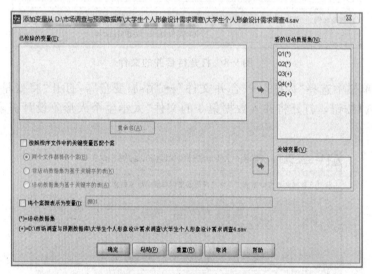

图 9-11　排除相同的变量名

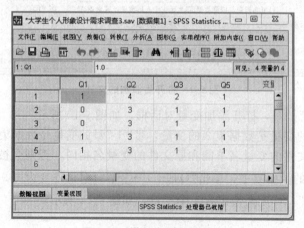

图 9-12　横向合并后的文件

第四节 数据的基本操作与管理

一、数据分组

数据分组就是根据统计分析的需要,将数据按照某种标准重新划分为不同的组别。例:职工基本情况数据,如图9-13所示,其中的基本工资数据为定距数据,表现为具体的工资金额。如此"细致"的数据有时并不利于展现数据的总体分别特征。因此,可以将工资收入进行"粗化",即分组,将其按照一定的标准重新分为高收入、中收入和低收入三个组,之后再进行频数分析。对职工的基本工资进行分组:高收入工资为5 000元以上,中收入工资为2 000~5 000元,低收入工资为2 000元以下,这样工资就被分为了3组。SPSS使用"重新编码为不同变量"选项来实现这个功能。

图9-13 职工基本情况数据文件

(1)在菜单栏中选择"转换"→"重新编码为不同变量",打开"重新编码为不同变量"对话框,如图9-14所示。

(2)选择需要重新分组的变量后,把它加入到"数字变量→输出变量"框中,设置输出变量的名称和标签。单击"更改"按钮后,输出变量被成功设置,如图9-15所示。

(3)单击"旧值和新值"按钮,打开"旧值和新值设置"对话框。"范围,从最低到值"填写2 000,设置小于2 000的值为1。单击"添加"按钮,新旧值会出现在"旧→新"列表框中。旧值设置2 000~5 000的新值为2,"范围,从值到最高"填写5 000,设置大于5 000的值为3。勾选"输出变量为字符串",年龄分组就会被定义为字符串变量,否则,1、2、3就会是数字形式。设置完成后如图9-16所示。

(4)单击"继续"按钮,返回"重新编码为其他变量"对话框,单击"确定"按钮。数据视

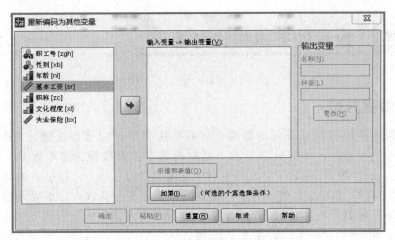

图 9-14 "重新编码为其他变量"对话框

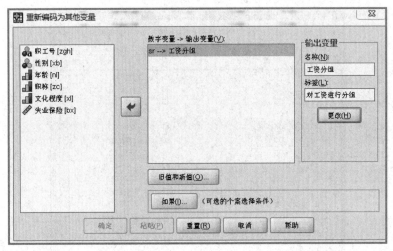

图 9-15 在"重新编码为其他变量"对话框中设置输出变量

图就会显示出经过重新分组的数据,如图 9-17 所示。

由图 9-17 可以看出,原始的工资数据经过整理,在工资分组变量中显示。相应的低收入、中收入、高收入分别用数字编码 1、2、3 表示。

在数据分组时,应遵循"不重不漏"的原则。"不重"是指一个变量值只能分在某一个组中,不能在其他组中重复出现;"不漏"是指所有数据都应分配在某个组中,不能遗漏。通过转换,SPSS 也可以重新编码为相同变量。这种编码方式会将转换数据直接替换原有数据,造成原始信息的丢失。也可以使用"自动重新编码"对话框将字符串值和数值转换成连续整数。当类别代码不连续时,对许多过程来说,生成的空单元格将降低性能并增加内存要求。此外,某些过程不能使用字符串变量,还有些要求因子水平为连续的整数值。

二、转置数据

SPSS 的数据转置就是将数据编辑窗口中数据的行列互换。"转置"会创建一个新的数据文件,并自动创建新的变量名称。第一个变量名称为"CASE_LBL",后续的变量以

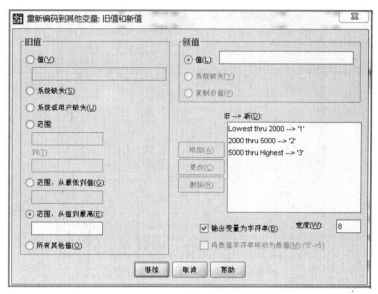

图 9-16 设置旧值和新值

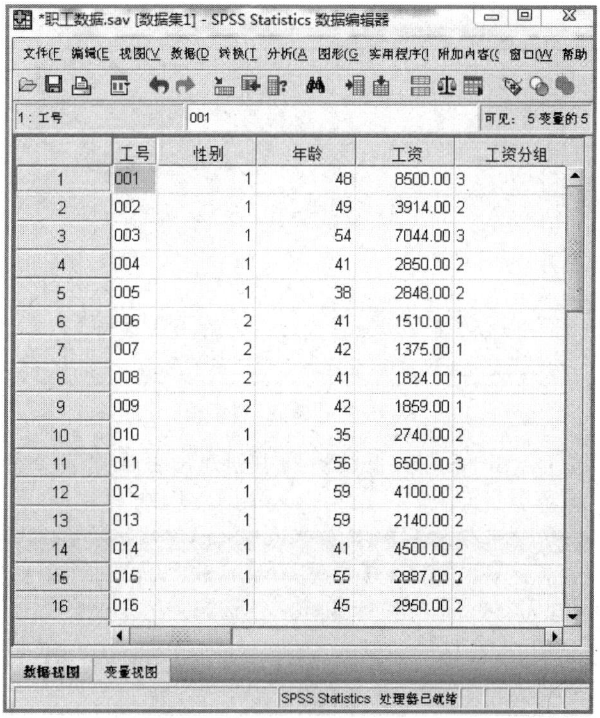

图 9-17 重新编码为不同变量的结果

VAR 加序号命名。

A 企业生产了甲、乙、丙三种新产品,在投放市场之前,请消费者进行了试用,并对产品的满意度进行打分。数据表建立的时候是以对样品的评分为变量,以试用过产品的消费者为个案。数据转置的基本操作步骤如下:

(1) 打开需要转置的文件,如图 9-18 所示。

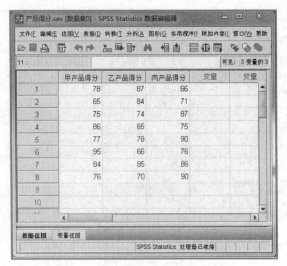

图 9-18 待转置的数据文件对话框

（2）在菜单栏中选择"数据"→"转置"，打开"转置"对话框，将左侧列表框中对样品的评分全部加入到右侧"变量"列表框中，如图 9-19 所示。

图 9-19 "转置"对话框

（3）单击"确定"按钮，SPSS 在数据编辑器中创建出原数据表个案和变量互换的新表，如图 9-20 所示。

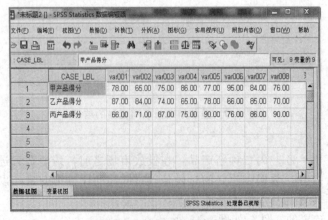

图 9-20 转置后的新数据表

三、对个案内的值计数

SPSS 实现的计数是对所有个案或满足某条件的部分个案,计算若干个变量中有几个变量的值落在指定的区间内,并将计数结果存入一个新变量中的过程。

利用住房状况调查数据,对被调查家庭中有多少比例的家庭对目前的住房满意且近三年不打算购买住房进行计数。该文件中共有 100 条数据,对目前住房是否满意的调查结果存放在"住房是否满意"变量中,取值为 1 表示满意;今后三年是否准备购买住房的调查结果存放在"未来三年是否准备购房"变量中,取值为 1 表示不准备购买住房。

(1)在菜单栏中选择"转换"→"对个案内的值计数",打开"计算个案内值的出现次数"对话框,如图 9-21 所示。

图 9-21 "计算个案内值的出现次数"对话框

(2)选择参与计数的变量到"数字变量"框中。这里,选择参与计数的变量有"住房是否满意"和"未来三年是否准备购房"。

(3)按"目标变量"框中输入存放计数结果的变量名,并在"目标标签"框中输入相应的变量名标签。这里,存放计数结果的变量名定为"计数 1"。

(4)单击"定义值"按钮定义计数区间,设定计数标准。这里,计数区间定义为"值"并输入"1",如图 9-22 所示。单击"继续"按钮,返回"计算个案内值的出现次数"对话框。

(5)单击"确定"按钮,可以看到数据表中增加了一个名称为"计数 1"的变量,如图 9-23 所示。

最后,SPSS 便可以依据用户选择的情况进行计数。本例中,SPSS 将对所有个案计算"住房是否满意"和"未来三年是否准备购房"这两个变量中有几个取"1",如果某个家庭的计数结果为 2,则表示该家庭对目前住房满意且不准备购房。

四、个案排序

通常数据视图窗口中个案的前后次序是按数据录入的先后顺序排列的。数据处理中,有时需要将数据按照一定的顺序重新排列。SPSS 的数据排序即将数据编辑窗口中的数据按照某个或多个指定变量的变量值升序或降序重新排列。例如,将"职工数据"中的工资由低到高进行排序。原始数据如图 9-24 所示。

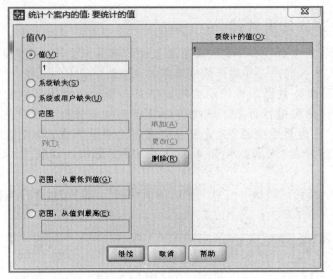

图 9-22 "统计个案内的值"对话框

图 9-23 计数结果

个案排序的具体方法如下：

(1) 在菜单栏中选择"数据"→"排序个案"，打开"排序个案"对话框。在列表中选择需要排序的变量"基本工资"，调入到"排序依据"列表框中，选择排序顺序为升序，如图 9-25 所示。

(2) 单击"确定"按钮，开始排序。经过排序的数据表如图 9-26 所示。

通过排序可以看出，最低工资为 1 375 元，最高工资为 8 500 元。

五、个案排秩

如果需要了解某一变量的大小顺序，而同时又不希望打乱原有的顺序，利用"个案排

图 9-24 职工数据文件

图 9-25 "排序个案"对话框

序"就无法实现,这时可以使用"个案排秩"来实现。所谓秩,就是等级,即按照数据大小排定的次序号,反映变量在序列里的位置信息。如果在求秩时还指定了分组变量,就可以在各个组内分别计算和输出变量的值。

例如,2012 年河南省各市国内旅游基本情况,如图 9-27 所示。

具体操作步骤如下:

(1) 在菜单栏中选择"转换"→"个案排秩",打开"个案排秩"对话框。选择需要排秩的变量"总人数",将其加入到变量列表框中,将秩 1 指定给"最小值",如图 9-28 所示。注意:排秩只能对数值型变量使用,字符串类型的变量将不显示在原变量列表中,故"城市"在左侧"个案排秩"列表中没有显示。

(2) 单击"确定"按钮,完成排秩,如图 9-29 所示。数据视图窗口中变量的秩作为一个新变量"R 人数"显示。

排秩后的数据没有改变顺序,从增加的"R 人数"变量可以看出 2012 年河南省各市国内旅游总人数最少的是济源市,最多的市是郑州市。

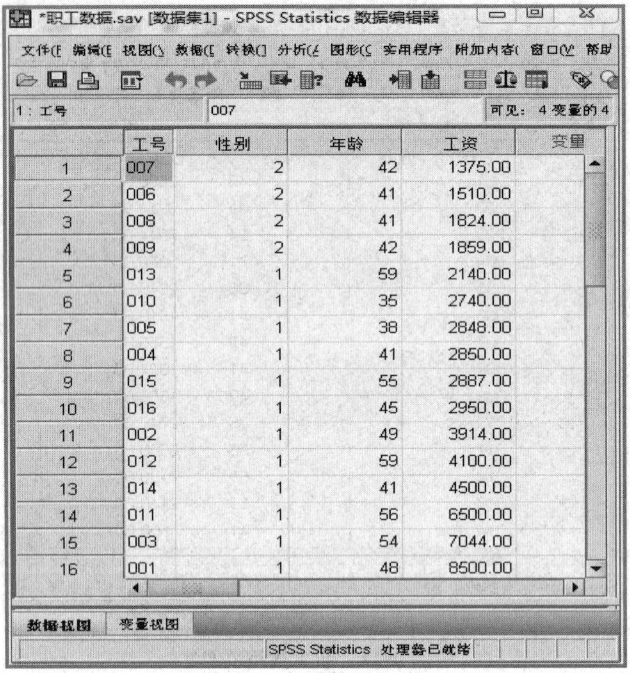

	工号	性别	年龄	工资
1	007	2	42	1375.00
2	006	2	41	1510.00
3	008	2	41	1824.00
4	009	2	42	1859.00
5	013	1	59	2140.00
6	010	1	35	2740.00
7	005	1	38	2848.00
8	004	1	41	2850.00
9	015	1	55	2887.00
10	016	1	45	2950.00
11	002	1	49	3914.00
12	012	1	59	4100.00
13	014	1	41	4500.00
14	011	1	56	6500.00
15	003	1	54	7044.00
16	001	1	48	8500.00

图 9-26　排序后的数据

	城市	总人数
1	郑州	8672.65
2	开封	3142.12
3	洛阳	5469.57
4	平顶山	1261.02
5	安阳	1995.28
6	鹤壁	615.40
7	新乡	2031.58
8	焦作	2578.93
9	濮阳	1150.22
10	许昌	885.22
11	漯河	594.69
12	三门峡	2028.32
13	南阳	1781.82
14	商丘	1152.58
15	信阳	1806.98
16	周口	1019.47
17	驻马店	1199.62
18	济源	581.50

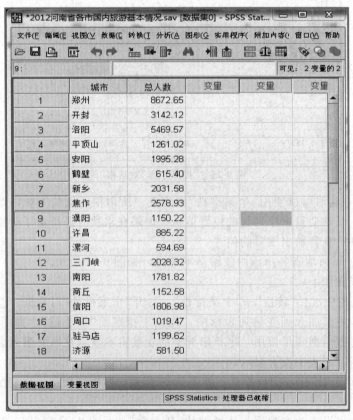

图 9-27　2012 年河南省各市国内旅游基本情况数据文件

图 9-28 "个案排秩"对话框

	城市	总人数	R总人数
1	郑州	8672.65	18
2	开封	3142.12	16
3	洛阳	5469.57	17
4	平顶山	1261.02	9
5	安阳	1995.28	12
6	鹤壁	615.40	3
7	新乡	2031.58	14
8	焦作	2578.93	15
9	濮阳	1150.22	6
10	许昌	885.22	4
11	漯河	594.69	2
12	三门峡	2028.32	13
13	南阳	1781.82	10
14	商丘	1152.58	7
15	信阳	1806.98	11
16	周口	1019.47	5
17	驻马店	1199.62	8
18	济源	581.50	1

图 9-29 排秩后的结果

本章小结

本章讲述了调查资料的收集与整理方法，并对 SPSS 进行了简单的介绍。问卷的审核是市场调查统计前期的工作重点，要保证数据的真实可靠。对于大型数据要做好缺失值的处理，不同的情况需要合适的方法进行处理。本章重点为问卷的审核、编码和数据的管理，难点为定义数据属性和替换缺失值。

复习思考题

1. 对于回收上来的问卷,审核工作的重点在于哪些方面?
2. 数据属性中的变量类型有哪几种?
3. 什么是编码?编辑人员如何处理开放式问题的编码?
4. 替换缺失值的估计方法有几种?各有什么特点?

阅读材料

如何整理问卷数据

在调查中,从前期准备工作到正式执行,再到最后的数据处理,中间存在问卷回收整理这一步骤。其实这一步骤也是非常重要的环节,通常的做法包含下列程序:问卷初步检查;对于空白、乱填等不完整问卷的处理;对于多项答案的问卷处理;问卷编码与录入;数据检查。

1. 问卷初步检查

对市场调查所回收的问卷,应当场检查,否则访问员解散回家后对于有疑问的问卷将无法更正。检查时应包括下列项目,且最好负责该项目的研究员也参与。

(1) 首先应检查相关配额,查看是否与我们要求的配额一样。若否,应当着访问员的面把该卷作废并要求他重新补做应有的配额。

(2) 问卷的答案是否正确、齐全,是否存在逻辑矛盾。如有,应设法核实清楚,确实无法核实的只能将该题作为遗漏值(missing value)来处理。

(3) 字迹是否清楚,尤其是开放题。有时被访者的答案很多,而访问员无法快速记下来,或者字迹比较潦草,或用自己的一些符号和缩写来代替,应在访问员解散前向他确认清楚。

(4) 应先将问卷按照配额要求分成几叠,方便录入员下一步的录入工作。

2. 空白与乱填等不完整问卷的处理

问卷有时由于问题不合适,或者被访者不喜欢回答某些问题,或被访者、访问员本身的疏忽而导致问卷中某部分或某些问题有空白现象。这时如果访问员可以解决,就请访问员当场更正;如果是无法解决的问题,就以遗漏值的方式来处理,此部分或此题的资料不予以计算。

有时由于受访者不认真作答或者不耐烦填答市场调查的问卷,而乱填问卷的答案。这种问卷一定要作为废卷处理,如果把这种问卷也纳入分析的样本,对整个研究结果就会有影响。

3. 对于有多项答案的问卷处理

有时市场调查的问卷是单项选择题,但由于问卷上并没有注明,或者被访者觉得答案应有两个以上,而选择两个或两个以上答案。对于这种问卷,目前的处理方法主要有两种:一是把它视为遗漏值处理。如果只有极少数的问卷发生这种现象,则对于整个研究分析并不会造成影响,可以直接以这种方式处理。二是用加权法的方式来处理。如果问卷中这种样本很多,把它视为遗漏值来处理会影响整个数据分析时,可先把这种答案录入数据库,然后由研究员采用加权法的方式来处理。

4. 问卷编码与录入

在问卷处理完之后，接着就是对问卷及答案进行编码。首先是对问卷进行编码。问卷编码很简单，只要注意一点：不重复就可以了。其次是答案编码，就是把问卷的答案量化成电脑可以接受的语言，如1、2、3、4、5等。一般是根据问题的答案进行分类编码，答案分几类就有几种编码，通常是在问卷审核时把碰到的答案都记载下来进行归类，然后再编码。

5. 数据检查

问卷录入后，就要对数据进行检查。数据检查一般分三个步骤：首先对所有数据进行抽查。把每个录入员的数据按照10%～20%的比例对照问卷进行随机抽查，如果发现错误则对该录入员的数据进行加倍抽查，直到抽查错误率控制在2%以内为止。其次是对项目要求的总体配额进行核查，检查配额是否与项目要求的配额一致。再次是检查数据的完整性，对有遗漏值的地方进行检查核实。

资料来源：李香香. 市场研究网络版, 2009(4).

案例分析

按年代做出的人口统计数据表，能够反映出每年人口数量的变化情况。为科学制定国民经济和社会发展规划，统筹安排人民物质文化生活，实现可持续发展，提供了准确的统计信息支持。表9-1所示为河北省1980—2009年总人口数。

表9-1 河北省1980—2009年每年总人口数   单位：万人

序号	年份	总人口数	序号	年份	总人口数
1	1980	5 168	16	1995	6 437
2	1981	5 256	17	1996	6 484
3	1982	5 356	18	1997	6 525
4	1983	5 420	19	1998	6 569
5	1984	5 487	20	1999	6 614
6	1985	5 548	21	2000	6 674
7	1986	5 627	22	2001	6 699
8	1987	5 710	23	2002	6 735
9	1988	5 795	24	2003	6 769
10	1989	5 881	25	2004	6 809
11	1990	6 159	26	2005	6 851
12	1991	6 220	27	2006	6 898
13	1992	6 275	28	2007	6 943
14	1993	6 334	29	2008	6 989
15	1994	6 388	30	2009	7 034

思考：请以10年为单位对数据表的年份进行分组。

第十章 市场调查资料分析

学习目标

1. 了解分析市场调查资料的意义；
2. 了解市场调查资料分析的基本内容与方法；
3. 能够使用SPSS对调查资料进行描述、统计和比较均值操作；
4. 能够完成包括多选题在内的问卷的统计工作；
5. 能够对调查资料进行汇总并生成不同种类的统计图。

导引案例

　　法国与美国有1/4的美容院或化妆品专卖店是专为男性设立的；在韩国和日本，男士流行整容、化妆，男士专业护肤品店、美容院连锁经营规模庞大。来自国外的调查显示，在日本、韩国，40%的男子会到专业美容店进行美容。吉列公司不久前的市场调查显示，77%以上的男子认为，他们的妻子和合作伙伴更乐于与修面后的男人打交道，79%的妇女对这个观点表示赞同，70%的妇女还认为，修面后的男子更迷人，更有魅力。陕西省消费者协会今年曾就这类问题进行了一次调查，调查显示，不论男女，很多人都对男子美容有了新的认识。在总共4 192份问卷中，1 467人认为男性化妆品太少，671人反映找不到男士美容店。很多男士其实非常想尝试着美化自身，但由于目前市场上的美容店几乎全都只针对女性，而不好意思跨入店门。

　　思考：国内的男性护肤品市场的走向会怎样？

第一节　市场调查资料分析概述

一、分析市场调查资料的意义

　　在市场调查的过程中，市场调查资料分析是最关键的阶段。

市场调查资料分析的本质是对已整理的数据和资料进行深加工，从数据导向结论，从结论导向对策，使调研者从定量认识过渡到更高的定性认识，从感性认识上升到理性认识，从而有效地回答和解释原来定义的市场调研的问题，实现市场调研的目的和要求，满足管理决策的信息需求。

市场调查资料分析是一项综合性很强的工作，有着十分重要的意义：
(1) 通过加工，使收集到的信息资料统一化、系统化、适用化；
(2) 通过分析，去粗存精、去伪存真、由此及彼、由表及里；
(3) 通过分析，使已有的信息发生交合作用，从而可能产生一些新的信息。

二、市场调查资料分析的基本原则

（一）客观性

客观性是指必须以客观事实和调查的资料为依据进行分析，不能受到外来因素或内部主观倾向的影响；否则，会使之前各阶段的努力功亏一篑，更重要的是会误导企业决策者做出背离实际的决策，使企业陷入困境。

（二）针对性

针对性是指要采用与调查目的、调查资料性质、现有资源相适应的分析方法，对调查资料进行分析。任何一种分析方法，都有各自的优点和不足，各有不同的使用范围和分析问题的角度。某一种情况可能只需要某一种或几种特定的统计分析方法，所以需要分析人员对各种分析方法的特点和作用有准确的把握，将多种与调查目的相匹配的方法组合应用，形成最准确、最恰当的方法系统，取长补短，互相配合，从而得出全面和准确的结论。

（三）完整性

完整性是指对调查资料进行多角度、全面的分析，以反映和把握调查资料的总体特征。它不是对资料进行局部的分析，而是全面考察各种相关因素的现状和趋势，分析现象之间的关系。

（四）动态性

动态性是指对调查资料的分析，不但要把握其现状，更要分析其变化趋势。要注意分析各相关因素的变化特点，用发展的特点、动态的方法把握问题，从而正确地引导企业的发展。在具体的操作中，要主动掌握并合理运用科学的预测方法，得出符合市场变动趋势的分析结论。

三、市场调查资料分析的基本内容

市场调查资料分析内涵丰富，主要包含以下内容：
(1) 对当次调查特点、目的进行分析，得出有关整个调查分析过程的方向及侧重点等方面的情况。
(2) 对所应用的调查方式及分析方法的特性和针对性进行分析。
(3) 对调查对象的特点及对调查所持的态度等进行分析。
(4) 对调查资料的可靠性和代表性进行分析。
(5) 运用适当的分析方法，分析调查资料所反映的问题。
(6) 综合得出最终的分析结论，并对这一结论的前提、深层根源及适用范围等提出见解。
(7) 针对综合分析的结论提出建议和对策。

四、市场调查资料分析的基本方法

(一) 定性分析与定量分析

定性分析是对事物质的规定性进行分析研究的方法，即主要根据科学的观点、逻辑判断和推理，从非量化的资料中得出对事物的本质、发展变化的规律性的认识，但不能从数量关系上去把握事物的总体。

定量分析是指从事物的数量特征方面入手，运用一定的统计学或数学分析的方法进行数量分析，从而挖掘出事物的数量中所包含的事物本身的特性及规律性的分析方法。定量分析最常用的方法是统计分析方法。

市场调查中，必须坚持定性分析和定量分析相结合的原则，因为任何事物都是质和量的统一体。

(二) 统计分析方法

统计分析方法是一种定量分析方法。

▶ 1. 根据目的不同分类

根据研究目的的不同，大致分为以下两类。

(1) 描述统计分析。该方法着重于数量水平或其他特征的描述，可能是通过某指标反映某一方面的特征，也可能是通过若干变量描述它们的相互关系。该方法关心的是测量的准确性，对数据的准确性、可靠性和测度的选择有一定的要求。其结果重于数量描述，但不具有推断性质。

(2) 推断统计分析。该方法主要用于通过对样本的研究推断总体。对变量的选择、测度的决定、资料的时间空间范围有严格限制，必须符合严格的假设条件。其结果不仅可用于描述数量关系，还可以推断总体，进行预测、揭示原因及检验理论等。

▶ 2. 根据所涉及的变量分类

根据涉及的变量多少，可以分为以下三类。

(1) 单变量统计分析。即通过对某一统计指标或变量的数据进行对比研究，用以揭示现象的规模、结构、水平、离散程度、比率、速度等，概括现象的本质特征和规律或者对总体的数量特征进行推断。

(2) 双变量统计分析。即通过对两个变量之间数量关系的分析研究，揭示两个变量之间的依存性、相关性、差异性，挖掘数据中隐含的本质和规律性。

(3) 多变量统计分析。即通过对三个或三个以上变量之间的数量关系的分析研究，揭示多个变量之间的依存性、相关性和差异性，挖掘数据中隐含的本质和规律性。

第二节　SPSS对调查资料的分析操作

一、描述统计

描述统计是通过图表或数学方法，对数据资料进行整理、分析，并对数据分布状态、数字特征和随机变量之间的关系进行估计和描述的方法。

第十章 市场调查资料分析

▶ 1. 描述

描述分析是指对数据进行基础性的描述。多种统计量经过计算后,显示到"描述统计量"表中,这些结果可以帮助对变量的综合特征进行基础的了解。通过得出的数据的平均值、和、标准差、最大值、最小值、方差、全距、均值标准误差、峰度、偏度等统计量,来估计原始数据的集中程度、离散状况和分布情况。

为了比较营销 1 班与营销 2 班的学习成绩,将学号为 1~15 的学生成绩录入数据文件,如图 10-1 所示。

图 10-1 学生成绩数据文件截图

(1) 在菜单栏中选择"分析"→"描述统计"→"描述",打开"描述性"对话框。在列表中选择"营销 1 班""营销 2 班"调入"变量"列表框中,如图 10-2 所示。

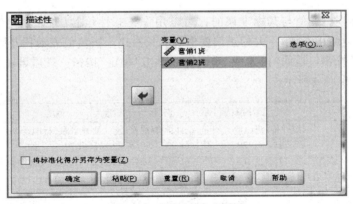

图 10-2 "描述性"对话框

(2) 单击"选项"按钮,打开"描述:选项"对话框,如图 10-3 所示。选择需要描述的选项:均值、标准差、最小值、最大值、峰度和偏度。

① 均值。这里的均值是指算术平均数,它将所有个案值相加然后除以个案数,表示某个变量所有取值的集中趋势或平均水平。

② 方差和标准差。方差是各变量值与其均值离差平方的平均数，它表示了一组数据分布的离散程度的平均值。方差的正平方根称为标准差，表示一组数据关于平均数的平均离散程度。

③ 峰度。指观察值聚集在中点周围的程度的测量。对于正态分布，峰度统计量的值为 0。正峰度值（峰度值大于 0）表示相对于正态分布，观察值在分布中心的聚集更多，同时尾部更薄，直到分布极值，与正态分布相比更为陡峭。负峰度值（峰度值小于 0）表示相对于正态分布，观察值聚集得少并且尾部较厚，相对较为平坦。

④ 偏度。与峰度相似，偏度也是描述数据分布形态的统计量。它表示分布的不对称性度量。正态分布是对称的，偏度值为 0。具有显著正偏度值的分布有很长的右尾，具有显著的负偏度的分布有很长的左尾。偏度的绝对值越大，表示分布的不对称性越大。

图 10-3 "描述：选项"对话框

⑤ 标准误。指对取自同一分布的样本与样本之间的均值之差的测量。它可以用来粗略地将观察到的均值与假设值进行比较。如果差与标准误的比值小于 −2 或大于 +2，则可以断定两个值不同。

• 均值标准误。取自同一分布的样本与样本之间的均值之差的测量。它可以用来粗略地将观察到的均值与假设值进行比较（如果差与标准误的比值小于 −2 或大于 +2，则可以断定两个值不同）。

• 峰值标准误。峰值与其标准误的比可用作正态性检验（即如果比值小于 −2 或大于 2，就可以拒绝正态性）。大的正峰度值表示分布的尾部比正态分布的尾部要长一些；负峰度值表示比较短的尾部。

• 偏值标准误。偏值与其标准误的比可以用作正态性检验（即如果比值小于 −2 或大于 +2，就可以拒绝正态性）。大的正偏度值表示长右尾，极负值表示长左尾。

单击"继续"按钮，返回"描述性"对话框，单击"确定"按钮。查看器中出现"描述统计量"的结果，如图 10-4 所示。

	N	极小值	极小值	均值		标准差	偏度		峰度	
	统计量	统计量	统计量	统计量	标准误	统计量	统计量	标准误	统计量	标准误
营销1班	15	20	91	68.93	5.718	22.147	−1.201	.580	.402	1.121
营销2班	15	17	93	66.60	5.917	22.915	−1.100	.580	.249	1.121
有效的N(列表状态)	15									

图 10-4 描述统计量的结果

以营销 1 班为例，从描述性统计量的分析结果可以看出：共有 15 名同学参与统计；最高分 91 分，最低分 20 分，平均分 68.93 分，偏度是 −1.201，峰度不等于 0，不服从正态分布。营销 1 班的标准差比营销 2 班的标准差小，表示营销 1 班学生成绩的波动情况小。

▶ 2. 频数分析

基本统计分析往往是从频数分析开始的。

频数分析有两个基本任务：第一个基本任务是编制频数分布表。SPSS 的频数分布表包括的内容如下。

（1）频数，即变量值落在某个区间（或某个类别）中的次数。

（2）百分比，即各频数占总样本数的百分比。

（3）有效百分比，即各频数占总有效样本数的百分比。其中，有效样本数＝总样本数－缺失样本数。如果所分析的数据在频数分析变量上有缺失值，那么有效百分比能更加准确地反映变量的取值分布情况。有效百分比计算的是，各变量在不包含缺失值个案的所有个案中取值频数的比例。

（4）累计百分比，即各百分比逐级累加起来的结果，最终取值为100%。

频数分析的第二个基本任务是绘制统计图。统计图是一种最为直接的数据描述方式，能够非常清晰直观地展示变量的取值状况。频数分析中常用的数据图包括：

① 柱形图或条形图。即用宽度相同的条形的高度或长短来表示频数分布变化的图形，适用于定序和定类变量的分析。柱形图的纵坐标或条形图的横坐标可以表示频数，也可以表示百分比。

② 饼图。即用圆形及圆内扇形的面积来表示频数百分比变化的图形。饼图有利于研究事物内在结构组成等问题。饼图内圆内的扇形面积可以表示频数，也可以表示百分比。

③ 直方图。即用矩形的面积来表示频数分布变化的图形。适用于定距型变量的分析，可以在直方图上附加正态分布曲线，便于与正态分布进行比较。

［例 10-1］假设要对工人工资数据进行分析，其步骤如下。

（1）在菜单栏中选择"分析"→"描述统计"→"频率"，打开"频率"对话框，将"职工工资"调入右侧"变量"列表框中，如图 10-5 所示。

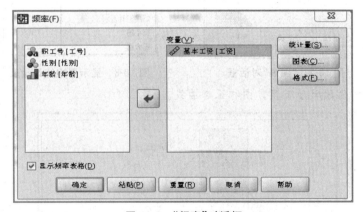

图 10-5 "频率"对话框

（2）单击"统计量"按钮，打开"频率：统计量"对话框。选择需要统计的选项：均值、标准差、最小值、最大值、峰度、偏度，如图 10-6 所示。

（3）单击"继续"按钮，返回"频率"对话框。单击"图表"按钮，打开"频率：图表"对话框。选择"直方图"，勾选"带正态曲线"，如图 10-7 所示。

（4）单击"继续"按钮，返回"频率"对话框，单击"确定"按钮。查看器中显示出结果，如图 10-8 所示。统计量表显示了统计信息数据。

图 10-6 "统计量"对话框

图 10-7 "图表"对话框　　图 10-8 显示器中统计量表

图 10-9 所示为频率分布直方图和正态曲线。

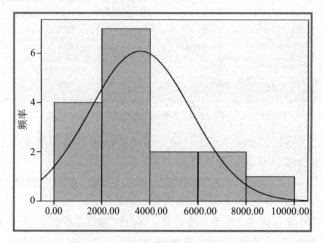

图 10-9 显示器中的直方图和正态曲线

二、比较均值

▶ 1. 均值

比较均值用来计算一个或多个自变量类别中因变量的子组均值和相关的单变量统计。

在描述统计中试用的案例"营销1班与营销2班学生成绩"中学生成绩为变量,而且在数据表中,已经被区分开来。在这种情况下,比较均值与描述相比,没有什么更高明的地方。但是对于需要按指定条件分组计算均值的数据,就需要用到比较均值。

[例10-2]班级成绩如图10-10所示。

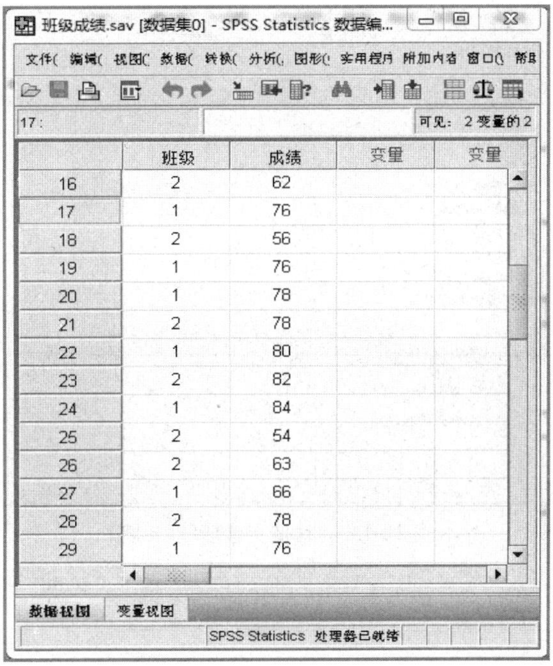

图10-10 班级成绩数据文件截图

(1) 在菜单栏中选择"分析"→"比较均值"→"均值",打开"均值"对话框。将成绩加入因变量列表,班级调入自变量列表,如图10-11所示。

图10-11 "均值"对话框

(2) 单击"选项"按钮,打开"均值:选项"对话框,选择需要统计的选项。在统计量列表中比描述均值多了一些项目。

① 中位数：将总体数据的各个数值按大小顺序排列，位于中间位置的变量。中位数将所有的数据等分为两半，两边的数据个数相同。

② 几何均值：数据值的乘积的 n 次根，其中 n 代表个案数目。

③ 调和均值：在组中的样本大小不相等的情况下用来估计平均组大小。调和均值是样本总数除以样本大小的倒数总和。

这里选择"均值""标准差""最小值""最大值""峰度""偏度"，如图 10-12 所示。

图 10-12 "均值：选项"对话框

（3）单击"继续"按钮，返回"均值"对话框。单击"确定"按钮。查看器中显示出"描述统计量"的结果，如图 10-13 所示。

案例处理摘要

	案例					
	已包含		已排除		总计	
	N	百分比	N	百分比	N	百分比
成绩 * 班级	30	100.0%	0	.0%	30	100.0%

报告

成绩

班级	均值	N	标准差	极小值	极大值	峰度	偏度
1	73.24	17	14.433	34	95	2.375	-1.126
2	66.77	13	19.434	20	89	1.405	-.998
总计	70.43	30	16.788	20	95	1.721	-1.126

图 10-13 显示器中显示的摘要与报告

本例处理摘要中显示共有 30 名学生参与统计分析，其中 1 班学生 17 名，2 班学生 13 名，报告中列出了成绩的各项分析值和总计情况。虽然数据文件中 1 班和 2 班的成绩在同一个变量中，而且顺序混乱，但是因为把班级指定为自变量后使用比较均值，所以报告中依然能够清晰地显示分组数据及结果。

▶ 2. 单样本 T 检验

单样本 T 检验的目的是利用来自某总体的样本数据，推断该总体的均值是否与指定的检验值之间存在显著差异。它是对总体均值的假设检验,在实际应用中非常广泛。例如,调查今年的学生入学平均分数和去年是否有明显差异、推断家庭人均住房面积的均值是否为多少平方米等,都会用到单样本 T 检验。

[例 10-3]收集到 20 家保险公司人员构成的数据,如图 10-14 所示,现希望对目前保险公司从业人员受高等教育的程度和 35 岁以下员工人数进行推断。具体来说,就是推断受过高等教育的员工平均比例是否不低于 0.8,35 岁以下员工的平均比例是否为 0.5。

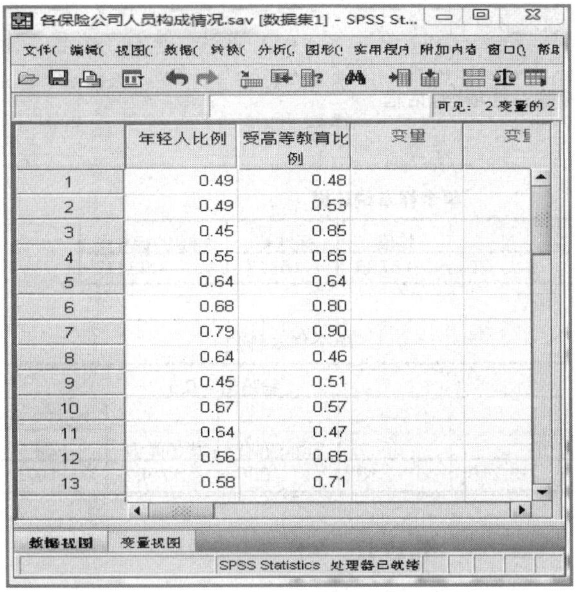

图 10-14 保险公司数据截图

(1) 在菜单栏中选择"分析"→"比较均值"→"单样本 T 检验",打开"单样本 T 检验"对话框,如图 10-15 所示,将"年轻人比例"调入"检验变量"列表框中,检验值输入 0.5。

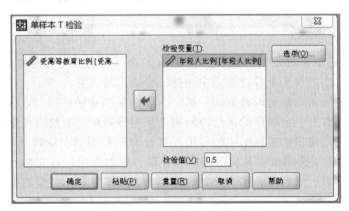

图 10-15 "单样本 T 检验"对话框

(2) 单击"选项"按钮,打开"单样本 T 检验:选项"对话框,如图 10-16 所示。在"置信区间"百分比输入框中输入 95%。

① 置信区间:默认情况下,显示均值中的差的 95%置信区间。可输入 1~99 以设置不同的置信度。

② 缺失值:当检验多个变量,并且一个或多个变量的数据缺失时,可以指示过程排

除哪些个案。

"按分析顺序排除个案":每个 T 检验均使用对于检验的变量具有有效数据的全部个案。样本大小可能随检验的不同而不同。

"按列表排除个案":每个 T 检验只使用对于在任何请求的 T 检验中使用的所有变量都具有有效数据的个案。样本大小在各个检验之间恒定。

(3) 单击"继续"按钮,返回"单样本 T 检验:选项"对话框。单击"确定"按钮。查看器中出现"单样本 T 检验"的结果,如图 10-17 所示。

图 10-16 "单样本 T 检验:选项"对话框

单个样本统计量

	N	均值	标准差	均值的标准误
年轻人比例	20	.6796	.15417	.03447

单个样本检验

	检验值 = 0.5				
	t	df	Sig.(双侧)	均值差值	差分的 95% 置信区间
					下限 / 上限
年轻人比例	5.210	19	.000	.17962	.1075 / .2518

图 10-17 单样本 T 检验结果

从检验结果可以看出:35 岁以下员工比例均值为 0.679 6,与检验值 0.5 的差值是 0.179 6,T 统计量的值是 5.210,95% 的置信区间是(0.107 5,0.251 8)。Sig(双侧)表示双尾概率,值为 0,小于 0.5。检验结果表明 35 岁以下员工比例与 0.5 存在显著差异,同时 0.5 不在置信区间内,也证实了上述结论。

三、多选项分析

SPSS 中的多选项分析是针对调查文件中的多选项问题的。它是根据实际调查需要,要求被调查者从给出的若干个备选答案中选择一个以上的答案。

多选项问题的分析通常有两种方法:第一,多选项二分法;第二,多选项分类法。通常,对于所选答案具有一定顺序的多选项问题可采用分类法,而没有顺序的问题可采用二分法分析。二分法是将多选项问题中的每个答案设为一个 SPAA 变量,每个变量只有 0 或 1 两个取值,分别表示选择该答案和不选择该答案。分类法中,首先估计多选项问题最多可能出现的答案个数;然后,为每个答案设置一个 SPSS 变量,变量取值为多选项问题中的可选答案。

[例 10-4]您最看重形象设计公司的哪个方面?(限选三项)(　　)

A. 公司品牌　　　　B. 服务质量　　　C. 性价比　　　　D. 交通情况
E. 服务态度　　　　F. 授课方式　　　G. 口碑影响　　　F. 收费情况

结果如图 10-18 所示。

多选项分析的具体操作步骤如下:

(1) 在菜单栏中选择"分析"→"多重相应"→"定义变量集",打开"定义多重相应变量

图 10-18 形象设计公司的影响因素的数据截图

集"对话框,如图 10-19 所示。把所有变量调入"集合中的变量"列表框。将变量编码选中"二分法",计数值填 1。

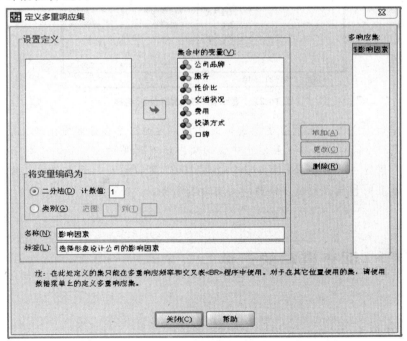

图 10-19 "定义多重响应集"对话框

名称用于设定当前多选项多响应集的名称,标签用于对多响应集做补充说明。单击"添加"按钮,把已经定义好的变量集加入"多响应集"列表框。单击"关闭"按钮返回数据编辑器,完成多变量集的定义。

(2) 在菜单栏中选择"分析"→"多重响应"→"频率",打开"多响应频率"对话框,如图 10-20 所示。把定义好的多响应集调入"表格"中,单击"确定"按钮。

市场研究与预测

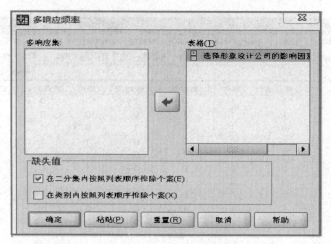

图 10-20　多响应频率对话框

（3）显示器中显示出"多重响应"的结果，如图 10-21 所示。

选择形象设计公司的影响因素ª		响应		个案百分比
		N	百分比	
选择形象设计公司的影响因素ª	公司品牌	7	23.3%	70.0%
	服务	6	20.0%	60.0%
	性价比	3	10.0%	30.0%
	交通状况	4	13.3%	40.0%
	费用	3	10.0%	30.0%
	授课方式	5	16.7%	50.0%
	口碑	2	6.7%	20.0%
总计		30	100.0%	300.0%

a.值为1时制表的二分组。

图 10-21　显示器中的频率分析结果

频率表中响应 N 表示受调查者所选择的总量，因为这个多选题是限选 3 项，故个案百分比总计为 300%。响应百分比表示选中该选项占所有选项的百分比，个案百分比表示选中该选项的个案数占总调查量的百分比。由图 10-21 可以看出，调查者在选择形象设计公司时，最为看重的影响因素是公司品牌，其次是服务。

第三节　调查资料的汇总

一、分类汇总

分类汇总是按照某种分类进行汇总计算，这种数据处理在实际数据分析中极为常见。

例：某商场希望分析不同年龄段的顾客对某商品的"打折促销"反应是否存在较大差异，用以分析不同年龄的消费群体的消费心理。最初步的分析即是分别计算不同年龄段顾客的平均消费金额和平均消费金额差异程度（标准差），并对它们进行比较。

SPSS 实现分类汇总涉及两个方面：第一，按照哪个变量（如学历、职业、性别、年龄等）进行分类；第二，对哪个变量（如基本工资等）进行汇总，并指定对汇总变量计算哪些统计量。

[**例 10-5**]某企业希望了解本企业不同学历员工的基本工资(见图 10-22)是否存在较大的差异。最简单的做法就是分类汇总，即将职工按学历进行分类，然后分别计算不同学历员工的平均工资，即可对平均工资进行比较。

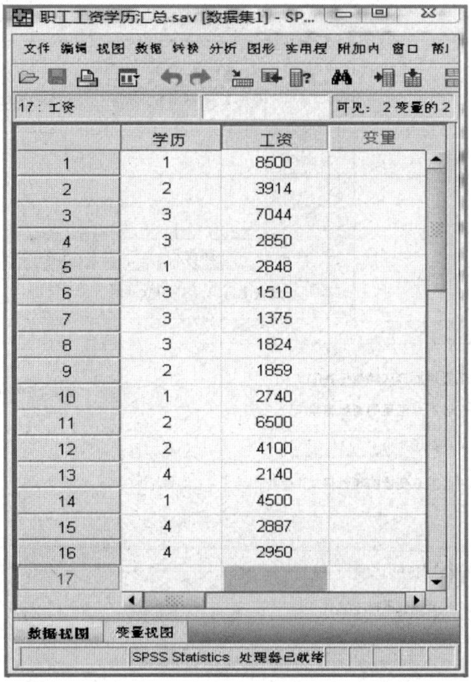

职工工资学历汇总.sav [数据集1] - SP...

	学历	工资	变量
1	1	8500	
2	2	3914	
3	3	7044	
4	3	2850	
5	1	2848	
6	3	1510	
7	3	1375	
8	3	1824	
9	2	1859	
10	1	2740	
11	2	6500	
12	2	4100	
13	4	2140	
14	1	4500	
15	4	2887	
16	4	2950	
17			

图 10-22 职工工资学历汇总数据文件

(1) 在菜单栏中选择“数据”→“分类汇总”，打开“汇总数据”对话框，如图 10-23 所示。把“文化程度”调入“分组变量”列表框，SPSS 会根据此处的值，对个案进行分组。将“基本工资”调入汇总变量的“变量摘要”列表框中。系统会创建新的分类汇总变量，由分类汇总函数的名称和源变量名称(用括号括起来)组成。单击“变量名与标签”可以对新变量进行修改。如果需要产生一个新产量来显示每组的个案数量，就勾选“个案数”复选框。

(2) 单击“函数”按钮，打开“汇总数据：汇总函数”对话框。在“摘要统计量”下选中“均值”作为汇总函数，如图 10-24 所示。

(3) 单击“继续”按钮，返回“汇总数据”对话框。单击“确定”按钮。在数据视图中就会生成新的变量“工资—mean”，“研究生及以上学历”记录有 4 条、工资均值是4 647元；“大学(专、本科)学历”记录有 4 条、工资均值是 4 093.25 元；“高中(中专)学历”记录有 5 条、工资均值是 2 920.60 元；“初中及以下学历”记录有 3 条、工资均值是 2 659 元。比较结果：该企业不同学历员工的基本工资存在较大的差距，如图 10-25所示。

如果分组变量顺序是错乱的，可以在“数据汇总”对话框中勾选“在汇总之前排序文件”，SPSS 就能够在汇总之前按照分组变量的值对数据进行排序。

二、交叉分析

(一) 交叉分组下的频数分析

通过频数分析能够掌握单个变量的数据分布情况。在实际分析中，不仅要了解单变量

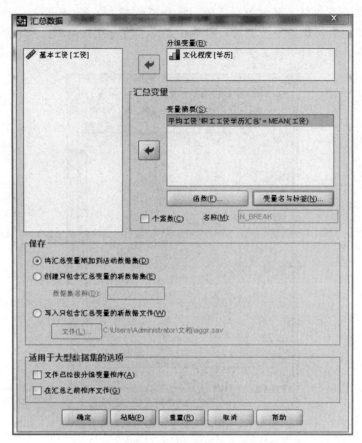

图 10-23 "汇总数据"对话框

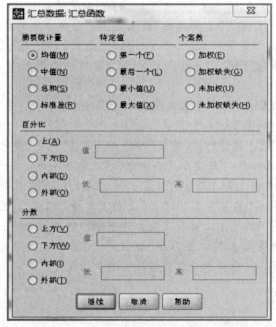

图 10-24 "汇总数据：汇总函数"对话框

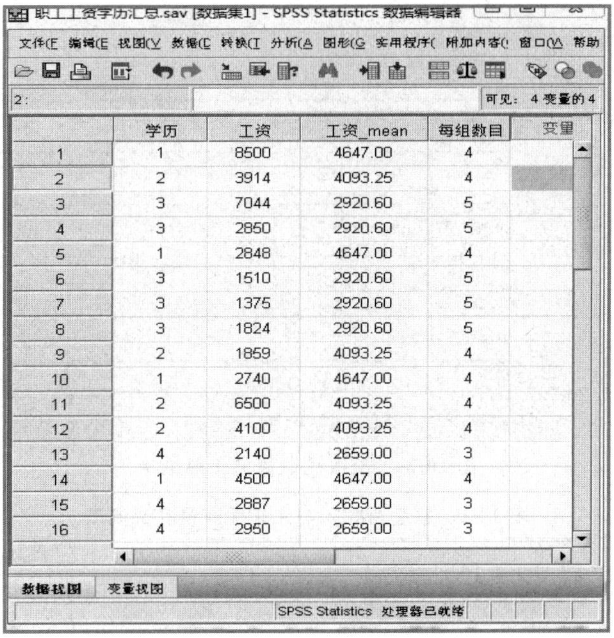

	学历	工资	工资_mean	每组数目	变量
1	1	8500	4647.00	4	
2	2	3914	4093.25	4	
3	3	7044	2920.60	5	
4	3	2850	2920.60	5	
5	1	2848	4647.00	4	
6	3	1510	2920.60	5	
7	3	1375	2920.60	5	
8	3	1824	2920.60	5	
9	2	1859	4093.25	4	
10	1	2740	4647.00	4	
11	2	6500	4093.25	4	
12	2	4100	4093.25	4	
13	4	2140	2659.00	3	
14	1	4500	4647.00	4	
15	4	2887	2659.00	3	
16	4	2950	2659.00	3	

图 10-25 分类汇总后的数据表

的分布特征，还要分析多个变量不同取值下的分布，掌握多变量的联合分布特征，进而分析变量之间的相互影响和关系。当所观察的现象同时与两个因素有关时，如某种服装的销量受价格和居民收入的影响，某种产品的生产成本受原材料价格和产量的影响等，通过交叉列联表分析，可以较好地反映出这两个因素之间有无关联性及两个因素与所观察现象之间的相关关系。

交叉分组下的频数分析又称列联表分析，它包括两大基本任务：第一，根据收集到的样本数据编制交叉列联表；第二，在交叉列联表的基础上，对两两变量间是否存在一定的相关性进行分析。要获得变量之间的相关性，仅仅靠描述性统计的数据是不够的，还需要借助一些表示变量间相关程度的统计量和一些非参数检验的方法。

例如：利用住房状况问卷调查数据，分析本市户口和外地户口家庭对“未来三年是否打算买房”是否持相同的态度。

可以利用交叉分组下的频数分析来实现。列联表的行变量为“户口状况”，列变量为“未来三年”，在列联表中输出各种百分比、期望频数、剩余、标准化剩余。同时，显示各交叉分组下的频数分布条形图，并利用卡方检验方法，对本市户口和外地户口家庭对该问题的态度是否一致进行检验。

(二) 交叉列联表的主要内容

交叉列联表是两个或两个以上的变量交叉分组后形成的频数分布表。图 10-26 所示为交叉列联表的一般结构。

▶ 1. 两项交叉分析

两项交叉分析指两个变量结合在一起进行分析。例如，家庭汽车拥有情况调研。为使问题简单起见，把家庭月收入分为两个档次：1 万元以下和 1 万元以上；把汽车保有量也分为两个档次：1 辆以内和 1 辆以上。这样，家庭收入与汽车保有量交叉分析就形成了 4 个不同的变量值，统计各个变量值出现的次数，得到表 10-1。

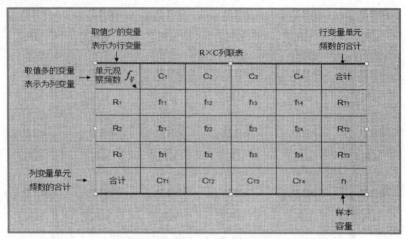

图 10-26 交叉列联表的一般结构

表 10-1 家庭月收入与汽车保有量交叉制表

家庭月收入		汽车保有量		合计
		1 辆以下	1 辆以上	
10 000 元以下	计数	8	3	11
	家庭月收入中的全分比(%)	72.7	27.3	100.0
10 000 元以上	计数	3	2	5
	家庭月收入中的百分比(%)	60.0	40.0	100.0
合计	计数	11	5	16
	家庭月收入中的百分比(%)	68.8	31.3	100.0

在分析"家庭月收入"对"汽车保有量"的影响时,"家庭月收入"为行变量,"汽车保有量"为列变量。由上表可以看出,家庭月收入在 1 万元以下的家庭中,72.7%的家庭拥有 1 辆以下汽车,只有 27.3%的家庭拥有 1 辆以上汽车;家庭月收入 1 万元以上的家庭中,60%的家庭拥有 1 辆以下汽车,拥有 1 辆以上汽车的家庭高达 40%。其次,分析家庭规模对汽车保有量的影响。家庭规模也分为两个档次:4 口以下和 4 口以上。在分析"家庭规模"对"汽车保有量"的影响时,"家庭规模"为行变量,"汽车保有量"为列变量。

表 10-2 家庭规模与汽车保有量交叉制表

家 庭 规 模		汽车保有量		合计
		1 辆以下	1 辆以上	
口以下	四计数	6	2	8
	家庭规模中的百分比(%)	75.7	25.0	100.0
四口以上	计数	5	3	8
	家庭规模中的百分比(%)	62.5	37.5	100.0
合计	计数	11	5	16
	家庭规模中的百分比(%)	68.8	31.3	100.0

可以看出,家庭规模在四口以下的家庭中,75%的家庭拥有 1 辆以下汽车,只有 25%的家庭拥有 1 辆以上汽车;家庭规模在四口以上的家庭中,62.5%拥有 1 辆以下汽车,拥有 1 辆以上汽车的家庭高达 37.5%。

▶ 2. 三项交叉分析

表 10-3 和表 10-4 分别为涉及三变量的三维交叉列联表，反映了不同收入和不同规模家庭以及汽车保有量交叉分组下的家庭频数分布情况。

表 10-3　家庭月收入、汽车保有量与家庭规模交叉制表

家庭规模				汽车保有量		合计
				1辆以下	1辆以上	
四口以下	家庭月收入	10 000 元以下	计数	5	0	5
			家庭月收入中的百分比(%)	100.0	0	100.0
		10 000 元以上	计数	1	2	3
			家庭月收入中的百分比(%)	33.3	66.7	100.0
	合计		计数	6	2	8
			家庭月收入中的百分比(%)	75.0	25.0	100.0
四口以上	家庭月收入	10 000 元以下	计数	3	3	6
			家庭月收入中的百分比(%)	50.0	50.0	100.0
		10 000 元以上	计数	2	0	2
			家庭月收入中的百分比(%)	100.0	0	100.0
	合计		计数	5	3	8
			家庭月收入中的百分比(%)	62.5	37.5	100.0

表 10-4　家庭规模、汽车保有量与家庭月收入交叉制表

家庭月收入				汽车保有量		合计
				1辆以下	1辆以上	
10 000 元以下	家庭规模	四口以下	计数	5	0	5
			家庭规模中的百分比(%)	100.0	0	100.0
		四口以上	计数	3	3	6
			家庭规模中的百分比(%)	50.0	50.0	100.0
	合计		计数	8	3	11
			家庭月收入中的百分比(%)	72.7	27.3	100.0
10 000 元以上	家庭规模	四口以下	计数	1	2	3
			家庭月收入中的百分比(%)	33.3	66.7	100.0
		四口以上	计数	2	0	2
			家庭月收入中的百分比(%)	100.0	0	100.0
	合计		计数	3	2	5
			家庭月收入中的百分比(%)	60.0	40.0	100.0

(三) 交叉分组下的频数分析 SPSS 应用

讨论大学生上网时间与性别、年级是否有关。为了简化分析，调查对象被分为少量使用者和频繁使用者，少量使用者是指每天上网时间少于 4 小时的学生，其他为频繁使用者。

(1) 打开文件"大学生上网时间调查.sav"，单击"分析"→"描述统计"→"交叉表"，显示"交叉表"对话框，如图 10-27 所示。

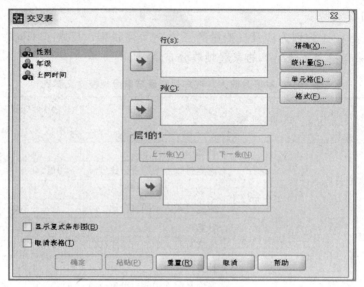

图 10-27 交叉表对话框

（2）如果进行二维列联表分析即双向交叉分析，则选择某变量到"行"框中，选择某变量到"列"框中。这里，行变量为"性别"，列变量为"上网时间"。如果"行"框和"列"框中有多个变量名，SPSS 会将行列变量一一配对后产生多张二维列联表。如果进行三维或多维列联表分析，则应将其他变量作为控制变量选到"层 1 的 1"框中。多控制变量间可以是同层次的，也可以是逐层叠加的，可通过"上一张"或"下一张"按钮确定控制变量间的层次关系。

（3）选择"显示复式条形图"选项，指定绘制各变量交叉分组下的频数分布柱形图。"取消表格"表示不输出列联表，在仅分析行列变量间关系时可选择该选项。

（4）单击"统计量"按钮，指定用哪种方法分析行变量和类变量之间的关系，如图 10-28 所示。

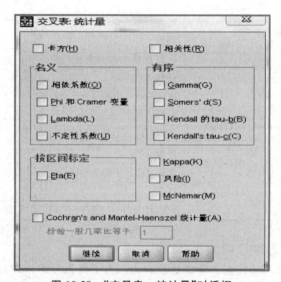

图 10-28 "交叉表：统计量"对话框

（5）单击"单元格"按钮，指定列联表单元格中的输出内容，如图 10-29 所示。在分析行列变量间关系时，一般选择"百分比"框中的"行"。单击"继续"按钮。

(6) 单击"格式"按钮，指定列联表各单元格的输出排列顺序，如图 10-30 所示。

图 10-29 "交叉表：单元显示"对话框   图 10-30 "交叉表：表格格式"对话框

分析结果如表 10-5 所示。

表 10-5 性别与上网时间交叉列表

性别		上网时间		合计
		4 小时及以下	4 小时以上	
男	计数	4	12	16
	性别中的百分比(%)	25.0	75.0	100.0
女	计数	12	4	16
	性别中的百分比(%)	75.0	25.0	100.0
合计	计数	16	16	32
	性别中的百分比(%)	50.0	50.0	100.0

表 10-5 表明，首先，在调查的 32 个样本中，男生、女生均为 16 人，各占总样本的 50%；上网时间在 4 小时及以下、4 小时以上的样本数均为 16 人，各占总样本的 50%。

其次，对不同性别进行分析。在男生中，每天上网时间在 4 小时及以下和 4 小时以上的样本数分别为 4 和 12，各占总样本的 25% 和 75%，每天上网 4 小时以上的男生比例较高。在女生中，每天上网时间在 4 小时及以下和 4 小时以上的样本数分别为 12 和 4，各占总样本的 75% 和 25%，每天上网 4 小时以上的女生比例较低。

（四）交叉列联表的卡方检验

卡方检验是一种非参数检验方法，可以用来检验两个变量之间是否有关联关系。讨论大学生上网时间与性别之间是否有关系，相当于假设检验。

H0：大学生上网时间与性别之间是相互独立的；

H1：大学生上网时间与性别之间不是相互独立的。

实施卡方检验的具体操作步骤如下：

(1) 打开文件"大学生上网时间调查.sav"，单击"分析"→"描述统计"→"交叉表"，显示"交叉表"对话框。

(2) 选择性别为行变量，上网时间为列变量。

(3) 单击"单元格"按钮，选择观察值为输出内容。

(4) 单击"精确"按钮，打开"精确检验"对话框，此对话框提供检验方式，如图10-31所示。

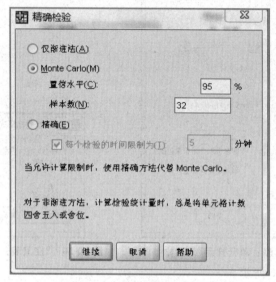

图 10-31　"精确检验"对话框

① 仅渐进法：适用于具有渐进分布的大样本数据（默认项）。

② Monte Carlo：此项为精确显著水平值的无偏估计，无须数据具有渐进分布的假设，是一种非常有效的计算确切显著性水平的方法。在"置信水平"框中输入数据，确定置信区间的大小，一般为90、95、99。在"样本数"框中输入样本量。

③ 精确：观察结果概率，同时在下面的框内选择进行精确检验的最大时限。

(5) 单击"格式"按钮，指定列联表各单元格的输出排列顺序。

(6) 单击"统计量"按钮，打开对话框，从中选择检验统计量，如图10-32所示。

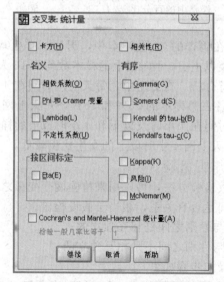

图 10-32　"交叉表：统计量"对话框

本例中只选择卡方。选择完成后，单击"确定"，结果如图 10-33 所示。

	值	df	渐进 Sig.(双侧)	精确 Sig.(双侧)	精确 Sig.(单侧)
Pearson 卡方	8.000ª	1	.005		
连续校正ᵇ	6.125	1	.013		
似然比	8.372	1	.004		
Fisher 的精确检验				.012	.006
有效案例中的 N	32				

图 10-33 显示器中卡方检验结果

卡方分布是连续型随机变量，而列联表分析中分类数据是不连续分布的，所以由 SPSS 自动对列联表进行连续性校正，得到连续性校正统计量。在小样本的情况下，主要参考连续校正和 Fisher 的精确检验结果。本例中几种检验的 P 值均小于显著性水平 0.05，所以应拒绝原假设，认为上网时间与性别之间的关联性是比较显著的。

本章小结

本章简单介绍了调查资料的分析方法，主要讲解了使用 SPSS 进行统计分析的操作方法。本章的重点是比较均值、多选项分析，难点是单样本 T 检验。学习本章讲解的内容，能够简单地处理数据统计分析，但是进行对复杂数据的市场预测，还需要更多的统计学知识和对 SPSS 进行深入的学习。

复习思考题

1. 简述市场调查分析的意义和原则。
2. 简述频率在调查统计中的意义。
3. 收集一份完整的问卷调查结果，使用 SPSS 进行简单的统计分析。
（1）描述数据表，统计结果包含样本大小、均值、最小值、最大值、标准差、均值标准误差、峰度和偏度。
（2）对某项调查问题预先估计一个值，然后使用单样本 T 检验与估计值进行比较。
（3）如果有多选题，使用多重响应进行分析。

阅读材料

中国青年的电子阅读世界

新阅读时代不知不觉充斥了我们的生活，连续剧《新编辑部的故事》中的人们放下纸和笔，不约而同地举起平板电脑；《钢铁侠3》电影里，小罗伯特·唐尼信手拈来的空中影像，也许连平板电脑都已经自叹不如了。

这些新型的阅读工具不仅改变了我们的阅读方式，也改变了我们的阅读内容，阅读习惯。今天，让我们拉开新的帷幕，为你揭开今日中国青年群体的阅读世界，看看他们有着怎样的阅读情怀。

本次调查通过网络问卷的方式，共征集来自手机 QQ 浏览器的 1 890 名"80 后"和"90 后"青年公众的意见，其中男性人数为 1 466 人，女性为 424 人，旨在为企业、社会带来更多青年人群价值观、消费行为等趋势变化的分享。

一、被重新定义的阅读

随着环境的变化，自然资源的不断枯竭，各国政府都提出无纸化阅读的理念。我们工作的时候，翻开的不再是表格纸，而是笔记本；我们提起备忘录的时候，手里握的不再是便签，而是手机；我们说到书架的时候，想到的不再是那个木质的架子，而是 APP 应用里面的小说书架。因此，现如今我们不得不重新定义并审视"阅读"。

到底什么叫作阅读？对于阅读，走在时尚前沿的青年人群心怀的不是"青灯读书即将衰退离去"，更多的想法是"阅读——已经变了"。最新调查数据显示，超七成（75%）的青年人认为"阅读不仅是看书，也可以是报纸杂志等，是纸质或电子的"；11.2% 的青年人认为"阅读就是看书籍，可以是纸质版的，也可以是电子版的"，如表 10-6 所示。毫无疑问通过什么介质来进行阅读早已不是问题，更重要的是，阅读什么才算作阅读。

表 10-6　对于阅读的理解　　　　　　　　　　　　　　　　　　　　　　%

项　　目	所占百分比
阅读就是看书籍，而且必须是纸质版的	3.9
阅读就是看书籍，可以是纸质版的，也可以是电子版的	11.2
阅读不仅是看书，也可以是报纸杂志等，但应是纸版的	8.0
阅读不仅是看书，也可以是报纸杂志等，是纸质或电子的	75.0

数据来源：手机 QQ 浏览器与零点 E 动营销线上调研，$N=1\,890$.

信息时代、网络时代的到来，使得微博、文档等越来越多地被人们接受。从"阅读"的扩展内容来看，我们欣喜地发现当代青年对一些新型阅读内容拥有着较高的"宽容度"。近八成（79.2%）的青年人认为"浏览互联网上的新闻资讯"要算作阅读；超六成（61.9%）的青年人认为"查看他人的空间、微博、博客"要算作阅读；另外"浏览他人对于资讯的评论意见"（54.7%）、"看 Word、pdf 等工作文件"（49.6%）、"看宣传广告海报"（42.3%）也都有着很高的支持率。

从形式上来看，仅认同"文字、图片算作阅读的"不足三成（25.6%）；近四成（36.5%）青年人认为收听广播、看电视都可称为"阅读"；另外 24.3% 的青年人认为阅读应该包含"文字、图片和视频动态影像"；仅有 13.5% 的青年人认为阅读只应该针对文字。

男性对广播电视（37.6%）比女性（33.0%）拥有更高的宽容度，也更加愿意去尝试新的阅读形式。小姚是在办公室工作的一名白领，他不喜欢电脑也不喜欢手机，觉得眼睛太累。但他近期迷上了听书，每天睡前听一段《水煮三国》然后安然入睡。小姚表示，得益于阅读渠道的增加，相比于过去，自己的阅读量大多了。

二、无处不在的电子阅读

据统计，2012 年第四季度中国平板电脑的销量达 319.7 万台；而 iPad 自上市以来，全年累计销量已经破亿。就在刚刚过去的儿童节上，许多孩子们收到的礼物已经不再是一本价值几十元的睡前故事书,而是一个价值数千元的iPad。

电子阅读已经成为全球的趋势。在2013年4月发布的第十次全国国民阅读调查显示,2012年国民人均阅读电子书2.35本,相比2011年的1.42本增幅达65.5%。青年人群普遍认为,周围人群对于电子阅读的热情已经超越了纸质阅读,如表10-7所示。

表10-7　自己周围人群对纸质阅读和电子阅读的热情比较　　　　　　　　　　%

项　　　目	纸质阅读	电子阅读
非常好,大家都经常阅读	10.5	22.4
很好,大家都很爱阅读	16.1	32.6
一般吧,参差不齐	59.4	38.7
很差,很少有人阅读	9.7	3.2
非常差,基本没有人阅读	2.0	0.5
说不清楚	1.6	1.6
其他	0.6	1.1

数据来源:手机QQ浏览器与零点E动营销线上调研,$N=1\,890$。

然而电子阅读带来的绝不仅仅是介质上的改变,它把阅读从书房搬进了卧室,甚至还有洗手间。它填满了人们的碎片时间,让阅读可以无处不在。调查显示,进行纸质阅读的主要场所是家里、图书馆和学校,而进行电子阅读的主要场所是家里、办公场所和交通工具上,更有近两成(17.6%)的青年人认为"无所谓,哪里都可以"进行电子阅读。

即便是在家里,纸质阅读也与电子阅读形成了鲜明的对比。调查显示,选择在家里阅读的青年人中,纸质阅读的主要地点是床上(67.8%)、书房(38.1%)和沙发或椅子上(48.5%);而电子阅读的主要地点是床上(77.7%)、沙发或椅子上(47%)、书房(38.1%)和洗手间(30.4%),如表10-8所示。

表10-8　纸质阅读和电子阅读的地点比较　　　　　　　　　　%

项　　　目	纸质阅读	电子阅读
书房	51.8	38.1
床上	67.8	77.7
阳台	15.7	9.0
去洗手间时	20.0	30.4
客厅沙发或者椅子上	48.5	47.0
其他	0.9	0.6

数据业源:手机QQ浏览器与零点E动营销线上调研,$N=1\,890$。

进一步对电子阅读介质的接触情况调查发现,使用手机阅读是其中的翘楚。调查显示,在接触过电子阅读方式的青年人中,有84.9%的人选择了经常在手机上阅读。"随时随地阅读、方便"(83.3%)、"阅读内容更丰富"(48.0%)和"费用低廉"(37.1%)等优势使得手机阅读成为获取信息和日常社交最便捷、有效的手段和传统阅读的有益补充,受到人们越来越多的追捧。

三、手机阅读回归"悦"读本质

纵观中国历史,提到读书往往让人想起的是文人墨客、官禄功名。对于传统纸质阅读,我们的被访者印象最深的是"书中自有黄金屋,书中自有颜如玉""书籍是人类进步的阶梯""少壮不努力,老大徒伤悲"等严肃沉重的语句。

然而在电子阅读时代,阅读更加回归"悦"读的本质。大家每天徜徉在碎片化的信息中,不再单单为了学习,也不再咬文嚼字,而是各取所需,满足自己的兴趣爱好、用娱乐调剂生活、寻求同好者的认同。

满足读者的兴趣爱好是"悦"读的一个重要特征,爱好广泛的青年人对于"悦"读的内容也范围甚广。以往的读者需要名家指导和广告堆积来吸引,而如今的读者则更倾向于吸引眼球、贴近生活互动的内容。在本次调查中,有38.9%的用户选择在手机QQ浏览器上通过精品阅读栏目进行阅读,通过他们的反馈可以看到,新闻(75.4%)、娱乐(44.8%)、图片(28.5%)是大家最喜欢阅读的内容。并且,逐步走向职场、为人父母成为社会中间力量的"80后"们对新闻、话题的偏爱高出"90后"近15个百分点,而走在时尚最前沿的"90后"则对时尚、星座更加着迷,"95后"对于星座的偏爱尤甚,如表10-9所示。

表10-9　平时会看手机QQ浏览器精品阅读中的哪些资讯　　　　　　　　　　%

项　　目	所占百分比
新闻(腾讯头条、搜狐新闻、网易新闻等)	75.4
图片(明星美图、美空模特、花瓣美女等)	28.5
话题(春运资讯、减肥、考研等)	17.1
科技(爱范儿、36氪、互联网那点事等)	23.1
娱乐(南都娱乐、娱乐八卦、腾讯娱乐频道等)	44.8
财经(华尔街日报、经济观察网等)	15.4
生活(中国国家旅游、豆瓣书评等)	23.1
体育(新浪NBA、体坛周报等)	22.4
时尚(米娜、嘉人、YOKA时尚)	14.1
星座(星座运程等)	20.0

数据来源:手机QQ浏览器与零点E动营销线上调研,$N=736$。

能够满足心理向往是青年人"悦"读的另一个重要特征。每个主角的言论都能带来核变效应,每天万余字的一个章节,让青年人既感受到青春的张扬,又体会到"命不由天"的酣畅。本次调查显示,玄幻(48.3%)、科幻(31.2%)和青春(29.7%)三大类小说是如今青年人群最爱阅读的。这些充满幻想、浪漫情怀的小说是新时期精神形态的产物,是青年人心理的真实写照和见证。《斗破苍穹》《盗墓笔记》《斗罗大陆》等是青年人群最为喜爱的电子书籍,如表10-10所示。

表 10-10　最经常读的电子书籍

书　　籍	票　　数
斗破苍穹	147
盗墓笔记	68
斗罗大陆	58
鬼吹灯	49
诛仙	38
遮天	33
神墓	28
盘龙	26
星辰变	26
武动乾坤	23

数据来源：手机 QQ 浏览器与零点 E 动营销线上调研，N=1 277。

网友斗者巅峰在贴吧里写道："看《斗破苍穹》时，最喜欢那句'三十年河东，三十年河西，莫欺少年穷！'"从一个天才沦为废物的萧炎，面对羞辱和蔑视，一个坚强而孤独的背影，留下了这句愤怒的誓言。

作为一个"80 后"抑或是"90 后"，往往还在上学或者刚刚步入职场，面对升学、生存多方面的压力，他们远没有前辈们应付得得心应手，也没有雄厚的经济实力和地位做支撑。他们曾认为自己就像一个废物，他们也想信誓旦旦去努力，但发现成功并不是那么简单。对于那份尽快让自己强大起来的成长渴望，《斗破苍穹》中的萧炎、《诛仙》中的张小凡无疑满足了他们的心理需求。

四、小屏阅读的欢喜与烦恼

面对突然闯入人们生活的手机阅读，人们表现得不仅是欣喜，更多的是恐慌。当以前的习惯不复存在，家门前的书店纷纷倒闭，人们开始一边怀念"孤枕独卧青灯漫"的苦心孤诣，一边又无法抗拒 3 寸屏幕所带来的诱惑。

手机阅读给大家带来如此多不可比拟的优势的同时，所引发的一系列问题也让大家惶惶却步。39.2%的人认为"用手机阅读会伤眼睛"；27.5%的人担心会带来"高额流量费用"；18.4%的人担心网速得不到保证"页面加载慢导致阅读不连贯"。

手机浏览器作为手机阅读的一种重要平台，很多手机浏览器厂商不断做出各种尝试，改进产品，以更好地满足用户的阅读需求。比如，目前许多浏览器都具有了"夜间模式"，使人们在夜晚阅读时可以免受屏幕光亮晃眼，拥有更健康的阅读体验。在保证阅读连贯性上，UC、百度手机浏览器在过去的一年都在努力提升浏览器的速度，而在刚刚过去的全球移动互联网大会上，手机 QQ 浏览器更是推出全新一代 X5 内核，让手机阅读更快更流畅。此外，QQ 浏览器还推出了跨终端的"发送网页"功能，让用户可以轻松实现手机、平板电脑、PC 等不同终端之间的无缝对接，让阅读更加具有连续性，真正实现无时无地都可阅读。

如何赢得青年人的青睐？这是一个终极话题。越来越多的企业意识到品牌年轻化的重要性，向新生代消费者示好。在阅读方面，虽然电子阅读产品目前覆盖了所有年龄层，但随着大量"新型电子产品"的出现,它的消费群体也正逐渐年轻化。而这些青年人无疑比其他年龄群体更重视产品功能的体验。

通过调查,我们发现不同性别的青年人在手机阅读方面,也有着明显的功能需求差异。轻质量求速度、避繁复求简单的男性,对手机浏览器"最新/热点推送"(23.8%)、"无图阅读"(25.4%)、"夜间模式"(46.0%)的功能要求更强。生性敏感、精打细算而又酷爱学习的女性则更加注重个人隐私保护,对"无痕浏览"(18.6%)、"流量统计"(36.1%)、"离线下载"(27.4%)和"摘录笔记"(26.9%)这样的功能需求更强。

这些差异化的需求是对市场潜能和消费趋势的预见,当青年人群已经将视线不遗余力地从纸张转向屏幕时,平台提供商也在为如何改进产品,如何将用户的挑剔转化为动力做出努力。唯此,产品才能得以长足发展,并制造新的消费"向往"。

案例分析

某超市销售额的情况如下(单位:百万元):

2 010.1	2 010.2	2 010.3	2 010.4	2 010.5	2 010.6	2 010.7	2 010.8	2 010.9
355.2	357.27	364.84	366.92	362.52	360.16	362.69	363.7	367.67
2 010.10	2 010.11	2 010.12	2 011.1	2 011.2	2 011.3	2 011.4	2 011.5	2 011.6
373.1	378.71	380.87	381.57	387.12	389.32	389.36	387.12	387.79

思考: 请对上述数据进行描述性分析。

第十一章 市场研究报告撰写

学习目标

1. 了解市场研究报告的概念和作用；
2. 了解市场研究报告的类型及应用场合；
3. 了解市场研究报告的评价准则；
4. 了解市场研究报告的撰写技巧；
5. 掌握市场研究报告的格式和内容。

导引案例

家庭轿车市场研究

调查地点：北京、上海、广州、重庆、天津、武汉

调查方法：入户调查

调查时间：2000年1—4月

样本量：1925

被访者：城市居民

调查机构：中国社会调查事务所SSIC

报告来源：中国社会调查事务所SSIC

报告内容：随着生活水平的迅速提高，拥有家庭轿车的居民变得越来越多。国家也在积极酝酿出台新的汽车消费政策，以鼓励个人购车，特别是鼓励个人购买轻便、节能的经济型用车。即将出台的汽车消费政策主要包括税费管理、城建协调、信贷政策和鼓励消费等四方面的内容。为了解百姓对家庭轿车的需求，对国家有关旨在发展汽车工业、鼓励私人购车措施的看法及轿车进入家庭面临的主要障碍等问题，中国社会调查事务所SSIC于2000年1—4月在北京、上海、广州、重庆、天津、武汉等城市开展了专项调查研究，收集有效样本1 925个。

1. 经济型轿车最扣人心弦

近来，国产轿车厂商相继推出各种促销方式，以调动广大消费者的购车热情。调查显示，91%的人认为国产轿车降价势在必行；79%的人认为轿车价格会在近期继续下降；17%的人表示之所以还没有下决心买车，主要是因为目前国产小轿车价格偏高。

调查还显示，32%的人认为现在购买家庭轿车不合算，在国际市场上汽车的销售价格要比中国低一半甚至更多，以普通桑塔纳为例，在国外市场只能卖9 000美元左右，而国内市场的售价却超过了10万元人民币；86%的人认为只有降价才能与国际市场接轨。

对家庭轿车销售价格承受能力的调查表明，人们可承受不同价格的比例分别为：36%在5万元以下，41%在5万～10万元，15%在10万～15万元，5%在15万～20万元，能承受20万元以上者只有3%。因而，价格相对便宜的经济型轿车将受欢迎。

消费者期盼更优惠的政策，盼望税费下调。消费者在购车时要承担增值税和消费税，还要承担诸如购置附加费、验车费、车辆牌照费等许多价外收费。在一些地方，消费者还要缴纳入户费、城市增容费等。此外，消费者还要承担车船使用税、汽油消费税、车辆管理费、年检费等一系列税费。就目前普通百姓的收入水平和消费水平来说，这些费用是较难承受的。调查表明，84%的人认为应尽快取消一些不合理的政策；41%的人认为应制定小排量汽车的税收优惠政策；52%的人认为应把按年限报废改为综合车况报废；47%的人认为应减少税费项目，简化征收手续。

调查显示，调查者中，93%的消费者认为在购车过程中应对汽车的质量性能，特别是安全性加以考虑；91%的消费者很在意汽车的舒适程度；90%的消费者把价格作为决策的基础；87%的消费者认为油耗不可忽视，因为这直接影响着日后的使用费用；64%的消费者将外观样式作为体现自己个性的方式；89%的消费者认为购置手续齐全、简便的车具有一定吸引力；另外，品牌知名度、厂商信誉、售后服务、维修便利性等都影响着消费者的购买选择。

消费者中，愿意通过厂家直接购车的人占31%；愿意通过汽车市场购车的人占19%；愿意通过经销商购车的人占27%；5%的人愿意通过展销会购车；愿意通过亲戚朋友关系购车的人占10%；愿意通过其他途径购车的人占8%。

2. 国产车比进口车更具吸引力

在打算购车的消费者中，82%的人愿意购买国产轿车，消费者普遍认为国产车价格低，维修方便，而且国产汽车的质量性能也在不断提高。

58%的人认为目前国产经济型轿车的车型品种较为单一。69%的人认为国产汽车的技术水平较为落后。从目前国内汽车企业的动向来看，轿车企业、非轿车定点企业都相继推出了各自的经济型轿车，将使经济型轿车市场的竞争加剧，也促使生产厂家改进技术、改善经营。虽然调查显示只有8%的人愿意购买进口轿车，但随着进口关税的下降和进口数量限制的逐步取消，进口汽车的价格会有不同程度的下降，进口小轿车的数量、品种会逐步增加。

3. 厂商的出路：技术及管理创新

通过调查可以预计，2005年后，随着国产车关税和非关税壁垒保护程度的大大降低，进口轿车在价格、质量和服务上将对消费者具有较大的吸引力。因而，国产汽车技术创新和管理革新的成果大小，将决定企业在市场竞争中的地位。

在发展过程中，厂家还须注意家庭轿车消费与交通、能源、环保相协调的问题。交通堵塞、停车难是当前大城市的通病，虽然国家一直很重视交通问题，每年都在进行大规模的铺路架桥、道路改造工程，然而汽车数量庞大、停车泊位少的状况仍难在短时间内解决，因而发展家庭轿车一定要考虑道路的承受能力。同时，世界范围性的能源危机和环境危机已经向人类敲响了警钟，汽车的环保性越来越受到重视。同时，市场上如今出现了液化气汽车、太阳能汽车、充电汽车等新型"绿色汽车"，拥有一辆环保型家庭汽车必将成为21世纪的时尚。这对汽车厂商来说，将意味着新的商机。

资料来源：写作通. 家庭轿车市场研究, 2011-06-10.

思考：该市场研究报告包含了哪些方面的内容？

第一节 市场研究报告概述

一、市场研究报告的概念和分类

撰写市场研究报告是市场调查的最后一步，也是十分重要的一步。调查研究的结果只有用文字形式表现出来，才能够发挥市场调查的作用，才能帮助企业解决实际营销问题。

（一）市场研究报告的含义

市场研究报告是调查结果的集中表现，它通过文字、图表等形式将调查的结果表现出来，以使人们对所调查的市场现象或问题有一个全面系统的了解和认识，从而帮助决策者或管理层制定合适的决策。能否撰写出一份高质量的调查报告，是决定调查本身成败与否的重要环节。

（二）市场研究报告的分类

由于市场调查的内容极为广泛，每一个调查主题都是围绕着特定的目标展开的，因而，反映调查结果的市场研究报告也就具有了不同的类型。

▶ 1. 根据市场研究报告覆盖的范围分类

根据市场研究报告覆盖的范围，可以把市场研究报告分为宏观报告和微观报告。

宏观报告是从全球或全国的视角进行的市场分析，比较常见的行业发展报告就属于此种类型，其最典型的特征就是站得更高，看得更远，考虑问题比较全面。

微观报告时主要是站在企业的角度进行的市场分析，它往往是对顾客、竞争对手等情况进行的分析。与宏观报告相比，它更多的是解决企业面临的实际问题。

▶ 2. 根据市场研究报告的内容分类

根据市场研究报告的内容，可以把市场研究报告分为专题报告和综合报告。

专题报告主要是针对某个问题而撰写的市场研究报告，这也是学生在进行市场研究实践时比较常见的一种类型，例如，针对某类具体产品或品牌的消费问题进行调查研究，最后就可以写出专题报告。

综合报告主要是全面反映整个调查过程的市场研究报告，要求详细说明调查结果及发现，这种报告是提供给用户的最基本报告。综合报告以对资料的分析和研究为主，通常以图文并茂的形式将调查过程、方法及分析结论表现出来，使人们对该项调查及结论有一个比较全面的了解。我们通常所说的调查报道就属于综合报告的范畴。

▶ 3. 根据提交报告形式分类

根据提交报告形式的不同，市场研究报告可以分为书面报告和口头报告两种。

所谓的书面报告，就是调查组织方以书面的形式将报告提交给调查委托方或主要的决策者，以供其参考和使用。一份完整的书面报告通常包括标题页、目录、摘要、正文和附录五部分，其中正文是报告的主体部分，摘要是报告核心内容的集中反映，在撰写时一定要认真严谨。

口头报告通常是书面报告的补充，它是在委托方或者主要决策者有需求的情况下，由调查组织方提供的一种口头汇报形式。为了使口头报告更易达到汇报者的目标，在口头报告时一般要准备三个方面的材料，即汇报提要、发放给听众的最终报告及汇报所需的辅助工具(投影仪、电脑、扩音设备等)。

▶ 4. 根据报告的性质分类

根据报告的性质不同,可以将市场研究报告分为研究性报告和技术报告。

研究性报告在某些教材中也被认为是专题报告的一种,其特点是学术性很强,往往需要进行较深入的分析研究。

技术报告则更多侧重对市场调查中所涉及的技术性问题进行说明和分析,如报告中会对抽样方法、调查方法及误差计算等进行详细说明,以证明研究结果的客观性和正确性。

二、市场研究报告的写作原则

由于市场研究报告是市场调查活动成果的集中体现,也是委托方对调查活动进行评价的重要甚至是唯一依据,所以,撰写高质量的市场研究报告就显得尤为重要,为此,在撰写市场研究报告时应遵循以下重要原则。

(一)目的明确

市场研究报告是为客户解决问题的,是为其做出正确决策提供依据的。因此,在撰写市场研究报告时,必须围绕着这个目的展开。市场研究报告的内容要反映调查组织者所要求的有关市场的信息资料,并在此基础上给出合理的结论和建议。同时在报告中要证明得出这些结论和建议所用分析处理方法的科学性和正确性。只有满足了上述的要求,这样的市场研究报告才能满足客户的需要。

(二)实事求是

实事求是是市场研究报告要遵循的最基本原则。所谓实事求是,其最大的特点就是尊重客观事实,靠事实说话。这一特点要求市场调查人员必须树立科学严谨的态度,在市场调查过程中不弄虚作假,在撰写市场研究报告时严格按照调查过程中获得的资料进行分析,得出结论,给出建议。只有满足了实事求是的原则,得出的市场研究报告才具备决策参考价值。

(三)突出重点

由于市场研究报告包含的内容比较多,所以在对报告内容进行编排时,既要保证对所得市场信息做出全面的反映,又要突出重点,尤其是结论和建议部分要描述清晰,只有这样,才便于决策者进行阅读和参考。

(四)考虑受众需要

市场研究报告的阅读和使用有特定的对象,因此,在撰写研究报告时,一定要尽可能考虑到他们的需要。由于工作范围和所处岗位的不同,他们对研究报告的要求会有不同的侧重点。除此之外,由于专业的限制,他们对某些调查研究的专业术语可能不太理解,这就要求调查组织者在撰写报告时,必须考虑到目标受众的需要,尽可能重点突出,能清楚通俗地表达观点、结论和建议。

三、市场研究报告的功能

市场营销调研的目的是为企业的管理层或决策者进行营销决策提供有关市场方面的信息和建议,这就要求市场营销调研人员所提供的数据必须是真实、准确和具有建设性的。大多数情况下,企业往往是委托专门的机构为其进行市场调研工作,在这种情况下,虽然企业的决策者并不直接参与具体的调研工作,但是他们迫切需要了解整个调研过程、结果和建议,以便判断调研的客观性和科学性,并根据结果和建议做出科学的决策。而这些东西都需要通过调研报告来体现。因此，市场研究报告的质量将直接影响到决策者或管理层对调研工作的评价，并直接影响到最终所做出的营销决策。

总体来看，市场研究报告一般具备四个方面的重要功能：一是描述整个市场调查的结果；二是充当决策者进行决策的参考文件；三是证明所做工作的可行性有多大；四是调研活动的委托方对调研活动进行评价的重要依据。而这四个方面的功能必须通过满足以下几个方面的要求来实现。

（一）市场研究报告必须要体现出研究的细节

一份合格的市场研究报告应是对已完成的调研项目所做出完整而又准确的描述，也就是说，市场研究报告的内容必须详细，完整地表达如下内容：调查目的、调查背景、调查方法及评价、调查结果摘要、以表格或图形方式展现的调查结果、结论及建议等。

（二）市场研究报告能够发挥像参考文件一样的作用

市场研究报告必须能够满足决策者阅读和研究的需要，以帮助其做出正确的决策。因此，它应该具有较高的使用价值。

（三）市场研究报告必须建立并保持研究的可信度

由于市场研究报告在决策过程中发挥的重要作用，要求其必须具有较高的可信度。这种可信度可以从以下两个方面进行判断。

首先，市场研究报告的外观会影响到人们对其可信度的判断。市场研究报告的格式是否规范、有无错别字、印刷质量如何、有无页码缺失及图表制作是否美观等，都会影响人们对报告的评价，若人们对报告的外观不满意，往往会使人对制作者的态度产生怀疑，进而影响读者对可信度的评价。

其次，在市场研究报告中，要说明市场调查活动所采用的调查方法、抽样技术以及由此所带来的误差，以确保报告的可信度。

最后，在市场研究报告中给出的结论和建议一定要建立在前期调研数据的基础之上，且应该具备较强的可操作性，避免信口开河，缺乏可行性的建议。

第二节 书面市场研究报告

一、市场研究报告的结构

不管何种类型的市场研究报告，最终提交的形式都只有两种：书面报告和口头报告。口头报告是书面报告的补充，所以这里主要介绍书面报告的结构和内容。一般来讲，市场研究报告的结构和内容会因调研性质、撰写人以及决策者的专业、背景及爱好的不同等而呈现出一定的差异。但是，市场研究报告的基本功能是不变的，就是要把市场信息完整准确地传递给委托者或决策者。一份完整的市场研究报告往往包含了三大部分的内容：前文、正文和结尾，这三大部分又各有细分，具体包括封面、目录、摘要、正文和附录等几个重要的部分，下面我们就针对这些部分进行详细讲解。

（一）封面

一般情况下，封面的内容应包括：报告的标题、报告提供对象的名称、报告公布的日期以及报告提供者的信息等。市场研究报告的标题也就是报告的题目，标题设计应简单醒目并突出调查项目的特点。有的市场研究报告可能采用正副两个标题，正标题表达调查的主题，副标题则具体表明调查的单位和问题。如果是企业内部调查，报告提供者是内部自设的调查机构，报告提供对象是企业的高层或决策者。如果是委托外部机构进行调查，则报告提供者是提供调查服务的外部机构，报告提供对象是调查项目的委托方。如果报告需保密，就需要在封面之前加上扉页，并在每份扉页上编号或写上收件人的姓名。

（二）目录

一般的市场研究报告尤其是篇幅较长的研究报告都应该有一个目录，所谓目录也就是报告中各章节的内容索引及其相对应的页码，如果报告中包含附录，则目录中还应包含附录的顺序提要，以便读者查阅相关内容。一般情况下，只编写两个层次的目录，且目录以不超过一页为宜。

（三）摘要

摘要是市场研究报告核心内容的体现，是对调查中所有主要事项和主要调查成果及结论的综述。在实践中，由于专业知识的限制以及工作紧张等原因，有的调查委托方或决策人员对调查的细节没有什么兴趣，他们只想知道调查的主要成果、结论和建议等。在这种情况下，摘要很可能是调查者影响决策者的一个重要机会，因此，摘要也就成了很多市场研究报告不可缺少的一项重要内容。

编写摘要的工作应放在报告全文写好之后，然后将其插入报告中的适当位置，由于摘要是报告核心内容的反映，因此它的长度一定要控制好，一般不宜超过两页。这就要求相关人员在编写摘要时，一定要仔细斟酌报告内容的重要性。需要指出的是，摘要不是市场研究报告各部分内容的等比例浓缩，在编写时，既要突出主要内容，也要重点突出，言简意赅。

在摘要中，要详细描述以下几个方面的内容：

（1）开展此项调查的目的，即简要地说明调查的由来和调查的重要背景；

（2）考虑问题的角度，即调查项目应该从哪些角度入手，解决问题的思路是什么；

（3）调查对象和调查内容，包括调查对象、范围、调查要点及所要解答的问题、调查的时间和地点等；

（4）调查研究的方法，介绍调查研究的方法，有助于使人确信调查结果的可靠性，因此对所用方法要进行简短叙述，并说明选用方法的原因；

（5）市场调查所得出的基本结论；

（6）提出解决问题的建议，这些建议的提出要以调查结论为基础。

（四）正文

正文是市场研究报告的主体部分，此部分必须准确阐明全部的相关论据，包括问题的提出到最终得出的结论和建议，论证分析研究问题的方法等。正文部分主要包括引言、研究方法、调查成果、结论和建议及限制条件和忠告五部分。

▶ 1. 引言

引言是书面报告正文的开始部分，其作用是向报告的使用者提供进行市场研究的背景资料和相关信息。引言通常包括以下几个方面的内容：进行此项调查工作的原因、所要解决的问题、要达到的目标、此项调查的重要作用和意义以及调查所依据的一些假设等。导言的目的是引导读者详细了解所面临的问题，值得指出的是，引言中提到的相关问题在正文中都应得到相应的解释。

2. 研究方法

选用科学正确的调查方法有助于使人们相信调查结果的可靠性,因此在正文中应对调查中所用到的调查方法进行简短叙述,并给出选用这些方法的理由。这里所说的研究方法是指为达到调查目标所使用的程序,调查方法只是研究方法的一个组成部分。描述研究方法时至少应从以下几方面来说明:

(1) 确定调查的类型,即说明选择的调查项目是探索性的、描述性的,还是预测性的或因果性的,以及为什么适用于这一特定类型的调查。

(2) 收集、检查和使用各种资料的方法,即说明收集的资料是一手资料还是二手资料,收集资料的方法是调查法、观察法还是实验法等。

(3) 抽样设计和样本选择方法,即说明目标总体是什么,样本单位有哪些,抽样框怎么设计以及样本是怎么选出来的等。

(4) 所使用的问卷类型以及确定类型的依据。

(5) 实地工作。说明选择调查人员的数量和类型,对人员的培训和监督等,这部分对调查结果的准确性起到至关重要的作用。

(6) 分析和解释所使用的方法。说明使用的理论分析方法和定量分析方法,并说明选择这些方法的理由,以增加调查结果的可靠性。

3. 调查成果

调查成果是市场研究报告的核心内容,是整个报告中重点阐述的部分,因此往往占有较大的篇幅。这部分主要包括以下几个方面的内容:

(1) 通过对大量的原始资料进行整理概括后得到的结果及对结果所做的详细解释和说明;

(2) 使用定量、定性及统计分析方法得到的分析结果及对结果做出详细解释;

(3) 其他表达调查成果的手段,如统计图、统计表和曲线等。

报告所列调查成果的完整程度,与调查者的水平和使用报告的目的有关。一般来说,对成果至少应有足够详细的解释,使读者对所研究的问题有充分的了解。

4. 结论和建议

结论与建议是研究报告的关键内容,也是报告使用者最感兴趣的部分,在这部分,我们应该对调查的前提或假设进行证实或否定,针对调查结果给出结论,并在调研结论的基础上向企业决策者或调查委托方提出建议。这些结论和建议应该和正文部分的论述紧密对应,不可以提出没有证据的结论,建议也必须是可行且可操作的。建议的内容主要包括:企业应当选择的行动方案,其可行性如何以及具体实施计划等。这些建议可能被决策者采纳,也可能被束之高阁。

5. 限制条件和忠告

指出市场研究报告的局限性是正确评价调查结果的前提和现实基础,完美无缺的研究报告是不存在的,因此,对某些限制条件所做的交代是很有必要的。例如,完成调查工作的时间限制、被调查者在回答时存在的误差、抽样过程中存在的误差、由于被调查者不愿意作为抽样的对象而使用代替样本的限制等,都使调查结果存在一定的局限性。否认研究报告的局限性和应用前提是不科学的,所以在研究报告中有必要说明存在的限制条件,以提高结果的可信度,当然,也没有必要过分强调局限性,以免影响报告使用者对报告做出客观公正的评价。

在给出限制条件的同时,市场调研人员还必须向委托方或企业决策人员明确两个注意事项:一是明确市场研究报告中的结论不是万能的,决策者或委托方不可过度依赖调研结论;二是决策者或委托方不能因为第一条就怀疑市场研究报告的重要作用,进而导致决策的盲目性和随意性。

（五）附录

附录是指市场研究报告正文中包含不了或没有提及的，但又是说明或分析报告正文所必须参考的资料，它是对正文报告的补充，一般要排列在报告正文之后。对附录中的每一份附件均应标明相应的编号，附录部分的资料通常有以下几种。

(1) 已经在报告的正文汇总的统计表和统计数字列表；
(2) 二手资料来源索引；
(3) 第一手资料来源和联系对象的基本信息；
(4) 问卷副本；
(5) 采访者指导说明书；
(6) 为抽样调查而选定样本的有关细节；
(7) 有关会议记录、谈话记录、书籍、手册等；
(8) 约访时间表或日记；
(9) 其他有必要列入的参考资料。

二、撰写市场研究报告容易出现的问题

撰写市场研究报告的过程中往往会出现一些比较常见的错误，撰写人员应了解并尽量避免这些错误的出现。

（一）篇幅过长

长久以来，人们对市场研究报告的认识存在一个常见的误区，那就是认为市场研究报告越长，则代表研究者所做的工作越多，质量就越高。不可否认的是，市场调查是一项非常复杂辛苦的工作，经过长时间的辛苦努力后，市场调查者总是试图尽可能多地展示自己的工作成果。因此，其工作内容被事无巨细地写进报告中，但带来的结果是信息严重超载，反而使重要的信息得不到体现。所以，在撰写市场研究报告时，一定要明确重点部分，同时对报告进行有效组织。切记一点，只有能够提供给决策者有用信息的报告才是高质量的。

（二）调研数据单一

有些市场研究人员过多地把精力放在单一统计数据上，并根据这些统计数据给委托方或决策者提供建议，这样做的结果往往是导致决策者做出错误的决定，甚至丧失很好的市场机会。在市场调查实训中，很多学生经常会犯这样的错误，一看到调研的数据显示男性在购买某种产品中所占的比重比较大，就马上给出应该针对男性群体制定营销策略的建议，而事实是，如果结合其他调研数据，你会发现男性购买该种产品的原因却是妻子或女儿喜欢。

（三）数据分析不准确

在撰写市场研究报告时，有些市场研究人员不能准确地对数据进行分析，这将直接导致最终的结论和建议出现问题。例如，在进行态度测量时，可能会用到1，2，3，4，5来表示喜欢的不同程度；同样的，我们经常会用1和0来分别代表男性和女性，此时，市场研究人员必须清楚这些数据是不能够进行加减乘除的，否则得到的数据分析结果不仅没有任何意义，甚至会误导企业做出错误的决策。

（四）准确性的错觉

在样本较小的情况下，把引用的统计数字保留到两位小数以上常常会导致准确性的错觉，例如，"有13.33%的消费者喜欢这种香水的味道"的陈述会让读者认为13%这个数是合理的，而事实情况是，在样本很小的情况下，这可能就是一个误导。不仅如此，有些不

负责任的市场调查人员正在利用这一错觉进行数据造假。

(五) 报告严重脱离实际

在市场研究报告中,还有一个非常突出的毛病,那就是整个报告中堆满与调研目标和内容无关的资料,或者提出的建议要么与调查目标脱离,要么没有任何现实依据。

三、市场研究报告的写作要求和步骤

为了尽量规避撰写市场研究报告时容易出现的问题,我们在完成研究报告时应按照一定的要求和步骤来进行。

(一) 市场研究报告的写作要求

▶ 1. 主题鲜明

主题鲜明是一份合格的市场研究报告应该具备的最基本特点。市场研究报告是根据调查目的以及调查主题的要求展开资料的收集、整理和分析工作的,整个调查过程非常复杂,所以要求报告必须主题突出,重点一目了然。

▶ 2. 选材得当

市场研究报告写作的基础就是市场调查的材料,因此,所选调查材料的合适与否会直接影响报告的质量。在选择材料时,一定要围绕调查主题展开,所选材料应该是通过对市场调查各个阶段所收集到的各种资料进行筛选后得到的,材料的内容应准确,且要和报告论述的内容相对应。

▶ 3. 合乎逻辑

合乎逻辑是一份市场研究报告是否可信的重要参考依据,为此,报告的书写顺序应当和市场调查的程序保持一致。同时为了显示出报告的逻辑性,在写作时有必要恰当地设立标题、副标题及小标题,并合理地标明项目符号和编号。

▶ 4. 结构合理

关于市场研究报告的内容在前面已经进行过详细讲解,一份规范的报告除了内容合理,还应根据调研主题的要求合理安排写作结构,并在写作过程中选择合适的文体结构,以更好地反映调查内容和结论。

▶ 5. 文字流畅

在进行研究报告写作时,要尽量使用通俗易懂、富有说服力的文字,避免使用晦涩难懂的文字及专业性较强的术语。同时,报告行文要力求流畅自然。

▶ 6. 篇幅得当

市场研究报告的质量和篇幅的长短没有必然的联系,一份良好报告的篇幅长短应该满足的要求是:增加篇幅不能带来更多信息,缩短篇幅将会影响信息的有效传递。

▶ 7. 结论准确

报告中的结论应该是根据市场调研资料进行分析研究后得出的,它应该是准确和符合实际的,同时在结论基础上给出的建议也应该具有可行性和可操作性。

(二) 市场研究报告的写作步骤

市场研究报告的写作一般包括以下几个步骤:首先,对收集到的数据进行分析和解读,结合与调查项目相关的信息,确定研究报告的写作主题。其次,围绕确定下来的主题,结合相关材料,确定研究报告的写作内容和结构。然后将相关的调查材料和分析结果与报告的结构结合,形成报告初稿。最后就是对初稿进行修改和审查,最终定稿。

第三节 口头市场研究报告

一、口头市场研究报告的适用情况及优点

（一）口头市场研究报告的适用情况

由于书面研究报告存在的一些缺陷，使得口头研究报告在一些特定情况下就显得特别必要。

（1）尽管书面研究报告准备得非常好，但依然无法引起决策者或委托方的兴趣，他们不愿意花更多的时间对书面报告进行更深入的了解。在这种情况下，口头研究报告就显得非常重要。

（2）委托方或决策者需要调查组织者对书面研究报告中的一些内容给出解释，并和调查组织者讨论他们的一些想法和建议。

（二）口头市场研究报告的优点

与书面研究报告相比，口头研究报告所发挥的优点主要体现在以下几个方面。

（1）口头研究报告最大的优点就是其良好的沟通效果，由于调查双方是面对面交流，所以可以对书面报告中存在的一些问题进行深入探讨；

（2）口头研究报告可以用较短的时间说明需要研究的问题，且容易把握重点；

（3）如果口头研究报告的汇报人选择得合适，口头报告往往更加生动且富有感染力，可以给决策者或委托方留下深刻的印象；

（4）口头研究报告的表现形式更加多样灵活，能够有效展示调研成果。

二、口头市场研究报告的准备工作

为了使口头报告的沟通效果更好，进而更容易达到汇报者想要达到的目标，在进行具体汇报工作前，往往要进行以下几个方面的准备工作。

▶ 1. 选择合适的汇报人员

汇报人员是传递信息的重要载体，所以，选择合适的汇报人员是保证良好沟通效果的重要前提。作为汇报人，除了要对报告的内容非常了解之外，还应该具备较强的语言表达能力和应变能力。

▶ 2. 精心准备汇报提要

为了让听众对报告的内容有大致的了解，汇报人还应该为每位听众提供一份关于汇报流程和报告结论的汇报提要。提要一般不包括数字和图标，但一定要把流程和结论表达清晰，同时预留一定的空间，便于听众记录疑问或评述。

▶ 3. 选择合适的辅助工具

为了使报告更加生动，提高报告的效果，在进行汇报时，如果条件允许，应尽可能采用现代技术工具作为辅助手段，如投影仪、多媒体及电视等。采用这些技术工具有助于更为直观、形象地表达汇报内容，同时也可以保持听众的注意力，增强记忆效果。

▶ 4. 准备书面报告复印件

由于各种条件的限制，口头报告往往只包含了报告中的重要内容，而很多细节则被省

略了，作为补充，汇报人员应该提前准备好书面报告复印件，以备听众索取。如果与会人员比较专业，则应该在做口头报告之前先发放书面报告。

三、口头市场研究报告的注意要点

口头市场研究报告能否达到预期的目标往往受到很多因素的影响，其中比较重要的因素有以下几点。

▶ 1. 精心准备好详细的演讲提纲

虽然汇报人员应该对报告内容非常熟悉，但准备好详细的演讲提纲仍然非常必要。演讲提纲应该包括报告的基本框架和主要内容，而且为了达到较好的演讲效果，报告者应提前了解与会者的情况，尤其是他们的专业水平、兴趣以及对报告存在的疑问等，以使自己的演讲内容和风格与听众相吻合。

▶ 2. 采用通俗易懂的语言

为了使沟通的效果更好，在进行口头报告时要求语言一定要简洁明了，通俗易懂。在介绍过程中，也可以根据与会者的实际情况适当插入一些简短的、针对性强的例子、典故或格言等，以增强趣味性和说服力。

▶ 3. 借助于图形和表格传递信息

图形和表格的最大优点就是可以加强口头陈述的效果，但在使用图形和表格时，要确保图形和表格清晰易懂，切忌让所使用的图形和表格成为影响信息传递的障碍。

▶ 4. 借助肢体语言，提高口头报告的效果

毋庸置疑，恰当使用肢体语言可以提高口头报告的效果。通过运用姿势、音调和表情等肢体语言往往可以加深听众的印象，但使用肢体语言的前提是得体适度，切不可矫揉造作、哗众取宠，否则结果将适得其反。

▶ 5. 汇报人要把握与听众的交流

汇报人在进行报告时一定要保持自信，演讲时应该面向听众，并与听众进行目光交流。通过这种方式，在展示自信的同时可以通过听众的表情来判断他们对报告的理解及喜爱程度。同时，在报告结束后，应该与听众进行互动，及时解答听众的疑问，以更清楚地传递市场研究报告的中心思想。

▶ 6. 把握好做报告的时间

报告时间的长短也会对报告的效果产生重要影响。时间过短，往往不能表达清楚报告的内容和思想；时间过长，则容易引起听众的反感，进而影响报告的效果。所以，在进行报告时，应根据报告内容的多少和报告对象的特点来确定合理的报告时间，以取得更好的汇报效果。

本章小结

撰写与呈递市场研究报告是市场调查工作的最后阶段。调查研究的结果只有用文字形式表现出来，才能够发挥市场调查的作用。市场研究报告是调查结果的集中表现，一份良好的市场研究报告是决策者或管理层进行决策的重要依据。能否撰写出一份高质量的调查报告，也是决定调查活动成败与否的重要环节。

本章主要内容如下。

市场研究报告按照不同的分类标准可以划分为不同的类型。

市场研究报告的写作原则包括目的明确、实事求是、突出重点及考虑受众需要。

按照呈递方式的不同,市场研究报告可分为书面报告和口头报告两种。一份规范的市场研究报告应包含封面、目录、摘要、正文和附录五部分,在撰写市场研究报告时,应注意撰写过程中容易出现的问题,严格按照市场研究报告的写作要求和步骤进行,口头市场研究报告多数是书面报告的补充,要求学生了解口头市场研究报告的适用情况及优点,了解在进行口头汇报时的注意事项。

复习思考题

1. 简述市场研究报告的主要分类。
2. 试述市场研究报告的功能。
3. 简述书面市场研究报告的结构组成及写作要求。
4. 在网上下载一份市场研究报告,根据所学知识分析其存在的问题并给出建议。
5. 简述在进行市场研究口头报告前应准备哪些材料。

阅读材料

调查报告的结尾,同其他文章一样,根据内容不同,有多种不同的写法。

从形式上说,有三种情况:①无结束语;②有个简短的结束语;③有相当长的结束语。

从内容上来说,结尾有五种情况:

第一种,总结性结语,是对全文的主要内容做出概括,以强化读者的认识,多用于内容复杂、篇幅较长的调查报告。

第二种,建议性结语,是对调查的情况和问题提出解决的办法或意见,多用于总结经验或揭露问题的调查报告。

第三种,预测性结语,指在说明调查情况和问题之后,做出预测,指出发展趋势或影响、结果,以深化调查报告的主题。

第四种,号召性结语,指从报告中自然引申出煽动性语言来结尾,以给读者鼓励与信心,或号召读者为解决问题继续努力。

第五种,补充性结语,指对报告主体不便涉及而又有必要向读者交代的情况和问题做简要的补充说明。

无论哪种结尾,都应做到简洁、概括、明确、有力,而且不要与主体部分的内容重复。

案例分析

2009年榆林房地产开发调研报告

关注民生,让百姓实现"住有所居"的目标,是党委、政府的中心工作之一,也是政协组织关心的重要议题。为了深入了解榆林房地产市场起伏较大的原因,促进榆林房产业的健康有序发展，按照 2009 年榆林市政协总体工作安排，环资委就金融危机对我市房地产业的影响，向榆阳、神木、府谷等 7 个房地产市场较为完善的县区和市发改、房产、统计等 8 个相关部门及规模较大的房地产企业征集相关资料，并在榆林城区进行了实地视察。为了切实搞好这次视察活动，视察前组织部分委员及相关部门负责同志召开座谈会，就视察路线、房产企业的确定、视察内容以及视察方法广泛征求意见。视察结束后，又召集榆林城区有代表性的房地产企业召开专题座谈会，认真听取他们的意见建议。现就有关榆林市房地产市场视察情况报告如下。

一、基本情况

近年来，随着住房制度改革的不断深化，我市住房建设基本形成了以商品房为主、经济适用房和廉租房为辅"三位一体"的住房供应体系，基本解决了不同层次住房困难家庭的住房问题，居住条件得到了很大的改善，房地产市场进一步得到完善。

2006—2009 年 10 月份，全市共建成商品房面积 210.6 万 m^2，完成销售面积 136.8 万 m^2，空置面积 74.0 万 m^2，空置率为 35.2%，其中 2009 年 1—10 月份全市建成商品房面积 49.1 万 m^2，销售 27.2 万 m^2。

2006 年榆林市区商品房均价 1 646 元/m^2；2007 年涨至 2 300 元/m^2；2008 年更是涨至高层 4 000 元/m^2、多层 3 000 元/m^2；2009 年 1—10 月份，高层 3 900~4 100 元/m^2、多层 3 000~3 200 元/m^2。尽管 2008 年下半年以来成交量明显下降，但房价仍未下降且略有上升，这主要是受建材价格、心理预期等诸多因素的影响。2009 年特别是二、三季度以来，榆林城区楼市发生强势反弹，从低迷逐步走向火热，5~10 月份刚性需求促成成交量大幅反弹，房价平稳上扬。

经济适用住房也是影响榆林房地产市场的重要因素。2006—2008 年全市累计完成经济适用房 85.1 万 ㎡，其中 2006 年完成 22 万 m^2；2007 年完成 18.1 万 m^2，同比下降 17.7%；2008 年完成 45 万 m^2，同比增加了 148.6%，安置住房困难户 8 510 户。目前在建经济适用住房 23 万 m^2，小高层均价 2 300 元/m^2，多层均价约 1 800 元/m^2，在房产市场占有较大份额。

二、我市房地产市场的主要表现及原因分析

（一）房价起伏较大，楼市回暖较快

榆林房地产市场起步较晚，撤地改市特别是 2002 年以后逐步发展壮大，多以本土企业为主，一些经营思路、开发模式、营销策略、管理经验、广告宣传、市场定位、经济实力等方面较好的企业脱颖而出，消费者对撤地改市后房价涨幅的心理预期，加之中国宏观经济利好的影响，榆林的房地产市场迎来了快速发展的阶段。同时在"买涨不买跌"消费心理的作用下，在某些大楼盘开盘时甚至出现了排队买房的现象，各种因素导致榆林特别是榆林市区的房价起伏较大，充分暴露了房地产市场的不健全和不完善。金融危机以来，榆林的房地产市场也受到了较大程度的影响，2008 年全市共建商品住房空置面积按主体竣工口径计算约 47.5 万 ㎡，空置率约为 63%，交易量大幅下降，开发量明显下滑。2008 年全市房地产上市交易面积 67.6 万 ㎡，交易额 17.9 亿元，交易面积较上年下降近 40%，开发量下降 10%，到 2009 年第一季度，更是跌到了低谷，下降了 63.1%。7 县区 2009 年第一季度较去年第四季度下降了 61%，到了第二、三季度强势反弹，7 县区分别比上季度增长了 54.8%、56.3%，促成今年二、三季度榆林房地产市场快速回暖主要源自两大动力：一是去年一度低迷的楼市积压了的购房需求在今年上半年集中释放；二是救市政策效果显现。上半年为防范通货紧缩，保持经济增长，稳定宏观经济形势，国家出台了不少扶持政策,增强了消费者的购房积极性。同时,相对宽松的信贷政策明显促进了房地产商的开发热情,进而引燃了2009年三季度楼市的大爆发。同时,银行信贷支持也是助推房价快速回升的主要原因之一。截至6月末,全市金融机构各项存款余额已达1 092亿元,居全省第二,较年初增加206亿元,较年初增加137亿元,增长29.35%,同比多增76亿元,增量已相当于2009年全年的181.75%,增幅分别高于全国、全省4.93个和1.35个百分点。6月末,全市金融机构个人消费贷款余额为67亿元,较年初新增4亿元,其中,6月当月个人中长期消费贷款新增4.15亿元。金融机构为积极配合国家启动和鼓励消费各项政策措施的贯彻落实,创新金融服务品种,增加了对居民消费的信贷投入,有力地推动了榆林房地产市场较快回暖。

(二)区域发展不平衡,南北差异较大

由于我市经济南北差异较大,作为支柱产业之一的房产业也存在明显的不平衡性。目前我市仅有榆、神、府、定、靖、横等北部6县区有规模较大的房产市场,绥、米、子等南部6县区房产市场正处于起步发展阶段。同时,房价也存在较大差异。如作为全国百强县之一的神木县2006—2008年全县共建成商品房面积60万㎡,房价高峰时一些地理位置优越的房价达到5 400元以上,南部县区的房价则普遍较低,基本和我市的人均收入水平相一致。

(三)投资型购房减少,消费者趋于理性

2006年以来,受诸多因素的影响,特别是房价的过快增长,导致很大一部分购房者把购房作为一个投资项目,助推了房价的强势上涨。但从2008年第三季度以来,受金融危机影响,榆林的房地产市场出现了持续低迷,投资型购房客户明显减少,一些潜在的购房者也在持币观望。一部分经济基础好且在榆林房产投资中受益的人则到西安、北京等周边的一线、二线城市购房。消费者购房逐步趋于理性,房地产市场更是一种刚性需求在推动,泡沫成分在逐步减少,榆林的房地产市场正在逐步走向规范,走向成熟。

(四)土地价格大幅上升,土地开发成本提高

土地供应和土地储备是房地产企业进行房产开发的前提和先决条件。榆林城区国有建设用地使用权招拍挂工作从2001年起实施,随着土地管理政策的严格化及供地方式的规范化,土地使用权供应方式逐步走上规范化轨道,土地使用权供应也将由经营性用地招拍挂逐步完善到工业用地的招拍挂,工业用地出让最低价和土地使用权的有偿使用制度,土地价格随着榆林经济的快速发展而水涨船高。房地产企业对土地需求比较旺盛,其土地价格逐步抬高,开发成本大幅上升。

(五)房地产资金来源借贷比重增加,自筹资金比重减少

2006年榆林市房地产开发企业的本年度资金来源中,国内贷款占到17%,到2008年上升到33%;企业自筹和其他资金来源的比重分别由51%、32%下降到2008年的42%和25%。在省内其他地区房地产公司贷款大幅减少的情况下,我市房地产资金来源中的国内贷款稳中有升,也是我市支持房地产市场良性发展政策的具体体现。2009年国内贷款达到48%,企业自筹和其他资金来源分别占到27%和25%。

企业自筹资金和以定金及预收款为主的其他资金来源下降,反映了房地产投资者和大多购房者处于观望状态,人心的稳定及市场信心的重建都需要时间,目前房屋销售仍处于调整期。

面对金融危机的严重影响,市委、市政府审时度势,沉着应对,制定了有针对性的政策和措施,对全市工业经济运行实施政府干预,有效地遏制了工业经济持续下滑的势头,

加之中省宏观政策的相继出台和"保稳定、保民生、保发展"目标的实施，榆林的房产企业逐步走出低谷，从第二季度开始，榆林的房地产受国家调控政策的推动，投资者信心显著增强，销售额明显增加，房地产业可以说率先从金融危机的阴影中走了出来，对榆林经济的平稳快速发展起到了积极的促进作用。

三、对规范我市房地产的几点建议

促进房地产业持续健康发展的政策有四大特征：政策方向对、政策配套性强、政策目标符合经济发展需要、政策作用符合市场改革方向。榆林房地产业近年来的迅猛发展，对于推动榆林经济快速发展，促进区域中心城市建设发挥了重要作用。

为了加快榆林房地产的健康有序发展，应加强以下几个方面的工作：

（一）政府要加强对房地产业的调控和监管

房地产业的大起大落对国民经济的消极作用非常明显。所以强化政府在房地产业中的政府职责，对于促进房地产业具有重要意义，政府的职责主要包括以下几个方面。

一是要稳定房价，防止房价的大起大落。

二是定时发布房地产有关信息制度。要建立准确、真实的房地产统计信息渠道，用准确的信息数据为市委、市政府科学决策和房产企业的健康发展提供依据。

三是加强对房地产企业的监管。

四是要进一步规范房地产市场开发秩序。

（二）加强土地管理，确保房地产业的土地供需平衡

国土资源部今年上半年为回应广大网民对房价过快上涨的质疑，调查了全国有代表性的620个房地产开发项目，选取了东部、中部、西部不同的类型，620个案例中，销售房价最高的为45 000元/㎡，最低为1 130元/㎡，地价占房价最低比例为5.3%，最高为58.6%。620个案例地价占房价比例平均为23.2%，356个项目比例在15%～30%，其中比例在30%以下的约占总数的78%。土地价格在房价中占有重要比例。因此，一定要加强土地监管，确保土地供需平衡，以抑制房价不合理上涨。一是加大政府宏观调控力度，高度垄断土地一级市场，提高土地统征、储备和管理的能力，搞活土地二级、三级市场。二是规范土地市场，加大对划拨用地的监管力度。三是在土地交易过程中实行严格的税费征收政策，防止炒买炒卖土地行为。四是做好征地计划。根据市场需求及时供地，从而稳定地价。五是压缩个人住房贷款，提高房地产公司银行贷款的门槛，从而预防房地产投资过热。六是信息要透明、公开。政府要及时公开土地供应信息、土地闲置空置信息、政府储备土地信息、房地产销售信息、房屋租赁信息及房地产开发商的利润情况等信息。七是加强房地产中介服务机构的监督管理。严格房地产抵押登记审批，对评估失真的抵押贷款不予审批登记。八是做好宣传工作。降低社会的心理预期，通过金融、税收等手段，有效抑制投资需求和超前需求。

（三）公开税费项目，规范税费征管行为

据有关统计数据显示，土地出让金、税费三项合计流向政府的收入占房地产开发企业总支出的59.42%。据不完全统计，我市共向地产企业征收的税费共50余项。

其中一些项目的收取比例弹性较大，这就给某些政府权力部门提供了权力寻租的机会，增大了腐败的可能性。因此，政府要组成清查组，对所有税费项目进行一次清理整顿，对国家、省明令规定缴纳的税费项目予以保留；对一些地方性或与国家法律、法规、规定相悖的要予以取缔，以减轻开发商负担，增大房地产企业的投资动力。

（四）加强城市配套建设，提高城镇居民收入，不断提高居民的居住水平

市场研究与预测

  城市配套设施建设，对于推动房地产企业的发展具有重要作用，随着人们生活节奏的不断加快，对追求生活品质的要求逐步提高，消费者对于住房的社区配套设施的要求也越来越高。如作为消费群体中具有代表性的公务员群体也位列其中，对住房配套问题给予了相当大的关注，买房的同时更加注重了对生活品质的追求。榆林开发区作为区域中心城市建设的重点之一，近年来发展日新月异，但相关配套设施未能及时跟进，在一定程度上抑制了一部分人买房的积极性。随着市委办公小区等一部分党政机关办公大楼的相继投入使用，必将对榆林房地产市场产生积极而深远的影响。城镇居民收入的增加是购房置业的不竭动力和源泉。因此，要想方设法增加居民收入，不断改善生活质量，提高生活品质。要按照科学发展观的要求，不断增加广大居民的收入，让他们共享改革开放和榆林经济快速发展的成果，不断提高和改善居住的环境和居住条件。

资料来源：百度文库.

思考：
1. 该材料是否符合市场研究报告的写作原则？
2. 该报告采用的是哪种资料收集方式？

第二部分 市场预测

第十二章 市场预测概述

> **学习目标**
>
> 1. 掌握市场预测的概念;
> 2. 了解市场预测的发展历程及现状;
> 3. 了解市场预测的内容及分类;
> 4. 掌握市场预测的一般步骤。

导引案例

三次预测失误　苦汁自饮

美国西部的佩珀尔基农庄从1979—1984年连续三次预测失误,使农庄自食其经营的苦果。

20世纪70年代末,佩氏农庄几乎成了传统、优质副产品的代名词,无论是新鲜的蔬菜还是冰冻制品,只要是冠有佩氏牌子,在市场上总是很抢手。

1979年,佩氏农庄准备扩大战果。农庄的董事们云集一起,进行了长时间的酝酿,他们认为:人们的饮食模式正在改变,传统的家庭饮食模式已经过时,人们需要在无规则的时间里食用味道鲜美、数量不多却有饶有趣味的"非餐食"食品。1980年3月,这条食品线在加州的贝克斯菲尔德经过了小型试验,试验结果表明,这种食品与三明治相比更能引起人们的食欲、烹饪方便、价格便宜。于是他们将其命名为"得利"食品。董事们预测,这种食品上市1年后,销售额不会低于4 000万美元。

可是一年之后,"得利"食品的销售额只有3 500万美元,大大低于佩氏农庄董事们的事先预测。这是佩珀尔基农庄有史以来的第一次严重失利。农庄的老板克鲁奇先生承认:"得利"食品的牛肉馅肉质太老,令人极不满意;消费者并没有接受"得利"的新风味;更主要的是"得利"食品在早期决策过程中没有一个明确的定位策略,目标顾客在哪儿,是谁,至今尚未清晰。

"看来,我们的运气不佳,我们必须需求新的机遇",克鲁奇说,"产品也要有特色!"1982年5月,佩氏农庄的董事们又坐到了一起,重新设计新的方案。"我们一直销售着别人的优质饼干,为何自己不能生产呢?"一位董事说。董事们对这一提议很感兴趣,他们决心将此次的目标市场找准。"据可靠消息，3部系列电影《星球大战》将于1983年春上映，这将赐予我们开发儿童饼干市场的良机。"另一位董事开口了。后经考察，证实了《星球大战》上映的内容和时间，董事会又形成了一个所谓"万无一失"的方案。

就在《星球大战》第3部《杰迪人的归来》上映的1983年春天，佩氏农庄的"星球大战饼干"批量上市。起初确实迎合了儿童的心理，销势看好，佩氏农庄信心十足地加快了生产步伐。"当时，我们确有垄断儿童饼干市场的雄心壮志。"克鲁奇先生回忆。但是，时隔几个月，形势急转直下，许多超级市场都不愿销售这种饼干。这些零售商认为佩氏农庄的饼干出厂价太高，他们不得不将零售价定为1.39美元，这在当时已超过了任何儿童饼干的价格。佩氏农庄设法降低生产成本，这样又使"星球大战饼干"的一些质量标准低于正常标准，由于已与卢卡斯电影公司签订了专利许可协议，因而在亏本情况下，佩氏农庄不得不硬着头皮生产。这个老牌农庄又遇到了新的问题。

在"星球大战饼干"刚刚滞销的同时，佩氏农庄的董事们又进行了"拯救佩珀尔基"商讨会，计划引进一种新的高质量产品——非过滤优质苹果汁。当时，美国消费者们购买的80%的苹果汁都是经过过滤的，十分清澈，且儿童消费占据很大的比重。他们将新产品投入于康涅狄格州的哈福特和新哈劳两地试销，取得了令人鼓舞的结果。于是，佩珀尔基就购买了一家大型食品加工厂。1984年年初，印有佩珀尔基农庄名称的苹果汁在康涅狄格州铺天盖地地上了市。但是，当农庄将这种所谓"味美甘润的天然苹果汁"推向美国其他市场时，却招致了不幸。那时，美国人对天然饮料并未发生浓厚的兴趣，人们对这种未经过滤的、有很多絮状物的东西望而生畏；另外，产品名称和广告中没有一点"适宜于儿童"的宣传字样。销售不畅使农庄不得不以优惠价格出售产品，而降价又引起人们更大的猜疑。这种恶性循环使佩氏农庄陷入第三次困境。1984年财政年度，佩珀尔基农庄的经营利润下降了18%。1985年，该巨型食品加工厂整个关闭，至此，优质苹果汁只能作为自饮的苦汁了。

思考：分析该公司三次预测失误的教训。

第一节 认识市场预测

一、市场预测的概念

预测，指根据过去和现在推测未来。它是运用知识和科学手段，分析和研究事物的历史与现实资料，经过科学思维将认识延伸到未来，对其发展趋势或可能结果进行事先的推测和估计。预测作为一种科学的理论与方法，可以广泛运用于自然界和人类社会的各个领域。

市场预测就是把预测理论和方法应用于市场经济系统，以社会科学和自然科学在揭示市场经济发展规律方面所获取的成就为指导，以广泛收集一定历史时期内市场情况和有关经济现象统计资料为基础，系统地分析研究影响市场的各种因素，掌握市场变化的规律性，以统计的、数学的、逻辑的方法和调查研究方法为手段，经过推理和计算，对未来不确定的市场事件做出判断和估计，进而从市场事件将来可能出现的多种性质和多种数量表现中准确地指出某种性质和数量表现的可能范围。

简而言之，市场预测是在市场调查基础上，运用预测理论与方法，预先对关心的市场未来变化趋势与可能的水平做出估计与测算，为决策提供科学依据的过程。

二、市场预测的特点

市场预测作为现代经营管理活动的重要组成部分和一门完整的应用性学科，具有以下基本特征。

（一）应用性

市场预测是一门应用性学科，其理论和方法十分注重对实践的指导作用和可操作性。市场预测活动亦强调明确的目的性，无论是国家宏观管理部门对市场总体发展趋势进行预测，还是企业就目标市场需求状况做出估计，其直接目的都是为宏观或微观经济决策提供依据，以便减少失误，提高决策的准确度。市场预测活动通常围绕决策者面临的亟待解决的重大问题进行，预测结果直接用于决策方案的制订和选择过程。

（二）系统性

系统性是指以系统观点为市场预测的指导思想。首先，将市场预测视为预测依据、预测技术、预测分析和预测判断相互作用、有机结合的过程。预测过程主要判断三个方面：一是对预测依据的可用性的判断；二是对依据哪些标准、选择何种预测方法进行预测的判断；三是对预测模型的预测结果是直接采用还是依据最新信息做出修正以及怎样修正的判断。其次，市场预测把各类商品或某个局部市场的需求预测作为子系统，将其与市场的总体预测按照一定的层次联系起来，形成一个完整有序的市场预测目标系统。

最后，将市场预测目标与影响目标的各种因素视为一个有机系统，注意研究目标与各种因素，乃至各种因素之间的内在联系，从它们相互间的联系、制约和作用中把握预测目标的变化趋势与运动规律。

（三）科学性

科学性是指市场预测要按科学的预测程序，借助现代科学技术手段，在科学分析论证的基础上得出对未来市场状况进行估计和判断的结论。具体包括运用系统观点开展目标分析，运用现代调查技术手段进行市场调查，收集、整理、分析市场情报资料；采用判断分析法、时间序列分析法、因果分析法等预测方法建立反映市场需求结构及变动的预测模型；运用预测模型进行预测，并对预测结果进行误差分析等。其中每个环节都必须建立在科学、严密、准确无误的基础上才能得出正确的结论，为决策提供实用的信息依据。

第二节　市场预测的发展与作用

一、市场预测的发展历程

市场预测是在商品生产和商品交换的基础上产生，伴随市场的发展而逐步发展起来的。最初的预测，早在小生产者的经济活动中就已经出现。但是由于生产规模的狭小和交换活动的有限性，这种预测往往只是一种直观的、经验的简单预见。随着社会大生产的出现，商品交换的规模和范围进一步扩大，市场成为组织商品生产经营活动的中心，这种简单预测，已经远远不能适应复杂经济活动的要求。

第二次世界大战后，随着商品经济进入发达阶段和国际统一市场的形成，市场成为生产的基础和命脉。企业为求得生存和发展，就必须了解市场动态，预测市场变化趋势，根据市场需要调整生产，扩大产品销路。与此同时，这一时期经济预测理论和经济计量学的发展、国民经济计算体系的建立以及计量模型的采用，使市场预测理论方法的研究取得了很大的进展，逐步建立起一套比较完整的预测理论体系和各种实用的预测技术方法，市场预测也由此成为一门重要的应用性科学。

20世纪70年代以来，随着新技术革命的兴起和计算机技术的广泛应用，市场预测在原有基础上迅速发展，许多西方国家纷纷建立专门的市场预测机构，企业大多设有市场预测部门和专职人员，预测手段、技术不断完善，预测结果的准确程度大大提高。

市场预测已成为现代经营管理的重要组成部分，在社会经济生活中发挥着越来越大的作用。我国自改革开放以来，在大胆引进国外的先进管理思想和方法的同时，积极学习和借鉴西方现代预测理论与技术，并密切结合我国实际，加以广泛推广和应用。经过理论界与实务部门的共同努力，目前已基本建立起具有中国特色的市场预测理论与方法体系，同时在政府经济决策、行业信息指导、企业经营管理等领域的应用中取得了明显效果。

二、市场预测的作用

市场预测在长期的社会经济发展过程中，由简单的偶然性活动，发展成为现代经济活动不可缺少的重要组成部分，对企业经营管理具有十分重要的作用。

（一）市场预测有助于决策者减少管理中的不确定性

在市场经济条件下，企业生产、经营管理过程承受着各种复杂的内外因素相互联系、相互影响和相互制约的作用。由于各种社会、经济、文化、政治、心理及自然等构成因素不是静止不变的，而是处于运动和变化之中，受其影响，大多数企业管理决策都有一定程度的不确定性，经理们很少能准确知道自己的选择会导致什么结果。生产经营规模越大，构成因素越复杂多变，生产经营活动的风险或不确定性也就越大。

为避免在市场风险中失利，减少经营管理的盲目性，需要通过市场预测，对将来的经营条件及其对企业经营的影响做出准确的预见和判断，以便根据预测做出正确的决策，决定做什么、不做什么和怎样做，从而趋利避害，争取达到最佳活动效果。

（二）市场预测是企业从事生产经营活动的前提条件

随着市场经济的迅速发展和买方市场的普遍形成，消费者在市场交换中的主导地位日益加强，生产经营者只有向消费者提供能满足其需要的商品，才能求得生存和发展。为此，企业必须在生产经营过程开始之前，对消费者的需要做出预测。例如，通过对商品的总需求、整个行业销售增长、企业未来市场份额的预测，了解行业中企业现有销售额的增长能否保证其商品销路。同时，了解企业新的营销策略，新产品、新型号以及相应价格引起的预期变化能否保证企业获得成功，即根据消费者需要确定生产经营方向、产品品种与数量。

（三）市场预测为合理的企业营销提供有价值的信息

企业对未来总销售额、产品线销售额和销售量、具体产品线的地区销售额和销售量的预测，可以为企业规划原材料的采购量、雇用员工、安排运输和生产经营周期提供信息依据，也能作为营销经理最优配置销售力量、确定销售目标和促销计划的依据。此外，销售预测也是财务经理对现金需求做出合理安排的重要信息依据。

可见，市场预测可以提高人们对市场发展规律的认识程度，增强经营管理的自觉性，减少盲目性，为正确制定各项管理决策，对生产经营活动进行有效组织和控制提供必要的保证。

第三节 市场预测的内容与分类

一、市场预测的内容

市场预测的内容十分广泛。从国家宏观管理部门角度进行的宏观市场预测，要研究社会商品购买力和商品供给量的平衡问题，分析商品供求变动趋势，预测各种商品的市场需求量和供给量。从企业角度进行的微观市场预测，主要是对企业在特定市场上一定时期内商品种类、品质、规格、式样、质量等供求状况的预测，它必须以宏观市场预测为前提。为了研究市场商品供需变化，也需要研究与市场商品供需有关的各种必需因素。市场预测就是运用科学方法，对市场的供需发展进行预测以及与之相关联的各种因素变化进行调查、分析、预见、判断和估算。

（一）市场需求预测

市场需求是在一定的地理区域和一定的时期内，在一定的营销环境和营销方案下，由特定的顾客群体愿意购买的总数量构成的。对它的预测包括需求量的预测和需求商品的品种、规格、型号、款式、质量、包装、品牌、商标、需要时间等变动趋势的预测。企业的营销主管需要估计的有总市场潜量、地区市场潜量、实际销售额和市场份额。具体的预测方式如下。

▶ 1. 总市场潜量

总市场潜量是在一定时期内，在一定的行业营销努力水平和一定的环境条件下，一个行业的全部公司所能获得的最大销量。一个常用的估计方法是：估计潜在的购买者数量乘以一个购买者的平均购买数量，再乘以每一个单位的价格。

▶ 2. 地区市场潜量

公司面临的问题是选择最佳的区域并在这些区域最适当地分配它的营销预测。因此，公司需要估计各个不同省份、地区、城市的市场潜量。有以下两种主要的方法可以采用：

（1）市场组合法。要求辨别在每一个市场上的所有潜在购买者，并且对他们的潜在购买量进行估计。如果公司有一张全部潜在购买者的清单和他们将购买什么的可靠估计，则可直接应用该法。只是这些条件往往不易获得。

（2）多因素指数法。公司在估计地区市场潜量时不可能把所有潜在消费者都列出来，最常用的方法是简单指数法。例如，一家药品制造商可以假设药品的市场潜量直接与人口有关，例如，河南省的人口占中国人口约 1/13，如果该公司假设河南省的市场是全国销售市场的 1/13，则很难预测准确，人口无法完全决定销售机会。一个地区的药品销售量还受到个人收入和每万人中医生数量的影响。因此，需要发展一个多因素指数法，而且对每个因素赋予一个特定的权数。如果更实用些，则还需要考虑一些其他因素而调整市场潜量，如竞争者在该商场上的存在、地区促销成本、季节因素和地方市场特征。

▶ 3. 实际销售额和市场份额

除了估计总的潜量外,公司还需要知道发生在市场上的实际行业销售额。也就是说,它还必须辨认它的竞争对手并估计竞争者的销售额。行业协会虽然对各公司的销售量并不一一列出,但它经常收集和公布总的行业销售额。每个公司可以利用这个渠道估算自己在本行业中的绩效。假如一个公司在一年中增加了5%的销售额,而行业销售额的年增长率为10%,那么这个公司实际上正在丧失行业中的相应地位。对销售额估计的另一种方法是向审计总销量和品牌销售量的营销调研公司购买报告,这样可以得到总产品的销售额和品牌销售额,同时,还能把自身绩效同整个行业或一个特定的竞争者进行比较,以考虑本企业在市场份额上的得失。市场占有率概念直接反映了企业在本行业中的竞争地位。根据市场占有率的不同,可将行业中的企业分为市场领先者、市场挑战者、市场追随者和市场补缺者四类。市场份额和产品寿命周期所处阶段这两个因素,决定了四类企业所采取的不同营销战略。

(二) 市场供给预测

市场供给是指在一定时期内可以投放市场以供出售的商品资源。这些商品资源要来自生产部门,其次是进口,此外还有国家储备、商业机构的商品储存以及社会潜在物资(如废旧物资)。

市场供给预测是对进入市场的商品资源总量及其各种具体商品市场可供量的变化趋势的预测。它同市场需求预测结合起来,可以预见未来市场供求矛盾的变化趋势。

要预测生产的发展及其变化趋势,首先,要收集历史资料,了解有关产品历年的产值、产量、成本、利润和销售等情况;其次,要了解同类产品现有的生产企业的数量、生产能力、原材料供应、生产设备、生产技术和产品质量的现状,各项经济指标在同行业达到的水平;最后,要了解生产企业的设备更新、技术引进以及近期挖潜、革新、改造的措施和基建规划,并在预测生产结构的基础上,研究各种产品在预测期内可能提供商品资源的企业及其生产能力,已有产品的数量、质量、花色、式样、规格等发展变化,新产品的生产发展趋势,生产技术、原材料和能源消耗、成本和价格等的变化,产品销售的竞争能力以及市场需求动向等,进而测算出商品资源量、适应市场需求的程度及其发展趋势。

对商品供给进行预测,要重视关联性商品的相互变化和新产品销售与需求的预测。例如,洗衣机的需求量增加,就涉及洗衣粉的需求变化;洗衣粉的需求量增加,则肥皂的需求量就将减少。又如随身听、MP3、CD机之间的比例变化,此增彼减,此消彼长,发生商品资源的变化。随着科学技术的进步,新技术、新工艺、新材料的不断涌现,新产品生产时间短、速度快,商品寿命周期越来越短,流行性商品将会刺激需求,吸引顾客。由于商品更新速度加快,销售周期越来越短,如果不了解市场商品资源和销售变化的形势,还在继续生产原来的产品、大量进货,势必给企业经营带来危机。

(三) 商品寿命周期预测

任何产品都与其他事物一样,有其产生、成长、发展和衰亡的过程。具体而言,就是商品从进入市场至被淘汰退出市场的全部过程。经济学界将这一过程称为商品寿命周期。一种新商品投入市场销售之后,它的寿命周期就开始了;直到另一种新产品出现,在价格、功能、效用及流行性、适时性等方面超过了它,原有产品被淘汰退出市场。接着另一种新商品又代替了前一种商品,如此不断更新,促使商品生产不断发展。从企业经营管理角度来说,应着重于对商品寿命周期的研究。商品寿命周期主要是从销售量、获利能力的变化上进行分析,研究商品的需要和利润随时间变化而变化的趋势。

这一过程还受价格、国民经济发展水平、科学技术进步、市场竞争、供需平衡等多种因素的影响。商品寿命周期，一般分为投入期、成长期、成熟期、衰退期四个阶段。

对商品寿命周期各阶段的特征分析如下。

▶ 1. 投入期

这一阶段，产品正在试制和试销，生产这种产品的企业很少，市场竞争者不多。产品设计还未定型，质量不够稳定，需要广泛地征求消费者的意见，提高产品质量。由于试销，生产量小，成本高，废品率也比较高，利润很低，甚至发生亏损。

▶ 2. 成长期

消费者对产品的性能和特点已经有了普遍的了解，销售量迅速增加，并且上升幅度很快。随着生产量的增加，生产成本相对降低，销售费用相应减少，利润随之迅速增加。由于利润的大增，吸引了一些企业竞相仿制这一产品并积极投入市场，从而市场竞争加剧。

▶ 3. 成熟期

这一阶段的商品供应量基本达到了市场容量所能接受的程度，市场需求相对减弱，销售量上升缓慢，市场竞争激烈，利润逐步下降，有些企业甚至采取降价措施以增加商品销售。一般来说，这一阶段要比上两期时间长得多。进货时要慎重考虑，不要盲目地大批购进。

▶ 4. 衰退期

产品销售量下降，利润降到最低水平，非名牌商品首先被淘汰，退出市场。随着新产品的出现，许多企业生产的旧产品相继退出市场，一直到这个旧产品的寿命结束。

研究商品寿命周期，有利于企业做出比较正确的经营决策和经营计划，以促使商品销路顺畅，减少商品积压；有利于促进新产品的研制和发展，扩大市场。此外，根据商品寿命周期各阶段特征，重点加强销售措施，从而促进商品销售。

（四）科学技术发展趋向预测

科学技术发展趋向预测是指对科学技术的未来发展及其对社会、生产、生活的影响，对企业生产经营活动的影响，尤其是与企业产品有关或与材料、工艺、设备等有关的科技发展水平、发展方向、发展速度和发展趋势等方面情况的分析、研究和预测，为制定企业科学技术决策及科研发展规划服务。

▶ 1. 科学技术迅猛发展的特点

第二次世界大战以后，一场以原子能、电子计算机、空间技术的发明和应用为主要标志的新科学技术革命在世界范围内蓬勃发展起来。它的发展使现代资本主义世界的生产力、生产关系、人民生活等都发生了深刻的变化。战后发生的科学技术革命，是人类历史上规模空前、影响深远的科学技术革命，有着不同于以往科学技术革命的特点：第一，科学技术革命具有全球性；第二，科学技术革命具有广泛性；第三，各门学科相互渗透大大加强；第四，科学革命与技术革命的关系日益紧密；第五，科学技术转化为生产力的速度加快。

▶ 2. 科学技术迅猛发展对企业经营的影响

（1）大部分产品的市场寿命周期有明显缩短的趋势。20 世纪 40 年代以前，一般产品寿命平均在 30 年以上；50 年代以后，平均在 10 年左右；七八十年代缩短到 5 年左右。高技术产品的寿命则更短。

（2）技术贸易的比重增大。技术贸易是国际技术转让，包括许可证、专利、诀窍、研究和技术援助，体现了国家间的技术供需。据估计，现在全球有上万亿美元价值的可供贸易的知识财产。在 20 世纪 90 年代，大多数发达国家的技术贸易额迅猛增长。1995—2000 年，经合组织内技术贸易额占 GDP 提高到 0.28%。2001 年，世界五大技术输出国依次为美国、德国、日本、法国和英国，其技术贸易量占经合组织国家技术贸易总量的比重分别为 19.9%、15.7%、12.8%、7.5% 和 7.4%，这五个国家的技术贸易总量之和超过了经合组织技术贸易总量的 60%。

(3) 劳动密集型产业面临的压力将加大。目前，大多数跨国公司已将零部件产业中的劳动密集型产业向低工资成本国家和地区大量转移。德尔福公司自 1994 年到现在已经在中国投资 4.5 亿美元，拥有 14 家企业、一个技术中心和一个培训中心。

(4) 流通方式将向更加现代化发展。新型的流通方式不断涌现，流通领域的现代化程度大大提高，多元化、多业态、竞争程度不断提高的市场流通格局初步形成。商贸流通作为社会主义市场经济发展的先导产业，在引导生产、组织消费、促进国民经济快速和健康发展中发挥了重要作用。随着工业化、城市化、信息化进程的推进，城乡二元经济将向农村与城市互动发展的现代社会经济结构转变，消费结构将由满足基本需要向满足多层次需要转变，商贸企业的发展也将由数量扩张型向提高竞争能力的质量效益型转变。

在企业面临的诸多环境因素中，科学技术环境是一种重要而长远影响的因素。科学技术本身是强大的动力，其发展速度和水平能够摧毁旧产品和旧的工艺方法乃至一个工业部门。科学技术的发展，新技术、新工艺、新材料的推广应用，对企业商品的成本、定价等都有重要的影响。这种影响就其本质来讲，是不可避免和难以控制的。企业要想取得经营上的成功，就必须预测科学技术发展可能引起的后果和问题，可能带来的机遇或威胁；必须十分注重本行业产品的技术状况及科技发展趋势；必须透彻地了解与所研究的技术项目有关的历史、当前发展情况和未来趋势，并进行准确的预测。

(五) 企业生产经营能力预测

▶ 1. 企业生产经营能力的组成

任何企业要从事生产经营活动，就必须具备生产经营的基本要素：人力、物力、财力。这三要素要按一定的比例、经营的客观要求，科学地进行结合，使企业中各要素的能力和水平都得以充分发挥，这就是企业生产经营能力。它一般由三个部分组成：一是研究发展能力；二是应用能力；三是销售能力。企业生产经营能力预测为确定企业目标和战略计划提供了基础。它主要包括对有关的人力、财力、物力（设备、材料、外协件、能源和燃料等）的供应来源及渠道情况的调查、预测。由于企业的生产经营能力是企业发挥其主观条件的主要力量，它依赖于企业各要素水平的发挥。形成企业能力的主观条件不同，能力高低不同，企业规模大小、经营方式和所处的环境等不同，企业生产经营能力差异很大。

从总体上看，对企业生产经营能力的调查、分析、预测总是可以找到一些共同的、带有普遍性和规律性的东西，即对三种基本经营能力，应分别从设备方面、人力方面、组织方面与管理方面四个角度来进行系统分析和预测。在预测时，应注意研究以下几个问题：

(1) 与一般的企业和最成功的企业相比较，研究本企业是否有可能进一步发挥生产经营能力，找到新的有利机会和发展新的业务。

(2) 研究企业在经营策略不变的情况下，经营能力是否已经充分发挥，找出提高经营能力的途径，以便更好地达到企业目标。

(3) 研究如何充分发挥企业自身的经营能力，着重考虑是否需要改变经营策略，是否可以开发新的商品市场与经营领域。

▶ 2. 企业生产经营能力的预测方式

(1) 在测定企业经营发展状况时,可把本行业发展速度与本企业发展速度相比较,作为相对发展指数来预测企业总体能力。其计算公式为:相对发展速度＝本企业发展速度÷本行业发展速度。用作相对发展速度分析的指标可以是销售额、利润、资产等。

(2) 在测定企业今后的经营发展能力时,中心内容是了解市场的潜在能力,可通过企业与市场差别来分析。通过对市场和商品的各种差别的调查与分析,企业就可以利用差别发现机会,使企业得到发展。

(3) 企业发展的可能性还可以通过相对销售增长率来预测分析。其计算公式为:相对销售增长率＝本企业销售增长率÷本行业销售增长率。

(六) 企业财务及环境意外事件预测

企业在组织商品实体流动的同时,会引起资金的筹集、分配、使用和管理等一系列财务组织活动。以最少的资金消耗取得最大的经济效果,这是每个企业共同的期望。企业财务预测,就是对未来一定时期内企业经营活动所取得的收益和劳动成本这两者进行预测。它为企业经营决策提供财务上的科学依据,对改善企业经营管理、提高经济效益有着重要意义。

预测企业财务的主要指标有商品销售额、劳动生产率、资金占用及资金周转率、流通费用及流通费用率、利润及利润率、设备利用率等。利润是企业经营结果的综合反映,也是衡量企业经营管理水准的一个重要指标。

经营环境是对企业经营最有影响力的因素。企业面对的经营环境经常处于变动之中,并且许多变动往往又由于其突然性而形成强大的冲击波。意外环境事件的发生,对企业生产经营活动会产生意想不到的巨大影响。环境的变化,或者给企业带来可以利用的市场机会,或者给企业带来一定的环境威胁。

预测、分析、把握经营环境的变化,善于从中发现并抓住有利于企业发展的机会即利用环境的有利方面,避开或减轻不利于企业发展的威胁即避开经营环境的不利方面,是企业经营决策的首要问题。实际上,企业的经营活动是适应环境变化,对不断变化的环境做出积极反应的动态过程。同时,企业的经营活动本身又可以影响环境的变化过程。因此,企业能否有效地发现、分析和预测环境的变化及其趋势,特别是环境意外事件的发生,关系到企业的生存和发展。

环境意外事件有突发性的、前兆性的,大体包括重大政策措施、新科技成果应用、外贸体制变化等方面的事件。此外,还有自然灾害及社会风尚的改变等。总之,企业要想在激烈的市场竞争中求生存、求发展,必须对环境意外事件进行预测。

拓展案例

"标王"的衰败

从 1996 年秦池集团以 6 666.6 万元的天价获得中央电视台黄金档位"标王"称号后,中央电视台黄金时段就成为国内众多知名企业穷追不舍、不惜一掷千金的争夺目标,并以此提升自己产品的知名度,达到轰动效应,以至于在 1997 年秦池集团要用 3.2 亿元的"天文数字"第二次获得 CCTV 黄金时段"标王"称号,一时引起舆论哗然。然而一年后,当秦池集团经营陷入困境的报道公之于各大媒体时,业内人士开始冷思考,并对包括原秦池集团在内的众多企业的这种行为进行了分析和检讨,认为秦池集团在没有完全正确预测分析国内白酒行业宏观环境、产品特点、消费者行为和不可控的意外因素影响下，孤注一掷地拿出企业自身很难承受的3.2亿元拼CCTV"标王"称号，不仅使企业背上了沉重的资金负担，经营陷入困境，而且造成社会舆论，偏离了秦池人的初衷，真可谓代价惨重。

资料来源：郁广健. 市场调查与预测110方法和实例[M]. 北京：中国国际广播出版社，1999.

二、市场预测的分类

▶ 1. 依据预测范围分类

依据预测范围，市场预测可分为两类：

（1）宏观市场预测，指对整个市场的预测分析，研究总量指标、相对数指标以及平均数指标之间的联系与发展变化趋势。宏观市场预测对企业确定发展方向和制定营销战略具有重要的指导意义。

（2）微观市场预测，指对一个生产部门、公司或企业的营销活动范围内的各种预测。微观市场预测是企业制定正确的营销战略的前提条件。微观市场预测是宏观市场预测的基础和前提，宏观市场预测是微观市场预测的综合与扩大。

▶ 2. 依据预测时间分类

依据预测时间长短，市场预测可分为四类：

（1）近期预测，指时间在1周至1季度之间的预测。

（2）短期预测，指时间在1季度至1年之间的预测。短期预测可帮助企业适时调整营销策略，实现企业经营管理的目标。

（3）中期预测，指时间在1~5年的预测。这类预测帮助企业确定营销战略。

（4）长期预测，指时间在5年以上的市场变化及其趋势的预测。这类预测为企业制定总体发展规划和重大营销决策提供科学依据。

▶ 3. 依据预测性质分类

依据预测的性质，市场预测可分为两类：

（1）定性预测：研究和探讨预测对象在未来市场所表现的性质。主要通过对历史资料的分析和对未来条件的研究，凭借预测者的主观经验、业务水平和逻辑推理能力，对未来市场的发展趋势做出推测与判断。定性预测简单易行，在预测精确度要求不高时较为可行。

（2）定量预测：确定预测对象在未来市场的可能数量。以准确、全面、系统、及时的资料为依据，运用数学或其他分析手段，建立科学合理的数学模型，对市场发展趋势做出数量分析。定量预测主要包括时间序列预测与因果关系预测两大类。

据有关资料统计，世界上已开发的预测方法近200种，其中广泛使用的有30多种，经常使用的也就10多种。在这些预测方法中，既有自然科学方法，又有社会科学方法；既有传统方法（经验），又有现代方法（计算机）；既有定性方法，又有定量方法；既有静态方法，又有动态方法。总之，预测科学已有一个比较完整的理论与方法体系。

综上所述，目前预测方法很多，但大体上分为定性和定量两类方法。

定性的方法主要是根据事物的性质、特点，过去和现在的延续及有关的资料分析等对事物做非数量化的分析，然后根据这种分析对事物的发展趋势做出判断和预测。定性预测在很大程度上依靠人们的主观判断来取得预测结果，它以专家知识为基础，也称主观预测或判断预测。当缺乏统计数据，不能构成数学模型或环境变化很快，历史统计数据的规律无法反映事物变化规律时，一般用定性预测。

定量预测方法主要是利用历史统计数据并通过一定的数学方法建立模型，对事物进行数量分析，从而对事物的未来做出判断和预测。定量预测方法以模型为主，也称客观预测。同一个问题既可以做定量预测也可以做定性预测，只是一些预测问题以定量为主以定性为辅，或一些预测问题以定性为主以定量为辅。而且定性预测本身也应尽量用定量的方式来表示结果。

第四节 市场预测的一般步骤

市场预测过程包括归纳和演绎两个阶段。在归纳阶段，从确定预测目标入手，收集有关资料，经过对资料的分析、处理、提炼和概括，再用恰当的形式描述预测对象的基本规律。在演绎阶段，利用所归纳的基本演变规律，根据对未来条件的了解和分析，推测出预测对象在未来某期间的可能水平并对其进行必要的评价。整个预测过程大致分为以下步骤：明确预测目标；收集资料；分析判断，建立预测模型；做出预测。

一、明确预测目标

预测目标明确，预测工作才能做到有的放矢。预测目标的确定应根据经营管理的需要，服从决策的要求。确定预测目标包括确定预测范围、目标领域和预测的时间要求。通常要经过预测目标分析来确定。

(1) 了解决策的要求，确定本次预测的空间层次、商品层次、时间层次属于哪一种类，应达到哪些基本要求，如预测结果的精度要求、确定预测结果的最后期限等。

(2) 开展目标分析。所谓目标分析，就是运用系统的观点，逐步把握目标各外部环境之间的依存关系。这样有益于辨明预测目标的变化特征和影响因素，在基本掌握预测目标变化机理的基础上，收集资料，选择合适的预测方法。许多预测项目涉及的范围和因素是多方面的，因此，将总体目标逐步分解是必要的。在分解过程中，预测者和决策者需反复进行对话，在双方统一认识的基础上，明确预测对象的边界范围和预测目标的主体结构。

例如，我国为制定小轿车生产行业五年规划，开展了小轿车发展前景预测活动。该项预测是全国性小轿车商品市场的长期预测。预测项目涉及市场需求预测、轿车生产与发展预测和影响因素预测三个子项目，而这三个项目还可以根据所掌握的情况进一步分解。如根据我国轿车市场的实际情况，轿车市场需求可分为家庭私人需求和社会集团需求两部分。社会集团需求又可分为企事业单位、旅游出租业、乡镇企业等细分市场。通过逐步分解，就能识别每个子市场的需求及其主要影响因素。这样，一个预测问题就明朗了。通过对各子市场需求做预测就能实现整个市场需求预测。当然，开始的分析总是建立在人们的先验知识基础上，在实际预测分析研究过程中，还可不断加以调整。

通过目标分析，明确预测目标及研究的相关内容，也就为后面的资料收集、预测方法选择指明了方向。

二、收集资料

进行市场预测，必须占有充分的资料。预测所需的资料可以分为两类：一类是关于预测对象本身的历史和现实资料，如我国历年来家庭购买小轿车的统计资料、社会集团消费统计资料；另一类是影响预测对象发展过程的各种因素的历史和现实资料，如影响私人小轿车需求的人均收入水平统计资料、影响出租车需求的旅游业发展速度资料、影响企事业单位小轿车需求的国家干部用车标准政策资料以及道路条件资料等。

在市场预测中，一般可以利用各种调查方式获取第一手资料，也可以利用各种渠道获取第二手资料。收集资料一定要注意广泛性、适用性。资料收集不全面、不系统，会严重影响预测质量。但也不是说资料越多越好，漫无目的地收集资料一是会浪费时间、人力和资金；二是会因资料过多，缺乏重点，反而给预测工作带来麻烦，降低预测质量。为此，对于收集到的资料，一定要进行鉴别和整理加工，判别资料的真实性和可用程度，去掉不真实、与预测关系不密切、不能说明问题的资料。如果有些必需资料不易取得，还可以通过诸如配额测算、比例测算、使用面测算等方法进行测算而得。

三、分析判断，建立预测模型

分析判断，是对收集的资料进行综合分析，并经过判断、推理、概括，由事物的现象深入到事物的本质，选择预测方法，描述预测对象的基本演变规律。也就是说，这种分析判断是根据预测人员现有的知识、经验以及对当前的了解水平对未来市场性质和程度的一种估计性判断。市场预测的结果基本就是依据分析判断，用模型描述的演变规律推断而得出的。所以，分析判断，建立预测模型也就成为关键性步骤。

▶ 1. 分析判断

市场预测分析判断的内容主要有以下三点。

（1）分析观察期内市场影响因素同市场需求量的依存关系。在实际工作中，预测人员往往受时间、能力的限制，难以捕捉太多的因素，而只能选择需要的。如分析市场需求变化与国家政治经济形势和方针政策的依存关系，与社会商品购买力及其构成的变化的依存关系，与国家进出口贸易发展的依存关系，与同种或异种产品的适用性、花色、款式、成本、价格、竞争等变化的关系，与子体商品或母体商品市场需求的依存关系。

（2）分析预测期的产、供、销关系。商品的产、供、销是一个有机的整体，预测期产、供、销关系及其变化的分析主要有：分析市场需求商品的品种、数量、结构以及流通渠道的发展变化；分析社会生产能力是否与市场需求总量相适应，分析各种生产企业生产的商品结构是否与消费结构相适应，分析原材料供应情况。

（3）分析当前的消费心理、消费倾向及其发展趋势。主要分析随收入的增加，广告促销条件下人们的攀比心理、赶时髦心理以及与一定社会集团、社会阶层相适应的趋向心理、归属心理、表现自我价值的非趋向心理（商品的个性化）等的变化对购买商品的数量、品种、花色、款式的影响关系。如手机厂商摩托罗拉在市场研究的基础上，根据消费者的人口特征及心理特征，把消费者分为传统人士、重视社交生活人士、追求卓越人士、时尚好动人士、追求享乐人士、积极进取人士，并据此展开营销，取得了巨大的成功。

在上述分析基础上，便可对市场商品供需关系的本质有必要的了解，判断各种商品的社会供需差额，包括顺差和逆差；判断供需基本平衡的商品或有顺（逆）差的商品，它们反映的各种现象的实际情况，以及判明它们的发展趋势。

▶ 2. 建立预测模型

在预测者做出上述判断之后，通常为了进行量的估计，要选择预测方法，建立预测模型。预测方法很多，每种预测方法对不同预测对象目标的有效性是不同的。如果预测方法选择不当，将会大大降低预测效果及可靠性。因此，选择预测方法十分重要。

在选择预测方法时，应该从以下三方面考虑。

(1) 应服从预测目标。即方法的选择应该满足经营管理决策对具体信息的要求。企业的战略决策、战术决策、日常业务决策对预测对象范围、预测期长短、预测精度的要求不同，因而所选用的预测方法也就不同。

(2) 预测对象本身的特点。不同的预测对象，具有不同的属性和内在的变化特点。如服装、儿童玩具、家用电器类商品，一旦被社会接受，其发展速度相当迅速，但更新淘汰也很快。因此，采用趋势延伸法外推要谨慎，而市场调查、类比法的预测效果则会好些。技术性强、投资大的消费类商品，往往从开发、中间实验直至全面生产进入市场需要经历一定的发展阶段，一旦被社会接受认可，更新淘汰过程较缓慢。它们的市场需求变化过程往往表现为：发展期缓慢，成熟期较长而平稳，衰退期来得较迟。在不同的发展阶段，可以依据事物发展的连续性原则，采用趋势延伸法外推，或因果关系法外推进行中短期预测，不失为一种可行的方法。

(3) 考虑预测时期现有的条件和基础。预测方法的选择必须建立在切实可行的基础上。各种新的预测方法层出不穷，在实际中还要受数据资料、经典、人力、设备等条件的制约，实施起来也有困难。面对实际条件，最好建立一个实用的预测模型。即在达到预测要求的情况下，预测模型越简单越好，因为预测精度与模型的复杂性并不成正比。再者，简便的模型容易被决策者理解和接受，对预测结果可放心使用，真正发挥预测的价值。

总之，预测方法的选择取决于人们对预测对象发展变化过程规律的认识，而这种认识必须建立在系统分析和判断的基础上。对预测对象目标变化规律认识得越深刻，则选择的预测方法越有针对性，越能说明问题，预测质量也就越高。当然，结合具体情况，发挥各种方法的长处，将各种可行的预测方法和人们的经验结合起来，相互补充，就更能恰当地提高预测精度。

四、做出预测

做出预测是预测的最后一个阶段。它是在选择预测方法、建立预测模型的基础上，根据对未来的了解和分析，推测(或计算)预测目标的可能水平和发展趋势，进而做出分析与评价，得出最终预测结论。

▶ 1. 利用预测模型推测或计算出预测值

预测方法不同，建立的预测模型也不同。总的来看，预测模型有两类：一类是定性判断现象之间完全确定的函数关系模型。例如，某公司2000年商品库存量为450万元，随着营业规模扩大，库存量也随之增大，每年约递增5%，平均每万元库存量需要面积14平方米，到2003年该公司所需仓库面积的预测模型为 $450\times(1+5\%)^3\times14$，即该公司到2003年需要仓库面积约为7 293平方米。另一类则是定性判断现象之间的某种比较稳定的相关关系。例如，城乡居民收入和消费支出都是变量，但是收入变动与由此引起的消费支出变动之间的比例关系比较稳定，这种比例关系的形式会随时期不同或地域不同而不同，对此只能用数学方法建立现象之间非完全确定的函数关系模型，即数学预测模型。时间序列分析法或回归分析法建立的都是数学预测模型。

▶ 2. 判断、评价预测值的合理性，最后确定预测结论

利用预测模型推算或计算的结果(预测值)只是初步预测结果。由于市场系统的复杂性和随机性以及调查资料不全，或知识与经验不足等原因，预测值和实际情况总是存在一定的偏差。因此，对预测值需要加以分析和评价。常用的方法有下面几种：

（1）根据常识和经验，检查、判断预测结果是否合理。

（2）计算预测误差，看看存在的误差有多大，是否超过预测要求。

（3）根据各种征兆、苗头反映的未来条件的变化，判断这些条件、影响因素的影响程度可能出现的变化。比如，有的影响因素影响程度可能由大变小，有的由小变大，还有的可能失去了影响，或有可能产生一些新的影响因素。所有这些变化，都可能导致预测目标今后出现新的发展趋势和发展速度。所以，不能认为预测模型的推算或计算结果就是最终预测值。

（4）在条件允许的情况下，采用多种预测方法进行预测，然后综合评价各种预测结果的可信程度。

（5）检验预测结果，修正预测值。市场预测只能降低未来市场的不确定性，不可能百分之百地预测未来情况。由于影响市场的因素不断变化，会对市场的实际情况产生影响，要时刻关注市场各因素的变化。当市场现象和影响因素出现较大变化时，要及时修正预测值，甚至改换预测方法，从而使预测结果最大限度地符合市场实际，并为以后的预测积累经验和资料。

以上对整个预测过程四个步骤的介绍，说明预测的质量完全取决于预测者对所预测的对象事物及各种相关条件的熟悉程度。其知识面宽度、观察能力，逻辑推理和分析判断能力、估测能力和处理技巧等方面的差别，往往会使预测结论相差很大。市场预测既是一门科学，又是一门艺术。预测者既要掌握多种预测方法，又要具有灵活运用这些方法的能力。在预测的组织方式上，可以采取自上而下、自下而上或上下结合的多层次预测方式。此时，就要将各方面的预测结果加以综合、对比、平衡和调整，然后确定预测值。

本章小结

本章主要介绍了市场预测的基础理论，包括市场预测的基本概念与特点、市场预测的发展历程与作用、市场预测的内容与分类；阐述了市场预测的基本步骤；为开展市场预测与决策实践活动提供了基础理论支撑。

复习思考题

1. 如何理解预测的概念？
2. 结合具体的实例，说明市场预测有哪些类型。
3. 市场预测的基本内容是什么？在预测过程中，应该如何设计预测的内容？
4. 如何确定市场预测的目标？市场预测的基本步骤有哪些？

阅读材料

孙子曰：兵者，国之大事，死生之地，存亡之道，不可不察也。

故经之以五事，校之以计，而索其情：一曰道，二曰天，三曰地，四曰将，五曰法。道者，令民与上同意，可与之死，可与之生，而不危也；天者，阴阳、寒暑、时制也；地者，远近、险易、广狭、死生也；将者，智、信、仁、勇、严也；法者，曲制、官道、主用也。凡此五者，将莫不闻，知之者胜，不知者不胜。故校之以计，而索其情，曰：主孰有道？将孰有能？天地孰得？法令孰行？兵众孰强？士卒孰练？赏罚孰明？吾以此知胜负矣。将听吾计，用之必胜，留之；将不听吾计，用之必败，去之。

计利以听，乃为之势，以佐其外。势者，因利而制权也。兵者，诡道也。故能而示之不能，用而示之不用，近而示之远，远而示之近。利而诱之，乱而取之，实而备之，强而避之，怒而挠之，卑而骄之，佚而劳之，亲而离之，攻其无备，出其不意。此兵家之胜，不可先传也。

夫未战而庙算胜者，得算多也；未战而庙算不胜者，得算少也。多算胜少算，而况于无算乎！吾以此观之，胜负见矣。（节选自《孙子兵法》）

案例分析

在20世纪60年代以前，"日本制造"往往是"质量差的劣等货"的代名词，首次进军美国市场的丰田车，同样难逃美国人的冷眼。丰田公司不得不卧薪尝胆，重新制定市场规划，投入大量人力和资金，有组织地收集市场信息，然后通过市场细分和对消费者行为的深入研究，去捕捉打入市场的机会。具体策略有二：一是钻对手的空子。要进入几乎是通用、福特独霸的美国汽车市场，对初出茅庐的丰田公司来说，无异于以卵击石。但通过调查，丰田公司发现美国的汽车市场并不是铁板一块，随着经济的发展和国民生活水平的提高。美国人的消费观念、消费方式正在发生变化。在汽车的消费上，已经摆脱了那种把车作为身份象征的旧意识，而是逐渐把它视为一种纯交通工具；许多移居郊外的富裕家庭开始考虑购买第二辆车作为辅助；石油危机着实给千千万万个美国家庭上了一堂节能课，美国车的大马力并不能提高其本身的实用价值，再加上交通阻塞、停车困难，从而引发出对低价、节能车型的需求，而美国汽车业继续生产以往的高能耗、宽车体的豪华大型车，无形中给一些潜在的对手制造了机会。二是找对手的缺点。丰田定位于美国小型车市场。即便小型车市场也并非是没有对手的赛场，德国的大众牌小型车在美国就很畅销。丰田雇用美国的调查公司对大众牌汽车的用户进行了详尽的调查，充分掌握了大众牌汽车的长处与缺点。除了车型满足消费者需求之外，大众品牌高效、优质的服务网打消了美国人对外国车维修困难的疑虑；而暖气设备好、后座间小、内部装饰差是众多用户对大众车的抱怨。对手的空子就是自己的机会，对手的缺点就是自己的目标。于是，丰田把市场定位于生产适合美国人需要的小型车，以国民化汽车为目标，吸收其长处，克服其缺点。如按美国车进行改良的花冠小型车，性能比大众牌高两倍，车内装饰也高出一截，连美国人个子高、手臂长、需要的驾驶室大等因素都考虑进去了。

资料来源：〔美〕苏珊. 现代策划学[M]. 北京：中共中央党校出版社，2002.

思考：丰田汽车进入美国市场的切入点是什么？他们是怎样发现的？

今天，人们认为计算机和基因工程而非汽车是新技术。汽车的发展不再是最新技术创新的象征。在过去的20年间，美国汽车工业不断变化的命运与美国其他行业的命运颇为相似。1903年秋，美国有100多家汽车生产商，其中27家的销量占总销量的70%以上。而在20世纪60年代，美国销售量为前三名的汽车生产商的销量就占了总销量的88%。20世纪初出现的那些汽车生产商，有的破产了，有的退出了汽车行业，其余的则被主导厂商兼并或收购。

汽车工业在20世纪60年代面临的最严重问题是环境污染和汽车安全。为了减少污染，政府对汽车排放的废气加以控制，汽车设计也随之改变。在安全方面，由于公众对汽车安全的要求，汽车公司很快就增设了安全带。1973年，这种相对乐观的状况发生了急剧变化。这一年，石油输出国组织（OPBC，欧佩克）——主要是中东的一些国家联合起来减少石油供给，制造石油短缺并使油价上涨。在1973年后期的十分紧张的几周里，欧佩克实际上停止了石油出口。欧佩克的力量是许多行业（包括美国汽车工业）都意想不到的。当时美国汽车一般比日本和欧洲的汽车更大、更重。这是很容易解释的：美国人的收入高，他们能够购买更大的车和支付所耗的汽油钱。再者，日本和欧洲对汽油的课税比美国重，从而鼓励消费者购买更小、更省油的车。因此，美国汽车工业对欧佩克行动所导致的较高的油价缺乏准备。而其他国家，尤其是日本，由于其汽车较小、便宜、省油，从而处于极其有利的地位。

在20世纪70年代，美国汽车的进口几乎翻了一番，即从1970年的15%增加到1980年的27%，并在80年代和90年代仍然保持较高的水平。过去的30年来，美国从国外尤其是从日本进口的新汽车急剧增长。显然，日本厂商提供了美国消费者所需要的产品，但这对于美国汽车工业却是灾难性的：利润下降，工人被解雇。

资料来源：Joseph E. Stiglitz. Economics. Second Edition.

思考：你认为美国汽车工业20世纪70年代的主要失误是什么？这对中国企业有什么借鉴意义？

第十三章 定性预测方法

学习目标

1. 了解定性预测方法与定量预测方法的关系；
2. 掌握各种定性预测方法的优缺点和基本过程；
3. 能够熟练运用各种定性预测方法。

导引案例

采购经理指数（PMI）是通过对企业采购经理的月度调查结果统计汇总、编制而成的指数，涵盖了企业采购、生产、流通等各个环节，是国际上通用的监测宏观经济走势的先行性指数之一，具有较强的预测、预警作用。PMI通常以50%作为经济强弱的分界点，PMI高于50%时，反映制造业经济扩张；低于50%，则反映制造业经济收缩。目前，采购经理指数（PMI）已成为世界经济运行活动的重要评价指标和世界经济变化的晴雨表。

请结合图13-1和图13-2所示的我国不同时期的采购经理指数变化趋势图，对我国当前经济的发展形势进行合理分析和预测。

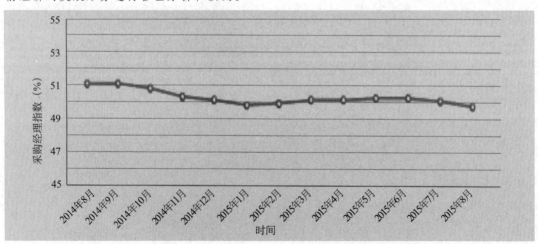

图13-1　2014年8月—2015年8月我国采购经理指数变化趋势图

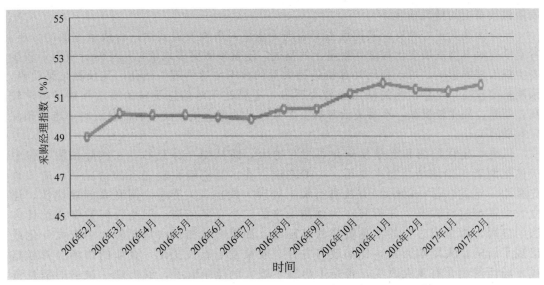

图 13-2　2016 年 2 月—2017 年 2 月我国采购经理指数变化趋势图

第一节　定性预测概述

一、定性预测概念及特点

定性预测是指预测者依靠熟悉业务知识、具有丰富经验和综合分析能力的人员与专家，根据已掌握的历史资料和直观材料，运用个人的经验和分析判断能力，对事物的未来发展做出性质和程度上的判断，然后，再通过一定的形式综合各方面的意见，作为预测未来的主要依据。定性预测方法从根本上讲是一种质的预测方法。从质的方面分析判断事物，容易把握住事物的发展方向。另外，市场预测中常常会涉及许多难以量化的因素，如政治因素、文化因素、心理因素、社会因素等，在此情况下，定性预测法具有不可比拟的优势。

定性预测的特点在于第一，着重对事物发展的性质进行预测，主要凭借人的经验以及分析能力；第二，着重对事物发展的趋势、方向和重大转折点进行预测。因此，定性预测特别适合于对预测对象的数据资料（包括历史的和现实的资料）掌握不充分、不准确，或影响因素复杂、难以用数字描述，或对主要影响因素难以进行数量分析等情况。

定性预测方法主要有专家会议法、德尔菲法、类推法、意见综合法以及预警分析法。

二、定性预测和定量预测的关系

定性预测和定量预测各有优点和缺点。

定性预测的优点主要在于注重事物发展性质方面的预测，具有较大的灵活性，易于充分发挥人的主观能动性，方法简单且易于掌握，预测迅速，省时省费用。其缺点主要表现为，由于定性预测方法比较注重人的经验和主观判断能力，所以其预测结果往往受到主观因素的影响，容易受到人的知识、经验丰富度及能力大小的束缚和限制，尤其缺乏对事物发展做数量上的精确描述。

定量预测则正好相反，其优点主要表现为注重对事物发展规律进行数量方面的分析，特别重视对事物发展变化程度作数量上的描述。定量预测更多地依据历史统计资料，较少受主观因素的影响，可以利用计算机进行大量的数据统计处理。因此，其预测结果明确，预测精度较高。定量预测的缺点也较为明显，主要在于对信息资料的质量和数量要求较高，预测过程比较机械，不易灵活掌握，尤其不易处理有较大波动的信息资料，难以预测事物质的变化。

但是，定性预测和定量预测并非相互排斥，而是相互补充的。在实际预测工作中应该把两者正确地结合起来使用。一般来说，在占有资料比较完备的情况下，应该首先采用一定的数学（或统计）方法进行加工处理，找出有关变量之间联系的规律性，建立数学模型进行预测，并将其作为预测未来的一个重要依据。但是任何数学或统计方法的应用，都是以过去的信息资料为基础的，如果在预测期内情况发生了较大变化或出现了新的重大影响因素，比如政府方针、政策发生重大变化，企业的市场经营战略或市场经营组合有重大改变，市场上出现了强大的竞争对手，或出现了过去的信息资料所没有反映的其他重要情况等，则在定量预测方法得到结果的基础上，还要根据以上新产生因素的变化加以修正。这就需要依靠熟悉情况的有关人员和精通业务的有关专家，通过定性分析提出修正意见。另外，在使用定性预测方法的同时，也要尽可能地采用数学方法，对事物发展变化的趋势、方向、程度和转折点出现的时间等进行定量的测算，以进一步提高预测结果的精确度。因此，在实际预测工作中，只有把定性预测方法和定量预测方法正确地结合起来，相互补充、相互检验和修正，才能取得较好的预测效果。

第二节 专家会议法

专家会议法就是将有关方面的专家集中起来，通过会议的形式，针对预测问题进行讨论，最后综合专家意见得出预测结果的方法。

参加会议的人员，一般选择具有丰富经验、对企业经营和管理熟悉，并有一定专长的各方面专家，这样可以避免依靠个人的经验进行预测而产生的片面性。使用该方法，不同专家的预测值往往出现较大的差异。在这种情况下，一般采用预测值的平均值或加权平均值作为预测结果。

一、专家会议法的步骤

▶ 1. 选择专家，确定专家人数，邀请专家参加会议

选择合适的专家，是决定预测结果的可靠性和全面性的关键步骤。所谓专家，一般是指对某一专业领域有深入研究，拥有丰富的知识和经验，并具有解决专业问题的能力的人。他们能在复杂的条件下对问题进行预测和判断，并提出解决的建议和方法。所以，选择专家要与所预测的问题性质有关。例如：预测某种新产品的市场前景，经验丰富的销售人员可能就是专家；对材料价格市场行情做预测，可邀请材料设备采购人员、计划人员、经营人员等；估计工程成本，可邀请预算人员、经营人员、施工管理人员等。总之，要使

预测结果具有价值,选择的专家就应该具有代表性,要包括与问题相关的各个方面的专家。

确定专家人数也很重要。专家多一些,可以集思广益,互相启发,使问题得到深入、全面的讨论和分析。但是人数太多,组织工作就会比较困难,也不易归纳意见。所以,专家人数要适当,一般情况下,根据问题的复杂程度、专家对预测问题的熟悉程度以及拥有信息资料的情况,邀请6~10名专家参加会议为宜。

▶ 2. 确定会议主持人

主持人是专家会议法能否成功的核心人物,他可以把握会议方向、控制会议节奏、调节会议气氛,所以主持人对于会议的成功与否起着至关重要的作用。会议主持人应具有以下几项基本素质:

(1) 具有与讨论问题相关的知识,熟悉相关的信息资料。

(2) 具有较强的组织和控制能力,使会议按照既定的方向发展,不偏离主题。

(3) 具有良好的沟通能力和理解能力,善于引导专家充分发表意见,不遗漏重要信息。

▶ 3. 专家讨论

在这个步骤中,召集者不能事先发表倾向性意见或方案,以免影响与会专家的思路。为了能让专家充分发表意见,会议主持人应尽力创造一种宽松的会议气氛,围绕预测主题,让参加者畅所欲言,各抒己见,鼓励专家们自由讨论,提出不同的意见或方案。

▶ 4. 综合专家意见,确定预测结论

在充分讨论的基础上,综合专家们的意见,对各种意见或方案进行比较、分析、评价、归类、综合,整理出对预测问题的分析材料,确定最后的预测结论。

二、专家会议法的优点和缺点

专家会议法的优点在于:专家互相交流与讨论,信息量大;涵盖面宽,分析问题全面;相互启发,集思广益,互补性强;便于集中意见,预测时间短。专家会议法的缺点是:易受专家人数限制及心理作用、权威人士意见等因素的影响;参加会议的专家人数有限,会影响代表性;有时受个别权威专家的影响,易使形成的意见一边倒;由于个人性格和心理状态,有的人可能不愿发表与大多数人不同的意见,或者不愿改变原来发表过的意见等。因此,会议最后的综合结论可能并不完全反映与会专家的全部正确意见。即使如此,在难以进行定量预测的情况下,专家会议法仍是常用的一种预测方法。

第三节 德尔菲法

德尔菲(Delphi)是古希腊地名。相传太阳神阿波罗(Apollo)在德尔菲杀死了一条巨蟒,成了德尔菲的主人。阿波罗不仅年轻英俊,而且对未来有很高的预见能力。在德尔菲有座阿波罗神殿,是一个预卜未来的神谕之地,于是人们就借用此名,作为这种方法的名字。

德尔菲法最早出现于20世纪50年代末，是当时美国为了预测其"遭受原子弹轰炸后可能出现的结果"而发明的一种方法。1964年，美国兰德（Rand）公司的赫尔默（Helmer）和戈登（Gordon）发表了"长远预测研究报告"，首次将德尔菲法用于技术预测中，以后便迅速应用于美国和其他国家。除了科技领域之外，该方法几乎可以用于任何领域的预测，如军事预测、人口预测、医疗保健预测、经营和需求预测、教育预测等。

德尔菲法（Delphi method），是采用背对背的通信方式征询专家小组成员的预测意见，经过几轮征询，使专家小组的预测意见趋于集中，最后做出符合市场未来发展趋势的预测结论。德尔菲法又名专家意见法或专家函询调查法，是依据系统的程序，采用匿名发表意见的方式，即团队成员之间不得互相讨论，不发生横向联系，只能与调查人员发生关系，以反复填写问卷，集结问卷填写人的共识及搜集各方意见；可用来构造团队沟通流程，应对复杂任务难题的管理技术。

一、德尔菲法的程序

（一）确定预测主题，归纳预测事件

预测主题就是所要研究和解决的问题。一个主题可以包括若干个事件，事件是用来说明主题的重要指标。预测主题就是对本单位、部门、地区或国家今后的发展有重要影响而又意见分歧的问题。经典的德尔菲法要求应邀参加预测的专家围绕预测主题，提出应预测的事件，预测领导小组对专家提出的预测事件经筛选整理，排除重复和次要的，形成一组预测事件，根据预测要求编制预测事件调查表。确定预测主题和归纳、提出预测事件是德尔菲法的关键一步。

（二）选择专家

德尔菲法所要求的专家，应当是对预测主题和预测问题有比较深入的研究，知识渊博，经验丰富，思路开阔，富于创造性和判断力的人，因此专家的选择事关预测的成败。在选择时应注意以下两方面的问题：

▶ 1. 来源广泛

德尔菲法要求专家有广泛的来源，这也是定性预测本身需要的。一般应实行"三三制"。即首先选择本企业、本部门对预测问题有研究，了解市场的专家，占预测专家的1/3左右。其次是选择与本企业、本部门有业务联系，关系密切的行业专家，约占1/3。最后是从社会上有影响的知名人士中间选择对市场和行业有研究的专家，也占1/3。这样才能从各方面对预测问题提出有根据的、有洞察力的见解。

▶ 2. 人数视预测主题规模而定

专家人数视预测主题规模而定。人数太少，限制代表性，而太多则难于组织。一般情况下，人数越多精度越高，但超过15人时，进一步增加人数对提高预测精度的作用不大。因而专家小组人数一般以10～50人为宜。但对重大问题的预测，专家小组的人数可扩大到100名左右。另外由于种种原因，有些专家不是每轮都给以回答，甚至有可能中途退出，所以预选人数应适当多些。

（三）预测过程

当针对某一预测的专家小组成立之后，在预测领导小组的组织领导下，即可开始预测工作。经典德尔菲法的预测过程一般分为四轮，各轮内容大致如下：

第一轮，确定预测事件。询问调查表要求各成员根据所要预测的主题以各种形式提出有关的预测事件。也可由领导小组先征求少量专家意见，集中后产生预测事件，以作草案供进一步讨论，完毕后寄给预测领导小组，由领导小组将所提出的事件进行综合整理，统一相同事件，排除次要事件，用准确术语提出"预测事件一览表"。

第二轮，初次预测。将"预测事件一览表"发给专家小组各成员，要求他们对表中所列各事件做出评价，并相应地提出其评价及预测的理由，为改进预测而再次征询还需补充哪些资料。调查表收回后，领导小组要对专家意见进行统计处理（一般采用四分位法，即根据返回来的调查表，统计出每一事件发生的预测日期、数字或等级的中位数和上、下四分位点，将此结果再返回给专家小组各成员）。

第三轮，修改预测。预测领导小组将第二轮预测的统计资料寄给每位专家，请专家据此补充材料，再次进行预测且充分陈述理由。特别注意要让持极端意见的专家充分陈述理由。这是因为他们的依据可能是其他专家忽略的外部因素或未曾研究过的问题，这些依据往往对其他专家重新判断产生影响。

第四轮，最后预测。专家小组各成员再次进行预测，并根据领导小组的要求，作出或不作出新的论证。领导小组根据回答，再次计算出每一事件的中位数和四分位点，得出最终的带有相应中位数和四分位点日期、数字或等级等结果的事件一览表。

必须注意：最后一轮专家们的意见必须趋于一致或基本稳定，即大多数专家不再修改自己的意见。因此，征询次数应灵活掌握。

（四）确定预测值，做出预测结论

对专家应答结果进行量化分析和处理，是德尔菲法预测的最后阶段，也是最重要的阶段。处理方法和表达方式，取决于预测问题的类型和对预测的要求。

德尔菲法的具体程序如图13-3所示。

二、德尔菲法的特点

▶ 1. 匿名性

德尔菲法收集专家意见，是通过匿名函询方式，即通过邮寄函件背靠背式的方法征询意见。专家们只同组织者发生联系，受邀专家之间互不见面，也不联系，它克服了专家会议调查法易受权威影响、易受会议气氛影响和易受其他心理影响的缺点。专家们可以不受任何干扰，独立地对调查表所提问题发表自己的意见，不必做出解释，甚至不必申述理由，而且有充分的时间思考和进行调查研究、查阅资料。匿名性保证了专家意见的充分性和可靠性。

▶ 2. 反馈性

由于德尔菲法采用匿名形式，专家之间互不接触、不联系，受邀各专家分别独立地就调查表所提问题发表自己的意见，所以仅靠一轮调查，专家意见往往比较分散，不易做出结论，而且各专家的意见也容易有一定程度的局限性。为了使专家们能够了解每一轮征询的汇总情况和其他专家的意见，组织者要对每一轮征询的结果进行整理、分析、综合，并在下一轮征询中匿名反馈给每个受邀专家，以便专家们根据新的调查表进一步发表意见。

经典的德尔菲法一般要经过四轮咨询，直至专家意见大致统一或有较明确的结果为止。反馈是德尔菲法的核心。多次反馈保证了专家意见的充分性和最终结论的正确性、可靠性。

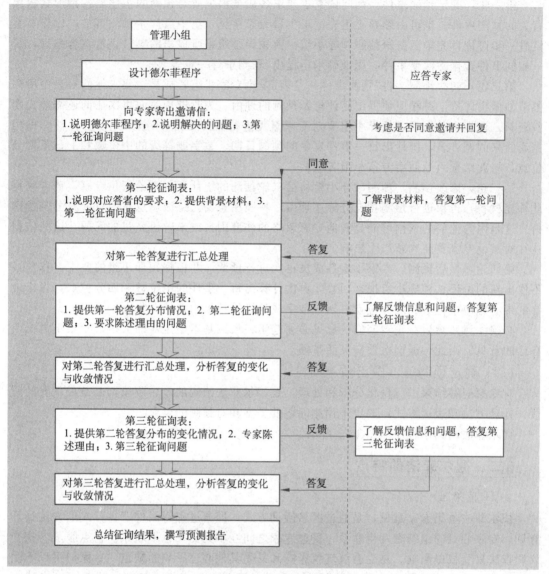

图13-3 德尔菲法流程图

▶ 3. 统计性

在应用德尔菲法进行信息分析研究时，对研究课题的评价或预测（如对研究对象的各项指标及其相对重要性的评价，或是对研究对象的实现时间、条件和手段的估计等）不是由信息分析研究人员做出的，也不是由个别专家给出的，而是由一批有关的专家给出的。所以，对诸多专家的回答必须进行统计学处理。所以，应用德尔菲法所得的结果带有统计学的特征，往往以概率的形式出现，它既反映了专家意见的集中程度，又可反映专家意见的离散程度。

为了便于对应答专家意见做统计处理，对调查表的设计多采用表格化、符号化、数字化。德尔菲法的统计性特点有利于将一般的定性问题用定量化方法处理，并以定量结果表述。

三、德尔菲法的优点和缺点

德尔菲法的优点有：隔绝了成员之间过度的相互影响，无须参与者到场，所以简便易行，具有一定的科学性和实用性，可以避免会议讨论时产生的害怕权威、随声附和固执己见，或因顾虑情面不愿与他人意见冲突等弊病；同时也可使大家发表的意见较快趋于一致，具有一定程度的客观性，参加者也易接受结论。

德尔菲法的缺点有：耗费时间。由于专家一般时间较紧，回答往往比较草率，同时由于预测主要依靠专家，因此归根到底仍属专家们的集体主观判断。此外，在选择合适的专家方面也较困难，征询意见的时间较长，当需要进行一个快速决策时，这种方法通常行不通。

四、德尔菲法应用实例

现采用德尔菲法对某种新产品投放市场后的年销售量进行预测。其专家小组由五类专家共 15 人组成。征询意见反复进行三次，各专家的判断意见如表 13-1 所示。

表 13-1 专家判断意见表

专家小组成员		第一次意见			第二次意见			第三次意见		
		最低销售量	最可能销售量	最高销售量	最低销售量	最可能销售量	最高销售量	最低销售量	最可能销售量	最高销售量
第一类专家	A	50	120	140	50	130	150	50	140	154
	B	70	140	160	70	130	150	70	130	148
	C	40	100	120	60	110	130	60	120	134
第二类专家	D	60	110	140	60	100	160	62	110	160
	E	80	120	150	70	110	140	68	128	140
	F	60	100	130	60	110	150	64	124	150
第三类专家	G	80	110	170	70	110	160	66	108	148
	H	60	100	160	60	120	160	80	120	156
	I	32	80	140	50	100	130	56	102	130
第四类专家	J	40	80	90	50	100	120	52	104	116
	K	60	100	110	70	80	110	68	86	112
	L	50	90	120	60	90	110	64	84	114
第五类专家	M	36	50	60	40	60	80	44	64	80
	N	40	60	80	48	64	100	48	60	100
	O	32	40	60	50	56	90	52	66	90
合计		—	—	—	—	—	—	904	1 546	1 932

由表 13-1 中各位专家三轮意见的预测值可以看出，由于德尔菲法具有反馈性、统计性的特点，各位专家不断根据反馈的结果对自己的预测意见进行修正，并最终趋于一致或稳定，至此，德尔菲法征询专家意见过程可以宣告结束。根据表 13-1 中 15 位专家第三次

意见的预测结果,运用统计方法计算其算术平均值。

最低销售量预测值 $\overline{Y}=904/15=60.27$(万件),最可能销售量预测值 $\overline{Y}=1\ 546/15=103.07$(万件),最高销售量预测值 $\overline{Y}=1\ 932/15=12.8$(万件)。

根据三个平均销售量预测值,再进行加权算术平均,分别给予 0.1、0.8、0.1 的权重,则综合预测值为 $\overline{Y}=60.27\times0.1+103.07\times0.8+128.8\times0.1=101.36$(万件)。

第四节 类 推 法

类推法是指以直观判断对未来的市场变化趋势做出合乎逻辑的推理判断的一种预测方法。类推法一般分为相关类推和对比类推两种方法。类推法能否具有较高的准确性,很大程度上取决于预测者的经验和能否把握有关预测目标的信息资料,以及能否运用分析、综合和逻辑推理的方法。

一、相关类推法

相关类推法是指从已知相关的各种市场因素之间的变化,来推断预测目标的未来发展趋向。如经济发展趋向和国家政策措施对市场的影响,商品产销变化趋势的定性分析等。运用相关类推法,首先要根据理论分析和实践经验,找出同预测目标相关的种种因素,尤其要抓准同预测目标直接有关而影响较大的主要因素,然后再依据事物相关的内在联系的具体情况进行推断。市场上各行业产品之间的相互关系尽管很复杂,经过分析基本上可归纳为先行与后行关系、替代性关系及互补性关系。根据产品之间的相关关系可以进行相关类推预测。

▶ 1. 从先行产品和后行产品的市场需求变化来预测产品的市场需求趋势

例如,某自行车滚珠厂用这种方法预测滚珠的市场需求量。滚珠是自行车的先行产品,故要根据自行车的产量乘上每辆自行车所用滚珠量,再加上全年维修所需的滚珠量而定。求出自行车行业对滚珠的全部需求量,再乘以该厂市场占有率,就可以预测该厂的滚珠需求量。

▶ 2. 从可替代品市场需求变化来预测产品的需求情况

两种互相替代商品之间的需求关系往往呈反方向变化。当市场上对某类相同用途商品的需求量已定,那么,在可以互相代替品中间,其中一种商品的需求增加,另一种商品的需求就会减少。

▶ 3. 从互补商品之间的市场需求变化来预测商品的需求情况

互补商品之间的需求关系往往呈同方向变动,例如,室内装饰用品和房屋住宅就是一种互补商品关系,室内装饰用品会随住宅建设的发展而增长。于是,室内装饰用品企业可以根据房地产市场的变化趋势来预测自身产品的市场需求状况。

二、对比类推法

对比类推法是指由预测人员把预测的经济现象或经济指标同其他相类似的现象或指标

加以对比分析，推断未来发展变化趋势的一种方法。这种对比类推的基本思想是将不同空间、同类经济现象的相关情况进行对比类推，找出某种规律，推断出预测对象的发展变化趋势。例如，对比国外某些产品的市场生命周期，产品更新换代和新产品开发的变化情况，某些商品的消费倾向，花色款式的流行趋势等，来预测我国的同类产品有关指标的发展变化趋向等。对比类推法依据类比的目标不同，可分为产品类推法、地区类推法、国际类推法、行业类推法、更新换代类推法。

▶ 1. 产品类推法

产品类推法就是以国内市场上的同类产品或类似产品在发展中所表现的特征来类推某产品的生命周期。许多产品在功能、构造、用途等方面具有很大的相似性，因而这些产品的市场发展规律往往也有某种相似性，我们可以利用这些相似性进行类推。例如，可以利用黑白电视机的市场变化趋势来类推彩电的市场变化趋势；利用直角平面电视的发展特性类推纯平彩电的发展特性。

▶ 2. 地区类推法

地区类推法就是根据国内不同地区同种或类似产品的发展在时间上的差异，来类推某地区某种产品的发展变化规律。由于经济发展水平不同，同种产品在不同地区、不同城市、城市与乡村进入市场的时间不同，我们就可以利用产品在先入地域的发展规律来类推后入地域的发展规律。

▶ 3. 国际类推法

国际类推法就是将要分析的产品同国外发达国家同类产品的发展变化规律相对比，借以判断国内某产品处于生命周期的哪个阶段。我国与先进国家在产品的生产、销售等方面存在时间的差异，若要分析某种产品的发展变化规律，可以选择某国家同类产品进行分析，找出该产品在该国各时期的变化规律，进而类推国内产品所处的生命周期阶段。

▶ 4. 行业类推法

行业类推法是根据同一产品在不同行业使用时间的先后，利用该产品在先使用行业所呈现出的特性，类推该产品在后使用行业的规律。许多产品的发展是从某一行业市场开始的，逐步向其他行业推广，如电脑最初是在科研和教育领域使用，然后才转向民用和家用的。

▶ 5. 更新换代类推法

科学技术的发展，新工艺、新技术、新材料的使用，使得产品更新换代的周期越来越短。产品升级换代类推法就是利用更新换代前产品的变化规律类推更新换代后产品的变化规律。

第五节 综合意见法

所谓综合意见法，就是综合经营管理人员判断意见的预测方法。经营管理人员处于生产经营的第一线，比较熟悉市场需求的情况及其动向。因此，他们的判断往往比较能够准确反映市场需求的客观实际，是企业短期、近期预测的常用方法。常用的具体方法有如下两种。

一、销售人员意见综合法

销售人员意见综合法即通过征集销售人员的意见来分析判断企业产品销售前景的预测方法。首先由企业管理部门向各销售人员提供有关本企业产品的市场信息，介绍当前市场形势和可能采取的营销策略，作为销售人员预测的参考。销售人员根据相关信息，依据本人的销售经验及对本地区市场需求动向的分析把握，估计出所在地区的本企业产品预测方案。最后，企业管理部门将各销售人员的意见收集后，进行整理、分析、评估和综合计算，得出预测结论。

由于销售人员对销售区域的居民收入水平、消费水平和消费环境以及该区域市场产品销售竞争激烈程度比较了解，又具有丰富的销售经验，因此其预测意见具有一定的现实依据和可靠性。但是受岗位限制，销售人员仅仅考虑微观因素对市场的影响，而对各种宏观环境因素对市场变化的影响以及市场的变动趋向往往把握不住。因此销售人员意见综合法对短期市场预测效果较好，而在进行中长期预测时，其预测结论不是很准确。

例如，某家电生产企业为编制明年生产经营计划，采用销售人员意见综合法，了解市场对其产品的需求状况。该企业的销售区域主要分为A、B、C三个区域，分别由甲、乙、丙三名区域经理来负责。表13-2是三位经理对各自所负责区域做出的销售预测。

表13-2 销售人员意见综合法应用举例

区域经理	销售量预测值						期望值(台)
	乐观预测(台)	事件概率(%)	一般预测(台)	事件概率(%)	悲观预测(台)	事件概率(%)	
甲	3 000	20	2 500	50	2 200	30	2 510
乙	2 800	30	2 400	60	2 000	10	2 480
丙	3 100	20	2 600	60	2 300	20	2 640

将各区域市场经理的意见按一定的方法进行综合，得出企业产品销售量的总估计值＝2 510＋2 480＋2 640＝7 630（台）。

需要指出的是，在实际工作中，许多销售经理往往担心预测值和自己将来的销售任务有关，所以其估计值往往偏低。因此，需要对预测结果进行修正。

修正计算公式为

$$修正系数 = \frac{过去的预测值}{过去的实际值} \times 100\%$$

于是，

$$修正后的预测值 = 修正前的预测值 \times \frac{1}{修正系数}$$

二、部门主管判断预测法

部门主管判断预测法一般由企业专门负责市场营销的负责人召集企业销售、生产、财务、供应等各方面的负责人和有关业务人员，大家根据已掌握的资料数据，对市场的现状和发展前景，充分发表意见。在此基础上，通过对大家意见的汇总、整理，就所预测的问题给出相应的预测结果。

部门主管判断法的预测过程与销售人员意见综合法基本相同，但在进行意见汇总时，由于不同部门主管对市场的认识和把握水平不同,需要赋予不同的权重进行处理。该方法同样存在主观性较为显著的缺点,需要进行不断调整,以提高预测的准确性。该方法适用于统计资料缺乏或者不完全的短期与中期市场预测。

表 13-3 是部门主管判断预测法的一个具体实例。

表 13-3 部门主管判断预测法应用实例

业务主管人员	销售预测值						期望值（百万元）	预测人员权重（%）	预测值（百万元）
	乐观预测（百万元）	事件概率（%）	一般预测（百万元）	事件概率（%）	悲观预测（百万元）	事件概率（%）			
销售	50	30	35	50	20	20	36.5	40	38.54
财务	48	20	40	60	30	20	39.6	30	
生产	45	20	42	50	34	30	40.2	30	

第六节 预警分析法

一、预警分析法的概念

进行市场预测,不仅要注意微观经济活动的变化,而且要注意宏观经济形势的变化对市场的影响,特别要注意经济周期变动对市场的影响。经济周期是指经济活动不断经历"低谷→扩张→高峰→收缩→低谷……"的循环周期性波动。1937 年,美国在研究经济周期时,发现工作时间长短的变化可作为经济繁荣与萧条的转折警示器:经济由繁荣转为萧条,并不是一开始就大量解雇工人,而是首先减少工作时间,开工不足;而由萧条转为繁荣,也并非一开始就大量雇用工人,而是首先增加工作时间。进一步研究表明,当时美国的工作时间一般是每周 40 小时,若明显大于 40 小时,就可预测出现繁荣。反之,就可预测出现萧条。可见,经济周期是各种经济现象的综合表现,它是指整个国民经济的景气(行情)循环,可以反映国民经济某种重大比例关系状况。从国民经济整体上考察经济波动周期的特征,需要对各主要经济变量周期波动特征的描述为基础,进而考察国民经济整体循环波动的特征(称循环分析)。循环波动是诸多经济变量综合地表现出来的循环特征,它反映各经济变量循环特征的共性部分,具有平均的意义。预警分析是以多个经济变量构成预警指标体系,以期预先发出警告信号,了解市场行情波动前景,据以指导宏观管理与微观管理决策。

二、预警指标的分类

预测依赖监测,监测离不开指标。指标的经济内容是经济发展过程的变量数量特征及经济变量之间的数量关系特征。国民经济的经济指标种类繁多,关系复杂,不可能一一进行观察监测,往往只观察监测有助于人们对总体运行特征的把握,能反映国民经济运行特征的变量指标。这些指标波动与经济循环周期波动在时间上通常有领先、同步、落后三种现象。所以,预警指标体系,通常包括反映经济周期循环波动的经济循环变量,有先期指标、同步指标和落后指标。

1. 先期指标

先期指标也称先行指标，是指其循环转折变化出现的时间稳定地领先于经济景气循环响应转折变化的经济指标。这类指标是预警指标体系的主体，它的变动对市场行情变动始终起预报或示警作用。我国经济的先期指标包括基建财政拨款、订单、库存变动、工业贷款等指标。它们反映着对经济活动提前几个月作出的决策或承诺，而经济决策的效果需要一定时间才产生。可见，先期指标只是由于它对周期变动的反应更为敏感，先于反映周期变动的总体经济行为，所以具有预兆意义。

2. 同步指标

同步指标也称一致指标，是指其循环转折变化在出现时间上与经济景气循环转折变化几乎同时出现（误差不超过 2 个月）的经济指标。这类经济指标是总体经济行为的衡量标志，如国民生产总值、工业生产总值、工业销售收入、个人收入、国内商业纯销售、货币供给量、发电量等。这些指标的上升和下降，差不多与经济循环景气一致，它显示一般经济的进展情况。在预警分析中，可用它们描述当前经济过程所处的景气状态，同时通过这类指标和先期指标在转折点上的时差，可由先期指标的转折点预示出同步指标何时出现相关的转折点。

3. 落后指标

落后指标也称迟行指标，是指其循环转折变动在出现的时间上稳定地落后于经济景气循环变动相应转折点（约 3 个月以上，半个周期以内）的经济指标。如抵押贷款利息率、未清偿债务、失业率、投资完成额、财政收入等。这些指标在经济意义上可作为过剩和失衡的标志，在预警分析中，其作用在于检验宏观经济波动过程是否确已超过某个转折点，进入另一景气状态。

选择哪些指标作为预警分析的指标体系，预示市场行情波动，可由理论分析和经验观测两种方式确定：通常对历史资料的分析，可以寻找并发现各种指标对经济周期反映在时间上的先期、同步或落后于经济周期转折点而发生变动的重复性和规则性，根据相关关系来预测未来的经济变动。

三、先期指标预测法

利用先期指标进行预测是企业常用的预测方法。通过市场调研，分析和掌握先期指标的变动及其方向，是对市场景气预测的重要内容。由此可知，确定先期指标是一个非常重要的环节。

（一）先期指标的类型

先期指标在景气行情的周期性变化中在时间上领先，虽然不能由这种时态现象中的领先落后关系取代本质的因果关系。但是，市场行情研究很大程度上是直接考察经济景气状态周期规律的时态。因此，由于周期规律的作用而使再生产具体发展过程中出现的先期指标，用来作短期行情分析和预测以及经济环境的研究是有意义的。在许多情况下，企业可研究并发现一些经济指标同本企业销售的领先落后关系，从而建立一些领先指标预估本企业的经营活动。

1. 从企业决策的角度选择先行指标

市场经济条件下，企业拥有决策自主权。企业的决策受市场信号的指导，形成决策付诸实施后，会反作用于市场。就企业投资决策而言，企业决策与经济增长波动的关系表现为：企业根据市场情况、盈利前景和自身存货量来调整投资行为，企业投资的变动导致企业固定资产投资、原材料储备、产成品存货的变动，进而影响市场存货变动、社会投资总量变动、社会总产值变动、资金供求状况变动、瓶颈障碍变动、投资利润率变动，这些变动又影响企业投资决策。为此，从企业决策角度看，先行指标应该包括：

（1）对企业决策有指导性的价格指数。包括生产者价格指数，主要原材料、燃料、动力购进价格指数，消费品零售价格总指数。

（2）反映在价格信号指导下的企业决策，进而影响其后阶段产量的存货变动指标。包括工业企业产成品库存额和工业企业原材料、燃料库存额。

（3）影响企业产量的产品单位成本指数。

▶ 2. 从企业生产条件角度选择先行指标

企业生产条件主要有劳动力、固定资产投资和流动资金等。

（1）反映生产中劳动力投入的指标。

（2）反映固定资产投资状况的指标。固定资产投资来自国家投资和企业自筹投资，其中企业自筹投资的数量又取决于企业经济活动结果和投资环境，显然投资环境先行于经济产量变动。所以，反映固定资产投资状况的先行指标应是国家投资额和资金利润率。

（3）反映工业企业流动资金占用状况的指标。主要有企业流动资金占用，包括劳动报酬、原材料、燃料储备、在制品、半成品库存和产成品库存等方面的占用。

▶ 3. 从企业环境约束角度选择先行指标

企业环境约束来自能源、原材料、货物运输、商业、金融等方面，可以考虑选择的先行指标有：能源方面，一次能源生产量、发电量；主要原材料方面，钢材、线材、水泥、木材等产量；货物运输方面，铁路货运量与货物周转量、水路货运量与货物周转量；商业方面，国内工业品纯购量、期末库存额、国内纯销售量；金融方面，居民储蓄存款、工业贷款、商业贷款、物资供销费款、现金流通量、货币流通量、存款准备金。

综上所述，先行指标的选择应该符合经济上的合理性、统计上的充分性和实际运动与经济周期时序关系的确定性等原则要求。为了提高预测的准确性，无论做什么判断，都必须根据相当数量的先期指标统计数据的情况作出判断。

（二）用先期指标法进行预测的局限性

（1）先期指标一般可预测行情的转折点，指明未来变动方向，对变化幅度难以预测。

（2）先期指标只是时态上的领先，它只能成为行情上升或下降的先兆，并不一定就是经济周期变动的信号。因为影响行情变化的不仅有周期性因素，还有许多非周期性因素，先期指标的变动往往是两类因素共同作用的结果。

（3）个别先期指标波动频繁，甚至会发生偏离，使观察分析产生困难。用指数将主要先期指标综合化可以减少观察困难。而综合指数是运用数学方法的结果，用何种方法编制指数存在一定的主观分析带来的任意性。

本章小结

定性预测方法是依靠熟悉专业知识、具有丰富实践经验和较高综合分析能力的内行和专家，根据已掌握的历史资料和直观材料，运用个人的主观经验和分析判断能力，对事物的未来发展做出趋势或程度上的判断，从而作为预测未来主要依据的一种方法。

常用的定性预测方法有专家会议法、德尔菲法、类推法、意见综合法以及预警分析法。专家会议法就是将有关方面的专家集中起来,通过会议的形式,针对预测问题进行讨论,最后综合专家意见得出预测结果的方法。德尔菲法则是采用背对背的通信方式征询专家小组成员的预测意见,经过几轮征询,使专家小组的预测意见趋于集中,最后做出符合市场未来发展趋势的预测结论。类推法一般分为相关类推和对比类推两种方法。综合意见法则是综合经营管理人员判断意见的预测方法,又可分为销售人员意见综合法和部门主管判断预测法。预警分析法则是以多个经济变量构成预警指标体系,以期预先发出警告信号,了解市场行情波动前景,据以指导宏观管理与微观管理决策。

复习思考题

1. 什么叫定性预测方法?它与定量预测方法的关系如何?
2. 什么叫德尔菲法?它有什么特点?
3. 若用德尔菲法预测2017年北京市汽车市场销售状况,你准备:
  (1) 如何选择专家?选择多少位专家?
  (2) 设计征询表应该包含哪些内容?
  (3) 怎样处理专家的意见?
  (4) 为了提高专家意见的回收率,你准备采用什么方法?
4. 某手机企业要预测某型号手机在某省明年第一季度的销售量,该企业召集了负责该省销售工作的三名营销人员,请他们分别根据各自的经验对该型号手机的销售量做出估计,如表13-4所示。

表13-4 手机销售人员预测数据

营销人员	估计销售量(万部)		概率(%)
甲	最高	900	20
	最可能	700	50
	最低	600	30
乙	最高	1 000	30
	最可能	900	60
	最低	800	10
丙	最高	700	20
	最可能	600	60
	最低	500	20

请运用销售人员意见综合法对该手机明年在某省的销售量做出预测。

阅读材料

世界的德尔菲法

1. 德尔菲法在世界各国的迅猛扩展

美国称得上是技术预见的先驱,同样也是开发技术预见方法的先驱,但美国后来将其研究重心移向了技术预测。相应地,他们在使用自己初期开发的两大方法论模式——探索法和规范法时,也将其重心移向前者(探索法),并且围绕该模式又开发出一系列用于趋势预测的新方法。美国开发的德尔菲问卷调查法逐渐成为世界各国实施技术预见活动的通用方法。

从世界各国从事技术预见活动的次序来看,日本在1971年首次使用了大规模德尔菲问卷调查法,从此开展了一系列技术预测、技术选择的活动。到目前为止,日本已经组织了7次这样的活动,他们在这一领域已经积累了丰富的经验,可以说技术预见在这个国家的体制化程度已经相当高了。德尔菲问卷调查法不仅对日本的科技、经济、社会及文化的发展产生了深远的影响,而且还对其他国家的技术预测产生了良好的示范效应。

英国在推动全球性技术预见活动中也起到了重要作用,英国技术预见专家本·马丁在总结了日本成功预见活动的基础上,为"技术预见"下了相当严格的定义。在马丁等人的努力下,英国科技办公室于1993年正式激活了以技术预见冠名的研究课题。英国技术预见每5年开展一次,第一次技术预见曾使用了德尔菲法和专家意见法。

受日本相关活动和英国第一次技术预见项目获得成功的影响,20世界90年代以来,技术预见浪潮在世界各国迅速扩展,正在进行的技术预测活动也逐步向技术预见过渡。

在英国以外的欧洲国家中,最先做出响应的是德国,他们在日本的帮助下逐步介入到技术预见活动中,并于1990年使用德尔菲法进行了第一次技术预见。使用德尔菲法进行预见活动的还包括法国、奥地利、爱尔兰、瑞典、匈牙利、俄罗斯等国家。

日本以外的一些亚洲国家,如韩国、泰国以及大洋洲的澳大利亚、新西兰等也先后加入了技术预见行列。韩国于1993年使用德尔菲法进行了第一次技术预见,接着于1995年进行了第二次技术预见。泰国于1999年发起成立了"亚太经合组织技术合作中心",并开展了多项跨经济体的技术预见研究活动。新西兰政府则于1992年和1998年先后两次开展了技术预见活动。澳大利亚也于1996年开始实施技术预见计划。至此,技术预见和德尔菲法在全球得到了普遍的认可。

2. 优劣并存的德尔菲法

德尔菲法与常见的召集专家开会、通过集体讨论后得出预测结果的专家会议法等方法相比,既有联系,又有区别。与其他各种方法相比,德尔菲法优劣并存。

(1) 优点:

——参与论证的专家们互不见面,不会产生权威压力,因此他们可以自由而充分地发表自己的意见,从而得出比较客观的评价。

——能更加充分地发挥各位专家的长处,集思广益,准确性高。既可避免面对面讨论带来的缺陷,又可以避免个人一次性表态的局限。

——能把各位专家意见的分歧点表达出来,有利于发现新的问题。

(2) 缺点:

——德尔菲法虽然能集众人之长,但主要是凭借专家主观判断,缺乏客观标准,尤其是那些不具备相应专业知识人的意见很难从总体意见中剔除出来。

——由于征集意见次数较多,反馈时间较长,有的专家可能因工作忙或其他原因而中途退出,影响预测的准确性。

——在第二轮、第三轮和第四轮反馈过程中,权威人士的意见可能会影响他人的判断。

——部分专家出于自尊心而不愿意修改自己最初的意见。

——因各专家在封闭状态下思考,往往无法考虑到突发事件。

——专家之间不能相互交流意见,共同讨论问题,也不易取得共识,缩短评价时间。

——有些咨询意见缺乏深刻论证,有的专家由于一些主客观原因,未经过很深入的调查和思考就填写表格,从而影响到评价结果的准确性。

但不管怎样,德尔菲法作为技术预见的最有效工具,将会由于自身的不断完善而享誉全球。

案例分析

预测失误,太太药业败走"汉林清脂"

2001年年底,太太药业正式推出汉林清脂,到2002年6月30日,太太药业在推广汉林清脂上面花费了3 410.79万元。2002年7月份以后已经很少看到汉林清脂的电视广告。2002年11月初,汉林清脂的电视广告已停播。屡战屡胜的太太药业,在汉林清脂上走了麦城!

我们现在来探究太太药业失败的原因,可以发现她主要是对市场研究不够彻底,对市场容量和竞争程度盲目乐观,对目标市场的增长率和开发难度预测失误,贸然进入导致的失败!

一、太太药业的市场预测分析报告

1. 目标市场分析——"钱"景广阔

据有关部门统计分析表明,在我国,心脑血管病在人口死亡中平均约占40%,总死亡人数每年在200万以上,在人口死亡原因中占第一位。另有数据也表明,中国现有高血脂患者约8 000万,据估算调节血脂类产品市场需求潜力在100亿人民币以上。当绝大多数功能产品的市场被开发完毕时,调节血脂类产品无疑将成为极具诱惑的市场之一。

2. 竞争对手分析——缺乏领导品牌

来自卫生部的统计数据表明,到2002年年底,在我国已批准的近3 000种保健食品中,主打调节血脂功能的有1 000多种,还有医药及处方类市场降血脂类药品大约200多个,同时加上一些洋保健品,据估算大约有700个左右。这样算来,我国目前市场中大约有2 000种左右调节血脂的保健产品。但在这么多的地方小品牌中尚无一个全国性的领导品牌。

3. 目标消费群体分析——"三高"

汉林清脂的目标消费群定位在生活于都市的、男性为主的中青年白领。他们普遍存在三高的特点:高薪、高压力、高血脂。太太药业认为,这些高薪的年轻白领们会愿意在他们的健康上投资。

二、太太药业的预测失误之处

1. 目标市场增长率预测失误

降血脂市场是个隐形市场,因为高血脂症是慢性病,不到发病之时(往往以冠心病、脑中风等形式发作),消费者没有任何感觉。等到有感觉的时候,就已经发病了。消费者难以感知,是降血脂产品开发市场的壁垒。而一旦在医院中检查出高血脂,更多人选择药品。这样营销的重心应放在进行市场教育上,让重点人群主动采取措施预防。这就需要对消费者进行深度沟通。可以想象,在这个增长率十分缓慢的市场培育过程中,市场开发会比较艰难,同时非常漫长,这将考验操作者的资金实力、信心与耐力。

2. 目标消费群体开发难度预测失误

中国医药保健品市场实践证明,只有儿童、女性最多加上老人市场(还得是送礼)有可能运作成功,男性市场还远未成熟(做得最为出色的洋参产品做到一亿已经是顶天了),甚至连"犹太商法"都绝口不提"男性淘金术"就是这个道理。盘点保健品行业历来的成败案例,能拿下"大城市男性白领"这块"硬骨头"的产品屈指可数,所以男性市场三五年根本不应涉足。男性市场的开发难度和男性的消费心理行为特征有密切的关系:第一,男性对健康都颇为自信,对一个连生病都不吃药的人,再好的产品也无法让他心动;第二,男性都颇有主见,无论是广告还是导购对他都没有影响(甚至以受影响为耻),对一个常坐在电视面前评点广告的人,再好的推广也无可奈何;第三,男性的注意力常常是"天下事"而不是"身边事",对于房子、车子、股票、家电等的高度关注,自然就照顾不到一小片药这样的小东西。而城镇市场的中老年人群、女性和孩子才是保健品永恒的三大"钱袋"——这也是脑白金为什么牢牢盯死中老年消费群的奥妙所在。

汉林清脂的同门,大名鼎鼎的"太太口服液"曾经在大城市女性市场中呼风唤雨,可"男白领"和"女白领"在医药保健品消费心态方面的差异,简直就和彼此间的性别差异一样泾渭分明。如果汉林清脂能注意到保健品的购买者并不一定就是最终使用者,并巧妙利用这一规律针对成功"男白领"背后的女人们侧重诉求,汉林清脂的市场前景或许还别有洞天,然而遗憾的是它没有。

三、市场吸引力的评价

市场吸引力是决定公司的投入、将来增长和利润的关键因素,其评价表如表13-5所示。

表13-5 市场吸引力评价因素表

标　　准	定　　义	权　　重
市场容量	目标市场的全国销售总额	
市场增长率	目标市场的预计年度平均增长率	
竞争激烈程度	目标市场的竞争激烈程度	

从公开的资料来看,太太药业也进行了精心的准备。概念提炼、定位都非常准确,可是公司没有意识到降血脂市场的"隐性"特点,以为只要沿袭以前的思路,就能迅速获得成功。这可能是汉林清脂失败的主要原因。相比之下,健特生物从2001年年初,就投入了相当多的人力、物力去研究降血脂市场,前后历时近1年时间(仅市场研究和前期策划,

不包括产品研发阶段的论证），才弄清楚降血脂市场增长率较低，难以快速启动，并最终放弃。

  我们建议像太太药业这样有资本、有抱负的厂家，在决定是否进入一个市场时，先做一个理性的分析和长期的规划，按市场吸引力的评价因素来分析、决定是否投入。在市场增长缓慢的情况下，不妨深做重点区域，市场推广资金分两三年投入下去，沉淀出深的市场基础，待市场成熟后再发力，一定有更好的前途。

资料来源：胡振林. 市场调研、预测与决策分析[D]. 武汉大学硕士学位论文，2005.4.

思考：
1. 太太药业的市场预测失误之处主要体现在哪些方面？
2. 为了准确地进行市场预测，太太药业应该采取什么样的预测方法？

第十四章 时间序列趋势预测法

学习目标

1. 理解时间序列的概念、类型;
2. 掌握简单平均法、移动平均法、指数平滑法、趋势延伸法、季节变动预测法等方法的原理、步骤及应用;
3. 熟记公式,熟练进行各种方法的计算。

导引案例

在日常生活中,有时需要对未来可能发生的现象进行预测。我们可以把历史数据按照时间顺序排列起来进行分析、归纳、总结,从中得出一些规律,并利用这些规律进行预测。

例如,北京市历年小汽车持有量(万辆)的统计数据如表14-1所示。

表14-1 北京市历年小汽车保有量　　　　　　　　　单位:万辆

年份	2000	2001	2002	2003	2004	2005	2006	2007	2008	2009	2010	2011	2012	2013
小汽车持有量	139.9	151.3	169.8	189.9	212.4	229.6	258.3	312.8	350.4	401.9	480.9	498.4	501.7	539.8

思考:如何根据历年的数据预测未来几年北京市小汽车的保有量?

第一节 时间序列趋势预测法概述

一、时间序列趋势预测法的含义

时间序列趋势预测法,是将预测目标的历史数据按照时间的顺序排列成为时间序列,然后分析它随时间的变化趋势,并建立数学模型进行外推的定量预测方法。这类方法以连贯性原理为依据，以假设事物过去和现在的发展变化趋向会继续延续到未来为前提条件。它撇开对事物发展变化的因果关系的具体分析，直接从时间序列统计数据中找出反映事物发展的演变规律，从而预测目标的未来发展趋势。

时间序列趋势预测技术在国外早已有应用，国内在20世纪60年代就应用于水文预测研究。20世纪70年代，随着电子计算机技术的发展，气象、地震等方面也已广泛应用时间序列的预测方法。时间序列在经济分析中的应用，最先是在美国哈佛大学，该校的经济委员会主席珀森斯(Warren Persons)教授将它应用于一般的商情预测。目前，时间序列分析已成为世界各国进行经济分析和经济预测的基本方法之一。

在应用时间序列趋势预测方法时，实际上设定了一个假设条件，即预测对象在过去和现在的变动模式可以延伸到未来，或者说，作用于预测对象的规律、根本性因素及其作用的方向和强度与过去、现在相同。换而言之，时间序列预测法将影响预测目标的一切因素都由"时间"综合起来加以描述。按照采用的预测方法不同，时间序列预测方法通常又分为简单平均法、移动平均法、指数平滑法、趋势延伸法、季节变动预测法等多种方法。需要说明的是，实际工作中，时间序列分析预测方法多用于短期和近期预测。在进行中长期预测时，必须与其他预测方法（如定性预测）结合运用。

二、时间序列的类型

所谓时间序列，是指观察或记录到的一组按时间顺序排列的数据，经常用 X_1, X_2, $\cdots$, X_t, $\cdots$, X_n 表示。不论是经济领域中某一产品的年产量、月销售量、工厂的月库存量、某一商品在某一市场上的价格变动等，或是社会领域中某一地区的人口数、某医院每日就诊的患者人数、铁路客流量等，还是自然领域中某一地区的温度、月降雨量等，都形成了时间序列。所有这些序列的基本特点就是每一个序列包含了产生该序列的系统的历史行为的全部信息。

时间序列的分类在时间序列预测方法中具有重要的意义。因为，在很多情况下，时间序列的种类不同，预测方法就不同。因此，弄清楚时间序列的基本类型，有助于把握时间序列的规律，选择合适的预测方法。传统的时间序列分析方法，把影响市场现象变动的各因素，按照其特点和综合影响结果分为四种类型：即长期趋势变动、季节变动、循环变动和不规则变动。

（一）长期趋势变动(T)

长期趋势变动是实践序列的主要构成要素，它是指现象在较长时期内持续发展变化的一种趋向或状态。它表示时间序列中数据的变动不是由于意外的冲击因素所造成的，而是随着时间的推移逐渐发生的变动。长期趋势描述了一定时期内经济关系或市场活动中持续的潜在稳定性。即它反映观察目标（预测目标）所存在的基本增长趋向、基本下降趋向或平稳发展趋向的模式。例如，工农业生产的发展、国民生产总值、收入水平、社会商品零售总额等的逐渐增长模式。这种逐渐增长趋势模式，如果其过去的社会经济状况在将来仍然继续保持不变的假设成立，那么就可以继续沿着这个趋势发展，从而得到未来观察期内长期趋势变动的结果。

（二）季节变动(S)

季节变动一般是指市场现象由于受自然因素和生活条件的影响，在一年内随着季节的更换而引起的比较有规律的变动。季节变动中的"季节"一词是广义的，不仅仅指一年中的四季，而是指任何一种周期性的变化。在现实生活中，季节变动是一种极为普遍的现象，它是诸如气候条件、生产条件、节假日或人们的风俗习惯等各种因素作用的结果。农业生产、交通运输、旅游业、商品销售等都有明显的季节变动规律。

（三）循环变动（C）

循环变动是近乎规律性的周而复始的变动。它表现为整个市场经济活动水平不断周期性的但非定期的变动。循环变动不同于趋势变动，它不是朝着单一方向的持续运动，而是涨落相间的交替波动；它也不同于季节变动，季节变动有比较固定的规律，且变动周期多为一年，而循环变动没有固定规律，变动周期多在一年以上，且周期长短不一。

（四）不规则变动（I）

不规则变动指时间序列数据在短期内由于偶然因素而引起的无规律的变动。例如，战争、自然灾害、政治或社会的动乱等偶然因素所导致的不规则变动。对于这些因素的影响，预测者虽然可以辨别，但对其发生的时间和影响程度却难以确定。当对时间序列进行分析，采取某种方法预测时，往往是剔除偶然因素的影响来观察现象的各种规律性变动。

上述各类影响因素的作用，使时间序列数据的变化，有的具有规律性，如长期趋势变动和季节性变动；有的不具有规律性，如不规则变动（偶然变动），以及循环变动（从较长时期来观察也有一定的规律性，但短期内的变动又是不规律的）。把这些影响因素同时间序列的关系用一定的数学关系式表示出来，就构成了时间序列的分解模型。按照四种因素对时间序列的影响方式不同，时间序列可以分解为多种模型，如乘法模型、加法模型、混合模型等。其中最常用的是乘法模型，其表现形式为

$$Y_i = T_i \times S_i \times C_i \times I_i$$

乘法模型的基本假设是，四个因素由不同的原因组成，但相互之间存在一定的关系，因此时间序列中各观察值表现为各种因素的乘积。利用乘法模型可以将四个因素很容易地从时间序列中分离出来，因而乘法模型在时间序列分析中得到了广泛应用。

三、时间序列趋势预测法的基本步骤

运用时间序列趋势预测方法时，一般应遵循以下基本步骤。
(1) 搜集整理历史资料，编制时间序列；
(2) 对时间序列进行分析，基于图形识别或差分判断方法判别时间序列的性质；
(3) 根据时间序列的性质，选择适宜的预测方法和预测模型；
(4) 估计参数，检验模型，进行预测；
(5) 进行误差分析，确定预测值。

第二节 简易平均法

简易平均法是在对时间序列进行分析研究的基础上，计算时间序列观察值的某种平均数，并以此平均数为基础确定预测模型或预测值的市场预测方法。这种方法简便易行，不需要复杂的模型设计和数学运算，是市场预测中最为简单的预测方法。根据计算的平均数不同，可以具体分为简单算术平均法、加权平均法和几何平均法。

一、简单算术平均法

简单算术平均法对时间序列观察值计算其算术平均数,并以此作为预测值的基础。该方法主要目的在于对研究对象在不同时间发展水平的差异进行平均,表现某种现象在某段时期发展的一般水平。这种方法比较简单,且可操作性强,适用于趋势比较稳定的商品需求、生产预测。计算公式为

$$\overline{X} = \frac{X_1 + X_2 + \cdots X_n}{n} = \frac{\sum x_i}{n}$$

式中,$\overline{X}$ 为算术平均数,即预测值;X_n 为第 $1 \sim n$ 期的实际值;n 为预测资料的项数;$\sum x_i$ 为各期实际值的总和。

[例 14-1]某大型商场 2015 年 1—12 月商品的销售额如表 14-2 所示,请用简单算术平均法预测该大型商场 2016 年 1 月商品销售额是多少?分别根据全年、下半年和第四季度的销售量进行预测。

表 14-2　某大型商场 1—12 月商品销售额　　　　　　单位:万元

月份	1	2	3	4	5	6
销售额	159	175	160	170	176	175
月份	7	8	9	10	11	12
销售额	172	174	186	165	176	178

解:根据全年的销售量进行预测,则

$$\overline{X} = \frac{\sum x_i}{n} = \frac{159+175+160+170+176+175+172+174+186+165+176+178}{12} = 172.2(万元)$$

根据下半年的销售量进行预测,则

$$\overline{X} = \frac{\sum X_i}{n} = \frac{172+174+186+165+176+178}{6} = 175.2(万元)$$

根据第四季度的销售量进行预测,则

$$\overline{X} = \frac{\sum x_i}{n} = \frac{165+176+178}{3} = 173(万元)$$

从例 14-1 中可以看出,由于观察期的长短不同,得到的预测值也不同。因此,观察期长短的选择对预测结果很重要。一般来说,若时间序列数据的变化倾向较小,或呈现有规律的波动,观察期可以短些,所用的数据可以少些;当时间序列的变化倾向较大时,应增加观察期和所用的数据,这样预测值会相对精确。

此外,采用简单算术平均数预测方法时,一定要注意该方法的适用条件:时间序列呈水平型发展趋势,不规则变动即随机因素影响较小。应用该方法可以进一步消除不规则变动的影响,将水平型变动规律清楚地反映出来。如果时间序列或市场现象具有明显趋势变动,则采用简单算术平均数预测方法无法解决问题。

二、加权平均法

在简单平均法中,对时间序列的各个数据同等看待,没有区分各个数据对预测值的影

响程度。而加权平均法认为，时间序列中的各个数据对预测值的影响程度并不相同。距离预测期越近的数据对预测值影响越大，它的权数就要大些，距离预测期越远的数据对预测值影响越小，它的权数就越小。

设时间序列中有 n 个观察值 X_1，X_2，…，X_n，分别赋予它们的权数是 W_1，W_2，…，W_n，则这些观察值的加权平均数 $\overline{X}_\omega$ 就是所求的预测值，计算公式为

$$\overline{X}_\omega = \frac{\sum_{i=1}^{n} \omega_i X_i}{\sum_{i=1}^{n} \omega_i} (i = 1,2,3,\cdots,n)$$

加权平均预测法的关键是确定权数，而权数的确定完全是根据预测值对时间序列的观察分析而定，尚无科学方法。一般考虑两方面，一方面考虑距预测期的远近，远期观察值权数小，则近期观察值权数大；另一方面考虑时间序列本身的变动幅度大小，对于波动幅度较大的时间序列，给予的权重差异就大，反之则小。

[例 14-2] 某企业 1—6 月销售某种商品的收入是 120 万元、130 万元、128 万元、135 万元、132 万元、140 万元，用加权平均法预测下一月该商品的销售额。

解：假定 1—6 月的权数分别为 1、2、3、4、5、6，用加权平均法预测第 7 月的销售额为

$$\overline{X}_\omega = \frac{\sum_{i=1}^{n} \omega_i X_i}{\sum_{i=1}^{n} \omega_i} = \frac{1\times120 + 2\times130 + 3\times128 + 4\times135 + 5\times132 + 6\times140}{1+2+3+4+5+6} = 133.5（万元）$$

在采用加权平均法进行预测时，一般要设几种权重方案，分别计算后，再比较分析，以便最终选择能较好地反映实际的预测值。

三、几何平均法

几何平均法首先要计算出一定时期内预测目标时间序列的发展速度或逐期增长率，然后在此基础上进行预测。用公式表示为

$$\overline{X} = G = \sqrt[n]{X_1 \cdot X_2 \cdots X_n}$$

式中，G 为几何平均数；X_1，X_2，…，X_n 为观察期内各期环比发展速度或逐期增长率；n 为数据的个数。

第三节　移动平均法

移动平均法是在简易平均法基础上发展起来的一种预测法。移动平均法是对时间序列观察值由远及近按一定跨越期计算平均值的一种预测方法，其保持平均的基数不变，随着观察期向后移动，平均值也跟着向后移动，形成一个由平均值组成的新的时间序列。

移动平均法具有两个特点：第一，当时间序列的观察值变动方向和程度不尽一致时，呈现波动状态，或受随机因素影响比较明显。移动平均法能够在消除不规则变动的同时，

又对其波动有所反映，做到"与时俱进"。第二，移动平均预测法所需储存的观察值比较少。因为随着移动，远期的观察值对预测期数值的确定就不必要。当长期应用移动平均法对同一问题进行连续研究，不论延续多长时间，所保留的观察值是不必增加的，只需保留跨越期各观察值就可以了。

移动平均法包括一次移动平均法、二次移动平均法、加权移动平均法。

一、一次移动平均法

一次移动平均法是对时间序列的数据按一定跨越期进行移动，逐期计算移动平均值，取最后一期移动平均值作为预测值的方法。一次移动平均法是直接以本期（第 t 期）移动平均值作为下一期（第 $t+1$ 期）预测值的方法。其特点是：预测值是离预测期最近的一组历史数据平均的结果；参加平均的历史数据的个数是固定不变的。一次移动平均法的公式为

$$\hat{Y}_{t+1}=M_t^{(1)}$$

$$M_t=\frac{Y_t+Y_{t-1}+\cdots+Y_{t-n+1}}{n}, \quad t\geqslant n$$

式中，为第 $t+1$ 期的预测值；M_t 为第 t 期的实际值；n 为跨越期数，即参加移动平均的历史数据的个数。

[例 14-3] 某汽车配件销售公司某年 1—12 月的化油器销售量的统计数据如表 14-3 所示，试用一次移动平均法，预测下一年 1 月份的销售量。

表 14-3 化油器销售量表 单位：只

月份	1	2	3	4	5	6	7	8	9	10	11	12
Y_t	423	358	434	445	527	429	426	502	480	384	427	446

假定跨越期 n 分别是 3 和 5，下面以列表方式进行计算，如表 14-4 所示。

表 14-4 化油器移动平均预测值表 单位：只

月份	1	2	3	4	5	6	7	8	9	10	11	12	1
Y_t	423	358	434	445	527	429	426	502	480	384	427	446	
$\hat{Y}_{t+1}(n=3)$				405	412	469	467	461	452	469	456	430	419
$\hat{Y}_{t+1}(n=5)$						437	439	452	466	473	444	444	452

由图 14-1 可以看出，实际销售量的随机波动较大，经过移动平均法计算后，随机波动显著减少，而且求取平均值所用的月数越多，即 n 越大，修匀的程度越强，波动也越小。但是在这种情况下，对实际销售量的变化趋势反应也越迟钝。反之，如果 n 取得越小，对销售量的变化趋势反应越灵敏，但修匀性越差，容易把随机干扰作为趋势反映出来。因此，n 的选择甚为重要，n 应该取多大，应根据具体情况做出抉择。当 n 等于周期变动的周期时，则可消除周期变化的影响。

在实际应用时，一般用对过去数据预测的均方误差 S 来作为选取 n 的准则。

当 $n=3$ 时，

$$Y_t=\frac{1}{9}\sum_{i=4}^{12}(Y_t-\hat{Y}_t)^2=\frac{28\ 893}{9}=3\ 210.33$$

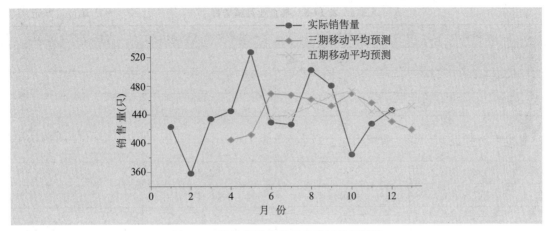

图 14-1　化油器销售量及移动平均预测值

当 $n=5$ 时，

$$Y_t = \frac{1}{7}\sum_{t=6}^{12}(Y_t - \hat{Y}_t)^2 = \frac{11\,143}{7} = 1\,591.86$$

计算结果表明：$n=5$ 时，S 较小，所以选取 $n=5$。预测下年 1 月的化油器销售量为 452 只。

在使用一次移动平均法时，应注意如下两点：

第一，一次移动平均法只能向未来预测一期。

第二，对于有明显趋势变动的时间序列，一次移动平均法容易产生较大的预测偏差和滞后。因此一次移动平均法适用于基本呈水平型变动，又有些波动的时间序列，可以消除不规则变动的影响。

二、二次移动平均法

二次移动平均法，是对一次移动平均值再进行第二次移动平均，再以一次移动平均值和二次移动平均值为基础建立预测模型，计算预测值的方法。二次移动平均预测法解决了预测值滞后于实际观察值的矛盾，适用于有明显趋势变动的市场现象时间序列的预测，同时还保留了一次移动平均法的优点，也称为趋势移动平均法。

一次移动平均值 $M_t^{(1)}$、二次移动平均值 $M_t^{(2)}$ 的公式为

$$M_t^{(1)} = \frac{Y_t + Y_{t-1} + \cdots + Y_{t-n+1}}{n}$$

$$M_t^{(2)} = \frac{M_t^{(1)} + M_{t-1}^{(1)} + \cdots + M_{t-n+1}^{(1)}}{n}$$

式中，Y_t 为第 t 期的实际值；$M_t^{(1)}$ 为第 t 期的一次移动平均值；$M_t^{(2)}$ 为第 t 期的二次移动平均值；n 为跨越期数，即参加移动平均计算的历史数据的个数。

二次移动平均预测法的预测模型为

$$\hat{Y}_{t+T} = a_t + b_t T$$

式中，$a_t = 2M_t^{(1)} - M_t^{(2)}$；$b_t = 2(M_t^{(1)} - M_t^{(2)})/(n-1)$。$T$ 为由 t 期向后推移的预测期的期数。

[例 14-4] 已知某企业的月销售额见表 14-5，请用二次移动平均法预测第 14 期、第 15 期预测值（$n=5$）。

表 14-5　某企业月销售额　　　　　　　　　　　　　　　单位：万元

资料期 t	销售额 Y_t	一次移动平均值 $M_t^{(1)}$	二次移动平均值 $M_t^{(2)}$
1	52		
2	47		
3	62		
4	54		
5	45	52	
6	63	52.2	
7	62	52.2	
8	45	51.85	
9	59	52.8	52.8
10	42	52.2	52.84
11	58	53.2	53.04
12	89	58.6	53.72
13	51	59.8	55.32

解：(1) 计算 $M_t^{(1)}$、$M_t^{(2)}$，结果列于表 14-5 中。

(2) 计算 a_{13}、b_{13}，并进行预测，预测方程为 $\hat{Y}_{t+T}=a_t+b_tT$。

$M_{13}^{(1)}=59.8 \quad\quad M_{13}^{(2)}=55.32$

$a_{13}=2M_{13}^{(1)}-M_{13}^{(2)}=2\times 59.8-55.32=64.28$

$b_{13}=\dfrac{2}{n-1}(M_{13}^{(1)}-M_{13}^{(2)})=\dfrac{2}{5-1}(59.8-55.32)=2.24$

$\hat{Y}_{13+T}=64.28+2.24T$

$\hat{Y}_{14}=64.28+2.24\times 1=66.52$

$\hat{Y}_{15}=64.28+2.24\times 2=68.76$

二次移动平均值与前面几种平均法相比，既可以计算未来某一期的预测值，也可以计算未来若干期的预测值。但是，预测模型的参数是根据已有的数据来确定的，当数据趋势有逐渐改变的迹象时，这种方法就不适合推算未来的预测值，只能推算近期的预测值。

第四节　指数平滑法

利用移动平均法计算，简单易行，但存在明显的不足。第一，每计算一次移动平均值，需要存储最近 n 个观察数据，当需要经常预测时有不便之处。第二，移动平均实际上是对最近的 n 个观察值等权看待，而对 $t-n$ 期以前的数据则完全不考虑，即最近 n 个观察值的权系数都是 $1/n$，而 $t-n$ 以前的权系数都为 0。但在实际经济活动中，最新的观察值往往包含着最多的关于未来情况的信息。所以，更为切合实际的方法是对各期观察值依时间顺序加权。指数平滑法正是适应于这种要求，通过某种平均方式，消除历史统计序列中的随机波动，找出其中的主要发展趋势。根据平滑次数的不同，有一次指数平滑、二次指数平滑、三次指数平滑和高次指数平滑之分，但高次很少用。指数平滑法最适合用于进行简单的时间序列分析中、短期预测。

一、一次指数平滑法

（一）一次指数平滑法的定义

假设 x_0，x_1，…，x_n 为时间序列观察期数据，其中，x_0 为初始数据，x_1，…，x_n 为实际观察值；当观察期的时间 $t=1, 2, …, n$ 时，则 $S_1^{(1)}$，$S_2^{(1)}$，…，$S_n^{(1)}$ 为时间 t 观察值的一次指数平滑值；α 为时间序列的平滑指数，且 $0 \leqslant \alpha \leqslant 1$，那么时间序列各观察值的一次指数平滑公式为

$$S_t^{(1)} = \alpha x_t + (1-\alpha) S_{t-1}^{(1)}$$

即本期一次指数平滑值等于本期实际值的 x_t 的 α 倍加上上期一次指数平滑值 $S_{t-1}^{(1)}$ 的 $1-\alpha$ 倍。

对上式的进一步改写，可得到一次指数平滑的递推公式：

$$S_t^{(1)} = \alpha x_t + (1-\alpha) S_{t-1}^{(1)}$$
$$S_{t-1}^{(1)} = \alpha x_{t-1} + (1-\alpha) S_{t-2}^{(1)}$$
$$\vdots$$
$$S_1^{(1)} = \alpha x_1 + (1-\alpha) S_0^{(1)}$$

式中，$S_0^{(1)}$ 称为平滑初始值。初始值是由预测者估计或指定的。当时间序列的数据较多，如在 20 个以上时，初始值对以后的预测值影响很小，可选用第一期数据为初始值。如果时间序列的数据较少，在 20 个以下，初始值对以后的预测值影响很大，这时，就必须认真研究如何正确确定初始值。一般以最初几期的实际值的平均值作为初始值。

以这种平滑值进行预测，就是一次指数平滑法。它的预测模型为

$$\hat{x}_{t+1} = S_t^{(1)}$$

对上述预测公式进一步变形，得如下形式：

$$\hat{x}_{t+1} = \alpha x_t + (1-\alpha) S_{t-1}^{(1)}$$
$$= \alpha x_t + (1-\alpha)[\alpha x_{t-1} + (1-\alpha) S_{t-2}^{(1)}]$$
$$= \alpha x_t + (1-\alpha) x_{t-1} + (1-\alpha)^2 [\alpha x_{t-2} + (1-\alpha) S_{t-3}^{(1)}]$$
$$= \alpha x_t + (1-\alpha) x_{t-1} + \alpha(1-\alpha)^2 x_{t-2} + \cdots + \alpha(1-\alpha)^{t-1} x_{t-(t-1)} + (1-\alpha)^t S_0^{(1)}$$

即

$$\hat{x}_{t+1} = S_t^{(1)} = \alpha \sum_{j=0}^{t-1} (1-\alpha)^j x_{t-j} + (1-\alpha)^t S_0^{(1)}$$

由于 $0 < \alpha < 1$，当 $t \to \infty$ 时，$(1-\alpha)^t \to 0$，于是上式可改写为

$$\hat{x}_{t+1} = \alpha \sum_{j=0}^{\infty} (1-\alpha)^j x_{t-j}$$

由于 $\alpha \sum_{j=0}^{\infty} (1-\alpha)^j = 1$，且各期的权重由近及远依指数规律变化，具有平滑数据功能，指数平滑法即因此得名。

因此，指数平滑法克服了移动平均法的缺点，它具有"厚今薄古"的特点。在算术平均中，所有数据的权重相等，均为 $1/n$；一次移动平均中，最近 n 期数据的权重均为 $1/n$，其他为 0；而在指数平滑中，一次指数平滑值与所有的数据都有关，权重衰减，距离现在

越远的数据权系数越小。权重衰减的速度取决于 α 的大小，α 越大，衰减越快；α 越小，衰减越慢。

（二）平滑系数 α 的选择

移动平均法中有跨越期 n 的选择问题，同样，在指数平滑法中也有参数 α 的选择问题。平滑系数 α 反映了历史各期数据对预测值影响作用大小。α 值越大，各期历史数据的影响作用由近及远愈迅速衰减；α 值越小，各期历史数据的影响作用由近及远就缓慢减弱。

根据一次指数平滑法预测模型适当进行变换，即

$$S_t^{(1)} = \alpha x_t + (1-\alpha) S_{t-1}^{(1)}$$

$$\hat{x}_{t+1} = S_t^{(1)}$$

$$\hat{x}_t = S_{t-1}^{(1)}$$

$$\hat{x}_{t+1} = \alpha x_t + (1-\alpha) \hat{x}_t$$

因此，第 $t+1$ 期的预测值等于第 t 期的实际值与预测值的加权平均数。α 值的大小，体现了预测模型对时间序列实际值的反应速度。α 值越大，预测模型灵敏度越高，越能跟上实际值的变化。

通过移项，$\hat{x}_{t+1} = \alpha x_t + (1-\alpha) \hat{x}_t$ 可继续变换为 $\hat{x}_{t+1} = \hat{x}_t + \alpha(x_t - \hat{x}_t)$，据此可以理解为，第 $t+1$ 期的预测值等于第 t 期的预测值加上该期的修正预测误差。α 值决定修正预测误差的幅度。α 值越大，修正幅度越大；α 值越小，修正幅度越小。

综合上述分析可以知道：α 较大表示较倚重近期数据所承载的信息，修正的幅度也较大，采用的数据序列也较短；α 较小表示修正的幅度也较小，采用的数据序列也较长。由此我们可以得到选择 α 的一些准则：

（1）如果预测误差是由某些随机因素造成的，即预测目标的时间序列虽有不规则起伏波动，但基本发展趋势比较稳定，只是由于某些偶然变动使预测产生或大或小的偏差，这时，α 应取小一点，如 0.1~0.3，以减小修正幅度，使预测模型能包含较长的时间序列的信息。

（2）如果预测目标的基本趋势已经发生了系统的变化，也就是说，预测误差是由于系统变化造成的，则 α 的取值应该大一点，如 0.6~0.8，这样，就可以根据当前的预测误差对原预测模型进行较大幅度的修正，使模型迅速跟上预测目标的变化。不过，α 取值过大，容易对随机波动反应过度。

在实用上，类似移动平均法，可多取几个 α 值进行试算，看哪个预测误差小，最终选择误差较小的 α 值用于预测。

（三）应用举例

[**例 14-5**] 某电器企业 2004—2015 年的销售额如表 14-6 所示，试采用一次指数平滑法预测 2016 年该企业的销售额。

表 14-6　某电器企业销售额及指数平滑预测值计算表　　　单位：百万元

年　份	t	销售额 x_t	$\alpha=0.2$ 的预测值 $\hat{x}_t$	$\alpha=0.5$ 的预测值 $\hat{x}_t$	$\alpha=0.8$ 的预测值 $\hat{x}_t$
2004	1	50	51	51	51
2005	2	52	50.8	50.5	50.2
2006	3	47	51.04	51.25	51.64
2007	4	51	50.23	49.13	47.93

续表

年　份	t	销售额 x_t	$a=0.2$ 的预测值 $\hat{x}_t$	$a=0.5$ 的预测值 $\hat{x}_t$	$a=0.8$ 的预测值 $\hat{x}_t$
2008	5	49	50.38	50.07	50.39
2009	6	48	50.10	49.54	49.28
2010	7	51	49.68	48.77	48.26
2011	8	40	49.94	49.89	50.45
2012	9	48	47.95	44.95	42.09
2013	10	52	47.96	46.48	46.82
2014	11	51	48.77	49.24	50.96
2015	12	59	49.22	50.12	50.99

解：采用指数平滑法，分别取 $a=0.2、0.5、0.8$ 进行计算。取初始值 $S_0^{(1)}=(x_1+x_2)/2=51$，即 $\hat{x}_1=S_0^{(1)}=51$。按照预测模型 $\hat{x}_{t+1}=ax_t+(1-a)\hat{x}_t$ 计算各期预测值，列于表 14-6 中。

从表 14-6 中可以看出，$a=0.2、0.5、0.8$ 时，预测值是很不相同的。究竟 a 取何值为好，可通过计算它们的均方误差 MSE，选取使 MSE 较小的那个 a 值。

当 $a=0.2$ 时，

$$\text{MSE}=\frac{1}{12}\sum_{i=1}^{12}(x_i-\hat{x}_i)^2=\frac{243.14}{12}=20.26$$

当 $a=0.5$ 时，

$$\text{MSE}=\frac{1}{12}\sum_{i=1}^{12}(x_i-\hat{x}_i)^2=\frac{252.82}{12}=21.07$$

当 $a=0.8$ 时，

$$\text{MSE}=\frac{1}{12}\sum_{i=1}^{12}(x_i-\hat{x}_i)^2=\frac{281.4}{12}=23.45$$

计算结果表明：$a=0.2$ 时 MSE 较小，故选取 $a=0.2$，预测 2016 年该企业销售额 $=0.2\times59+0.8\times49.22=51.175$（百万元）。

但是，需要指出的是，一次指数平滑法的适用条件与一次移动算术平均法相同，仅适用于各期数据大体呈水平趋势变动的时间序列预测，并且仅能向下做一期预测。这在很多情况下造成了预测的局限性，不能满足市场预测的需要。

二、二次指数平滑法

当时间序列没有明显的变动趋势时，使用一次指数平滑就能直接预测第 $t+1$ 期的值。但当时间序列出现直线变动趋势时，用一次指数平滑法来预测存在着明显的滞后偏差。因此，需要进行修正。修正的方法也是在一次指数平滑的基础上再做二次指数平滑，然后建立直线趋势预测模型。故称为二次指数平滑法。

二次指数平滑法能够解决一次指数平滑法不能解决的两个问题：一是解决了一次指数平滑不能用于有明显趋势变动的市场现象的预测；二是解决了一次指数平滑只能向未来预测一期的不足。

（一）二次指数平滑法预测模型

设一次指数平滑值为 $S_t^{(1)}$，则二次指数平滑值 $S_t^{(2)}$ 计算公式为 $S_t^{(2)} = aS_t^{(1)} + (1-a)S_{t-1}^{(2)}$。

若时间序列 $x_1, x_2, \cdots, x_t$ 具有直线变化趋势，且认为未来时期亦按此直线趋势变化，则与趋势移动平均类似，可用如下的直线趋势模型来预测：

$$\hat{x}_{t+T} = a_t + b_t T \quad (T=1, 2, \cdots)$$

式中，t 为当前时期数；T 为由当前时期数 t 到预测期的时期数；$\hat{x}_{t+T}$ 为第 $t+T$ 期的预测值；a_2/为截距，b_2 为斜率，其计算公式为

$$a_t = 2S_t^{(1)} - S_t^{(2)}$$

$$b_t = \frac{\alpha}{1-\alpha}(S_t^{(1)} - S_t^{(2)})$$

（二）二次指数平滑法应用举例

[**例 14-6**] 某地区发电量各期资料如表 14-7，请采用二次指数平滑法预测第 22 期发电量度数。

表 14-7　某地区发电量数据表　　　　　　　单位：亿度

期数	1	2	3	4	5	6	7	8	9	10	11
发电量	676	825	774	716	940	1 159	1 384	1 524	1 668	1 688	1 958
期数	12	13	14	15	16	17	18	19	20	21	
发电量	2 031	2 234	2 566	2 820	3 006	3 093	3 277	3 514	3 770	4 107	

解：(1) 令 $S_0^{(1)} = S_0^{(2)} = 676$，$\alpha = 0.3$。

(2) 根据递推公式 $S_t^{(1)} = \alpha x_t + (1-\alpha)S_{t-1}^{(1)}$ 和 $S_t^{(2)} = aS_t^{(1)} + (1-a)S_{t-1}^{(2)}$，分别计算一次和二次指数平滑值，见表 14-8。

表 14-8　某地区发电量一次、二次指数平滑计算表　　　　　　　单位：亿度

t	x_t	$S_t^{(1)}$	$S_t^{(2)}$	$\hat{x}_{t+1}$
1	676	676	676	—
2	825	720.7	689.4	676
3	774	736.7	703.6	765.4
4	716	730.5	711.7	784.0
5	940	739.4	736.2	757.4
6	1 159	903.1	786.3	875.1
7	1 384	1 047.4	864.6	1 070.0
8	1 524	1 190.4	962.3	1 308.5
9	1 668	1 333.7	1 073.7	1 516.3
10	1 688	1 440.0	1 183.6	1705.1
11	1 958	1 595.4	1 307.1	1 806.3
12	2 031	1 726.1	1 432.8	2 007.3

续表

t	x_t	$S_t^{(1)}$	$S_t^{(2)}$	$\hat{x}_{t+1}$
13	2 234	1 878.5	1 566.5	2 145.1
14	2 566	2 084.8	1 722.0	2 324.2
15	2 820	2 305.4	1 897.0	2 603.4
16	3 006	2 515.6	2 082.6	2 888.8
17	3 093	2 688.8	2 264.5	3 134.2
18	3 277	2 865.3	2 244.7	3 294.9
19	3 514	3 059.9	2 629.3	3 466.2
20	3 770	3 272.9	2822.4	3 675.0
21	4 107	3 523.1	3 032.6	3 916.5

（3）计算 a_t 和 b_t。

$S_{21}^{(1)} = 3\ 523.1$，$S_{21}^{(2)} = 3\ 032.6$

$a_{21} = 2S_{21}^{(1)} - S_{21}^{(2)} = 2 \times 3\ 523.1 - 3\ 032.6 = 4\ 013.6$

$b_{21} = \dfrac{\alpha}{1-\alpha}(S_{21}^{(1)} - S_{21}^{(2)}) = \dfrac{0.3}{1-0.3}(3\ 523.1 - 3\ 032.6) = 210.21$

（4）进行预测。

由 $\hat{x}_{21+T} = 4\ 013.6 + 210.21T$，得 $\hat{x}_{22} = \hat{x}_{21+1} = 4\ 013.6 + 210.21 \times 1 = 4\ 223.81$（亿度）。

第五节 趋势延伸法

趋势延伸法是遵循惯性原理，分析预测目标时间序列资料呈现的长期趋势变动轨迹的规律性，用数学方法找出拟合趋势变动轨迹的数学模型，据此进行预测的方法。

要应用趋势延伸法，必须遵循两个假设前提，第一是决定过去预测目标发展的因素，在很大程度上仍将决定其未来的发展；第二是预测目标发展过程中一般是渐进变化，而不是跳跃式变化。因此，趋势延伸预测法就是在大量历史和现实的随机现象中，寻求时间序列"平静的反映"，从而得到系统运动变化的规律，通过建立适当的预测模型，推断其未来变化的趋势。常见的趋势延伸法包括直线模型趋势法和曲线模型趋势法。

正确掌握时间序列长期趋势发展的规律性变化轨迹是正确选择模型的关键。简捷的方法是绘出时间序列数据的散点图，通过图形判断来确定。此外，也可以从数学分析角度，利用时间序列的差分变化情况作出判断。判断识别出预测目标时间序列趋势线的数学模型之后，要设法确定数学模型中的参数，才能进行趋势延伸预测。

一、直线趋势延伸法

直线趋势延伸法是根据预测对象具有线性变动趋势的历史数据，通过建立直线模型进行预测的方法。它是趋势延伸预测法的一种基本方法，也是在实践中最常用的方法。

如果市场现象时间序列具有长期趋势变动，而且呈现直线变化规律，即直线上升趋势或直线下降趋势，可以配合直线方程，用直线趋势延伸法进行预测。判断时间序列趋势变动是否呈直线趋势，可以用时间序列图形判断，也可以用时间序列环比增长量（一阶差分）判断。如果时间序列环比增长量接近于一个常数或差异不大，即可用直线趋势延伸法。

直线趋势延伸法的预测模型为

$$\hat{y}_t = a + bt$$

式中，$\hat{y}_t$ 为第 t 期的预测值（趋势值）；t 为已知时间序列 y_t 的时间变量；a、b 为待定参数，a 为截距，代表 $t=0$ 时的预测值，为直线斜率，b 代表逐期增长量。

直线预测模型的特点，是一阶差分为一常数：$\nabla y_t = y_t - y_{t-1} = b$。因此，当时间序列一阶差分 ∇y_t 近似为一常数，其散点图呈直线趋势时，可配合直线预测模型来预测。该方法的关键是需要为已知时间序列找到一条最佳拟合其长期线性发展规律的直线，正确地估计出参数 a、b 的值，最常用的方法是最小平方法。

最小平方法的基本原理是：满足时间序列实际观察值 y_t 与趋势线各值 $\hat{y}_t$（即预测值）的离差平方和为最小的直线，则该直线是最理想的，是对市场现象实际观察值代表性最高的直线。

它的数学表达式是

$$\min \sum (y_t - \hat{y}_t)^2$$

即

$$\min \sum (y_t - a - bt)^2$$

利用极值原理，最佳拟合条件可以转换为下面的联立方程：

$$\begin{cases} \sum y_t = na + b\sum t \\ \sum ty_t = a\sum t + b\sum t^2 \end{cases}$$

由此可得

$$\begin{cases} b = \dfrac{n\sum ty_t - \sum t \sum y_t}{n\sum t^2 - (\sum t)^2} \\ a = \bar{y}_t - b\bar{t} \end{cases}$$

如果令 $\sum t = 0$，则上述方程可以简化为

$$\begin{cases} \sum y_t = na \\ \sum ty_t = b\sum t^2 \end{cases}$$

由此可得 $a = \dfrac{\sum y_t}{n} = \bar{y}, b = \dfrac{\sum ty_t}{\sum t^2}$，其中 n 为时间序列的项数。

[例 14-7] 某市 2006—2014 年某商品零售额如表 14-9 所示，试预测 2015 年该商品的零售额。

表 14-9　某市某商品的零售额　　　　　　　　　　　　　　　单位：万元

年　　份	2006	2007	2008	2009	2010	2011	2012	2013	2014
零售额 y_t	265	297	333	370	405	443	474	508	541

解：(1) 选择预测模型。计算 2006—2014 年零售额数据的一阶差分 ∇y_t，可以判断出适用直线趋势延伸法进行预测。

（2）建立直线预测模型，令 $\sum t=0$，根据资料采用简化方法列表计算有关数据，如表 14-10 所示。

表 14-10　某市某商品的零售额预测数据

年 份	t	y_t	ty_t	t^2	$\hat{y}_t$	$y_t-\hat{y}_t$	$(y_t-\hat{y}_t)^2$
2006	-4	265	$-1\,060$	16	264.52	0.48	0.230 4
2007	-3	297	-891	9	299.39	-2.39	5.712 1
2008	-2	333	-666	4	334.26	-1.26	1.587 6
2009	-1	370	-370	1	369.13	0.87	0.756 9
2010	0	405	0	0	404.00	1	1
2011	1	443	443	1	438.87	4.13	17.056 9
2012	2	474	948	4	473.74	0.26	0.067 6
2013	3	508	1 524	9	508.61	-0.61	0.372 1
2014	4	541	2 164	16	543.48	-2.48	6.150 4
$\sum$	0	36 36	2 092	60	3 636	0	32.934

根据表 14-10 的计算结果，可得 $a=\dfrac{3\,636}{9}=404$，$b=\dfrac{2\,092}{60}=34.87$。

于是，所求直线预测模型为 $\hat{y}_t=404+34.87t$。

将各年次的 t 值代入预测模型，可得各年的追溯预测值 $\hat{y}_t$，见表 13-10。

（3）预测。以 $t=5$ 代入预测模型，则 2015 年该商品的预测零售额 $\hat{y}_t=404+34.87\times 5=578.35$（万元）。

对运用最小平方法建立的直线趋势延伸预测模型进行预测，与运用平滑技术（二次移动平均或二次指数平滑法）建立直线预测模型进行预测比较，它们之间的共同点为：都遵循事物发展连续原则，预测目标时间序列资料具有单位时间增（减）量大体相同的长期趋势特征。

它们之间的区别如下。

（1）预测模型的参数计算方法不同。直线趋势延伸法模型参数来自最小平方法数学推导；平滑技术主要用经验判断决定 n 或 α。

（2）线性预测模型中的时间变量的取值不同。直线趋势延伸法中时间变量取值决定于未来时间在时间序列中的时序；平滑技术模型中的时间变量取值决定于未来时间相距建模时点的时间周期数。

（3）模型适应市场的灵活性不同。直线趋势延伸法预测模型参数对时间序列资料一律同等对待，在拟合过程中消除了季节、不规则、循环三类变动因子的影响，反映时间序列资料长期趋势的平均变动水平；平滑技术预测模型参数对时间序列资料采用重近轻远的原则，在拟合过程中能够较灵敏地反映市场变动的总体水平。

由于存在上述区别，直线趋势延伸模型比较适合趋势发展平稳的预测对象的近期、中期预测；平滑技术建立的线性模型更适合趋势发展中有波动的预测目标的短期、近期预测。总之，两者各有特色，在很多场合相互配合使用效果更好。

二、曲线趋势延伸法

市场经济活动受到多种因素的综合作用，市场经济变量（如商品供应、市场需求、价格水平、商品库存等）长期趋势变动轨迹有时会呈现不同形式的曲线。在市场预测中，时间序列资料呈现的曲线形态很多,这里我们主要介绍时间序列资料呈现二次曲线、指数曲线的建立和应用。

(一) 二次曲线趋势法

二次曲线又称二次抛物线,该预测方法是根据预测对象具有抛物线变动趋势的历史数据,拟合成一条抛物线,通过建立二次抛物线模型进行预测的方法。

二次抛物线模型为

$$\hat{y}_t = a + bt + ct^2$$

式中,a、b、c 为参数,t 为观察期序号。当时间序列 $\{Y_t\}$ 的二阶差分 $\nabla^2 Y_t$ 近似为一个常数,其散点图呈现一个弯曲向上凸或向下凹的曲线发展趋势时,可采用二次抛物线预测模型来预测。

预测模型中的参数 a、b、c 通常利用最小平方法求最佳拟合线得到。根据最小平方法的条件,a、b、c 必须符合下列三个方程:

$$\begin{cases} \sum y_t = na + b\sum t + c\sum t^2 \\ \sum ty_t = a\sum t + b\sum t^2 + c\sum t^3 \\ \sum t^2 y_t = a\sum t^2 + b\sum t^3 + c\sum t^4 \end{cases}$$

解此联立方程式,可求出三个参数 a、b、c 的值,建立起二次抛物线趋势方程式。按上式计算 a、b、c 的值的方法,称为直接法。为了简化计算,一般人为地令 $\sum t = 0$,则可以使计算过程得到简化。将时间序列正中一期定为原点,这样就能得到 $\sum t = 0, \sum t^3 = 0$。上述联立方程式可以简化为

$$\begin{cases} \sum y_t = na + c\sum t^2 \\ \sum ty_t = b\sum t^2 \\ \sum t^2 y_t = a\sum t^2 + c\sum t^4 \end{cases}$$

这样,只要计算出 $\sum y_t$、$\sum ty_t$、$\sum t^2 y_t$、$\sum t^2$、$\sum t^4$,就可以代入联立方程式求得 a、b、c 三个参数值。

[例 14-8] 某服装企业近 7 年的销售额数据如表 14-11 所示,请预测 2016 年的销售额。

表 14-11 某服装企业销售额

年 份	销售额(万元)	t	趋势值(万元)
2009	350	−3	334.52
2010	300	−2	303.57
2011	250	−1	300
2012	350	0	323.81
2013	400	1	375
2014	450	2	453.57
2015	550	3	559.52

解：(1) 画出散点图，如图14-2所示，观察值的变动趋势比较接近于二次曲线形态，所以考虑运用二次曲线法进行预测。其模型为

$$\hat{y}_t = a + bt + ct^2$$

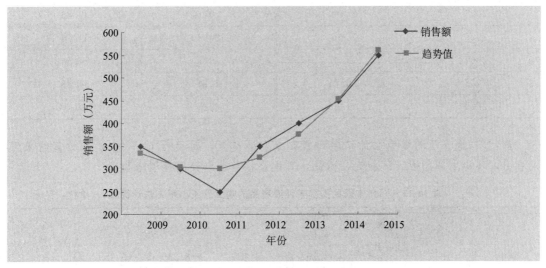

图14-2 销售额的观察值和预测值

(2) 计算求解参数 a、b、c 的有关数据。根据上述方程组，分别求出 $\sum y_t$、$\sum ty_t$、$\sum t^2 y_t$、$\sum t^2$、$\sum t^4$。

解联立方程组，得 $a=323.81$，$b=37.5$，$c=13.69$。

这样，二次曲线拟合方程为 $\hat{y}_t = 323.81 + 37.5t + 13.69t^2$。

将观察期的 t 值代入模型，求得各年的趋势值（见表14-11），在此基础上计算误差，发现对历史数据的拟合程度较好，可以用来进行近期预测。

(3) 确定预测值。2016年的 $t=4$，$t^2=16$，其预测值为 $\hat{y}_{2016} = 323.81 + 37.5 \times 4 + 13.69 \times 16 = 692.85$（万元）。

(二) 指数曲线趋势法

应用指数曲线趋势法的条件是：时间序列反映预测目标的发展趋势变动，基本表现为大体稳定的按一定比例增长的趋势。

指数曲线预测模型为

$$\hat{y}_t = ab^t$$

若对模型两边取对数，则可化为对数直线模型：$\lg \hat{y}_t = \lg a + t \lg b$。

令 $Y'_t = \lg \hat{y}_t$，$A = \lg a$，$B = \lg b$，则有 $Y'_t = A + Bt$。

根据最小平方法的原理，解下面的联立方程组求得参数 A 和 B。

$$\begin{cases} \sum Y'_t = nA + B\sum t \\ \sum tY'_t = A\sum t + B\sum t^2 \end{cases}$$

然后，对 A 和 B 取反对数就可求得 a 和 b。

[例14-9] 2004—2015年郑州市居民购买某种消费品的购买金额如表14-12所示，试预测2016年该市居民购买该种消费品的金额。

表 14-12 2004—2015 年郑州市居民购买某种消费品　　　　单位：亿元

年　份	金额 y_t	年　份	金额 y_t
2004	5.67	2010	28.34
2005	7.09	2011	39.86
2006	9.56	2012	54.16
2007	13.07	2013	74.84
2008	16.75	2014	94.38
2009	21.62	2015	129.94

解：(1)选择预测模型。计算序列的环比发展速度，列于表 14-13 中，从计算结果可以看出，环比发展速度大体相近，因此，可配合指数曲线预测模型来预测。

表 14-13 郑州市居民购买某种消费品的购买额最小平方方法计算表　　　单位：亿元

年　份	t	储蓄额 y_t	环比发展速度(%)	$\lg y_t$	t^2	$t\lg t$	$\hat{y}_t$
2004	−11	5.67	0.753 58	121	−8.289 38	5.389 0	—
2005	−9	7.09	125.04	0.850 65	81	−7.655 85	7.181 6
2006	−7	9.56	134.84	0.980 46	49	−6.863 22	9.570 5
2007	−5	13.07	136.72	1.116 28	25	−5.581 40	12.754 1
2008	−3	16.75	128.16	1.224 01	9	−3.672 03	16.996 6
2009	−1	21.62	129.07	1.334 86	1	−1.334 86	22.650 3
2010	1	28.34	131.08	1.452 40	1	1.452 40	30.184 7
2011	3	39.86	140.65	1.600 54	9	4.801 62	40.225 3
2012	5	54.16	135.88	1.733 68	25	8.668 40	53.605 8
2013	7	74.84	138.18	1.874 13	49	13.118 91	71.437 2
2014	9	94.38	126.11	1.974 88	81	17.773 92	95.200 0
2015	11	129.94	137.68	2.113 74	121	23.251 14	126.8673
$\sum$	0	—	—	17.009 21	572	35.669 65	—

(2)建立指数曲线预测模型。列表计算有关数据，见表 14-13。
将计算结果代入上述计算公式，可得

$$\begin{cases} \lg a = \dfrac{17.009\ 21}{12} = 1.417\ 43 \\ \lg b = \dfrac{35.669\ 65}{572} = 0.062\ 36 \end{cases}$$

求反对数，得 $a = 26.147\ 5$，$b = 1.154\ 4$。
所求指数曲线预测模型为

$$\hat{y}_t = 26.147\ 5 \times (1.154\ 4)^t$$

将各年的 t 值代入预测模型，可得各年追溯预测值 $\hat{y}_t$，见表 14-13。

（3）预测。把 $t=13$ 代入预测模型，可得2016年郑州市居民购买某种消费品的购买金额的预测值为169.065 3亿元。

第六节 季节变动预测法

季节变动是指由于自然条件和社会条件的影响，经济现象在一年内随着季节的转变而引起的周期性变动。例如，有些产品是季节生产常年消费，如粮、棉、油、麻、丝、茶、烟、糖等；有些产品是季节生产季节消费，如某些瓜、菜、果；有些产品是常年生产季节消费，如背衫、棉毛衫裤、呢绒等。又如农药、化肥、电风扇以及电力系统一天24小时的负荷和交通系统的客运量均呈季节性的波动等。对这些市场现象中客观存在的季节变动进行分析研究，可以掌握其季节变动规律，并由此对其预测期内的季节变动值作出预测。

研究市场现象季节变动，所搜集的市场现象时间序列资料一般必须是以月（或季）为单位时间。为研究某市场现象的季节变动规律，必须至少具有3年或3年以上的市场现象各月（或季）的资料。

市场现象时间序列的季节变动一般表现得比较复杂，多数情况下并非单纯的季节变动。有些市场现象时间序列则表现为季节变动、长期趋势变动、周期变动和不规则变动混合在一起。本节主要介绍两种季节模型：无趋势变动的季节模型和含趋势变动的季节模型。

一、季节变动指标

季节变动模型由一套指标组成，若市场现象时间序列的资料是以月为时间单位，则季节变动模型由12个指标组成；若市场现象时间序列的资料是以季为时间单位，则季节变动模型由4个指标组成。季节变动模型的指标有两种：以相对数表示的季节比率和以绝对数表示的季节变差。

（一）季节比率

季节比率也称为季节指数或季节系数。一般以百分数或系数表示。

对于不含长期趋势变动时间序列的季节变动，季节比率公式为

季节比率＝各月（或季）实际观察值/月（或季）平均值

对于既含季节变动又含长期趋势变动的时间序列，季节比率公式为

季节比率＝各月（或季）实际观察值/月（或季）趋势值

季节比率指标反映的是时间序列中各月（或各季）的实际观察值围绕平均值100%上下波动的状况。季节比率偏离100%的程度大，说明季节变动的幅度大；季节比率偏离100%的程度小，说明季节变动的幅度小。

实际研究季节变动规律时，不是根据某一年12个月或4个季度的实际观察值，而是根据3～5年市场现象各月（或季）的时间序列资料。因此，季节比率的公式应改写为如下形式：

季节比率＝同月（或季）实际观察值平均值/总平均数

季节比率的计算可以采取两种方法。

▶ 1. 直接月(季)平均法

(1) 计算历年相同月(季)的简单算术平均数；
(2) 计算历年所有月(季)的总平均数；
(3) 用各月(季)的平均数除以总的月(季)平均数，即得到各月(季)的季节比率。

▶ 2. 全年比率平均法

(1) 计算每年全年的月(季)平均数；
(2) 将每年各月(季)数值除以该年全年的月(季)平均数，得到每年各月(季)比率；
(3) 对历年相同月(季)的比率进行简单算术平均，得到各月(季)的季节比率。

(二) 季节变差

对于不含长期趋势变动的时间序列的季节变动，测算季节变差的公式为

季节变差＝各月(或季)实际观察值－月(或季)平均值

对于既含季节变动又含长期趋势变动的时间序列，季节变差的测算公式为

季节变差＝各月(或季)实际观察值－月(或季)趋势值

如果根据3～5年市场现象实际分月(或季)的时间序列资料，季节变差公式应改写为能应用多年资料计算的公式：

季节变差＝同月(或季)实际观察值平均值－总平均数

同样，季节变差的计算也可以采取两种方法：直接月(季)平均法和全年离差平均法。

二、无趋势变动的季节模型

对于不含长期趋势变动，只含季节变动的市场现象时间序列，采取季节水平模型对其进行预测。

如果采用季节比率，则预测模型为 $\hat{Y}_t = \bar{Y} * f_t$；如果采用季节变差，则预测模型为 $\hat{Y}_t = \bar{Y} + d_t$。式中，$\bar{Y}$ 为时序的平均水平，f_t 为季节比率，d_t 为季节变差。

[例 14-10] 现有某服装企业某款式服装销售量近3年的分月资料，请采用季节水平模型，对其季节变动规律进行描述，并对该款式服装销售量做预测，其资料和计算见表14-14。

表14-14　某服装企业某款式服装销售量　　　　　　　　单位：万件

月 份	2013 年	2014 年	2015 年	合 计	月 平 均	季节比率(%)
1	5	4	3	12	4	10.8
2	4	5	3	12	4	10.8
3	10	11	6	27	9	24.3
4	22	23	18	63	21	56.8
5	40	51	32	123	41	110.8
6	108	110	100	318	106	286.5
7	94	96	92	282	94	254.1
8	85	80	81	246	82	221.6
9	62	57	58	177	59	159.5

续表

月　份	2013 年	2014 年	2015 年	合　计	月 平 均	季节比率（%）
10	20	15	13	48	16	43.2
11	5	4	3	12	4	10.8
12	6	4	2	12	4	10.8
合计	461	460	411	1 332	444	900.0
年平均	38.4	38.3	34.3	111.0	37.0	100.0

由表 14-14 中可以看出，该款式服装具有明显的季节变动特征，夏季是其销售旺季，春冬季是其销售淡季。另外，根据年均销售额数据可以看出，基本不存在明显的增长或下降趋势，可以采用季节水平模型。

解：采用直接月（季）平均法计算季节比率。

（1）求各年同月的平均数。

求各年同月的平均数，即将 3 年中每年相同月份的销售量加以平均，采用简单算术平均方法计算。具体结果见表 14-14。

（2）计算 2013—2015 年月度数据的总平均数。

总平均数即计算 3 年共 36 个月的销售量平均数。计算结果见表 14-14，具体结果为 37 万件/月。

（3）计算各月的季节比率。

根据公式：季节比率＝同月（或季）实际观察值平均值/总平均数，计算出每个月的季节比率，结果见表 14-14。

（4）进行预测。

预测模型为 $\hat{Y}_t = \bar{Y} * f_t$。式中，$\bar{Y}$ 取上一年的平均数，即 2015 年的月平均数，得到 2016 年该款式服装每个月的销售量预测值，如表 14-15 所示。

表 14-15　某服装企业某款式服装 2016 年月销售预测值　　　　　单位：万件

月　份	销售量	月　份	销售量
1	4	7	87
2	4	8	76
3	8	9	55
4	19	10	15
5	38	11	4
6	98	12	4

三、含趋势变动的季节模型

在大量含季节变动的市场现象中，单纯表现为季节变动的只是少数情况，大部分市场现象的季节变动是与长期趋势变动联系在一起的。对这些市场现象，在研究其季节变动的同时,还必须考虑其长期趋势变动,即采用含趋势变动的季节预测模型。

最小平方趋势剔除季节变动法是根据时间序列资料,运用最小平方法建立趋势变动预测模型,求出并剔除原序列各期的趋势值,进而测定出季节变动指标,从而根据季节变动指标和趋势值对未来进行预测的方法。该方法根据趋势变动与季节变动之间相互作用方式的不同,又可分为相乘型最小平方趋势剔除法和相加型最小平方趋势剔除法。

(一)相乘型最小平方趋势剔除法

该方法适用于时间序列存在明显的季节变动同时又含有长期趋势变动,且时间序列的季节变动幅度随着现象的趋势变动而加大。

其预测模型为

$$\hat{Y}_t = (a+bt) \cdot f_i$$

式中,$a+bt$ 为时间序列的线性趋势变动部分;f_i 为时间序列各月(季)的季节比率。模型的建立分为两步,首先分离出时间序列的趋势变动,再求出季节比率。趋势直线的参数 a 和 b 采用最小平方法确定。

[例 14-11] 某服装专卖店某商品近 3 年来各季度销售量数据如表 14-16 所示,现用最小平方趋势剔除法预测 2016 年各季度该商品的销售量。

表 14-16 某商品 2013—2015 年各季度销售数据　　单位:万件

年　份	季　度	时序 t	销售量 Y_t	趋势值 T_t	季节比率 S_t
2013	一	1	435	1 545.92	0.281 4
	二	2	2 217	1 628.48	1.361 4
	三	3	3 756	1 711.04	2.195 2
	四	4	394	1 793.6	0.219 7
2014	一	5	488	1 876.16	0.260 1
	二	6	2 687	1 958.72	1.371 8
	三	7	4 396	2 041.28	2.153 6
	四	8	406	2 123.84	0.191 2
2015	一	9	667	2 206.4	0.302 3
	二	10	3 076	2 288.96	1.343 8
	三	11	4 988	2 371.52	2.103 3
	四	12	490	2 454.08	0.199 7

解:绘制该时间序列的散点图(见图 14-3),从图中可以看出该序列既有明显的季节变动,也有趋势变动现象,而且季节变动的幅度随着趋势增加而加大,因此采用相乘型最小平方趋势剔除法进行预测。

(1) 确定趋势直线方程。

采用最小平方法确定参数 a 和 b,估计出 $a=1\,463.36$,$b=82.56$,所以趋势方程为

$$T_t = a + bt = 1\,463.36 + 82.56t$$

据此计算出各期的趋势值,如表 14-16 所示。

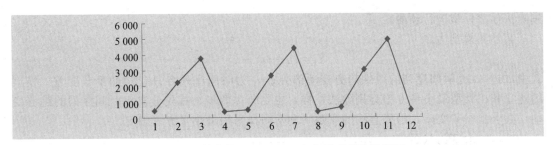

图 14-3　某商品 2013—2015 年各季度销售数据图

(2) 计算季节比率。

利用公式计算每年每个季度的季节比率，如表 14-16 所示。在此基础上通过对历年相同季度的 S_i 进行简单算术平均，消除不规则变动的影响，得到各季度的季节比率，如表 14-17 所示。

表 14-17　各季度的季节比率

季　　度	季节比率平均值	季节比率修正值
一	0.281 3	0.281 7
二	1.359 0	1.360 9
三	2.150 7	2.153 7
四	0.203 5	0.203 8

根据季节比率的定义，四个季度的总平均值 $\bar{S}$ 应为 1，经计算发现，

$$\bar{S}=\frac{0.281\ 3+1.359\ 0+2.150\ 7+0.203\ 5}{4}=0.998\ 6$$

因此，需要对计算得到的季节比率平均值进行修正，即用每个季度的季节比率平均值除以总平均值 $\bar{S}$，得到修正后的季节比率值，如表 14-17 所示。

(3) 预测。

根据预测模型 $\hat{Y}_t=(a+bt)*f_i$，首先计算出 2016 年相应季度的趋势值，再分别乘以对应的季节比率，得到 2016 年每个季度的预测值，如表 14-18 所示。

表 14-18　某商品 2016 年各季度销售数据预测值　　　　　　　单位：万件

季　　度	销售数据趋势值	销售数据预测值
一	2 537	715
二	2 619	3 564
三	2 702	5 819
四	2 784	567

(二) 相加型最小平方趋势剔除法

如果所研究和预测的时间序列，既有季节变动又有趋势变动，而且每年出现的季节变动的变动幅度不随市场现象的趋势变动而变化，这种情况下需要采取相加型最小平方趋势

剔除法预测模型进行预测。

其预测模型为

$$\hat{Y}_t = (a+bt) + d_i$$

式中，$a+bt$ 为时间序列的线性趋势变动部分；d_i 为时间序列各月（季）的季节变差。模型的建立和相乘型最小平方趋势剔除法一样，也是分为两步、首先分离出时间序列的趋势变动，再求出季节变差。趋势直线的参数 a 和 b 同样采用最小平方法确定。

本章小结

时间序列就是将市场现象的某种统计指标数值，按时间先后顺序排列而成的数列。时间序列市场预测法是根据市场现象历史资料的时间序列，运用科学的数学方法建立预测模型，预测市场现象未来的发展的变化趋势。

时间序列数据有不同的类型，按照其特点和综合影响结果分为四种类型：即长期趋势变动、季节变动、循环变动和不规则变动。

时间序列趋势预测法有很多，包括简易平均法、移动平均法、指数平滑法、趋势延伸法、季节变动预测法。

简易平均法是在对时间序列进行分析研究的基础上，计算时间序列观察值的某种平均数，并以此平均数为基础确定预测模型或预测值的市场预测方法。简易平均法包括简单算术平均法、加权平均法和几何平均法。

移动平均法则是对时间序列观察值由远及近按一定跨越期计算平均值的一种预测方法。移动平均法包括一次移动平均和二次移动平均。

指数平滑法是以本期的实际发生数和上期的预测值为基数，分别给予不同的权重，计算指数平滑值，并以此确定预测结果的方法。指数平滑法包括一次指数平滑法和二次指数平滑法。

趋势延伸法是遵循惯性原理，分析预测目标时间序列资料呈现的长期趋势变动轨迹的规律性，用数学方法找出拟合趋势变动轨迹的数学模型，据此进行预测的方法。本章主要介绍了直线趋势延伸、二次曲线趋势延伸和指数曲线延伸法。

季节变动预测法是根据预测目标各年按月或季编制的时间序列资料中所呈现的季节变动规律，计算反映季节变动规律的季节比率或季节变差等季节变动指标，并据此进行季节预测的方法。根据时间序列是否具有趋势变动，又可细分为无趋势变动的季节模型预测和含趋势变动的季节模型预测。

复习思考题

1. 什么是时间序列预测法？时间序列预测法是如何分类的？
2. 移动平均法的跨越期 n 的数值大小对预测值有什么影响？选择跨越期 n 应考虑哪些问题？
3. 指数平滑法的平滑系数 α 的大小对预测值有什么影响？选择平滑系数 α 应考虑哪些问题？确定指数平滑的初始值应考虑哪些问题？

4. 请论述趋势延伸预测法的基本原理和假设条件。

5. 请比较直线趋势延伸法、二次移动平均法、二次指数平滑法三种预测方法的区别。

6. 某企业 2010—2015 年利润表如表 14-19 所示，请选用适当的预测方法预测该企业 2016 年和 2017 年的利润。

表 14-19　某企业 2010—2015 年利润表　　　　　单位：万元

年份	2010	2011	2012	2013	2014	2015
年利润	68.11	91.01	119.93	148.08	173.78	196.71

7. 某商品 2012—2015 年各季度销售额数据如表 14-20 所示。运用季节变动预测方法预测 2016 年各个季节的销售额。

表 14-20　某商品各季节销售额情况　　　　　单位：万元

年　份	一　季　度	二　季　度	三　季　度	四　季　度
2012	61	75	87	64
2013	65	67	82	62
2014	70	77	89	73
2015	74	80	90	72

8. 某服装专卖店某品牌服装近年来各季度销售额数据如表 14-21 所示，请用合适的预测方法预测 2016 年各季度该商品的销售额。

表 14-21　某品牌服装各季节销售额情况　　　　　单位：万元

年　份	一　季　度	二　季　度	三　季　度	四　季　度
2012	72	274	162	85
2013	108	312	196	123
2014	145	351	236	161
2015	181	387	272	200

阅读材料

Excel 在移动平均法中的应用举例

利用 Excel 工具，可以大大节省计算时间和程序，提高工作效率，提高预测的时效和质量。现用例子加以简单说明，有兴趣的读者自己可以参照相关书籍自学，以深化和掌握相关内容。

已知某企业 1995—2015 年的年销售额如表 14-22 所示，试预测 2016 年该企业的年销售额。（$n=5$）

表 14-22　某企业 1995—2015 年销售额　　　　　　　　　单位：万元

年　份	销　售　额	年　份	销　售　额
1995	32	2006	76
1996	41	2007	73
1997	48	2008	79
1998	53	2009	84
1999	51	2010	86
2000	58	2011	87
2001	57	2012	92
2002	64	2013	95
2003	69	2014	101
2004	67	2015	107
2005	69		

解：具体操作步骤如下：

（1）首先选择"工具"菜单中的"数据分析"命令，此时弹出"数据分析"对话框。在"分析工具"列表框中，选择"移动平均"工具。

这时将弹出"移动平均"对话框，如图 14-4 所示。

图 14-4　"移动平均"对话框

（2）在输入框中指定输入参数。在"输入区域"框中指定统计数据所在区域 B1：B22；因指定的输入区域包含标志行，所以选中"标志位于第一行"复选框；在"间隔"框内键入移动平均的项数 5。

在"输出选项"框内指定输出选项。可以选择输出到当前工作表的某个单元格区域、新工作表组或是新工作簿。本例选定"输出区域"，并键入输出区域左上角单元格地址 C2；选中"图表输出"复选框。若需要输出实际值与一次移动平均值之差，还可以选中"标准误差"复选框。

(3) 单击"确定"按钮。这时 Excel 给出一次移动平均的计算结果及实际值与一次移动平均值的曲线图，如图 14-5 所示。

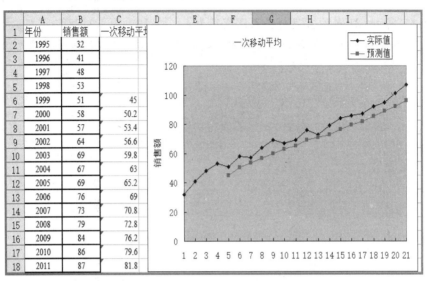

图 14-5　一次移动平均值的结果

从图 14-5 可以看出，该商场的年销售额具有明显的线性增长趋势，一次移动平均预测值具有明显的滞后性。因此要进行预测，还必须再作二次移动平均，然后建立直线趋势的预测模型。而利用 Excel 提供的移动平均工具只能作一次移动平均，所以在一次移动平均的基础上再进行移动平均即可。

二次移动平均的方法同上，求出的二次移动平均值及实际值与二次移动平均值的拟合曲线，如图 14-6 所示。

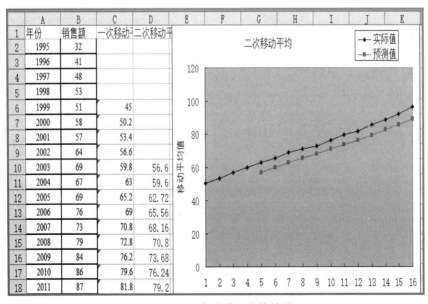

图 14-6　二次移动平均值结果

再利用前面所讲的截距 a_t 和斜率 b_t 计算公式，可得：
$$a_{21}=2M_t^{(1)}-M_t^{(2)}=2\times 96.4-88.96=103.84$$
$$b_{21}=\frac{2}{5-1}(M_t^{(1)}-M_t^{(2)})=\frac{2}{4}(96.4-88.96)=3.72$$

于是，可得 $t=21$ 时的直线趋势预测模型为 $\hat{x}_{21+T}=103.84+3.72T$。

预测 2016 年该商场的年销售额为 $\hat{x}_{2016}=\hat{x}_{21+1}=103.84+3.72=107.56$（万元）。

第十五章 回归分析预测法

> **学习目标**
> 1. 了解相关分析与回归分析的基本概念和相互关系；
> 2. 掌握一元线性回归分析预测法的基本步骤；
> 3. 掌握一元线性回归分析预测法相关模型检验的方法；
> 4. 掌握多元线性回归分析预测法的基本原理；
> 5. 了解常用非线性回归的线性化方法；
> 6. 了解虚拟变量回归分析预测法。

第一节 回归分析预测法概述

一、相关分析和回归分析的概念

（一）函数关系和相关关系的概念

在自然界和社会现象中，任何现象都不是孤立的，而是普遍联系和相互制约的。现象间的普遍联系、相互制约往往表现为相互依存的关系，这种依存关系通常有两种类型，即函数关系和相关关系。

▶ 1. 函数关系

函数是指现象之间存在一种严格的确定性的依存关系，表现为存在一个现象发生变化，另一个现象也随之发生变化，而且有确定的值与之相对应。这种关系可通过精确的数学表达式来反映，例如，圆面积同其半径的关系为 $s=\pi r^2$，自由落体落下的距离同时间的关系为 $h=\frac{1}{2}gt^2$ 等。

▶ 2. 相关关系

相关关系指客观现象之间确实存在，但数量上不是严格对应的依存关系。即自变量取一个数值时，因变量必然存在与它对应的数值，但这个对应值是不确定的，自变量发生某种变化时，因变量也必然发生变化，但变化的程度是不确定的。例如，成本的高低与利润的多少有密切关系，但某一确定的成本与相对应的利润却是不确定的。这是因为影响利润的因素很多，除了成本外，还有价格、供求平衡、消费嗜好等因素以及其他偶然因素的影响。

函数关系与相关关系既有区别，又有联系。在实际中，由于观察和实验中的误差，函数关系往往通过相关关系表现出来；而当对现象之间的内在联系和规律性了解得更加清楚的时候，相关关系又可以转化为函数关系。在社会经济领域里，一般说来，函数关系反映了现象间关系的理想化状态，相关关系则反映了现象间关系的现实化状态，只有被大量观察并在平均的意义上，它才能被描述。

（二）回归分析和相关分析的关系

回归分析和相关分析都是研究和测度两个或两个以上变量之间关系的方法。相关分析指借助于图形和若干分析指标（如相关系数）对变量之间依存关系的密切程度进行测定的过程，通常用相关系数表示，多元相关时用复相关系数表示。回归分析是对具有相关关系的变量之间的数量变化规律进行测算，研究某一随机变量（因变量）与其他一个或几个普通变量（自变量）之间的数量变动关系，并据此对因变量进行估计和预测的分析方法。由回归分析求出的关系式，称为回归模型。

回归分析与相关分析是研究客观事物之间相互依存关系的两个不可分割的方面。在实际工作中，一般先进行相关分析，由相关系数的大小决定是否需要进行回归分析。在相关分析的基础上建立回归模型，以便进行预测，同时相关系数还是检验回归分析效果的标准。相关程度越高，回归分析结果越可靠。

回归分析与相关分析的区别主要在于：

（1）相关分析研究的是变量之间的依存关系，这些变量地位对等，不区分主从因素或因果因素。回归分析研究的是一个变量随其他变量变化的形式，变量之间的关系不是并列的、对等的，必须根据研究对象的性质和分析目的，确定哪个是自变量，哪个是因变量。

（2）相关分析主要测定的是变量之间关系的密切程度和方向，但不能指出变量之间相互关系的具体形式，也无法从一个变量的变化来推断另一个变量的变动情况；回归分析则着重于变量之间的具体变动关系，并据此由已知变量推断未知变量。

二、相关关系的种类

（一）按相关的因素多少可分为单相关和复相关

单相关（又称一元相关），是指两个变量之间的相关关系，即一个自变量与一个因变量之间的相关关系。复相关（又称多元相关），是指三个或三个以上变量之间的相关关系。即一个因变量与多个自变量之间的相关关系。例如，只研究消费支出与消费收入的相关关系，就是单相关，而研究亩产量对施肥量、浇水量的相关关系，就是复相关。

（二）按相关的表现形式可分为线性相关和非线性相关

如果自变量数值发生变动，因变量数值随之发生大致均等的变动，从平面图上观察其各点的分布近似地表现为一直线，这种相关关系就称之为线性相关（也叫直线相关）。如果自变量发生变动，因变量数值也随之发生变动，但这种变动不是沿着一个方向发生均等变动,从图形上看,其分布表现为各种不同的曲线形式,这种相关关系称为非线性相关(也叫曲线相关)。

(三)按相关的方向可把线性相关分为正相关和负相关

正相关是指当自变量 x 数值增加(或减少)时,因变量 y 的数值也将随之相应地增加(或减少),即因变量和自变量的变动方向是一致的,这种相关关系称为正相关。例如,商品销售量增加,销售额也增加。负相关是指当自变量 x 的数值增加(或减少),因变量 y 的数值则随之减少(或增加),即自变量与因变量的变动方向是相反的,这种相关关系称为负相关。例如,商品价格降低,销售量增加等。

(四)按相关的程度可分为完全相关、不完全相关和不相关

两个变量之间,当自变量改变一定量时,因变量的改变量是一个确定的量,则这两个变量间的关系称为完全相关,此种关系实际上就是函数关系。当变量之间没有任何关系,而是各自独立,互不影响,则称为不相关(零相关)。如果变量之间的关系介于完全相关与不相关之间,则称为不完全相关。不完全相关是相关分析的主要对象。

各类相关关系的表现形态如图 15-1 所示。

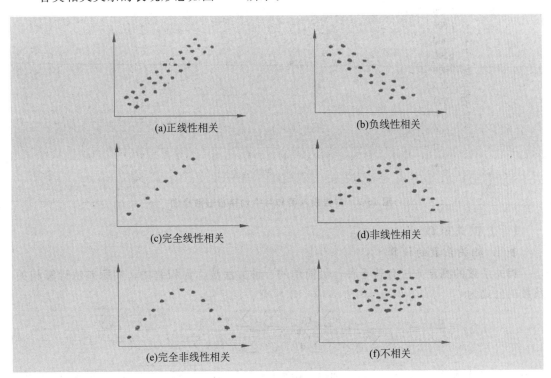

图 15-1　相关关系示意图

三、相关关系的测定

(一)相关图

相关图又称散点图,是指将有关观测值在平面直角坐标系中用坐标点描绘出来,从而表明相关点的分布状况。通过相关图,可以大致看出两个变量之间有无相关关系以及相关的形态、方向和密切程度。

[**例 15-1**]某企业近 8 年产品广告投入费和月平均销售额相关情况如表 15-1 所示。

表 15-1　广告投入费和月平均销售额相关表　　　　　　　单位：万元

年　　份	广告投入费 x	月平均销售额 y
2008	1.2	620
2009	2.0	860
2010	3.1	800
2011	3.8	1 100
2012	5.0	1 150
2013	6.1	1 320
2014	7.2	1 350
2015	8.0	1 600

根据表 15-1 中的数据，用 Excel 绘制的相关图如图 15-2 所示。

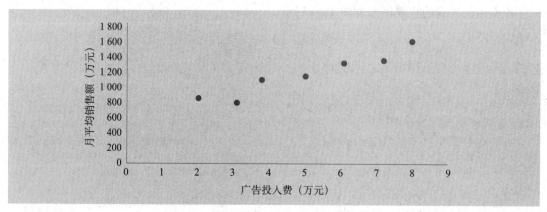

图 15-2　广告投入费和月平均销售额散点图

(二) 相关系数

▶ 1. 相关系数的计算

相关系数的测定方法有若干种，最简单的一种方法被称为积差法，用积差法计算相关系数的公式为

$$r = \frac{\sigma_{xy}}{\sigma_x \sigma_y} = \frac{n\sum xy - \sum x \sum y}{\sqrt{n\sum x^2 - (\sum x)^2}\sqrt{n\sum y^2 - (\sum y)^2}} = \frac{\overline{xy} - \overline{x}\,\overline{y}}{\sigma_x \sigma_y}$$

式中，$\sigma_{xy} = \frac{1}{n}\sum(x-\overline{x})(y-\overline{y})$，称 σ_{xy} 为协方差；$\sigma_x = \sqrt{\frac{1}{n}\sum(x-\overline{x})^2}$，是变量 x 的标准差；$\sigma_y = \sqrt{\frac{1}{n}\sum(y-\overline{y})^2}$，是变量 y 的标准差。

相关图只能粗略地大体反映变量间相关关系的方向、形式和密切程度，要确切地反映相关关系的密切程度，还需计算相关系数。

▶ 2. 相关系数的性质

相关系数的值介于 -1 与 +1 之间，即 $-1 \leqslant r \leqslant +1$。其性质如下：

(1) 当 $r > 0$ 时，表示两变量正相关；$r < 0$ 时，两变量为负相关。

(2) 当 $|r|=1$ 时，表示两变量为完全线性相关，即为函数关系。

(3) 当 $r=0$ 时，表示两变量间无线性相关关系。

(4) 当 $0<|r|<1$ 时，表示两变量存在一定程度的线性相关。且 $|r|$ 越接近 1，两变量间线性关系越密切；$|r|$ 越接近于 0，表示两变量的线性相关越弱。

(5) $|r|<0.4$ 为低度线性相关；$0.4\leqslant|r|<0.7$ 为显著性相关；$0.7\leqslant|r|<1$ 为高度线性相关。

[**例 15-2**] 以表 15-1 为例，计算相关系数，具体过程见表 15-2。

表 15-2 相关系数计算表

年 份	广告费 x（万元）	月平均销售额 y（万元）	x^2	y^2	xy
2008	1.2	620	1.44	384 400	744
2009	2.0	860	4	739 600	1 720
2010	3.1	800	9.61	640 000	2 480
2011	3.8	1 100	14.44	1 210 000	4 180
2012	5.0	1 150	25	1 322 500	5 750
2013	6.1	1 320	37.21	1 742 400	8 052
2014	7.2	1 350	51.84	1 822 500	9 720
2015	8.0	1 600	64	2 560 000	12 800
合计	36.4	8 800	207.54	10 421 400	45 446

于是，$r=\dfrac{8\times 45\ 446-36.4\times 8\ 800}{\sqrt{8\times 207.54-36.4^2}\cdot\sqrt{8\times 10\ 421\ 400-8\ 800^2}}=0.969\ 7$。

相关系数为 0.969 7，说明广告投入费与月平均销售额之间存在高度的线性正相关关系。

四、回归模型的种类

回归模型可以从不同的角度进行分类，常见的分类如下。

▶ 1. 根据自变量的多少分类

根据自变量的多少，回归模型可以分为一元回归模型和多元回归模型。一元回归模型是根据某一因变量与一个自变量之间的变动关系建立的模型。多元回归模型是根据某一因变量与两个或两个以上自变量之间的变动关系建立的模型。如根据农作物单位面积对施肥量、降雨量和气温的变动关系建立的回归模型。

▶ 2. 根据回归模型的形式线性与否分类

根据回归模型的形式线性与否，回归模型可以分为线性回归模型和非线性回归模型。在线性回归模型中，因变量与自变量之间呈现线性关系。在非线性回归模型中，因变量与自变量之间呈现非线性关系。

▶ 3. 根据回归模型所含的变量是否有虚拟变量分类

根据回归模型所含的变量是否有虚拟变量，回归模型可以分为普通回归模型和带虚拟变量的回归模型。普通回归模型的自变量都是数量变量。虚拟变量回归模型的自变量既有数量变量又有品质变量。例如，农作物单位面积产量不仅受施肥量、降雨量和气温等数量变量的影响，而且也受地形地势和政府经济政策等品质变量的影响。

五、回归预测的步骤

▶ 1. 确定预测目标和影响因素

根据决策目的及需要，明确进行预测的具体目标，分析影响预测目标的相关因素，并判断选出主要的影响因素，也就是决定因变量和自变量。

▶ 2. 收集整理因变量和自变量观察样本资料

根据预测要求收集纵断面观察样本资料或横断面观察样本资料。纵断面观察样本资料是指因变量、自变量的历史统计数据。它反映因变量、自变量所代表的同一地区或同一组织内经济现象随时间推进发展过程中的因果关系关联形态。横断面观察样本资料是指某一特定时间内不同地区或不同组织的因变量和自变量统计资料，它反映的是预测对象事物特定时期内经济行为中的因果关系或关联形态。

▶ 3. 建立回归方程预测模型

根据自变量和因变量之间因果关系的关联形态，以及收集到的资料，按照回归分析基本原理，建立回归方程预测模型。

▶ 4. 进行相关分析、方差分析与显著性检验

对于任何给定的一组因变量、自变量观察样本资料，用最小平方法都可以计算出回归方程参数，建立回归方程式。但是，这样建立的回归方程不一定有实际意义。凭借丰富的专业知识和实践经验能从质的方面判断回归方程式是否符合规律，但无法从量的方面做出判断。相关分析是借用统计方法计算自变量、因变量样本数据的相关系数，说明变量之间的线性相关密切程度。方差分析是分析自变量与因变量线性相关关系对因变量的变异的影响程度，并通过 F 显著性检验指出反映自变量与因变量线性相关关系的回归方程式的显著性水平。只有通过数理检验，才能说明建立的回归方程式有实际意义。

▶ 5. 进行预测

在经过相关分析和显著性检验之后，利用达到某一显著水平的回归方程预测模型进行实际预测，包括计算预测值和预测区间。

第二节　一元线性回归预测法

一元线性回归分析法是在考虑预测对象发展变化本质的基础上，分析因变量随一个自变量变化而变化的关联形态，借助回归分析建立它们之间因果关系的回归方程式，描述它们之间的数量变化关系，据此进行预测或控制。

一、一元线性回归模型的确定

（一）一元线性回归模型的概念

假设预测目标因变量为 y，影响它变化的一个自变量为 x，一元线性回归分析就是要

依据一定数量的观察样本 $(x_i, y_i)(i=1, 2, \cdots, n)$，找出回归直线方程：

$$\hat{y} = a + bx + \varepsilon$$

式中，$\hat{y}$ 为回归估计值或拟合值；x 为自变量；ε 为误差项，表示各种随机因素对 $\hat{y}$ 的影响的总和。也就是说，$\hat{y}$ 是 x 的线性函数（部分）加上误差项。其中，线性部分反映了由于 x 的变化而引起的 $\hat{y}$ 的变化，误差项 ε 是随机变量，反映了除 x 和 $\hat{y}$ 之间线性关系之外的随机因素对 $\hat{y}$ 的影响，即不能由 x 和 $\hat{y}$ 之间的线性关系所解释的变异性。

（二）参数的最小平方法估计（OLS 估计）

估计一元线性回归模型参数 a、b 有许多方法，其中使用最广泛的是最小平方法（Ordinary Least Square），下面采用最小平方法来估计模型的参数 a、b。

最小平方法的中心思想，是通过数学模型寻找一条较为理想的符合实际观察值发展变化的趋势线，使实际观察值 y 与趋势线上模型的估计值 $\hat{y}$ 的离差平方和最小，即 $\sum(y-\hat{y})^2 =$ 最小值。

令 $Q(a,b) = \sum(y-\hat{y})^2 = \sum(y-a-bx)^2$，要使函数 $Q(a,b)$ 有极小值，则必须满足函数对参数 a、b 的一阶偏导等于 0，可得

$$\begin{cases} \dfrac{\partial Q}{\partial a} = 0 \\ \dfrac{\partial Q}{\partial b} = 0 \end{cases}$$

即

$$\begin{cases} \sum 2(y-a-bx)(-1) = 0 \\ \sum 2(y-a-bx)(-x) = 0 \end{cases}$$

整理得标准方程组：

$$\begin{cases} \sum y = na + b\sum x \\ \sum xy = a\sum x + b\sum x^2 \end{cases}$$

解该方程组，得

$$\begin{cases} b = \dfrac{n\sum xy - \sum x \sum y}{n\sum x^2 - (\sum x)^2} = \dfrac{\overline{xy} - \bar{x}\cdot\bar{y}}{\sigma^2} \\ a = \dfrac{\sum y}{n} - b\dfrac{\sum x}{n} = \bar{y} - b\bar{x} \end{cases}$$

其中，$\overline{xy} = \dfrac{\sum xy}{n}$。

[例 15-3] 仍以表 15-1 的数据为例，建立一元线性回归模型。

根据参数 a 和 b 的计算公式，代入相关数据，得

$$b = \frac{8 \times 45\,446 - 36.4 \times 8\,800}{8 \times 207.54 - 36.4^2} = 128.959\,9$$

$$a = \frac{8\,800}{8} - 128.959\,9 \times \frac{36.4}{8} = 513.232\,3$$

因此，一元线性回归模型 $y_c = 513.232\,3 + 128.959\,9x$。

该模型表明：广告费每增加 1 万元，月平均销售额增加 128.959 9 万元。

二、一元线性回归方程的检验

建立的一元线性回归模型，是否符合变量之间的客观规律性，两变量之间是否具有显著的线性相关关系？要回答这个问题还需要对回归模型进行显著性检验。这是因为对于任何观察值$(x_i, y_i)(i=1, 2, \cdots, n)$，只要$n$满足估计的基本要求，均可以估计出回归系数$a$和$b$的值，从而做出一条回归直线。但是这条回归直线是否有意义，可否用于预测或控制？只有通过显著性检验才能下结论。

回归方程的检验需要从变差的分析开始。

（一）离差平方和的分解与可决系数

▶ 1. 离差平方和的分解

在直线回归中，实际观察值y_i的取值大小是上下波动的，但这种波动总是围绕其均值且在一定范围内，统计上将y_i取值的这种波动现象称为变差。这种变差的产生是由两方面原因引起的：①受自变量变动的影响。②其他因素（随机因素）的影响。为了分析这两个方面的影响，需要对总变差进行分解。

对每一个观察值来说，变差的大小可以通过该观察值y_i与其算术平均数$\bar{y}$的离差$y_i - \bar{y}$来表示，而全部实际观察值的总变差可由这些离差的平方和来表示：

$$\sum (y_i - \bar{y})^2 = \sum (y_i - \hat{y})^2 + \sum (\hat{y} - \bar{y})^2$$

即

总变差(SST)＝剩余离差(SSE)＋回归离差(SSR)

也就是说，总变差(SST)可分为两部分：一是因变量的回归值$\hat{y}$与实际观察值均值$\bar{y}$之间的离差，记为$\sum (\hat{y} - \bar{y})^2$，称为回归离差(SSR，或称回归平方和)，这一变差由自变量x的变动而引起，是总变差中由自变量x解释的部分，代表能够由回归方程解释的部分；二是实际观察值y_i与回归值$\hat{y}$之间的离差，记为$\sum (y_i - \hat{y})^2$，称为剩余离差(SSE，或称残差平方和)，它是由观测或实验中产生的误差以及其他未加控制的因素引起的，表示的是总变差中不能由回归方程解释的部分。

▶ 2. 可决系数R^2

可决系数（也称为判定系数R^2）的计算公式为

$$R^2 = \frac{\text{回归变差}}{\text{总变差}} = \frac{\text{SSR}}{\text{SST}} = 1 - \frac{\text{SSE}}{\text{SST}}$$

可决系数R^2的大小反映了在y的总变差中由自变量x变动所引起的回归变差所占的比例，是反映变量x与y之间的线性相关关系密切程度的一个重要指标。根据定义，$0 \leqslant R^2 \leqslant 1$。

由R^2的计算公式可以看出，当所有观测值都位于回归直线上时，残差平方和等于零，这时$R^2 = 1$，说明总离差完全由所估计的样本回归直线来解释；当观测值不完全位于回归直线上时，残差平方和大于零，这时$R^2 > 0$；当回归直线没有解释任何离差，即模型中自变量x与因变量y完全无关时，y的总离差全部归于残差平方和，这时$R^2 = 0$。

（二）回归方程的检验

回归方程的检验一般包括两个方面的内容：一是线性关系的检验；二是回归系数的检验。

▶ 1. 线性关系的检验（F 检验）

构造 F 统计量，

$$F = \frac{\text{SSR}/1}{\text{SSE}/(n-2)} = \frac{\sum(\hat{y}-\bar{y})^2/1}{\sum(y_i-\hat{y})^2/(n-2)}$$

可以证明 F 服从第一自由度为 1，第二自由度为 $n-2$ 的 F 分布。对给定的显著性水平 α，查 F 分布表可得临界值 $F_\alpha(1, n-2)$。

如果 $F > F_\alpha$，则认为两变量之间线性相关关系显著；反之，如果 $F \leqslant F_\alpha$，则认为两变量之间线性相关关系不显著。

[**例 15-4**] 以表 15-1 的资料为例，对其回归模型进行 F 检验。F 检验计算表如表 15-3 所示。

表 15-3　一元线性回归模型 F 检验计算表

年　份	x	y	$\hat{y}$	$(\hat{y}-\bar{y})^2$	$(y-\hat{y})^2$
2008	1.2	620	667.984 18	186 637.67	2 302.481 5
2009	2	860	771.152 1	108 140.94	7 893.949 3
2010	3.1	800	913.007 99	34 966.012	12 770.806
2011	3.8	1 100	1 003.279 9	9 354.773 9	9 354.773 9
2012	5	1 150	1 158.031 8	3 367.689 8	64.509 811
2013	6.1	1 320	1 299.887 7	39 955.089	404.505 01
2014	7.2	1 350	1 441.743 6	116 788.67	8 416.884 5
2015	8	1 600	1 544.911 5	197 946.24	3 034.742 8
合计	36.4	8 800	8 799.998 8	697 157.09	44 242.653

解：计算检验统计量 F。

$$F = \frac{\sum(\hat{y}-\bar{y})^2/1}{\sum(y_i-\hat{y})^2/(n-2)} = \frac{697\ 157.09}{44\ 242.653/6} = 94.545\ 47$$

确定显著性水平以及临界值 F。

设 $\alpha=0.05$，$f_1=1$，$f_2=n-2=6$，查 F 分布得临界值 $F_{0.05}(1,6)=5.99$。

由于 $F=94.545\ 47 > F_{0.05}(1,6)=5.99$，表明回归效果显著。

▶ 2. 回归系数的检验（t 检验）

回归系数的检验就是检验参数 a 和 b 是否显著异于 0 的方法。这里以对 b 检验为例来说明 t 检验的步骤。构造 t 统计量：

$$t = b/S_b$$

式中，S_b 为回归系数 b 的标准差，S_y 为估计标准误差。计算公式为

$$S_y = \sqrt{\frac{\sum(y_i-\hat{y}_i)^2}{n-2}}$$

$$S_b = \sqrt{\frac{S_y^2}{\sum(x_i - \bar{x})^2}}$$

可以证明，$t = b/S_b$ 服从自由度为 $(n-2)$ 的 t 分布。查询 t 分布表得临界值 $t_{\alpha/2}(n-2)$。如果 $t > t_{\alpha/2}(n-2)$，则认为 b 显著异于 0，表面两个变量之间存在线性关系；反之，若 $t \leq t_{\alpha/2}(n-2)$，则认为 b 不显著异于 0，表明两个变量之间不存在线性关系。

[例 15-5] 以表 15-1 为例，对回归系数 b 进行统计检验。

解：计算检验的统计量 t 值。

$$S_y = \sqrt{\frac{\sum(y_i - \hat{y})^2}{n-2}} = \sqrt{\frac{44\,242.653}{6}} = 85.87$$

$$S_b = \sqrt{\frac{S_y^2}{\sum(x_i - \bar{x})^2}} = \sqrt{\frac{85.87^2}{41.92}} = 13.262\,277$$

于是，$t = b/S_b = 128.959\,9/13.262\,77 = 9.723\,45$。

取显著性水平 $\alpha = 0.05$，根据自由度 $f = n-2 = 6$，查 t 分布表得相应的临界值 $t_{\alpha/2} = t_{0.025} = 2.446\,9$。

由于 $t = 9.723\,45 > t_{\alpha/2} = t_{0.025} = 2.446\,9$，表明样本回归系数是显著的，广告费与月销售额之间确实存在线性关系，广告费是影响月销售额的显著因素。

也可以用一元线性回归问题的 Excel 处理，以表 15-1 的资料为例，在 Excel 主页面中，选择"工具"→"数据分析"→"回归"进入回归分析的窗口做相应处理，结果如图 15-3 所示。

SUMMARY OUTPUT							
回归统计							
Multiple R	0.9697						
R Square	0.94033						
Adjusted R S	0.93038						
标准误差	85.8707						
观测值	8						
方差分析							
	df	SS	MS	F	Significance F		
回归分析	1	697157.3	697157	94.546	6.795E-05		
残差	6	44242.65	7373.78				
总计	7	741400					
	Coeffici	标准误差	t Stat	P-value	Lower 95%	Upper 95%	下限 95.0%	上限 95.0%
Intercept	513.232	67.55231	7.59755	0.0003	347.93779	678.5269	347.93779	678.5269
X Variable 1	128.96	13.26277	9.72345	7E-05	96.507089	161.4128	96.507089	161.41276

图 15-3 Excel 回归计算结果图

由图 15-3 可知，相关系数 $R = 0.969\,7$，F 检验回归方程显著，t 检验回归系数 P 值小于 0.05，说明回归系数是显著的，于是有可预测的回归方程 $\hat{y} = 513.232 + 128.96x$。

三、回归预测

当一元线性回归模型通过显著性检验之后，就可以利用该模型进行预测。所谓预测，就是当自变量 x 取一个值 x_0 时，代入回归模型，就可以求得一个对应的回归预

测值 $\hat{y}_0$，$\hat{y}_0$ 又被称为点估计值。但是在实际工作中，预测对象的实际值不一定等于预测值，随着现实情况的变化和各种环境因素的影响，两者总是会产生一些偏差。如果仅仅根据某一点的预测计算就得出结论，则往往容易产生错误。所以，不仅要预测出 y 的点估计值，而且要给出 y 的预测区间。所谓预测区间，就是指在一定的显著性水平上，依据数理统计方法计算出的包含预测对象未来真实值的某一区间范围。

在小样本情况下（$n<30$），通常用 t 分布进行预测。当给定置信水平 $1-\alpha$ 时，y_0 值的预测区间为

$$\hat{y}_0 \pm t_{\alpha/2}(n-2)S_y\sqrt{1+\frac{1}{n}+\frac{(x_0-\bar{x})^2}{\sum(x_i-\bar{x})^2}}$$

式中，$S_y=\sqrt{\dfrac{\sum(y_i-\hat{y}_i)^2}{n-2}}$ 称为 y 的估计标准误差。

当实际观测值较多，满足大样本条件（$n>30$），由于上式中根式的值近似地等于 1，$t_{\alpha/2}(n-2)$ 也近似趋于正态分布 $z_{\alpha/2}$，因此，当给定置信水平 $1-\alpha$ 时，y_0 值的预测区间为 $\hat{y}_0 \pm z_{\alpha/2}S_y$。

[例 15-6] 以表 15-1 数据所建的回归方程为例，取 $x_0=10$ 万元时，试计算月平均销售额在 95% 置信水平时的预测区间。

解：根据例 15-5 的计算结果可知 $\hat{y}=513.232\ 3+128.959\ 9x$，经计算可得 $S_y=85.87$，$t_{\alpha/2}=t_{0.025}=2.446\ 9$。

取 $x_0=10$ 万元时，根据回归方程得 $\hat{y}_0=513.232\ 3+128.959\ 9\times10=1\ 802.83$（万元）。

于是，y_0 值的预测区间为 $1\ 802.83\pm2.446\ 9\times85.87\times\sqrt{1+\dfrac{1}{8}+\dfrac{29.7}{41.92}}$，即 $1\ 518.32\leqslant\hat{y}_0\leqslant2\ 087.35$。

以上预测区间说明，我们可以以 95% 的概率保证，当广告费为 10 万元时，月平均销售额在 1 518.32 万～2 087.35 万元。

第三节 多元线性回归预测法

一元线性回归模型研究的是某一因变量与一个自变量之间的关系问题。但是在市场经济活动中，经常会遇到某一市场现象的发展和变化不单是一种影响因素，而是几个影响因素，也就是一个因变量和几个自变量有依存关系的情况。例如，某种商品的销售量增加既与人口增长有关，又与商品价格有关。这时采用一元回归分析预测法进行预测很难奏效，就需要采用多元线性回归分析方法。

一、基本原理及回归系数计算方法

多元线性回归分析的基本原理同一元线性回归分析一样，也是用最小平方法使回归预测值与实际值之间的总离差平方和最小，求出多元线性回归预测模型的回归系数，达到多元线性回归方程与实际观察数据点的最佳拟合。

设：经定性分析，影响因素自变量 $x_i(1\leqslant i\leqslant m)$ 与预测目标因变量之间确实存在线

性因果关系,则多元线性回归方程式为
$$\hat{y} = b_0 + b_1 x_1 + b_2 x_2 + \cdots + b_m x_m$$
式中,b_0 为常数项,$b_i (1 \leqslant i \leqslant m)$ 为斜率回归系数,统称待定回归系数。

在多元回归分析中,y 对某一自变量的斜率回归系数,表示当其他自变量不变时,该自变量变动一个单位量时 y 的平均变动量。$\hat{y}$ 为因变量回归估计值。

按最小平方法原理,对于已知的 m 个自变量和因变量 y 组成的 n 个观察值,可以证明多元线性回归方程的回归系数 $b_1, b_2, \cdots, b_m$ 一定是下列线性方程组的唯一解:

$$\begin{cases} l_{11}b_1 + l_{12}b_2 + \cdots + l_{1m}b_m = l_{1y} \\ l_{21}b_1 + l_{22}b_2 + \cdots + l_{2m}b_m = l_{2y} \\ \vdots \\ l_{m1}b_1 + l_{m2}b_2 + \cdots + l_{mm}b_m = l_{my} \end{cases}$$

而且,
$$b_0 = \bar{y} - \sum_{i=1}^{m} b_i \bar{x}_i$$

$$\bar{y} = \frac{1}{n} \sum_{j=1}^{n} y_j, \bar{x}_i = \frac{1}{n} \sum_{j=1}^{n} x_{ij}, 1 \leqslant i \leqslant m$$

$$l_{iy} = \sum_{j=1}^{n} (x_{ij} - \bar{x}_i)(y_j - \bar{y}), 1 \leqslant i \leqslant m$$

$$l_{ik} = l_{ki} = \sum_{j=1}^{n} (x_{ij} - \bar{x}_i)(x_{kj} - \bar{x}_k), i = 1, 2, \cdots, m, k = 1, 2, \cdots, m$$

即收集的自变量、因变量的 n 个观察值按上式计算,l_{iy},$l_{ik}(i, k=1, 2, \cdots, m)$ 均为可知,代入上面的简化线性方程组,便可求得 $b_1, b_2, \cdots, b_m$ 回归系数,然后再求得 b_0。

通常上面的线性方程组可以用矩阵表示,设:

$$\boldsymbol{L} = \begin{bmatrix} l_{11} & l_{12} & \cdots & l_{1m} \\ l_{21} & l_{22} & \cdots & l_{2m} \\ \vdots & \vdots & \vdots & \vdots \\ l_{m1} & l_{m2} & \cdots & l_{mm} \end{bmatrix}, \boldsymbol{B} = \begin{bmatrix} b_1 \\ b_2 \\ \vdots \\ b_m \end{bmatrix}, \boldsymbol{D} = \begin{bmatrix} l_{1y} \\ l_{2y} \\ \vdots \\ l_{my} \end{bmatrix}$$

则矩阵形式为
$$\boldsymbol{LB} = \boldsymbol{D}$$
式中,$\boldsymbol{L}$ 为简化方程组中的系数矩阵,$\boldsymbol{B}$ 为斜率回归系数向量,$\boldsymbol{D}$ 为常数项向量。

所以,斜率回归系数向量可依据已知的 $\boldsymbol{L}$ 矩阵和 $\boldsymbol{D}$ 向量,按照下式计算:
$$\boldsymbol{B} = \boldsymbol{L}^{-1} \boldsymbol{D}$$
式中,$\boldsymbol{L}^{-1}$ 为系数矩阵 $\boldsymbol{L}$ 的逆矩阵。

将求得的 $b_1, b_2, \cdots, b_m$ 代入 $b_0 = \bar{y} - \sum_{i=1}^{m} b_i \bar{x}_i$,即可求得 b_0,从而将多元线性回归方程的所有系数全部求出。

二、回归方程的检验

建立的多元线性回归模型是否具有实际经济意义和代表性以及是否满足原先设定的条件,必须进行回归方程检验,只有检验合格后才能用于分析和预测。

▶ 1. 逻辑检验

根据一定的理论知识和实践经验,判定多元线性回归模型各回归系数的符号及取值是否合理。

▶ **2. 回归模型线性关系整体性显著检验**

检验所建立的多元线性回归模型中所有的自变量作为一整体与因变量的线性相关关系是否显著，也就是检验各自变量的系数是否同时为零，即做原假设 $H_0：b_1=b_2=\cdots=b_m=0$。检验的方法主要有 F 检验。

F 检验就是构造和计算 F 统计量并将其与在一定显著性水平的临界值 F_α 相比较，做出拒绝或接受 H_0 的判断。

由统计学有关证明知，统计量

$$F=\frac{SSR/(m-1)}{SSE/(n-m)}=\frac{\sum(\hat{y}-\bar{y})^2/(m-1)}{\sum(y_i-\hat{y})^2/(n-m)} \sim F[(m-1),(n-m)]$$

将有关数据代入上式，计算 F 值，而后根据给定的显著性水平 α，查 F 分布表，得临界值 $F_\alpha[(m-1),(n-m)]$，再将 F 与 F_α 比较。

若 $F>F_\alpha[(m-1),(n-m)]$，拒绝 H_0，说明 $x_1,x_2,\cdots,x_m$ 作为一个整体与 y 的线性关系显著；

若 $F\leqslant F_\alpha[(m-1),(n-m)]$，接受 H_0，说明 $x_1,x_2,\cdots,x_m$ 作为一个整体与 y 的线性关系不显著，所建立的回归方程无效。

多元线性回归方程整体性检验通不过的原因可能在于：第一，自变量 $x_1,x_2,\cdots,x_m$ 不是影响 y 变动的主要因素，或者影响 y 变动的因素除 $x_1,x_2,\cdots,x_m$ 之外，还有其他不可忽略的因素；第二，y 与 $x_1,x_2,\cdots,x_m$ 之间不存在线性关系；第三，y 与 $x_1,x_2,\cdots,x_m$ 之间无关；第四，样本容量过小。

对于整体显著性检验通不过的多元线性回归方程，不能用于预测，应分析其原因并通过另选自变量或改变回归模型形式等方式重新建造模型。

▶ **3. 偏回归系数的显著性检验**

多元回归模型线性关系整体检验通过，并不意味着模型中每个自变量与因变量的线性相关关系都显著。偏回归系数的显著性检验就是检验模型每个自变量 x_i 与因变量 y 的线性关系是否显著，如果自变量 x_i 与因变量 y 的线性关系不显著，则它的系数 b_i 就可以取值为零。因此，偏回归系数的显著性检验等价于检验假设 $H_0：b_i=0(i=1,2,\cdots,m)$ 是否成立。检验的方法主要是 t 检验。

由统计学有关证明知，统计量

$$t_i=\frac{\hat{b}_i}{S\sqrt{c_{jj}}}, i=1,2,\cdots,m$$

式中，$\hat{b}_i$ 为第 i 个自变量 x_i 的回归系数，S 为估计标准误差，c_{jj} 为系数矩阵 $\boldsymbol{L}$ 的逆矩阵 $\boldsymbol{L}^{-1}$ 主对角线上的第 j 个元素。

$$S=\sqrt{\frac{\sum(y_i-\hat{y}_i)^2}{n-m}}$$

将有关数据代入上述公式，即可计算得出 t_i。

给定显著性水平 α，根据自由度 $n-m$，查 t 分布表，找出临界值 $t_{\alpha/2}(n-m)$，可做如下判定：

当 $t_i>t_{\alpha/2}(n-m)$ 时，拒绝 H_0，说明自变量 x_i 与因变量 y 的线性关系显著。

当 $t_i\leqslant t_{\alpha/2}(n-m)$ 时，接受 H_0，说明自变量 x_i 与因变量 y 的线性关系不显著，应从模型中剔除，重新建模。

偏回归系数显著性检验通不过的原因可能在于：第一，x_i 与 y 不存在线性相关关系；第二，x_i 与 y 不存在任何关系；第三，x_i 与 $x_j(i \neq j)$ 存在线性相关关系，但 x_i 与 y 的线性相关程度低于 x_j 与 y 的线性相关程度。

▶ 4. D.W 检验

检验被忽略的影响因素之间是否存在自相关，即对随机扰动项之间是否存在线性相关进行检验。

D.W 检验是检验回归模型是否存在自相关的一种有效方法，其公式为

$$D.W = \frac{\sum_{i=2}^{n}(e_i - e_{i-1})^2}{\sum_{i=1}^{n}e_i^2}$$

式中，$e_i = y_i - \hat{y}_i$，是 μ_i 的估计量。

将计算出来的 D.W 值与给定显著性水平 α 下的 D.W 值的上限 d_U 和下限 d_L 进行比较，即可判定回归模型是否存在自相关。不同 α 水平下的 d_U 和 d_L 可由 D.W 检验临界值表查得。

D.W 检验的判别准则如下：

第一，$0 < D.W < d_L$，存在一阶正相关；

第二，$4 - d_U < D.W < 4$，存在一阶负相关；

第三，$d_U < D.W < 4 - d_U$，不存在自相关；

第四，$d_L < D.W < d_U$ 或者 $4 - d_U < D.W < 4 - d_L$，不能判定是否存在自相关。

当检验出现第一、第二种情况时，表明回归模型存在自相关问题。产生自相关的原因可能在于：第一，某些对因变量影响更为重要的因素被忽略了，没有作为独立的自变量置入回归模型之中，其影响作用只能在随机扰动项中反映出来；第二，回归模型的形式设定不正确，不能反映变量之间真实的数量依存关系；第三，随机扰动项本身确实存在相关关系，如自然、政策因素对因变量的后效影响作用。

消除自相关的办法主要有：第一，把忽略的更为重要的因素作为自变量纳入回归模型之中；第二，重新选择回归模型的形式；第三，对原数列进行差分处理，利用差分后的数据建立回归模型。

当回归模型符合第三种情况时，表明通过自相关检验。

当检验出现第四种情况时，便不能判定回归模型是否存在自相关现象，此时可采取如下办法解决：第一，增加样本容量或者调换样本，重新计算 D.W 值并进行检验；第二，利用其他方法进行自相关检验。

第四节 可线性化的曲线回归

前面所研究的回归模型，我们假定自变量与因变量之间的关系是线性的，但社会经济现象是极其复杂的，有时各因素之间的关系不一定是线性的，而可能存在某种非线性关系，如抛物线关系、双曲线关系、指数曲线关系、幂函数关系、对数曲线关系等，原则上仍然可以采用普通最小平方方法建立回归曲线模型，但运算较为烦琐。实际工作中，

常常通过变量置换的方式，将曲线回归问题化为线性回归来处理，迂回地得到曲线回归模型。

常见的可线性化的常用曲线类型有如下几种：

一、指数函数

指数函数 $y=ae^{bx}$，示意图如图 15-4 所示。

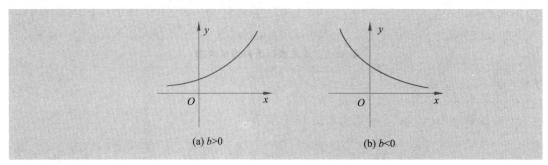

图 15-4　指数函数曲线示意图

对函数两边取自然对数，得
$$\ln y = \ln a + bx$$

令 $y'=\ln Y$，则 $y'=\ln a+bx$。

二、幂函数

幂函数 $y=ax^b$，示意图如图 15-5 所示。

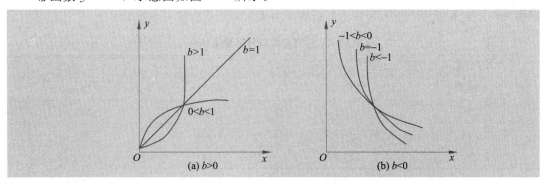

图 15-5　幂函数曲线示意图

对函数两边取对数，得
$$\lg y = \lg a + b\lg x$$

令 $y'=\lg y$，$x'=\lg x$，则得 $y'=\lg a+bx'$。

三、双曲线函数

双曲线函数 $\dfrac{1}{y}=a+\dfrac{b}{x}$，示意图如图 15-6 所示。

令 $y'=\dfrac{1}{y}$，$x'=\dfrac{1}{x}$，则得 $y'=a+bx'$。

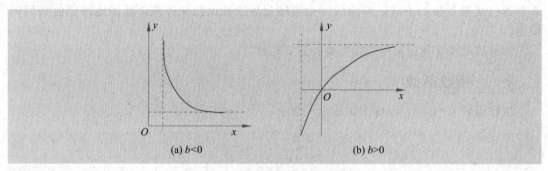

图 15-6　双曲线函数曲线示意图

四、对数函数

对数函数 $y=a+b\lg x$，示意图如图 15-7 所示。

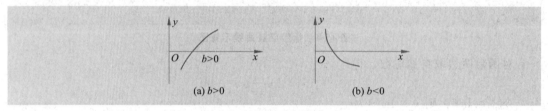

图 15-7　对数函数曲线示意图

令 $x'=\lg x$，则得 $y=a+bx'$。

[例 15-7] 某彩电公司生产某种彩电，生产成本与月产量的数据资料如表 15-4 所示，试分析生产成本与月产量之间的关系，并建立成本对产量的回归方程。

表 15-4　生产成本与月产量资料表

月产量(件)x	生产成本(元/件)y	月产量(件)x	生产成本(元/件)y
4 300	346.23	6 024	310.82
4 004	343.34	6 194	306.83
4 300	327.46	7 558	305.11
5 013	313.27	7 381	300.71
5 511	310.75	6 950	306.84
5 648	307.61	6 471	303.44
5 876	314.56	6 354	298.03
6 651	305.72	8 000	296.21

解：将表 15-4 中数据绘制成散点图，如图 15-8 所示，从图 15-8 中可以看出，随着月产量(x)的增加，最初生产成本(y)降低很快，以后逐渐减慢并趋于稳定，因此两变量适宜用双曲线拟合。

双曲线回归方程为 $\dfrac{1}{y}=a+\dfrac{b}{x}$，令 $x'=\dfrac{1}{x}$，$y'=\dfrac{1}{y}$，则得 $y'=a+bx'$。

为确定参数 a、b，列出计算表 15-5。

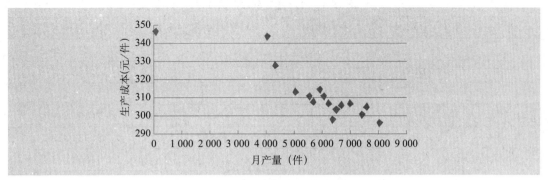

图 15-8　生产成本与月产量的散点图

表 15-5　回归方程计算表

x	y	$x'=\frac{1}{x}10^{-6}$	$y'=\frac{1}{y}10^{-6}$	x'^2	$x'y'$
4 300	346.23	232.56	288.83	54 083.29	1 488 789
4 004	343.34	249.75	291.26	62 375.19	1 374 733
4 300	327.46	232.56	305.38	54 083.29	1 408 078
5 013	313.27	199.48	319.21	39 792.81	1 570 423
5 511	310.75	181.46	321.80	32 926.02	1 712 543
5 648	307.61	177.05	325.09	31 348.06	1 737 381
5 876	314.56	170.18	317.90	28 962.53	1 848 355
6 651	305.72	150.35	327.10	22 606.12	2 033 344
6 024	310.82	166.00	321.73	27 556.88	1 872 380
6 194	306.83	161.45	325.91	26 064.99	1 900 505
7 558	305.11	132.31	327.75	17 505.97	2 306 021
7 381	300.71	135.48	332.55	18 355.64	2 219 541
6 950	306.84	143.88	325.90	20 702.86	2 132 538
6 471	303.44	154.54	329.55	23 881.26	1 963 560
6 354	298.03	157.38	335.54	24 768.83	1 893 683
8 000	296.21	125.00	337.60	15 625.00	2 369 680
—	—	2 769.44	5 133.10	7 669 787.61	29 831 553

$$b=\frac{n\sum x'y'-\sum x'\sum y'}{n\sum x'^2-(\sum x')^2}=-0.010\ 56,\ a=\bar{y}'-b\bar{x}'=375.816\ 6$$

所以，$y'=375.816\ 6-0.010\ 56x'$。将 $x'=\frac{1}{x}$，$y'=\frac{1}{y}$ 代入回归方程，即得双曲线回归方程为

$$\frac{1}{y_c}=375.816\ 6-0.0105\ 6\frac{1}{x}$$

[**例 15-8**] 设有 12 个同类企业的月产量与单位产品成本资料如表 15-6 所示，试采用适当的回归模型分析月产量与单位产品成本之间的关系。

表 15-6　月产量与单位产品成本

编号	月产量 x（件）	单位产品成本 y（元）	$\lg y$
1	10	160	2.204 120
2	16	151	2.178 977
3	20	114	2.056 905
4	25	128	2.107 210
5	31	85	1.929 419
6	36	91	1.959 041
7	40	75	1.875 061
8	45	76	1.880 814
9	51	66	1.819 544
10	56	60	1.778 151
11	60	61	1.785 330
12	65	60	1.778 151

根据表 15-6 的资料，将月产量与单位产品成本作散点图，如图 15-9 所示。

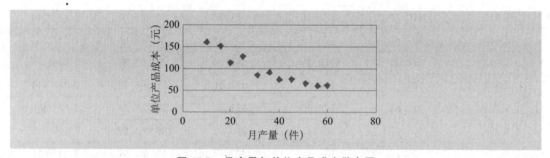

图 15-9　月产量与单位产品成本散点图

由图 15-9 可以看出，月产量与单位产品成本之间的关系可以近似用一条指数曲线来描述：$y=ab^x$，两边取对数得 $\lg y=\lg a+x\lg b$。

采用最小平方法计算得到 $\lg a=2.261\,1$，$\lg b=-0.008\,3$。对 $\lg a=2.261\,1$，$\lg b=-0.008\,3$ 分别求反对数，得 $a=182.424\,6$，$b=0.981\,01$。即得指数曲线回归方程为 $y=182.424\,6 b^{0.981\,1}$。

第五节　虚拟变量回归预测法

市场预测对象在发展变化过程中，除受到诸如产品销量、收入、价格等数量变量的影响外，还往往受诸如性别、文化程度、职业、战争、自然灾害、消费心理以及政治和政府经济政策等品质变量的影响，尤其是当品质变量发生重大变化时，市场预测对象的数值也会随之出现异常波动，破坏了市场预测对象在发生变化过程中的相对稳定结构。因此在建立回归模型进行预测时，除将影响预测对象的一些数量变量纳入回归模型外，也要尽可能地把引起因变量异常波动的品质变量引入回归模型之中。这样可以提高回归分析和预测的效果。

品质变量不像数量变量那样可以用不同的数量来表现,它只能以品质、属性、种类等具体形式来表现,比如战争或地震表现为有或无,季节有春夏秋冬,政府政策体制可表现为改变前或改变后等。品质变量不能直接引入模型中,必须采用一定的方法将其量化。这种以出现(或发生作用)为 1,未出现(或未发生作用)为 0 形式表现的品质变量,称为虚拟变量。虚拟变量通常用 D 表示,且

$$D_i = \begin{cases} 1, & \text{发生作用时} \\ 0, & \text{未发生作用} \end{cases}$$

引入虚拟变量的回归模型为

$$y_i = a + b_1 x_{1i} + b_2 x_{2i} + \cdots + b_k x_{ki} + \beta D_i + \mu_i$$

当这一模型满足普通最小平方法假定条件时,可以应用最小平方法估计模型参数,得到回归预测模型

$$\hat{y}_i = \hat{a} + \hat{b}_1 x_{1i} + \hat{b}_2 x_{2i} + \cdots + \hat{b}_k x_{ki} + \hat{\beta} D_i$$

对于含有虚拟变量的回归模型也需要进行各种检验,方法如前。如果品质变量在预测期出现或发生作用,则预测模型为

$$\hat{y} = (\hat{a} + \hat{\beta}) + \hat{b}_1 x_1 + \hat{b}_2 x_2 + \cdots + \hat{b}_k x_k$$

如果品质变量在预测期不出现或不发生作用,则预测模型变为

$$\hat{y} = \hat{a} + \hat{b}_1 x_1 + \hat{b}_2 x_2 + \cdots + \hat{b}_k x_k$$

在回归模型中可以引入一个虚拟变量,也可以引入多个虚拟变量,但要遵循如下一般原则:当一个品质变量有 m 个特征、状态或分类时,只能在模型中引入 $m-1$ 个虚拟变量,否则,将会使回归模型存在完全共线性,普通最小平方法估计失效,从而落入所谓的"虚拟变量陷阱"。例如,地区差异对居民收入有一定影响,将全国分为东部、中部、西部三个地区,在利用全国横截面资料建立居民收入回归模型时,只需引入两个虚拟变量

$$D_i = \begin{cases} 1, & \text{东部、中部地区} \\ 0, & \text{西部地区} \end{cases}$$

$$y_i = a + b_k x_{ki} + \beta_1 D_{1i} + \beta_2 D_{2i} + \mu_i$$

[例 15-9] 某省 2006—2016 年农业生产资料(以下简称农资)购买力和农民货币收入统计数据如表 15-7 所示。

表 15-7　某省 2006—2016 年农资购买力和农民货币收入　　单位:十亿元

年　份	农资购买力 y	农民货币收入 x	年　份	农资购买力 y	农民货币收入 x
2006	1.3	4.7	2012	2.3	11.3
2007	1.3	5.4	2013	2.6	13.4
2008	1.4	5.5	2014	2.7	15.1
2009	1.5	6.9	2015	3.0	19.3
2010	1.8	9.0	2016	3.2	27.8
2011	2.1	10.0			

根据上述统计数据,试建立一元线性回归模型和带虚拟变量的回归模型,并将两模型对比分析。

解：(1) 建立一元线性回归模型，计算结果为
$$\hat{y} = 1.016\,1 + 0.093\,6x$$
$$R^2 = 0.882\,1,\ S = 0.253\,1,\ F = 67.327$$

从上述计算结果来看，模型的估计标准误差 S 较大，可决系数 R^2 也不太理想，说明该模型对实际数据的拟合效果较为一般。

(2) 建立带虚拟变量的线性回归模型。从上述统计数据可以看出，2010 年该省农村经济形势发生了巨大的变化，农民货币收入和农资购买力发生了重大变异。因此，需引入虚拟变量 D_i 来反映该时期经济政策的影响。设 D_i 的取值为

$$D_i = \begin{cases} 0, & i < 2010\ 年 \\ 1, & i \geqslant 2016\ 年 \end{cases}$$

根据虚拟变量回归模型计算方法，得到预测模型为
$$\hat{y} = 0.985\,5 + 0.069\,2x + 0.494\,5D$$
$$(9.240\,9)(6.399\,7)(5.285\,3)$$
$$R^2 = 0.949\,8,\ S = 0.175\,1,\ F = 75.689\,5$$

上述模型的各项指标均通过检验，其中虚拟变量的 t 统计量为 5.285 3，说明虚拟变量对因变量有显著影响。对比上述两个模型可以看出，引入虚拟变量之后，回归模型的估计标准差从 0.253 1 下降到 0.175 1，而可决系数则由 0.882 1 上升为 0.949 8，说明回归模型的拟合效果明显提高。

本章小结

回归分析预测法是通过对预测对象和影响因素的统计整理和分析，找出它们之间的变化规律，将变化规律用数学模型表示出来，并利用数学模型进行预测的一种分析方法。本章主要介绍了包括一元线性回归预测法、多元回归预测法、曲线回归问题以及带虚拟变量的回归分析预测法。

一元线性回归分析法在考虑预测对象发展变化本质的基础上，分析因变量随一个自变量变化而变化的关联形态，借助回归分析建立它们之间因果关系的回归方程式，描述它们之间的数量变化关系，据此进行预测或控制。

多元回归分析预测法则是通过对两个或两个以上的自变量与一个因变量的相关分析，建立预测模型进行预测的方法。多元线性预测与一元线性回归预测一样，同样也是采用最小平方法使回归预测值与实际值之间的总偏差平方和最小，求出多元线性回归预测模型回归系数，达到多元线性回归方程与实际观察数据点的最佳拟合。

由于社会经济现象极其复杂，有时各因素之间的关系不一定是线性的，而可能存在某种非线性关系。对于非线性回归问题，常常通过变量置换的方式，将曲线回归问题化为线性回归来处理，迂回地得到曲线回归模型。

在回归模型中，既要考虑数量变量，还要考虑品质变量，建立含有虚拟变量的回归模型。在回归模型中引入品质变量，必须首先将具有属性性质的品质变量数量化。这种以出现为 1，未出现为 0 形式表现的品质变量就称为虚拟变量。

第十五章 回归分析预测法

复习思考题

1. 简述回归分析和相关分析的关系。
2. 简述回归预测的基本步骤。
3. 简述最小平方法的基本原理。
4. 简述可决系数的主要意义。
5. 表15-8是7个地区某年的人均国内生产总值(GDP)和人均消费水平的统计数据。

表15-8 7个地区某年人均国内生产总值和人均消费水平的统计数据 单位：元

地　　区	人均GDP	人均消费水平
北京	22 460	7 326
辽宁	11 226	4 490
上海	34 547	11 546
江西	4 851	2 396
河南	5 444	2 208
贵州	2 662	1 608
陕西	4 549	2 035

要求：

(1) 以人均GDP为自变量、人均消费水平为因变量，绘制散点图，并说明两者之间的相关关系。
(2) 计算两个变量之间的线性相关系数。
(3) 利用最小平方法求出估计的一元线性回归方程，并解释回归系数的实际意义。
(4) 计算可决系数 R^2，并解释其意义。
(5) 检验回归方程线性关系的显著性（$\alpha=0.05$）。
(6) 如果某地区的人均GDP为5 000元，预测其人均消费水平。

6. 2013年10家航空公司的航班正点率和顾客投诉次数的数据如表15-9所示。

表15-9 10家航空公司的航班正点率及顾客投诉次数

航空公司编号	航班正点率(%)	顾客投诉次数
1	81.8	21
2	76.6	58
3	76.6	85
4	75.7	68
5	73.8	74
6	72.2	93
7	71.2	72
8	70.8	122
9	91.4	18
10	68.5	125

要求:

(1) 以航班正点率为自变量,顾客投诉次数为因变量,求出估计的回归方程,并解释回归系数的意义。

(2) 检验回归系数的显著性($\alpha=0.05$)。

(3) 如果航班正点率为80%,估计顾客的投诉次数。

7. 一家电气销售公司的管理者认为销售额是广告费用的相关函数,并想通过广告费对月销售额做出估计。近8个月的销售额与广告费用数据如表15-10所示。

表15-10　近8个月的销售额与广告费用数据　　　　　　单位:万元

月销售额	电视广告费用	报纸广告费用
96	5.0	1.5
90	2.0	2.0
95	4.0	1.5
92	2.5	2.5
95	3.0	3.3
94	3.5	2.3
94	2.5	4.2
94	3.0	2.5

要求:

(1) 电视广告费用作为自变量,月销售额作为因变量,建立估计的回归方程。

(2) 电视广告费用和报纸广告费用作为自变量,月销售额作为因变量,建立估计的回归方程。

(3) 上述(1)、(2)所建立的估计方程,电视广告费用的系数是否相同?对其回归系数分别进行解释。

(4) 根据问题(2)所建立的估计方程,检验回归方程的线性关系是否显著。

案例分析

孟山都公司回归分析的应用

密苏里州圣路易斯的孟山都(Monsanto)公司以一位创办人500美元的投资和密西西比滨江地带的一个布满尘土的仓库起家。在那儿,约翰 F. 奎尼(John F. Queeney)于1901年开始生产糖精。今天,孟山都公司已成为美国最大的化学公司之一,生产超过1 000种产品,从工业化学制品到用于现代运动场的人造地面,应有尽有。孟山都公司是一家在65个国家拥有生产设备、实验室、技术中心和市场营销机构的世界著名公司。

孟山都公司的营养化合物部生产并销售用于饲养禽类及猪、牛等牲畜的蛋氨酸补充物。由于家禽饲养者的工作量大,但边际效益低,因此他们需要经济实惠且尽可能富含营养的家禽饲料。在给定的饲料消化水平下,最理想的饲料成分能促进快速生长和肉鸡体重的提高。化工企业已经与家禽饲养者紧密合作,以生产出最优的家禽饲料;最终的成功将取决于保持家禽价格要相对低于牛肉及其他肉类的价格，孟山都公司运用回归分析模拟肉鸡体重(用 y 表示)与饲料中加入的蛋氨酸数量(用 x 表示)之间的关系。最初，它们建立了下面这一估计的简单线性回归方程：

$$y = 0.21 + 0.42x$$

这个估计的回归方程证明了统计的重要性。然而，余下的分析表明曲线模型可以更好地表示这两者间的关系。

进一步的研究显示，虽然少量的蛋氨酸能提高肉鸡体重。但在某一点上，体重水平将下降，使增加的蛋氨酸仅有微小的或者根本没有收益，事实上，当蛋氨酸数量超过营养需要量时，肉鸡体重就倾向于下降。下面的多元回归方程被用于模拟肉鸡体重与蛋氨酸数量之间的曲线关系：

$$y = -0.189 + 1.32x - 0.506x^2$$

运用回归分析的结果，孟山都公司确定了家禽饲料中最适宜的蛋氨酸含量水平。

第十六章 马尔可夫预测法

学习目标

1. 了解马尔可夫预测法的基本概念；
2. 掌握马尔可夫预测方法的适用条件和预测步骤；
3. 利用马尔可夫预测方法进行市场占有率预测和市场销售状态预测。

第一节 马尔可夫预测法概述

马尔可夫预测法是以俄国数学家马尔可夫（A. A. Markov）的名字命名的一种随机时间序列分析预测方法。这种方法将时间序列看作一个随机过程，根据现象不同状态的初始概率和状态之间的转移概率，确定状态的变动趋势，对现象未来做出预测。

在经济现象中存在一种"无后效性"，即"系统在每一时刻的状态仅仅取决于前一时刻的状态，而与其过去的历史无关"。有一个例子可以很形象地说明"无后效性"。例如，池塘里有三张荷叶，编号分别为1、2、3，假设有一只青蛙随机地在荷叶上跳来跳去，在初始时刻t_0，它在2号荷叶上。在时刻t_1，它有可能跳到1号或者3号荷叶上，也有可能在原地不动。把青蛙某个时刻所在的荷叶称为青蛙所处的状态。这样，青蛙在未来处于什么样的状态，只与它现在所处的状态有关，与它以前所处的状态无关。这种性质就是所谓的"无后效性"。

目前马尔可夫预测方法被广泛应用于气息、水文、地震、经济等领域的预测研究。在市场预测中，马尔可夫预测方法主要用于产品销售状态预测、市场占有率预测、产品期望利润预测、新产品开发预测等方面。

一、马尔可夫预测方法的基本概念

（一）状态与状态转移

状态是指研究系统在某一时刻可能出现或存在的状况和态势。例如，某种商品市场销售状况在某一时刻有畅销、一般、滞销三种状态；某企业的经营状况在某一时期有盈利、保本、亏损三种状态等。在运用马尔可夫预测方法进行市场预测时，状态划分为其首要步骤。市场预测对象状态的划分通常按照如下两种方式进行：一种是根据市场预测对象本身的明显状态界限划分，如企业的经营状态可根据其利润大于零、等于零、小于零划分为盈利、保本、亏损三种状态；一种是根据研究目的和预测对象的实际变动情况人为划分，如产品在市场上的销售状态，可根据市场环境依据其销售数量大小划分，销售量大于 10 000 台为畅销，在 5 000～10 000 为一般，小于 5 000 为滞销。

在状态划分时需要注意，要遵循详尽性和互斥性原则。前者指的是要把系统可能存在的状态全部一一列举出来；后者指的是各个状态是相互独立的、不相容的。例如，企业的经营状况有盈利、保本、亏损三种可能状态，但在某一特定时期企业的经营状况只能是其中某一状态存在，如盈利或亏损，不可能同时既盈利又亏损。

状态转移指研究系统由一种状态转移到另一种状态。研究系统在某一时刻可能处于这种状态，也可能处于那种状态，随着时间的推移和条件的变化，它可能从这种状态转向那种状态（包括自身）。例如，由于企业加强产品创新，改进产品性能，调整产品结构，提高内部管理水平等，企业的经营状况，由原来的亏损状态转为目前的盈利状态等。状态转移可分为一次转移和多次转移。一次转移是研究系统在相邻两个时期的状态转移；多次转移是研究系统经过多个时期的状态转移。

（二）马尔可夫链

马尔可夫过程是指研究系统随着时间转移而不断发生状态转移的随机过程。如果每次状态的转移都仅与前一时刻的状态有关，而与过去的状态无关，则这样的状态转移过程就称为马尔可夫过程。

马尔可夫链是时间和状态均为离散的马尔可夫过程，也是最简单的马尔可夫过程。它具有无后效性和遍历性两个重要特征。

无后效性指研究系统在 t 时刻所呈现的状态仅与 $t-1$ 时刻的状态有关，而与 $t-2$ 及以前时刻所处的状态无关。例如，某企业本期的经营状况仅与上一期的经营状况和本期依据市场环境变化采取的市场营销策略有关，而与上两期及以前各期的经营状况无关。

遍历性指经过较长时间的状态转移，系统所呈现的状态趋于稳定，不再随时间推移发生明显变化，并与初始状态无关。例如，在某地市场，生产或经销同一种产品的几家企业，每家企业都力图发挥自身优势，采取有效的竞争策略，努力提高自己的市场占有率。经过较长时间的竞争较量，各企业获得的市场占有率趋于稳定。此时的市场占有率称为终极市场占有率，不再随时间的推移发生明显的变化。

（三）转移概率和转移概率矩阵

马尔可夫链中的状态和状态转移都是随机的，其统计特性可以用概率来描述。

▶ 1. 状态转移概率

状态转移概率指系统由某时刻某种状态转向另一时刻另一种状态（包括自身）的可能性大小。状态转移概率实际上是条件概率。我们常用 P_{ij} 表示系统由第 t 时刻状态 i 转向第 $t+1$ 时刻状态 j 的概率，并将其称为一步转移概率。

$$P(E_i \rightarrow E_j) = P(E_j/E_i) = P(X_{n+1}=j \mid X_n=i) = p_{ij}(n)$$

式中，$i, j = 1, 2, \cdots, N$，N 为系统可能存在的相互独立的状态数量。

[例 16-1] 某地区有甲、乙、丙三家食品厂生产同一食品，有 1 000 个用户（或购货点）。假设在研究期间无新用户加入也无老用户退出，只有用户的转移。已知 2016 年 7 月

份有 500 户是甲厂的顾客,400 户是乙厂的顾客,100 户是丙厂的顾客。8 月份,甲厂有 400 户老顾客依然保留,上月的顾客中有 50 户转乙厂,50 户转丙厂;乙厂有 300 户原来的顾客,上月的顾客有 20 户转甲厂,80 户转丙厂;丙厂有 80 户原来的顾客,上月的顾客有 10 户转甲厂,10 户转乙厂。顾客转移表如表 16-1 所示,试计算其状态转移概率。

表 16-1 顾客转移表　　　　　　　　　单位:户

从＼到	甲	乙	丙	合计
甲	400	50	50	500
乙	20	300	80	400
丙	10	10	80	100
合计	430	360	210	1 000

解:根据题意求得顾客转移概率如下:

$$p_{11}=\frac{400}{500}=0.8 \quad p_{12}=\frac{50}{500}=0.1 \quad p_{13}=\frac{50}{500}=0.1$$

$$p_{21}=\frac{20}{400}=0.05 \quad p_{22}=\frac{300}{400}=0.75 \quad p_{23}=\frac{80}{400}=0.2$$

$$p_{31}=\frac{10}{100}=0.1 \quad p_{32}=\frac{10}{100}=0.1 \quad p_{33}=\frac{80}{100}=0.8$$

▶ **2. 状态转移概率矩阵**

将所有的转移概率依次排列起来所形成的矩阵称为转移概率矩阵。

$$\boldsymbol{P}=\begin{bmatrix} p_{11} & p_{12} & \cdots & p_{1N} \\ p_{21} & p_{22} & \cdots & p_{2N} \\ \vdots & \vdots & \vdots & \vdots \\ p_{N1} & p_{N2} & \cdots & p_{NN} \end{bmatrix}$$

为一步转移概率矩阵。

一步转移概率矩阵具有如下性质:

$$\begin{cases} 0 \leqslant p_{ij} \leqslant 1, i,j=1,2,\cdots,N \\ \sum_{j=1}^{N} p_{ij}=1, \quad i=1,2,\cdots,N \end{cases}$$

一步转移概率矩阵描述了系统 N 个状态相互转移的概率分布。在 $i=j$ 时,p_{ij} 表示系统仍处于原来状态的一步转移概率;在 $i\neq j$ 时,p_{ij} 表示系统由状态 i 转向状态 j 的一步转移概率。

考虑状态多次转移,当过程由 n 时刻处于状态 i 经过 k 步转移到状态 j 的转移概率矩阵,记为 $\boldsymbol{P}^{(k)}$,称为 k 步转移概率矩阵。

$$\boldsymbol{P}^{(k)}=\begin{bmatrix} p_{11}^{(k)} & p_{12}^{(k)} & \cdots & p_{1N}^{(k)} \\ p_{21}^{(k)} & p_{22}^{(k)} & \cdots & p_{2N}^{(k)} \\ \vdots & \vdots & \vdots & \vdots \\ p_{N1}^{(k)} & p_{N2}^{(k)} & \cdots & P_{NN}^{(k)} \end{bmatrix}$$

矩阵中,元素 $p_{ij}^{(k)}(i,j=1,2,\cdots,N)$ 表示系统由第 t 时刻状态 i 转移到第 $t+k$ 时刻状态 j 的概率。

同样，k 步转移概率矩阵具有与一步转移概率矩阵类似的性质：

$$\begin{cases} 0 \leqslant p_{ij}^{(k)} \leqslant 1, & i,j = 1,2,\cdots,N \\ \sum_{j=1}^{N} p_{ij}^{(k)} = 1, & i = 1,2,\cdots,N \end{cases}$$

可以证明，k 步转移概率矩阵 $\boldsymbol{P}^{(k)}$ 与一步转移概率矩阵 $\boldsymbol{P}$ 具有如下关系：

$$\boldsymbol{P}^{(k)} = \boldsymbol{P}^{(k-1)} \boldsymbol{P}$$

$$\boldsymbol{P}^{(k)} = \boldsymbol{P}^{k}$$

确定状态的一步转移概率和一步转移概率矩阵是应用马尔可夫预测方法的关键。在市场预测实践中，一步转移概率通常可以按照以下两种方法予以确定：一是主观估计法，将专家根据自己的知识和经验对系统状态间相互转移可能性大小的主观估计值作为一步转移概率。二是统计估计法，根据历史统计资料或市场调查资料计算的有关频率作为一步转移概率。

（四）状态概率和状态概率向量

状态概率指研究系统在某时刻呈现某种状态的可能性大小，常以 $S_i^{(t)}$ 表示系统在第 t 时刻呈现状态 i 的概率，$i = 1, 2\cdots, N$。

以向量形式表示的系统状态概率，称为状态概率向量。通常以 $\boldsymbol{S}^{(t)}$ 表示系统第 t 时刻的状态概率向量，且 $\boldsymbol{S}^{(t)} = \{S_1^{(t)}, S_2^{(t)}, \cdots, S_N^{(t)}\}$。

显然，状态概率向量 $\boldsymbol{S}^{(t)}$ 具有如下性质：

$$\begin{cases} 0 \leqslant S_i^{(t)} \leqslant 1, & i = 1,2,\cdots,N \\ \sum_{i=1}^{N} S_i^{(t)} = 1 \end{cases}$$

基期（$t = 0$）的状态概率 $S_i^{(0)}$ 称为初始状态概率，相应的状态概率向量 $\boldsymbol{S}^{(0)} = \{S_1^{(0)}, S_2^{(0)}, \cdots, S_N^{(0)}\}$ 称为初始状态概率向量。

在预测实践中，状态 i 的初始概率是未知的，常常用基期（$t = 0$）状态 i 出现的频率去近似替代。

当系统的初始状态概率向量和一步转移概率矩阵确定以后，一条马尔可夫链也就随之确定了。在系统可能出现的状态数和一步转移概率矩阵逐期保持不变的条件下，就可以建立马尔可夫预测模型，对所研究系统未来的状态变化进行预测。

二、马尔可夫预测模型

如果所研究系统的状态转移具有无后效性特征，且有 N 个相互独立的状态存在，在系统的初始状态 $\boldsymbol{S}^{(0)}$ 已知和一步转移概率矩阵不变的条件下，经过 k 次转移以后，系统处于状态 i 的概率为 $\boldsymbol{S}^{(k)}$。则马尔可夫预测模型为

$$\boldsymbol{S}^{(k)} = \boldsymbol{S}^{(0)} \cdot \boldsymbol{P}^{k} = \boldsymbol{S}^{(k-1)} \cdot \boldsymbol{P}$$

由上式可知，只要知道系统在基期各状态的初始概率和一步转移概率矩阵，就可以对系统未来状态做出预测。

三、马尔可夫的稳态概率

经过较长时间的状态转移后，马尔可夫过程逐渐趋于这样的状态：它与初始状态无关，第 n 期的状态概率与第 $n-1$ 期的状态概率相等，此时的状态称为马尔可夫链的稳定状态。马尔可夫链达到稳定状态时的状态概率称为稳态概率。在进行市场占有率预测时，

稳定状态意味着各品牌产品的市场占有率不再随时间发生变化，或者说市场竞争达到均衡状态。

如何求得马尔可夫链的稳态概率呢？

由马尔可夫链的稳定状态的定义可知，$S^{(n)} = S^{(n-1)}$，且 $\sum_{i=1}^{N} S_i^{(n)} = 1$，又因为 $S^{(n)} = S^{(n-1)} \cdot P$，所以 $S^{(n)} = S^{(n)} \cdot P$，将其改为矩阵形式，则是

$$(S_1^{(n)}, S_2^{(n)}, \cdots, S_N^{(n)}) = (S_1^{(n)}, S_2^{(n)}, \cdots, S_N^{(n)}) \begin{bmatrix} p_{11} & p_{12} & \cdots & p_{1N} \\ p_{21} & p_{22} & \cdots & p_{2N} \\ \vdots & \vdots & \vdots & \vdots \\ p_{N1} & p_{N2} & \cdots & p_{NN} \end{bmatrix},$$

展开上式，有

$$\begin{cases} S_1^{(n)} = S_1^{(n)} p_{11} + S_2^{(n)} p_{21} + \cdots + S_N^{(n)} p_{N1} \\ S_2^{(n)} = S_1^{(n)} p_{12} + S_2^{(n)} p_{22} + \cdots + S_N^{(n)} p_{N2} \\ \vdots \\ S_N^{(n)} = S_1^{(n)} p_{1N} + S_2^{(n)} p_{2N} + \cdots + S_N^{(n)} p_{NN} \\ S_1^{(n)} + S_2^{(n)} + \cdots + S_N^{(n)} = 1 \end{cases}$$

上式是含有 N 个变量，$N+1$ 个方程的方程组。由于最后一个方程为约束条件，因此可在前面 N 个方程中消去任一个方程。如果消去第 N 个方程，并进行移项整理得

$$\begin{cases} (p_{11}-1)S_1^{(n)} + p_{21}S_2^{(n)} + \cdots + p_{N1}S_N^{(n)} = 0 \\ p_{12}S_1^{(n)} + (p_{22}-1)S_2^{(n)} + \cdots + p_{N2}S_N^{(n)} = 0 \\ \vdots \\ p_{1(N-1)}S_1^{(n)} + p_{2(N-1)}S_2^{(n)} + \cdots + (p_{N(N-1)}-1)S_N^{(n)} = 0 \\ S_1^{(n)} + S_2^{(n)} + \cdots + S_N^{(n)} = 1 \end{cases}$$

将上式改写为矩阵形式，则

$$\begin{bmatrix} (p_{11}-1) & p_{21} & \cdots & p_{N1} \\ p_{12} & (p_{22}-1) & \cdots & p_{N2} \\ \vdots & \vdots & \vdots & \vdots \\ p_{1(N-1)} & p_{2(N-1)} & \cdots & (p_{N(N-1)}-1) \\ 1 & 1 & \cdots & 1 \end{bmatrix} \begin{bmatrix} S_1^{(n)} \\ S_2^{(n)} \\ \vdots \\ S_{N-1}^{(n)} \\ S_N^{(n)} \end{bmatrix} = \begin{bmatrix} 0 \\ 0 \\ \vdots \\ 0 \\ 1 \end{bmatrix}$$

令

$$\boldsymbol{P}_1 = \begin{bmatrix} (p_{11}-1) & p_{21} & \cdots & p_{N1} \\ p_{12} & (p_{22}-1) & \cdots & p_{N2} \\ \vdots & \vdots & \vdots & \vdots \\ p_{1(N-1)} & p_{2(N-1)} & \cdots & (p_{N(N-1)}-1) \\ 1 & 1 & \cdots & 1 \end{bmatrix}$$

$$\boldsymbol{S}^{(n)T} = \begin{bmatrix} S_1^{(n)} \\ S_2^{(n)} \\ \vdots \\ S_{N-1}^{(n)} \\ S_N^{(n)} \end{bmatrix}, \boldsymbol{B} = \begin{bmatrix} 0 \\ 0 \\ \vdots \\ 0 \\ 1 \end{bmatrix}$$

则有 $\boldsymbol{P}_1 \boldsymbol{S}^{(n)T} = \boldsymbol{B}$。

用 P_1^{-1} 左乘上式两边，得

$$S^{(n)T} = P_1^{-1} B$$

这就是所求的马尔可夫链的稳态概率。

四、马尔可夫预测方法的应用条件和预测步骤

（一）应用条件

马尔可夫预测方法适用于具有马尔可夫特性的时间序列的预测。在运用该方法进行预测时，应满足以下前提条件：

第一，一步转移概率矩阵逐期保持不变。

第二，预测期间状态的性质和状态的个数保持不变。以市场占有率预测为例，即认为在预测期间市场竞争的对手及数目保持不变，既没有新的竞争对手加入，也没有原有的竞争对手退出。

第三，状态的转移仅受前一期状态的影响，与更前若干期的状态无关。

对于同时满足以上前提条件的研究系统或预测对象可以建立马尔可夫预测模型，对其未来的状态进行预测。

在实际生活中，许多系统或现象很难在较长时间内，使状态转移概率保持不变或者状态的性质和个数保持不变。以市场占有率预测为例，由于每个竞争者的实力和采取的竞争策略不同，每个竞争者的原有顾客保留率、转出率以及新顾客的转入率在不同时期都有所变化，同时市场竞争中总会有新的竞争者不断加入，原有的个别弱小的竞争者不断被逐出市场，进而不同时期的竞争者及其数目都会有所变化。因此，马尔可夫预测方法一般仅适用于近期或短期预测，如果用于中长期预测，所得结果往往与实际情况有较大的偏差。

（二）预测步骤

运用马尔可夫预测方法进行预测时，一般应遵循以下步骤：

第一，分析预测对象是否具有马尔可夫链特性，是否满足马尔可夫预测法的前提条件。

第二，分析预测对象可能有几种状态存在，进行状态划分并计算初始状态的概率。

第三，采用一定的方法，确定一步转移概率矩阵。

第四，进行预测计算。利用马尔可夫预测模型计算预测对象在预测期的状态概率以及稳态概率，并对预测结果进行分析。

第二节 马尔可夫预测方法的具体应用

马尔可夫预测方法在市场预测中的应用十分广泛，这里主要介绍市场占有率预测、产品销售状况预测。

一、市场占有率预测

市场占有率是指某一地区某企业产品销售量在该地区同类产品的市场销售总量中所占

的份额，它是反映产品市场地位优劣和产品生产或企业对市场影响和控制能力大小的统计分析指标，是公司销售率和盈利率的一个重要控制比率。在激烈的市场竞争中，有必要对未来市场占有率进行预测。

企业产品市场占有率发生变动，受企业的实力和所采取的营销策略，竞争者的规模、实力和所采取的营销策略，以及消费者的偏好等一系列因素的影响。消费者购买产品往往具有一定的随机性，从而使得产品市场占有率的变化也具有一定的随机性，并且一定时期产品市场占有率仅和前一期的市场占有率有关，而与更前期的市场占有率关系不大，因此市场占有率预测可以应用马尔可夫预测方法。

[**例 16-2**]某地区市场上主要销售 A、B、C 三种品牌的牙膏，每月三种品牌牙膏的销量总量通常保持在 20 000 支左右。其中 5 月份 A、B、C 三种品牌牙膏的销售分别为 8 500 支、6 500 支、5 000 支。假定 5 月份在该地区几个大型商场对购买过三种品牌牙膏的 500 名顾客进行随机调查。顾客 6 月份继续购买三种品牌牙膏的变化情况如表 16-2 所示。如果以后每月顾客在这三种牙膏品牌之间的保留率、转出率和转入率保持不变，且估计今后一段时间这三种牙膏品牌都不会退出市场，也没有新品牌牙膏在此市场销售。要求预测：

(1) 6 月份、7 月份每个牙膏品牌的市场占有率和销售量；
(2) 达到市场竞争均衡状态的三种牙膏品牌的市场占有率和销售量。

表 16-2　购买牙膏顾客转移表　　　　　　　　单位：人

从＼到	A	B	C	合计
A	140	40	20	200
B	30	100	20	150
C	15	15	120	150
合计	185	155	160	500

解：第一，划分状态和计算初始状态概率。

由于该地区牙膏市场主要由三种牙膏品牌占领，因此有三种状态存在。设状态 1 为购买 A 牙膏品牌，状态 2 为购买 B 牙膏品牌，状态 3 为购买 C 牙膏品牌。

5 月份各牙膏品牌的市场占有率为初始状态概率，且

$$S_1^{(0)} = \frac{8\,500}{20\,000} = 0.425, \quad S_2^{(0)} = \frac{6\,500}{20\,000} = 0.325, \quad S_1^{(0)} = \frac{5\,000}{20\,000} = 0.25$$

初始状态概率向量为 $\boldsymbol{S}^{(0)} = \{0.425, 0.325, 0.25\}$。

第二，确定一步转移概率矩阵。

将根据市场调查所获顾客转移数据作为计算状态转移概率的近似值，则

$$p_{11} = \frac{140}{200} = 0.7 \quad p_{12} = \frac{40}{200} = 0.2 \quad p_{13} = \frac{20}{200} = 0.1$$

$$p_{21} = \frac{30}{150} = 0.2 \quad p_{22} = \frac{100}{150} = 0.67 \quad p_{23} = \frac{20}{150} = 0.13$$

$$p_{31} = \frac{15}{150} = 0.1 \quad p_{32} = \frac{15}{150} = 0.1 \quad p_{33} = \frac{120}{150} = 0.8$$

因此，一步转移概率矩阵为

$$\begin{bmatrix} 0.7 & 0.2 & 0.1 \\ 0.2 & 0.67 & 0.13 \\ 0.1 & 0.1 & 0.8 \end{bmatrix}$$

矩阵中，每一行元素表示各牙膏品牌顾客的保留率和转出率；每一列元素表示各牙膏品牌顾客的保留率和转入率。

第三，利用马尔可夫预测模型进行预测。

根据公式，$S^{(k)} = S^{(0)} \cdot P^k = S^{(k-1)} \cdot P$，则

$$S^{(1)} = (S_1^{(1)}, S_2^{(1)}, S_3^{(1)}) = S^{(0)} \cdot P$$

$$= (0.425 \quad 0.325 \quad 0.25) \begin{bmatrix} 0.7 & 0.2 & 0.1 \\ 0.2 & 0.67 & 0.13 \\ 0.1 & 0.1 & 0.8 \end{bmatrix}$$

$$= (0.3875 \quad 0.3278 \quad 0.2847)$$

$$S^{(2)} = (S_1^{(2)}, S_2^{(2)}, S_3^{(2)}) = S^{(1)} \cdot P$$

$$= (0.3875 \quad 0.3278 \quad 0.2847) \begin{bmatrix} 0.7 & 0.2 & 0.1 \\ 0.2 & 0.67 & 0.13 \\ 0.1 & 0.1 & 0.8 \end{bmatrix}$$

$$= (0.3653 \quad 0.3256 \quad 0.3091)$$

即 A、B、C 三种牙膏品牌 6 月份的市场占有率分别为 38.75%、32.78% 和 28.47%；7 月份的市场占有率分别为 36.53%、32.56% 和 30.91%。

相应地，6 月份、7 月份各品牌牙膏销售量预测值如下。

6 月份，A：20 000 × 38.75% = 7 750（支）；B：20 000 × 32.78% = 6 556（支）；C：20 000 × 28.47% = 5 694（支）。

7 月份，A：20 000 × 36.53% = 7 386（支）；B：20 000 × 32.56% = 6 512（支）；C：20 000 × 30.91% = 6 182（支）。

第四，求稳定状态下的各牙膏品牌的市场占有率。

由上述计算结果可以看出，随着时间的推移，A、B 品牌牙膏的市场占有率趋于下降，C 品牌牙膏的市场占有率趋于上升。由于顾客在各品牌之间不断转入、转出，经过较长时间之后，各品牌牙膏的市场占有率将趋于稳定。

利用马尔可夫稳态概率计算公式，可求得其稳定状态的市场占有率，即

$$S^{(n)T} = \begin{bmatrix} S_1^{(n)} \\ S_2^{(n)} \\ S_3^{(n)} \end{bmatrix} = \begin{bmatrix} p_{11}-1 & p_{21} & p_{31} \\ p_{12} & p_{22}-1 & p_{32} \\ 1 & 1 & 1 \end{bmatrix}^{-1} \begin{bmatrix} 0 \\ 0 \\ 1 \end{bmatrix}$$

$$= \begin{bmatrix} 0.7-1 & 0.2 & 0.1 \\ 0.2 & 0.67-1 & 0.1 \\ 1 & 1 & 1 \end{bmatrix}^{-1} \begin{bmatrix} 0 \\ 0 \\ 1 \end{bmatrix}$$

$$= \begin{bmatrix} -2.6543 & -0.6173 & 0.3272 \\ -0.6173 & -2.4692 & 0.3086 \\ 3.2716 & 3.0864 & 0.3642 \end{bmatrix} \begin{bmatrix} 0 \\ 0 \\ 1 \end{bmatrix}$$

$$= \begin{bmatrix} 0.3272 \\ 0.3086 \\ 0.3642 \end{bmatrix}$$

也就是说，在稳定状态下，A、B、C 三种品牌牙膏的市场占有率分别为 32.72%、30.86% 和 36.42%。

相应地，三种品牌牙膏的稳态销售量预测值如下。

A：20 000×32.72%＝6 544(支)；

B：20 000×30.86%＝6 172(支)；

C：20 000×36.42%＝7 284(支)。

从上述预测结果可以看出，A、B 品牌牙膏的市场占有率呈现逐步下降趋势，如果不及时调整目前的营销策略，改进产品质量、性能和包装，调整产品价格，加强广告宣传等，就有可能逐步丧失其在市场竞争中的优势地位，甚至有被逐出市场的危险。

二、市场销售状态预测

产品的市场销售状态，通常可分为畅销、一般和滞销。状态之间的数量界限是根据产品销售数量、获利大小等因素人为划定的。不同产品的销售状态界限是不一样的。由于影响产品市场销售状态的因素复杂多样，决定了预测产品未来市场销售状态的方法也是多种多样。马尔可夫预测方法就是其中一种有效的预测方法。它是根据产品销售时间序列所表现出的状态变动规律对产品未来市场销售状态进行预测，是根据其未来状态发生的概率按最大可能原则做出判断的。

[例 16-3] 某商店在最近 20 个月的商品销售量统计如表 16-3 所示。

表 16-3　商品销售量统计表　　　　　　　　　　　　　　单位：千件

时间 t	1	2	3	4	5	6	7	8	9	10
销售量	40	45	80	120	110	38	40	50	62	90
时间 t	11	12	13	14	15	16	17	18	19	20
销售量	110	130	140	120	55	70	45	80	110	120

试预测第 21 个月的商品销售量。

解：第一步，划分状态。

根据该产品的质量、价格和性能，当地居民收入水平和消费偏好，该商品保本销售量以及该商场所处的地理位置和信誉等因素综合考虑，认为该商品的销售量可以划分为畅销、一般、滞销三种状态。各状态之间的具体数量界限如下：

(1) 销售量＜60 千件，属于滞销。

(2) 60 千件≤销售量≤100 千件，属于一般。

(3) 销售量＞100 千件，属于畅销。

第二步，计算一步转移概率和一步转移概率矩阵。

为使问题更加直观，绘制商品销售量散点图，并画出状态分界线，如图 16-1 所示。

用 M_i 表示销售状态点数，M_{ij} 表示从状态 i 转向状态 j 的点数，p_{ij} 表示从状态 i 转向状态 j 一步转移概率(i,j＝1，2，3)，分别表示畅销、一般和滞销。

由图 16-1 可以直观地看出：滞销状态的 M_1＝7，一般状态的 M_2＝5，畅销状态的 M_3＝8。

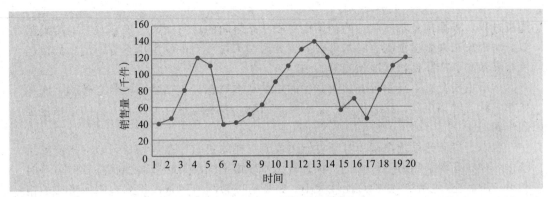

图 16-1　商品销售量散点图

此外，

$$M_{11}=3 \quad M_{12}=4 \quad M_{13}=0$$
$$M_{21}=1 \quad M_{22}=1 \quad M_{23}=3$$
$$M_{31}=2 \quad M_{32}=0 \quad M_{33}=5$$

注意，在计算一步转移概率时，最后一个数据点不参与计算，因为它究竟转向哪个状态此时尚不清楚，也是我们进一步计算后需要做出判断的。

从而，

$$p_{11}=\frac{3}{7} \quad p_{12}=\frac{4}{7} \quad p_{13}=\frac{0}{7}$$
$$p_{21}=\frac{1}{5} \quad p_{22}=\frac{1}{5} \quad p_{23}=\frac{3}{5}$$
$$p_{31}=\frac{2}{8-1}=\frac{2}{7} \quad p_{32}=\frac{0}{8-1}=\frac{0}{7} \quad p_{33}=\frac{5}{8-1}=\frac{5}{7}$$

所以，一步转移概率矩阵为

$$\boldsymbol{P}=\begin{bmatrix} \frac{3}{7} & \frac{4}{7} & 0 \\ \frac{1}{5} & \frac{1}{5} & \frac{3}{5} \\ \frac{2}{7} & 0 & \frac{5}{7} \end{bmatrix}$$

第三步，预测第 21 个月的销售状况。由于第 20 个月销售量处于畅销状态，而经由一次转移到达三种状态的概率分别为

$$p_{31}=\frac{2}{7} \quad p_{32}=\frac{0}{7} \quad p_{33}=\frac{5}{7}$$

由于 $max\{p_{31}, p_{32}, p_{33}\}=\frac{5}{7}=p_{33}$，可知第 21 个月的销售量处于"畅销"状态，因此第 21 个月的销售量超过 100 千件的可能性最大。

本章小结

马尔可夫预测法是一种随机时间序列分析预测方法，该方法将时间序列看作一个

随机过程，根据现象不同状态的初始概率和状态之间的转移概率，确定状态的变动趋势，对现象未来做出预测。马尔可夫预测方法在市场预测中的应用十分广泛，如市场占有率预测、产品销售状况预测等。

本章主要介绍了马尔可夫预测方法的相关基本概念，包括状态、状态转移、转移概率、状态转移矩阵、状态概率、状态概率向量，以及马尔可夫预测方法的适用范围和步骤。

状态是指研究系统在某一时刻可能出现或存在的状况和态势。状态转移指研究系统由一种状态转移到另一种状态。状态转移概率指系统由某时刻某种状态转向另一时刻另一种状态(包括自身)的可能性大小。将所有的转移概率依次排列起来所形成的矩阵称为转移概率矩阵。状态概率指研究系统在某时刻呈现某种状态的可能性大小。以向量形式表示的系统状态概率，称为状态概率向量。

马尔可夫过程是指研究系统随着时间转移而不断发生状态转移的随机过程，它具有无后效性和遍历性两个重要特征。只要知道系统在基期各状态的初始概率和一步转移概率矩阵，就可以运用马尔可夫预测方法对系统未来状态做出预测。

当系统经过较长时间的状态转移后，马尔可夫过程逐渐趋于这样的状态：它与初始状态无关，第 n 期的状态概率与第 $n-1$ 期的状态概率相等，此时的状态称为马尔可夫链的稳定状态。马尔可夫链达到稳定状态时的状态概率称为稳态概率。

复习思考题

1. 简述转移概率的概念，以及一次转移概率和多次转移概率的概念。
2. 简述马尔可夫稳态概率的概念。
3. 简述马尔可夫预测方法的适用条件。
4. 某地区有甲、乙、丙三个电脑公司。在对该地区的 5 000 名消费者进行调查的过程中发现：在上一个季度甲公司的市场占有率为 60%，乙公司的市场占有率为 30%，丙公司的市场占有率为 10%。市场占有率低的公司采取措施提高占有率，结果市场情况有如下变化，用矩阵表示如下：

$$N = \begin{bmatrix} 2000 & 500 & 500 \\ 300 & 1000 & 200 \\ 100 & 250 & 50 \end{bmatrix}$$

以上矩阵第一行表示购买甲公司产品的 3 000 个消费者中有 2 000 个继续购买甲公司的产品，500 个转向购买乙公司的产品，500 个转向购买丙公司的产品，第二行和第三行的含义同第一行。

试求：(1) 购买电脑的消费者在三种产品之间转移的概率矩阵；
(2) 对三个公司未来三个季度的市场占有率进行预测；
(3) 当市场处于均衡状态时，各公司的市场占有率是多少。

5. 某产品每月的市场状态有畅销和滞销两种，三年来的记录如表 16-4 所示。"1"代表畅销，"2"代表滞销，试求市场状态转移的一步和二步转移概率矩阵。

表 16-4　某产品每月的销售状态

月份	1	2	3	4	5	6	7	8	9	10	11	12	13	14	15	16
市场状态	1	1	1	2	2	1	1	1	1	1	2	2	1	2	1	1
月份	17	18	19	20	21	22	23	24	25	26	27	28	29	30	31	32
市场状态	1	1	2	2	2	1	2	1	2	1	1	1	1	2	1	1

6. 有三家企业生产同种商品，已知在当地它们的当月市场占有份额为 (0.4，0.3，0.3)，且已知状态转移概率矩阵为

$$\boldsymbol{P} = \begin{bmatrix} 0.5 & 0.25 & 0.25 \\ 0.3 & 0.3 & 0.3 \\ 0.6 & 0.2 & 0.2 \end{bmatrix}$$

求两个月后，它们的市场占有率和终极占有率。

阅读材料

基于马尔可夫模型的高校师资结构预测

马尔可夫预测模型是根据俄国数学家马尔可夫（A. A. Markov）的随机过程理论提出的一种市场预测方法。应用马尔可夫链理论，根据研究对象的目前状态预测未来某个时刻或某个时期变动情况，是一种时间序列分析法。马尔可夫模型作为一种预测技术已广泛应用于多个领域。

高校教师是国家的宝贵财富，是高等教育目标的实施者，高校教师的水平决定着高校的教学与科研水平。师资结构是影响高校教师队伍建设与发展的重要因素，合理的师资队伍结构对培养高质量人才具有重要作用。进入21世纪，国家高度重视高校师资队伍建设，建立了合理的职称评定制度和公平的绩效考核机制。很多高校也制定了科学的师资规划方案，积极探索改变师资结构的有效途径。目前，高校的师资结构主要由助教、讲师、副教授和教授构成。根据未来的教学和科研情况，对师资结构进行预测，解决高校教师培养的长远规划和实施问题。由于马尔可夫链和马尔可夫模型具有良好的数学基础作为支撑，所以它成为目前国内预测领域研究的热点问题。

本文基于马尔可夫模型展开研究，进一步融合回归预测和最大期望算法等优良算法，为高校师资结构预测提供一种新的解决思路。将预测结果作为高校教师引进和职称评定政策制定的依据，对促进高校师资结构的合理配置、提高教学科研水平等方面具有重要意义。

1. 马尔可夫模型原理

状态是指客观事物可能出现或存在的状况，状态转移是指客观事物由一种状态到另一种状态的变化。对于一个系统，在由一种状态随机地转移至另一种状态的过程中，存在着转移概率，这种转移概率可以由前一种状态推算出来，而与该系统的原始状态和此次转移以前有限次数的转移无关，系统的这种状态转移称为马尔可夫过程，是一类随机过程。

当状态和时间都处于离散状态时，这类特殊的马尔可夫过程也称为马尔可夫链。马尔可夫链是具有马尔可夫性质的随机变量的一个序列，通常用来建模排队理论和统计学

中的建模,表达了两个随机变量之间的条件分布,不需要进行随机变量相关性分析。由一种特定状态变化到另一种特定状态,就是过程实现了转移。最简单的情况只是两种状态之间的转移,如图 16-2 所示。"状态 1"保持"状态 1"的概率为 P_{11},"状态 1"转移到"状态 2"的概率为 P_{12},"状态 2"保持"状态 2"的概率为 P_{22},"状态 2"转移到"状态 1"的概率为 P_{21}。

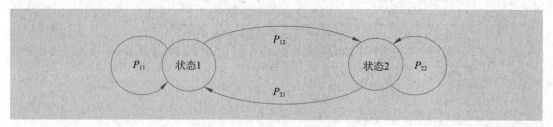

图 16-2 两种状态转移图

马尔可夫链是具有马尔可夫性质的随机变量序列。在当前状态已知的条件下,将来的状态可能与过去所处的状态 A 有关,也可能无关。若随机过程 $\{x(t), t=0, 1, 2, \cdots\}$ 的条件概率满足:

$$P\{x(s)=j/x(t)=i, A\}=P\{x(s)=j/x(t)=i\} \tag{16-1}$$

对于任何 $s>t$ 及 $i=E$,$j=E$ 成立,即与过去状态 A 无关,则称随机过程为马尔可夫链。上述的这种特性称为无后效性。在较长时间下,该过程趋于稳定状态,与初始状态无关,称为稳定性。

如果系统的状态共有 n 种,系统由状态 i 一次转移到状态 j 的概率为 p_{ij},则系统一次转移概率的全体构成状态转移概率矩阵,简称为概率矩阵,记为 $\mathbf{P}$,表示如下:

$$\mathbf{P}=\begin{bmatrix} p_{11} & p_{12} & \cdots & p_{1n} \\ p_{21} & p_{22} & \cdots & p_{2n} \\ \vdots & \vdots & \vdots & \vdots \\ p_{n1} & p_{n2} & \cdots & p_{nn} \end{bmatrix} \tag{16-2}$$

式中,$0 \leqslant p_{ij} \leqslant 1(i, j=1, 2, \cdots, n)$,且 $\sum_{j=1}^{n} p_{ij}=1$。第 i 行的向量 $p_i=(p_{i1}, p_{i2}, \cdots, p_{in})$ 称为概率向量,表示由状态 i 转移到其他状态的概率。

概率向量具有以下特点:

(1) 两个概率矩阵的乘积也是概率矩阵;

(2) 概率矩阵的 n 次幂也是概率矩阵;

(3) 当任一非零向量 $\mathbf{u}=(u_1, u_2, \cdots, u_n)$ 左乘一方阵 $\mathbf{A}$ 后,结果仍为 $\mathbf{u}$;

(4) 正规的马尔可夫链是指经过若干次转移达到稳定状态后再转移时结果不会发生变化。这种稳定状态可以用行向量 $\mathbf{u}$ 表示:

$$\mathbf{u}=(u_1, u_2, \cdots, u_n), \sum u_i=1 \tag{16-3}$$

行向量 $\mathbf{u}$ 也称为固定概率向量。

马尔可夫模型在预测领域的应用就是通过对转移概率的研究确定变化趋势以预测未来。

2. 马尔可夫模型预测过程

马尔可夫模型预测过程共分为 5 步,如图 16-3 所示。各步骤描述如下。

(1) 构建状态空间。变量所有可能取值的集合称为状态空间。马尔可夫链是具有马尔

图 16-3 马尔可夫模型预测过程

可夫性质的随机变量的一个状态序列，E_1，E_2，E_3，…，E_i 的值是在时间 i 的状态，令 e 为过程中的某个状态，则

$$P(E_{n+1}=e \mid E_1=e_1, E_2=e_2, \cdots, E_n=e_n)=P(E_{n+1}=e \mid E_n=e_n) \quad (16\text{-}4)$$

存在 n 种状态的状态空间表示为

$$\boldsymbol{E}=\begin{bmatrix} E_1 & E_2 & \cdots & E_n \end{bmatrix} \quad (16\text{-}5)$$

(2) 构造概率矩阵。

(3) 确定状态矩阵。状态矩阵为预测对象的初始值，每种状态对应一个初始值，E_{0i} 表示第 i 种状态的初始值，则 n 种状态的状态矩阵表示为

$$\boldsymbol{E}=\begin{bmatrix} E_{01} & E_{02} & \cdots & E_{0n} \end{bmatrix} \quad (16\text{-}6)$$

(4) 预测数据计算。预测数据计算采用递推方法，第 1 期的预测值等于基期的状态矩阵乘以概率矩阵，第 2 期的预测值等于第 1 期的状态矩阵（预测值）乘以概率矩阵，……，第 m 期的预测值等于第 $m-1$ 期的状态矩阵（预测值）乘以概率矩阵。第 1 期预测数据的计算公式为

$$\boldsymbol{E}_1=\boldsymbol{E}_0 \times \boldsymbol{P}=\begin{bmatrix} E_{01} & E_{02} & \cdots & E_{0n} \end{bmatrix} \times \begin{bmatrix} p_{11} & p_{12} & \cdots & p_{1n} \\ p_{21} & p_{22} & \cdots & p_{2n} \\ \vdots & \vdots & \vdots & \vdots \\ p_{n1} & p_{n2} & \cdots & p_{nn} \end{bmatrix} = \boldsymbol{E}_0 \times (p_{ij})_n \quad (16\text{-}7)$$

预测数据计算的递推公式为：

$$\begin{cases} E_1=E_0 \times (p_{ij})_n \\ E_2=E_1 \times (p_{ij})_n \\ \vdots \\ E_m=E_{m-1} \times (p_{ij})_n \end{cases} \quad (16\text{-}8)$$

(5) 预测结果分析。对预测结果进行分析，提出相应的政策与对策建议。

3. 预测实例与结果分析

现对某高校未来五年的师资结构进行预测。现行高校的师资结构从高级到低级分为教授、副教授、讲师、助教四种，每年都有一定比例的低一级职称向高一级职称晋升，但不能跃级晋升，即只能晋升一级；根据新的绩效考核管理办法，如果在某一级考核不合格，降到相邻的下一级。各级职称每年都有一部分教师退休或调离。每年向社会招聘或引进一定数量的人员以补充教师队伍。按照马尔可夫模型的预测过程，预测如下。

(1) 构建状态空间 $\boldsymbol{E}$。根据以上的描述，系统状态空间为 $\boldsymbol{E}=\{E_1, E_2, E_3, E_4, E_5, E_6\}$，其中，$E_1$ 表示招聘或引进，E_2 表示教授，E_3 表示副教授，E_4 表示讲师，E_5 表示助教，E_6 表示退休或调离。

(2) 构造概率矩阵 $\boldsymbol{P}$。根据历史统计数据得到概率矩阵。为了数据表达清晰，概率矩阵采用表格的方式，如表 16-5 所示。

表 16-5 某高校师资结构预测概率矩阵

状态空间	招聘或引进	教授	副教授	讲师	助教	退休或调离
招聘或引进	0	0.08	0.14	0.31	0.45	0.02
教授	0	0.88	0.07	0	0	0.05
副教授	0	0.09	0.75	0.09	0	0.07
讲师	0	0	0.21	0.63	0.13	0.03
助教	0	0	0	0.28	0.70	0.02
退休或调离	0	0	0	0	0	1

从表 16-5 的数据可以看出，在招聘或引进的教师中，有 8% 的教授、14% 的副教授、31% 的讲师、45% 的助教，2% 当年即调离；教授职称的教师中，88% 仍然是教授，7% 降级为副教授，5% 退休或调离；副教授职称的教师中，10% 晋级为教授，74% 仍然是副教授，9% 降级为讲师，7% 退休或调离。状态空间的其他状态描述略。

（3）确定状态矩阵。该高校在预测第一年年初，教师总数为 1 827 名，其中教授 311 名，副教授 712 名，讲师 566 名，助教 238 名，每年计划招聘或引进 150 名，根据这些数据确定的状态矩阵为 $E_0 = [150 \quad 311 \quad 712 \quad 566 \quad 238 \quad 0]$。

（4）预测数据计算。根据式(16-7)，预测第一年的师资结构计算式为

$$[150 \quad 311 \quad 712 \quad 566 \quad 238 \quad 0] \times \begin{bmatrix} 0 & 0.08 & 0.14 & 0.31 & 0.45 & 0.02 \\ 0 & 0.88 & 0.07 & 0 & 0 & 0.05 \\ 0 & 0.09 & 0.75 & 0.09 & 0 & 0.07 \\ 0 & 0 & 0.21 & 0.63 & 0.13 & 0.03 \\ 0 & 0 & 0 & 0.28 & 0.70 & 0.02 \\ 0 & 0 & 0 & 0 & 0 & 1 \end{bmatrix} \times [0 \quad 349 \quad 696 \quad 534 \quad 308 \quad 90]$$

根据递推公式(16-8)，预测 2~5 年各年年末的师资结构，预测结果如表 16-6 所示。

表 16-6 某高校师资结构预测结果   单位：人

预测年	教授	副教授	讲师	助教	总计	退休或调离
0	311	712	566	238	1 827	—
1	349	696	534	308	1 887	90
2	381	680	532	353	1 946	91
3	408	669	542	384	2 003	93
4	431	665	556	407	2 059	94
5	451	667	571	424	2 113	96

（5）预测结果分析。从表 16-6 的预测结果可以看出：退休或调离教师数量每年基本平衡并略有增长，表明教师队伍保持稳定；教师总数（总计）逐年增长，年增长率为 3% 左右，基本符合教师发展规划要求。但随着高校招生人数减少，对引进教师数量应适当控制；教授和助教的数量增长较快，副教授和讲师的数量有下降趋势，呈现出"两头增长、中间下降"的格式，这不符合人才的发展规划和目标。构建"橄榄球"式的师资结构更适合高校发展的需要，因此，要适当调整政策，适当减少副教授晋级教授的比例，增加助教晋级讲师的比例，以使各类职称教师数量均衡发展。

4. 结束语

构建良好的师资队伍结构是高等教育改革的主要任务，对于促进高等教育可持续发展、形成高校持久性的竞争优势和提高人才培养质量等方面具有重要作用。为了高校师资结构配置的合理性，基于马尔可夫理论建立了预测模型。结果表明，该预测模型可以有效地提高预测精度，为高校师资结构预测提供了一条新途径。但由于系统各种状态的相互转移不是一成不变的，因此马尔可夫模型适用于短期预测。由该模型对未来五年某高校的师资结构进行预测，预测结果可作为高校和教育主管部门优化教师结构、制定职称评定政策、促进教师职业发展的重要依据。将研究结果应用于高校师资结构预测，必将得到更精确、客观的预测结果，从而促进高校师资水平的整体提高。

资料来源：高路. 基于马尔可夫模型的高校师资结构预测[J]. 渤海大学学报（自然科学版），2016，37(02)：112-116.

第十七章 灰色预测法

> **学习目标**
> 1. 了解灰色预测方法的基本概念；
> 2. 掌握灰色预测方法的特点和适用条件；
> 3. 掌握灰色 GM(1，1)模型的应用。

第一节 灰色预测法的基本概念

灰色预测法(Grey Forecast)是我国学者邓聚龙教授于 20 世纪 80 年代提出的一种新的预测方法。该方法以灰色系统理论(Grey System Theory)为基础，通过建立灰色动态模型(Grey Dynamic Model)对现象未来进行预测。由于这种方法具有所需要的数据较少、预测精度较高等优点，目前被广泛应用于市场预测、气象预测、过程控制等社会经济生活的各个方面，并已取得良好的预测效果。

一、灰色系统及灰色预测

(一) 灰色系统的基本概念

灰色系统产生于控制理论的研究中。若一个系统的内部特征是完全已知的，即系统的信息是充足完全的，我们称之为白色系统。若人们对一个系统的内部信息一无所知，一团漆黑，只能从它同外部的联系来观测研究，这种系统便是黑色系统。灰色系统介于二者之间，灰色系统的一部分信息是已知的，一部分是未知的。

区别白色系统和灰色系统的重要标志是系统各因素间是否有确定的关系。

一个商店可看作一个系统，在人员、资金、损耗、销售信息完全明确的情况下，可算出该店的盈利大小、库存多少，可以判断商店的销售态势、资金的周转速度等，这样的系统就是白色系统。

遥远的某个星球，也可以看作一个系统，虽然知道其存在，但体积多大、质量多少、距离地球多远,这些信息完全不知道,这样的系统就是黑色系统。

人体是一个系统,人体的一些外部参数(如身高、体温、脉搏等)是已知的,而其他一些参数,如人体的穴位有多少,穴位的生物、化学、物理性能,生物的信息传递等尚未知道透彻,这样的系统是灰色系统。

显然,黑色、灰色、白色都是一种相对的概念。世界上没有绝对的白色系统,因为任何系统总有未确知的部分,也没有绝对的黑色系统,因为既然一无所知,也就无所谓该系统的存在了。

(二)灰色系统的特点

灰色系统理论以"部分信息已知、部分信息未知"的"小样本""贫信息"不确定型系统为研究对象,研究的是贫信息建模问题,提供了贫信息情况下解决系统问题的新途径。灰色系统理论认为,一切随机变量都是在一定范围内、一定时间上的灰色量,一切随机过程都是灰色过程。

▶ 1. 充分利用已知信息寻求系统的运动规律

研究灰色系统的关键是如何使灰色系统白化、模型化、优化。灰色系统视不确定量为灰色量,提出了灰色系统建模的具体数学方法,并利用时间序列来确定微分方程的参数。灰色预测不是把观测到的数据序列视为一个随机过程,而是看作随时间变化的灰色量或灰色过程,通过累加生成和累减生成逐步使灰色量白化,从而建立相应的预测模型。这样对于某些大系统和长期预测问题,就可以发挥作用。

▶ 2. 灰色系统理论能处理贫信息系统

灰色预测模型只要求较短的观测资料即可,这和时间序列分析、回归分析等概率统计模型需要较长观测资料的要求很不一样。因此,对于某些只有少量观测数据的项目来说,灰色预测是一种很有用的工具。

(三)灰色预测

灰色系统认为,只要对灰色量做累加生成处理,就可以弱化其变动的随机性,显示出其固有的变动规律性,并且这种规律性可以利用微分方程予以揭示和反映。灰色预测方法就是利用累加生成的数据而非原始序列数据,建立一个微分方程形式的时间连续函数模型 $GM(n,h)$(n 表示微分方程的阶数,h 表示变量的个数),并据此做出预测。在市场预测中,最常用的就是一阶单变量灰色动态模型,即 $GM(1,1)$ 模型。本章主要介绍的就是 $GM(1,1)$ 模型的建立、检验和预测。

灰色预测通常分为以下几类:

▶ 1. 灰色时间序列预测

灰色时间序列预测指用等时距观测到的反映预测对象特征的一系列数量(如产量、销量、人口数量、存款数量、利率等)构造灰色预测模型,预测未来某一时刻的特征量,或者达到某特征量的时间。

▶ 2. 畸变预测(灾变预测)

畸变预测指通过模型预测异常值出现的时刻,预测异常值什么时候出现在特定时区内。

▶ 3. 系统预测

系统预测指对系统行为特征指标建立一组相互关联的灰色预测理论模型,在预测系统整体变化的同时,预测系统各个环节的变化。

二、灰色预测法预备知识

(一) 灰色数据生成

将原始数据序列 $x^{(0)} = \{x^{(0)}(1), x^{(0)}(2), \cdots, x^{(0)}(n)\}$ 按某种要求进行数据处理,称为数据生成,如建模生成与关联生成。累加生成与累减生成是灰色系统理论与方法中占据特殊地位的两种数据生成方法,常用于建模,亦称建模生成。

▶ 1. 累加生成

累加生成(accumulated generating operation,AGO),即对原始数据列中各时刻的数据依次累加,从而形成新的序列。1-AGO 指一次累加生成。

记原始序列为
$$x^{(0)} = \{x^{(0)}(1), \ x^{(0)}(2), \ \cdots, \ x^{(0)}(n)\}$$

生成序列为
$$x^{(1)} = \{x^{(1)}(1), \ x^{(1)}(2), \ \cdots, \ x^{(1)}(n)\}$$

上标"0"表示原始序列,上标"1"表示一次累加生成序列。其中,
$$x^{(1)}(k) = \sum_{i=1}^{k} x^{(0)}(k) \ (k=1,2,\cdots,n)$$

▶ 2. 累减生成

累减生成(inverse accmulated generating operation,IAGO)是 AGO 的逆运算,即对生成序列的前后两数据进行差值运算。1-IAGO 指一次累减生成。

记原始序列为 $x^{(1)} = \{x^{(1)}(1), \ x^{(1)}(2), \ \cdots, \ x^{(1)}(n)\}$,对 $X^{(1)}$ 做一次累减生成,则得生成序列 $x^{(0)} = \{x^{(0)}(1), \ x^{(0)}(2), \ \cdots, \ x^{(0)}(n)\}$,其中,$x^{(0)}(k) = x^{(1)}(k) - x^{(1)}(k-1)$,规定 $x^{(1)}(0) = 0$。

累加生成与累减生成之间的关系如图 17-1 所示。

$$X^{(0)} \xrightarrow{1\text{-AGO}} X^{(1)} \xrightarrow{1\text{-IAGO}} X^{(0)}$$

图 17-1 累加生成与累减生成的关系

(二) 灰色关联度

在客观世界中,有许多因素之间的关系是灰色的,分不清哪些因素之间关系密切,哪些因素之间关系不密切,这样就难以找到主要矛盾和主要特性。灰色关联分析,目的是定量地表征诸因素之间的关联程度,从而揭示灰色系统的主要特性。关联分析是灰色系统分析和预测的基础。

灰色关联分析是一种相对性的排序分析。从思路上来看,源于几何直观。如图 17-2 所示的 A、B、C、D 四个时间序列,曲线 A 与 B 比较平行,我们就认为 A 与 B 的关联程度大。曲线 C 与 A 随时间变化的方向很不一致,认为 A 与 C 的关联程度较小。曲线 A 与 D 相差最大,则认为两者的关联程度最小。

灰色关联分析通过对系统中各因素间关联程度进行量化比较,以关联度作为衡量因素间关联程度大小的标准,实际上是对动态过程发展态势的量化比较分析。其基本思想是根据序列曲线几何形状的相似程度来判断其联系是否密切。序列曲线越接近,相应序列之间

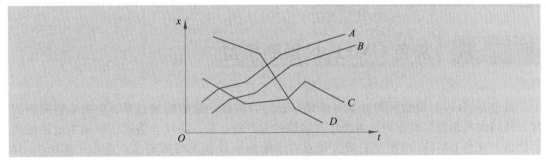

图 17-2 时间序列的几何关联性

的关联度越大,说明两序列的发展方向和速率越相似,进而说明两序列的关系越紧密。无论是时间序列数据、指标序列数据还是横向序列数据,都可以用来进行关联分析。灰色关联度包括绝对关联度、相对关联度、斜率关联度等。在此,我们主要介绍灰色绝对关联度。

设 $X_0=(x_0(1), x_0(2), \cdots, x_0(n))$ 为系统特征序列,$X_i=(x_i(1), x_i(2), \cdots, x_i(n))(i=1, 2, \cdots, m)$ 为系统行为序列,两者长度相同,且皆为 1-时距序列。

定义 $X_0^0=(x_0^0(1), x_0^0(2), \cdots, x_0^0(n))$,$X_i^0=(x_i^0(1), x_i^0(2), \cdots, x_i^0(n))$ 分别为 X_0 与 X_i 的始点零化像。其中,$x_i^0(k)=x_i(k)-x_i(1)(i=0, 1, 2, \cdots, m; k=1, 2, \cdots, n)$。

令

$$|s_0| = \left| \sum_{k=2}^{n-1} x_0^0(k) + \frac{1}{2} x_0^0(n) \right|$$

$$|s_i| = \left| \sum_{k=2}^{n-1} x_i^0(k) + \frac{1}{2} x_i^0(n) \right|$$

$$|s_i - s_0| = \left| \sum_{k=2}^{n-1} (x_i^0(k) - x_0^0(k)) + \frac{1}{2} (x_i^0(n) - x_0^0(n)) \right|$$

称 $\varepsilon_{0i} = \dfrac{1+|s_0|+|s_i|}{1+|s_0|+|s_i|+|s_i-s_0|}(i=1, 2, \cdots, m)$ 为序列 X_0 和 X_i 的灰色绝对关联度。灰色绝对关联度具有以下性质:

第一,$0<\varepsilon_{0i}\leqslant 1$。

第二,ε_{0i} 只与 X_0 和 X_i 的几何形状有关,而与其空间相对位置无关,或者说,平移不改变绝对关联度的值。

第三,任何两个序列都不是绝对无关的,即 ε_{0i} 恒不为零。

第四,X_0 和 X_i 几何上相似程度越大,ε_{0i} 越大。

在进行系统分析研究系统特征行为与相关因素行为的关系时,我们主要关心的是系统特征行为序列与各相关因素行为序列关联度的大小次序,而不完全是关联度在数值上的大小。若 $\varepsilon_{0i}\geqslant\varepsilon_{0j}(i, j=1, 2, \cdots, m, i\neq j)$,根据灰色优势分析理论,称行为序列 X_i 与特征序列 X_0 的关联程度优于行为序列 X_j,记为 $X_i\succ X_j$。如果 $\forall j=1, 2, \cdots, m$,$j\neq k$,恒有 $X_k\succ X_j$,则称 X_k 为最优因素,即行为序列 X_k 与特征序列 X_0 的关系最为密切。

第二节 灰色 GM(1,1) 预测模型

灰色 GM(1,1) 模型预测的基本原理是通过将离散的原始数据做累加生成,得到指数规律性较强的累加生成序列,再经序列建模的参数估计后,将计算值进行累减生成还原为预测值。灰色 GM(1,1) 模型的最大优点在于对现有数据无特殊要求,适合于解决"小样本""贫信息"的不确定性问题,其主要特点就是"少数据建模"。

一、灰色 GM(1,1) 模型建模

已知原始序列 $x^{(0)}=\{x^{(0)}(1), x^{(0)}(2), \cdots, x^{(0)}(n)\}$ 为非负序列,对原始序列做一次累加生成处理,得 $x^{(1)}=\{x^{(1)}(1), x^{(1)}(2), \cdots, x^{(1)}(n)\}$,将序列的变化趋势近似地用微分方程描述,得 GM(1,1) 模型的白化方程

$$\frac{\mathrm{d}x^{(1)}(t)}{\mathrm{d}t}+ax^{(1)}(t)=b \quad (a, b \text{ 为参数}) \tag{17-1}$$

令

$$\boldsymbol{Y}=\begin{bmatrix} x^{(0)}(2) \\ x^{(0)}(3) \\ \vdots \\ x^{(0)}(n) \end{bmatrix}, \boldsymbol{B}=\begin{bmatrix} a \\ b \end{bmatrix}; \boldsymbol{X}=\begin{bmatrix} -\frac{1}{2}[x^{(1)}(1)+x^{(1)}(2)] & 1 \\ -\frac{1}{2}[x^{(1)}(2)+x^{(1)}(3)] & 1 \\ \vdots & \vdots \\ -\frac{1}{2}[x^{(1)}(n-1)+x^{(1)}(n)] & 1 \end{bmatrix}$$

得

$$\boldsymbol{B}=\begin{bmatrix} a \\ b \end{bmatrix}=(\boldsymbol{X}^T\boldsymbol{X})^{-1}(\boldsymbol{X}^T\boldsymbol{Y})$$

由式(17-1)可求得 GM(1,1) 模型的时间相应序列为

$$\hat{x}^{(1)}(t+1)=\left[x^{(0)}(1)-\frac{b}{a}\right]e^{-at}+\frac{b}{a} \quad (t=1, 2, \cdots, n) \tag{17-2}$$

由式(17-2)求得还原值,即预测模型为

$$\hat{x}^{(0)}(t+1)=(1-e^a)\left[x^{(0)}(1)-\frac{b}{a}\right]e^{-at} \quad (t=1, 2, \cdots, n) \tag{17-3}$$

式中,$-a$ 称为发展系数,b 称为灰色作用量。根据灰色系统理论,当发展系数 $a\in(-2, 2)$,且 $-a\leqslant 0.3$ 时,所建立的 GM(1,1) 模型可用于中长期预测。

GM(1,1) 模型建模过程中需要注意以下事项:

(1) 原始序列 $x^{(0)}$ 中的数据不一定要全部用来建模,对原始数据的取舍不同,可得的模型不同,即 a 和 b 不同。

(2) 建模时数据取舍应保证建模数据序列等时距、相连,不得有跳跃出现。

(3) 一般建模数据序列应当由最新的数据及其相邻数据构成。当再出现新数据时,可采用两种方法处理:一是将新信息加入原始序列中,重新估计参数;二是去掉原始序列中最老的一个数据,再加上最新的数据,所形成的数据序列和原序列维数相等,再重新估计参数。

二、GM(1,1)模型检验

GM(1,1)模型建立以后,并不能直接用于预测,必须对其拟合精度进行检验。只有当拟合精度符合一定要求以后,才能用于预测。GM(1,1)模型精度检验的方法主要有三种:残差检验法、关联度检验法和后验差检验法。实践中可根据具体情况加以选用。

(一) 残差检验法

残差检验法就是利用建立的GM(1,1)预测模型,求出原始序列各期的追溯预测值,进而求出序列各期的绝对预测误差或者相对预测误差,看其是否满足所要求的允许误差范围。如果满足要求,则所建立的GM(1,1)模型方可用于预测。

残差检验需要分别求出$x^{(0)}(k)$与$\hat{x}^{(0)}(k)$的残差$e(k)$、相对误差Δ_k和平均相对误差$\overline{\Delta}$如下:

$$e(k) = x^{(0)}(k) - \hat{x}^{(0)}(k) \tag{17-4}$$

$$\Delta_k = \left| \frac{e(k)}{x^{(0)}(k)} \right| \tag{17-5}$$

$$\overline{\Delta} = \frac{1}{n} \sum_{k=2}^{n} \Delta_k \tag{17-6}$$

在实际应用中,不仅要看序列各期的$e(k)$和Δ_k是否落在允许的误差范围之内,更重要的是关心近期的$e(k)$和Δ_k数值大小。一般情况下,尽管有少数远期的$e(k)$和Δ_k落在允许误差范围之外,但如果近期的$e(k)$和Δ_k数值比较小且符合要求,所建立的GM(1,1)模型也可以用于预测。

(二) 关联度检验法

在建立GM(1,1)预测模型时,可以使用原始序列的全部数据,也可以使用原始序列的部分数据,如何判断根据哪些数据建立的模型优呢?我们也可以采用关联度检验方法,即根据所建立的每个模型产生的序列拟合值(即追溯预测值)与序列原始数据关联程度的大小作出判断,关联程度大的模型为优。

(三) 后验差检验法

后验差检验法是根据原始序列均方差与残差绝对值序列均方差的比率以及小概率,判定GM(1,1)模型精度等级,具体步骤如下。

(1) 计算原始序列的平均值$\overline{x}$。

$$\overline{x} = \frac{1}{n} \sum_{k=1}^{n} x^{(0)}(k) \tag{17-7}$$

(2) 计算原始序列$x^{(0)}$的残差均值$\overline{e}$。

$$\overline{e} = \frac{1}{n-1} \sum_{k=2}^{n} e^{(0)}(k) \tag{17-8}$$

(3) 计算原始序列$x^{(0)}$的方差S_1^2。

$$S_1^2 = \frac{1}{n-1} \sum_{k=1}^{n} [x^{(0)}(k) - \overline{x}]^2 \tag{17-9}$$

(4) 计算原始序列$x^{(0)}$的残差方差S_2^2。

$$S_2^2 = \frac{1}{n-1} \sum_{k=2}^{n} [e^{(0)}(k) - \overline{e}]^2 \tag{17-10}$$

(5) 计算方差比 C。

$$C = \frac{S_2}{S_1} \tag{17-11}$$

(6) 计算小误差概率 p。

$$p = P\{|e^{(0)}(k) - \bar{e}| < 0.6745 S_1\} \tag{17-12}$$

C 值越小越好，C 值小，意味着原始序列离散性大，预测误差离散性小，预测精度高。p 值越大越好，p 值越大，表明模型对原始数据的拟合程度越高。

如果对于给定的 $C_0 > 0$，当 $C < C_0$ 时，称模型为均方差比合格模型；如对于给定的 $p_0 > 0$，当 $p > p_0$ 时，称模型为小误差概率合格模型。表 17-1 给出了判定 GM(1,1) 模型预测精度等级的经验标准。

表 17-1 后验差检验判别参照表

p	C	模型精度
>0.95	<0.35	优
>0.80	<0.50	合格
>0.70	<0.65	勉强合格
<0.70	>0.65	不合格

三、GM(1,1) 残差模型

在市场预测中，由于受不规则变动因素的影响，某些市场现象时间序列中有时包含有显著的随机变动，利用前述方法建立的 GM(1,1) 模型检验不合格或者预测精度不甚理想。为增强 GM(1,1) 模型的实用性，保证取得良好的预测效果，需要考虑对原 GM(1,1) 模型产生的预测误差进行分析，建立 GM(1,1) 残差模型。具体步骤如下。

(1) 根据原来建立的 GM(1,1) 模型，求出原始数据的残差序列 $e^{(0)}$：

$$e^{(0)} = \{e^{(0)}(1), e^{(0)}(2), \cdots, e^{(0)}(N)\}$$

式中，$e^{(0)}(k) = x^{(0)}(k) - \hat{x}^{(0)}(k)$。

建立残差 GM(1,1) 模型时，可以利用原始数据序列的所有残差数据，也可以利用距离预测期最近的几项原始序列残差数据。假定所使用的残差数据为

$$e'^{(0)} = \{e'^{(0)}(1), e'^{(0)}(2), \cdots, e'^{(0)}(t'), \cdots, e'^{(0)}(n)\}$$

式中，$e'^{(0)}(t) = x^{(0)}(t') - \hat{x}^{(0)}(t')$，$t' = t - i$，$i = N - n$。

(2) 对残差序列 $e'^{(0)}$ 做一次累加生成，得到 $e'^{(1)}$：

$$e'^{(1)} = \{e'^{(1)}(1), e'^{(1)}(2), \cdots, e'^{(1)}(n)\}$$

(3) 根据前述建模步骤建立残差的 GM(1,1) 模型：

$$\hat{e}'^{(1)}(t'+1) = \left[e'^{(0)}(1) - \frac{b'}{a'}\right]e^{-a't'} + \frac{b'}{a'}$$

(4) 将残差 GM(1,1) 模型添加到原来建立的 GM(1,1) 模型上，得到残差修正 GM(1,1) 模型，即

$$\hat{x}^{(1)}(t+1) = \left[x^{(0)}(1) - \frac{b}{a}\right]e^{-at} + \frac{b}{a} + \delta(t-i)\left[e^{(0)}(1) - \frac{b'}{a'}\right]e^{-a't'} + \frac{b'}{a'}$$

式中，$\delta(t-i) = \begin{cases} 1 & t > i \\ 0 & t \leq i \end{cases}$，$i = N - n$。

对残差修正 GM(1,1) 模型做累减生成处理，就可以进行预测，即
$$\hat{x}^{(0)}(t+1) = \hat{x}^{(1)}(t+1) - \hat{x}^{(1)}(t)$$

四、灰色预测法的特点和适用条件

(一) 灰色预测法的特点

▶ 1. 需要的原始数据较少

运用其他时间序列方法进行预测，往往需要收集大量的历史资料，以便分析、发现市场现象的变动规律性，而灰色预测方法需要的原始数据较少，它只要根据实际情况选择适量数据做累加生成处理，即可发现市场现象的变动规律。甚至只要获得了四项原始数据，就能得到满意的预测结果。这在常规的预测方法中是不可想象的。

▶ 2. 计算简单

虽然建立 GM(1,1) 模型需要较多的数学知识，但其计算步骤并不烦琐。由于其所使用的原始数据较少，多数任务可以手工完成。而且，目前已经开发出灰色系统计算软件，可以更加方便地借助计算机迅速得到预测结果。

▶ 3. 不需要对序列变动的趋势类型事先做出判断

其他趋势预测方法在估计趋势预测模型参数之前，必须借助图形识别法或者差分判断方法对时间序列呈现何种趋势变动类型做出判断。而灰色预测方法不需要事先判定时间序列变动的趋势类型，因为它建立的是关于时间 t 的连续指数函数，一般情况下无论时间序列中含有何种趋势变动，都可以用指数曲线予以逼近。

▶ 4. 预测误差较小

一般而言，与其他趋势预测方法相比，灰色预测法产生的预测误差较小。

(二) 灰色预测法的适用条件

在灰色预测方法中，由于 GM(1,1) 模型建立使用的是累加生成数据，而对于非负的时间序列，累加生成数据具有单调递增变化特点，因此 GM(1,1) 模型仅仅适用于配合呈单调趋势变化的时间序列。如果时间序列中含有非单调趋势变动或者周期性变动，利用 GM(1,1) 模型进行预测，将会产生较大的预测误差。

第三节 GM(1,1) 预测模型应用实例

[例 17-1] 某地区 2010—2016 年居民对某种商品的年消费水平如表 17-2 所示。

表 17-2 某地区居民某种商品的消费水平数据表　　　　　单位：元

年　份	2010	2011	2012	2013	2014	2015	2016
时序 t	1	2	3	4	5	6	7
消费水平 $x^{(0)}$	683	762	973	1 251	1 669	1 945	2 275

要求：(1) 建立 GM(1,1) 预测模型。

(2) 进行模型检验并对2017年该商品消费水平进行预测。

(3) 建立 GM(1,1) 残差模型。

解：1. 建立 GM(1,1) 预测模型。

第一步，对原始数据做一次累加生成。

$x^{(1)}(1) = x^{(0)}(1) = 683$

$x^{(1)}(2) = x^{(0)}(1) + x^{(0)}(2) = 683 + 762 = 1\,445$

$x^{(1)}(3) = x^{(0)}(1) + x^{(0)}(2) + x^{(0)}(3) = x^{(1)}(2) + x^{(0)}(3) = 1\,445 + 973 = 2\,418$

同理，$x^{(1)}(4) = 3\,669$，$x^{(1)}(5) = 5\,338$，$x^{(1)}(6) = 7\,283$，$x^{(1)}(7) = 9\,558$，则

$$x^{(1)} = \{683,\ 1\,445,\ 2\,418,\ 3\,669,\ 5\,338,\ 7\,283,\ 9\,558\}$$

第二步，构造累加矩阵 **X** 和常数项向量 **Y**。

$$\boldsymbol{X} = \begin{bmatrix} -\frac{1}{2}[x^{(1)}(1) + x^{(1)}(2)] & 1 \\ -\frac{1}{2}[x^{(1)}(2) + x^{(1)}(3)] & 1 \\ -\frac{1}{2}[x^{(1)}(3) + x^{(1)}(4)] & 1 \\ -\frac{1}{2}[x^{(1)}(4) + x^{(1)}(5)] & 1 \\ -\frac{1}{2}[x^{(1)}(5) + x^{(1)}(6)] & 1 \\ -\frac{1}{2}[x^{(1)}(6) + x^{(1)}(7)] & 1 \end{bmatrix} = \begin{bmatrix} -1064 & 1 \\ -1931.5 & 1 \\ -3043.5 & 1 \\ -4503.5 & 1 \\ -6310.5 & 1 \\ -8420.5 & 1 \end{bmatrix}$$

$\boldsymbol{Y} = (x^{(0)}(2),\ x^{(0)}(3),\ x^{(0)}(4),\ x^{(0)}(5),\ x^{(0)}(6),\ x^{(0)}(7))^T$

$= (762,\ 973,\ 1\,251,\ 1\,669,\ 1\,945,\ 2\,275)^T$

第三步，计算参数 a 和 b。

$$\boldsymbol{B} = \begin{bmatrix} a \\ b \end{bmatrix} = (\boldsymbol{X}^T \boldsymbol{X})^{-1} (\boldsymbol{X}^T \boldsymbol{Y}) = \begin{bmatrix} -0.208\,416 \\ 601.266\,8 \end{bmatrix}$$

第四步，求解 GM(1,1) 模型的时间相应序列。

将参数 a 和 b 代入 GM(1,1) 模型的白化方程 $\dfrac{dx^{(1)}(t)}{dt} + ax^{(1)}(t) = b$，得

$$\frac{dx^{(1)}(t)}{dt} - 0.208\,416 x^{(1)}(t) = 601.260\,7$$

代入时间序列函数 $\hat{x}^{(1)}(t+1) = \left[x^{(0)}(1) - \dfrac{b}{a}\right] e^{-at} + \dfrac{b}{a}$，得时间函数为

$$\hat{x}^{(1)}(t+1) = \left[683 - \frac{601.266\,8}{-0.208\,416}\right] e^{-(-0.208\,416)t} + \frac{601.266\,8}{-0.208\,416}$$

$$= 3\,567.937\,4 e^{0.208\,416t} - 2\,884.937\,4$$

第五步，对上式进行还原，得预测模型

$$\hat{x}^{(0)}(t+1) = 3\,567.937\,4 (e^{0.208\,416t} - e^{0.208\,416(t-1)})$$

这就是该地区居民对某商品的消费水平的 GM(1,1) 基本预测模型。

2. 模型检验。

第一步，残差检验。

根据上述建立的 GM(1,1) 模型和式(17-4)、式(17-5),分别计算序列各期的追溯预测值 $\hat{x}^{(0)}(t)$、绝对预测误差 $e(k)$ 和相对预测误差 Δ_k,结果如下:

$\hat{x}^{(0)}(2)=826.76$,$e(2)=-64.78$,$\Delta_2=-8.5\%$

$\hat{x}^{(0)}(3)=1\,018.37$,$e(3)=-45.37$,$\Delta_3=-4.66\%$

$\hat{x}^{(0)}(4)=1\,254.35$,$e(4)=-3.35$,$\Delta_4=-0.27\%$

$\hat{x}^{(0)}(5)=1\,545.02$,$e(5)=123.98$,$\Delta_5=7.43\%$

$\hat{x}^{(0)}(6)=1\,903.03$,$e(6)=41.97$,$\Delta_6=2.16\%$

$\hat{x}^{(0)}(7)=2\,344.02$,$e(7)=-69.02$,$\Delta_7=-3.03\%$

如果认为近期相对预测误差落在 $\pm 5\%$ 以内即可满足要求的话,上述建立的 GM(1,1) 预测模型满足要求,可以用于预测。

第二步,后验差检验。

(1) 计算原始序列的平均值 $\overline{x}^{(0)}$。

$$\overline{x}^{(0)}=\frac{1}{7}(683+762+973+1\,251+1\,669+1\,945+2\,275)=1\,365.43$$

(2) 计算原始序列的方差 S_1^2。

$$S_1^2=\frac{1}{n-1}\sum_{k=1}^{n}[x^{(0)}(k)-\overline{x}]^2$$

$$=\left[\frac{1}{7-1}(683-1\,365.43)^2+(762-1\,365.43)^2+\cdots+(2\,275-1\,365.43)^2\right]^2$$

$$=375\,389.036\,1$$

(3) 计算原始序列 $x^{(0)}$ 的残差均值 $\overline{e}$。

$$\overline{e}=\frac{1}{n-1}\sum_{k=2}^{n}e^{(0)}(k)$$

$$=\frac{1}{7-1}(64.78+45.37+3.35+123.98+41.97+69.02)=49.78$$

(4) 计算原始序列 $x^{(0)}$ 的残差方差 S_2^2。

$$S_2^2=\frac{1}{n-1}\sum_{k=2}^{n}[e^{(0)}(k)-\overline{e}]^2$$

$$=\left[\frac{1}{7-1}(64.78-49.78)^2+(45.37-49.78)^2+\cdots+(69.02-49.78)^2\right]^2$$

$$=1\,799.456\,4$$

(5) 计算方差比 C。

$$C=\frac{S_2}{S_1}=\frac{42.42}{612.69}=0.069\,2$$

(6) 计算小误差概率 p。

$|e^{(0)}(1)-\overline{e}|=49.78$ $\quad|e^{(0)}(2)-\overline{e}|=15$ $\quad|e^{(0)}(3)-\overline{e}|=4.41$

$|e^{(0)}(4)-\overline{e}|=46.43$ $\quad|e^{(0)}(5)-\overline{e}|=74.2$ $\quad|e^{(0)}(6)-\overline{e}|=7.81$

$|e^{(0)}(7)-\overline{e}|=19.24$

$0.674\,5S_1=0.674\,5\times 612.69=413.26$

由于所有的 $|e^{(0)}(k)-\overline{e}|$ 均小于 $0.674\,5S_1$,因此 $p=1$。

由于 $C<0.35$,$p>0.95$,故所建立的 GM(1,1) 模型预测精度等级为好,可以用于预测。

当 $t=7$ 时,可预测出 2017 年该商品的消费水平为

$$\hat{x}^{(0)}(8)=\hat{x}^{(0)}(7+1)=3\,567.937\,4(e^{0.208\,416\times 7}-e^{0.208\,416\times(7-1)})$$
$$=2\,887.18(元)$$

第三步，建立GM(1,1)残差模型。

(1) 根据已经建立的GM(1,1)模型 $\hat{x}^{(1)}(t+1)=3\,567.937\,4e^{0.208\,416t}-288\,4.937\,4$，得到原始残差序列为 $e^{(0)}=\{0,-64.78,-45.37,-3.35,123.98,41.97,-69.02\}$。

(2) 对上述原始残差序列做一次累加生成，得
$$e^{(1)}=\{0,-64.78,-110.15,-113.5,10.48,52.45,-16.57\}$$

(3) 根据前述建模步骤建立残差的GM(1,1)模型。
$$\hat{e}^{(1)}(t+1)=126.211\,2e^{-0.031\,653\,4t}-126.211\,2$$

(4) 将残差GM(1,1)模型添加到原来建立的GM(1,1)模型上，得到残差修正GM(1,1)模型。
$$\hat{x}^{(1)}(t+1)=[356\,7.937\,4e^{0.208\,416t}-2\,884.937\,4]+[126.211\,2e^{-0.031\,653\,4t}-126.211\,2]$$

(5) 对上式做累减处理还原后，得
$$\hat{x}^{(0)}(t+1)=\hat{x}^{(1)}(t+1)-\hat{x}^{(1)}(t)=3\,567.937\,4(e^{0.208\,416t}-e^{0.208\,416(t-1)})+$$
$$126.211\,2(e^{-0.031\,653\,4t}-e^{-0.031\,653\,4(t-1)})$$

(6) 进行预测。

将 $t=7$ 代入残差修正GM(1,1)模型，得到2017年该商品的消费水平预测值为
$$\hat{x}^{(0)}(8)=\hat{x}^{(0)}(7+1)$$
$$=3\,567.937\,4(e^{0.208\,416\times 7}-e^{0.208\,416\times 6})+126.211\,2(e^{-0.031\,653\,4\times 7}-e^{-0.031\,653\,4\times 6})$$
$$=2\,887.18-3.25=2\,883.93(元)$$

本章小结

灰色系统理论以"部分信息已知、部分信息未知"的"小样本""贫信息"不确定型系统为研究对象，研究的是贫信息建模问题，提供了贫信息情况下解决系统问题的新途径。灰色系统理论认为，一切随机变量都是在一定范围内、一定时间上的灰色量，一切随机过程都是灰色过程。灰色系统认为，只要对灰色量做累加生成处理，就可以弱化其变动的随机性，显示出其固有的变动规律性，并且这种规律性可以利用微分方程予以揭示和反映。灰色预测方法就是利用累加生成的数据而非原始序列数据，建立一个微分方程形式的时间连续函数模型，并据此做出预测。

本章重点介绍灰色GM(1,1)模型的建模过程，以及GM(1,1)残差模型的建模步骤，并详细阐述了GM(1,1)模型精度检验的三种主要方法：残差检验法、关联度检验法和后验差检验法。灰色GM(1,1)模型的最大优点在于对现有数据无特殊要求，适合于解决"小样本""贫信息"的不确定性问题，其主要特点就是"少数据建模"。

在灰色预测方法中，由于GM(1,1)模型建立使用的是累加生成数据，而对于非负的时间序列，累加生成数据具有单调递增变化特点，因此GM(1,1)模型仅仅适用于配合呈单调趋势变化的时间序列。如果时间序列中含有非单调趋势变动或者周期性变动，利用GM(1,1)模型进行预测，将会产生较大的预测误差。

复习思考题

1. 什么是灰色预测法？它有何特点？
2. 进行灰色预测一般要经过哪些步骤？
3. GM(1,1)模型精度检验主要有哪几种方法？
4. 某商场近年来的销售收入数据如表 17-3 所示。

表 17-3　某商场销售收入数据　　　　　　　　　　　单位：万元

年　　份	2011	2012	2013	2014	2015
销售收入	640	888	1 394	1 615	2 085

试建立销售收入 GM(1,1)模型，并采用后验差方法进行检验。

参 考 文 献

[1] 李世杰,于飞. 市场调查与预测[M]. 2版. 北京:清华大学出版社,2014.
[2] 马连福. 现代市场调查与预测[M]. 北京:首都经济贸易大学出版社,2016.
[3] 欧阳卓飞. 市场营销调研[M]. 2版. 北京:清华大学出版社,2013.
[4] 汤俊. 市场调查与分析[M]. 广州:暨南大学出版社,2010.
[5] 景奉杰,曾伏娥. 市场营销调研[M]. 北京:高等教育出版社,2010.
[6] 陈凯. 市场调研与分析[M]. 北京:中国人民大学出版社,2016.
[7] 吕筱萍. 市场调研与预测[M]. 北京:科学出版社,2016.
[8] 李红梅. 市场调研理论与实务[M]. 北京:人民邮电出版社,2015.
[9] 张梦霞. 市场调研方法与应用[M]. 2版. 北京:经济管理出版社,2014.
[10] 江晓东. 市场调研实验的 SPSS 操作教程[M]. 上海:上海财经大学出版社,2014.
[11] 卫海英,陈凯,王瑞. 市场调研[M]. 北京:高等教育出版社,2016.
[12] 殷智红. 市场调研实务[M]. 北京:北京大学出版社,2016.
[13] 庄贵军. 市场调查与预测[M]. 2版. 北京:北京大学出版社,2014.
[14] 简明. 市场调查方法与技术[M]. 3版. 北京:中国人民大学出版社,2012.
[15] 冯利英. 市场调查理论、分析方法与实践案例[M]. 北京:经济管理出版社,2017.
[16] 李桂华. 市场调研[M]. 天津:南开大学出版社,2016.
[17] 陈启杰. 市场调研与预测[M]. 4版. 上海:上海财经大学出版社,2014.
[18] 蒋萍. 市场调查[M]. 2版. 上海:格致出版社,2013.
[19] 马瑞学,黄建波. 市场调查[M]. 北京:中国财政经济出版社,2015.
[20] 宋专茂. 市场调研与分析[M]. 北京:中央广播电视大学出版社,2014.
[21] 简明. 市场研究定量分析[M]. 北京:中国人民大学出版社,2015.
[22] 林红菱. 市场调查与预测[M]. 2版. 北京:机械工业出版社,2016.
[23] 马瑞学,黄建波. 市场调查[M]. 北京:中国财政经济出版社,2015.
[24] 孙山泽. 抽样调查[M]. 北京:北京大学出版社,2014.
[25] 冯士雍,倪加勋,邹国华. 抽样调查理论与方法[M]. 北京:中国统计出版社,2012.
[26] 胡祖光,王俊豪,吕筱萍. 市场调研与预测[M]. 北京:中国发展出版社,2006.
[27] 胡介埙,周国红,周丽梅. 市场营销调研[M]. 大连:东北财经大学出版社,2011.
[28] 熊衍红. 市场调查与预测[M]. 北京:北京大学出版社,2011.
[29] 李昕. SPSS 22.0 统计分析从入门到精通[M]. 北京:电子工业出版社,2015.
[30] 薛薇. 统计分析与 SPSS 的应用[M]. 北京:中国人民大学出版社,2014.
[31] 屈援. 市场研究[M]. 北京:人民邮电出版社,2013.
[32] 刘德寰. 市场研究与应用[M]. 北京:北京大学出版社,2006.
[33] 叶伟. 市场调查与预测[M]. 北京:北京理工大学出版社,2011.

[34] 宋剑涛. 市场调查与预测[M]. 成都：西南财经大学出版社，2011.
[35] 魏炳麟. 市场调查与预测[M]. 大连：东北财经大学出版社，2010.
[36] 刘红霞. 市场调查与预测[M]. 北京：科学出版社，2007.
[37] 刘思峰，杨英杰，吴利丰. 灰色系统理论及其应用[M]. 7版. 北京：科学出版社，2014.
[38] 刘思峰. 预测方法与技术[M]. 北京：高等教育出版社，2015.
[39] 宁宣熙，刘思峰. 管理预测与决策方法[M]. 北京：科学出版社，2009.
[40] 党耀国，王正新，钱吴永等. 灰色预测技术方法[M]. 北京：科学出版社，2016.
[41] 党耀国. 灰色预测与决策模型研究[M]. 北京：科学出版社，2009.
[42] 〔美〕A. 帕拉苏拉曼. 市场调研[M]. 2版. 北京：中国市场出版社，2011.
[43] 小卡尔·麦克丹尼尔等. 当代市场调研[M]. 北京：机械工业出版社，2012.
[44] 纳雷希·K. 马尔霍特拉. 市场营销研究：应用导向[M]. 北京：电子工业出版社，2010.